本书系国家社科基金项目
"民国时期道教研究——以内丹学为中心的考察"（项目号：11XZJ007）
研究成果

民国时期道教
内丹学研究

丁常春 著

社会科学文献出版社
SOCIAL SCIENCES ACADEMIC PRESS (CHINA)

序

　　内丹学勃兴于唐末五代，是宋元以来道教的主要修持方术，是一种综合道教文化的宇宙论、人生哲学、人体观、修持经验为一体的理论体系和行为模式。内丹学是寓道于术的文化体系。古代内丹家前赴后继、百折不挠地修持实践，留下了数以千计的丹经，这些丹经就是他们实施人体系统工程的实验记录。

　　民国时期，道教内丹学随着社会从传统向现代转型而改变，被道教界有识之士用来救世救国。内丹家们著有较丰的丹经，这些丹经反映了民国时期道教内丹思想。民国时期道教内丹学是道教内丹学史、道教思想史以及民国思想史的重要组成部分，但目前已有研究多着重于个案的探讨，而缺乏比较全面、深入的研究。

　　丁常春教授系我指导过的博士后，从事内丹学研究已有十多年了，近几年一直致力于民国时期道教内丹学研究，该书就是他在该领域的研究成果。该书将民国道教内丹学放在民国社会现代转型历史进程中与道教文化现代转型中予以考察，以民国内丹各派思想为考察中心，以与明清道教内丹学、西方科学文化以及儒佛关系为考察基点，通过对民国时期有影响的内丹家及丹经全面考察，探讨民国道教内丹学的背景、渊源、内容、特点、价值、影响和意义，揭示民国道教内丹学现代转型的经验及其现实借鉴，并对当代内丹学及道教文化如何适应社会发展、推进自身转型进行探讨，这无疑有着重要的学术价值和现实意义。该书深化了对道教内丹学史、道教思想史以及民国思想史的研究。

　　故乐为之序。

胡孚琛

2021 年端午

目　录

绪　论

内丹学勃兴于唐末五代，是宋元以来道教成仙证真的主要方法，是流传至今的宝贵的非物质文化遗产。民国时期，道教内丹学面对从传统向现代急剧转型的社会，开始了现代转型，并被道教界有识之士用来救世救国。

目前学术界对民国时期内丹学的研究（1980～2015）主要有以下几方面。

第一，对陈撄宁的生平、师承、仙学理论与方法及其特点和意义进行了阐述，特别是对他为建立现代内丹学所做的贡献做了分析研究。主要有：卿希泰主编《中国道教史》第四卷[①]、《中国道教思想史》第四卷对陈氏生平师承和仙学内涵、性质、特点、理论、社会功能以及内丹理论和操作方法等做了分析研究；[②] 詹石窗主编《新编中国哲学史》对陈撄宁内丹学之丹法、理论及特点等做了阐述；[③] 田诚阳《道经知识宝典》介绍了陈氏的仙学思想，总结其要义为爱国护道、师法自然、顿悟上乘、贯通三元、实修实证、因材施教，提倡有所比较，借鉴科学，仙学应随时代而改进。[④]

刘延刚《陈撄宁与道教文化的现代转型》对陈氏生平、著作、仙学产生的时代文化背景、仙学思想的现代性特点及其影响等做了阐述。[⑤] 吴亚魁《生命的追求：陈撄宁与近现代中国道教》对陈氏生平、著作、仙学思想，仙学与科学的关系等做了阐述。[⑥] 傅凤英《二十世纪中国道教学术的新开展》对陈撄宁的仙学重点在内丹学、内丹学与科学关系调节做了分析。[⑦]

---

① 卿希泰主编《中国道教史》第四卷，四川人民出版社，1996，第375～415页。
② 卿希泰主编《中国道教思想史》第四卷，人民出版社，2009，第176～182页。
③ 詹石窗主编《新编中国哲学史》，中国书店，2002，第686～690页。
④ 田诚阳：《道经知识宝典》，四川人民出版社，1996，第683～689页。
⑤ 刘延刚：《陈撄宁与道教文化的现代转型》，巴蜀书社，2006。
⑥ 吴亚魁：《生命的追求：陈撄宁与近现代中国道教》，上海辞书出版社，2005。
⑦ 傅凤英：《二十世纪中国道教学术的新开展》，巴蜀书社，2007，第70～116页。

刘迅《道教现代化：民国上海的道教革新、修行与内丹社团》① （*Daoist Modern: Innovation, Lay Practice, and the Community of Inner Alchemy in Republican Shanghai*）和博士学位论文《追寻永恒——二十世纪早期中国道教内丹学》（In search of immortality: Daoist inner alchemy in early twentieth-century China）探析了陈撄宁及常遵先等追随者的内丹思想，特别详细地分析了陈对内丹与科学的关系及内丹现代化的思想。郭武编的《中国近代思想家文库·陈撄宁卷》指出，陈撄宁为了避免道教在 20 世纪初中国社会的特殊背景下"被科学打倒"，"想把科学精神用在仙学上面"，以期促使传统的道教"改头换面"，但他提倡"仙学"的根本归宿仍是神秘主义性质的宗教。这种调和仙学与科学的做法对于当代道教的发展有启迪意义。②

对陈撄宁及其追随者的内丹思想进行研究的论文主要有：李养正《论陈撄宁及所倡仙学》③《陈撄宁先生评传》④，牟钟鉴《道教生命学浅议——从陈撄宁的仙学谈起》⑤，张广保《明清内丹思潮与陈撄宁学派的仙学》⑥，尹志华《陈撄宁的仙学思想》⑦，张钦《试析陈撄宁仙学思想的内核》⑧，郭武《论陈撄宁在道教史上的地位》⑨，对陈撄宁仙学的内涵、理论与方法、实证论、救国救世论等做了阐述。何建明《陈撄宁的几篇重要佚文及其思想》对陈撄宁的佛道关系思想做了解析。⑩ 范丽君《陈撄宁女丹修炼思想初探》对陈撄宁的女丹思想的特点及其贡献进行了分析研究，⑪ 但其解释存在不少误解。张钦《吕纯一的内丹学说及其现代意义》对吕纯一运用其时代前沿的科学范畴阐论内丹学理的思想进行了探讨。⑫ 此外，詹石窗主编《新编中国哲学史》对吕纯一用电子、元始子等科学思想诠释丹理及其意义进

---

①　Liu Xun, *Daoist Modern: Innovation, Lay Practice, and the Community of Inner Alchemy in Republican Shanghai* （Cambridge: Harvard University Press, 2009）. In search of immortality: Daoist inner alchemy in early twentieth-century China （University of Southern California, 2001）.

②　郭武编《中国近代思想家文库·陈撄宁卷》导言，中国人民大学出版社，2015。

③　陈撄宁：《道教与养生》，华文出版社，2000。

④　李养正：《陈撄宁先生评传》，《世界宗教研究》1989 年第 2 期。

⑤　牟钟鉴：《道教生命学浅议——从陈撄宁的仙学谈起》，《文史哲》2005 年第 2 期。

⑥　张广保：《明清内丹思潮与陈撄宁学派的仙学》，《宗教学研究》1997 年第 4 期。

⑦　尹志华：《陈撄宁的仙学思想》，《宗教学研究》2000 年第 1 期。

⑧　张钦：《试析陈撄宁仙学思想的内核》，《宗教学研究》2004 年第 1 期。

⑨　郭武：《论陈撄宁在道教史上的地位》，《上海道教》1994 年第 5 期。

⑩　何建明：《陈撄宁的几篇重要佚文及其思想》，《中国道教》2008 年第 2 期。

⑪　范丽君：《陈撄宁女丹修炼思想初探》，山西大学硕士学位论文，2012。

⑫　张钦：《吕纯一的内丹学说及其现代意义》，《宗教学研究》2001 年第 3 期。

行了解析。[①]

　　第二，对《大成捷要》的来历、内丹工夫步骤、特点以及不足之处做了有益的探讨；对《道乡集》的内丹思想特点进行了概述。如王沐《内丹养生功法指要》对《大成捷要》进行了有益的探讨[②]，但探讨得过于简略。徐兆仁主编《悟道真机》指出《大成捷要》的特点：精采丹经要语，由浅入深地汇录了修性炼真的奥义秘诀，系统传出毓养神气的玄窍天机；对于内修中的经脉关窍、筑基炼己、动静火候、内药外药、小药大药、采炼封止、温养、沐浴、大小周天、景验、危险、胎息神意、炁丹胎形、还虚面壁等一系列口诀和盘托出，逐一揭露。[③] 徐兆仁主编《仙道正传》指出《道乡集》的特点：一是该书无论从形式到内容都力求通俗、简明；二是对实修难点、重点反复强调，让人把握筑基炼己等实修方法的关键；三是传示的内修理论源远流长，诀法正宗。[④]

　　第三，对千峰先天派赵避尘的师承、内丹思想及特点进行了考察。如徐兆仁主编《先天派诀》指出千峰先天派的学术来源主要有：龙门派、伍柳派和南无派。其特点一是该派创始人转学多师，不拘教门，融会贯通，所成博大精深；二是十分讲究循序渐进，反对僭越次第；三是将教门视为绝密的内修真诀实法和盘托出；四是坚持以通俗的白话、口语传人，而且直截了当。书中还指出赵氏用西方科学知识诠释内丹学显得形象、生动，但难免牵强附会。[⑤] 笔者以为然。郑术《当中国内丹遭遇西方身体——赵避尘著作里的中西汇通》考察了赵氏丹法的师承渊源、著作版本、"西化" 精气神论及修炼方法，并指出 "西化" 的内丹人体认知与传统内丹学相违背，特别是 "西化" 内丹图。[⑥] 笔者以为然。郑术《内丹人体图风格探源——在〈性命法诀明指〉中西对话的视野中》对《性命法诀明指》中 "西化" 内丹图进行了分析。[⑦]

---

① 詹石窗主编《新编中国哲学史》，第 691~692 页。
② 参见王沐《内丹养生功法指要》，东方出版社，2008，第 237~257 页。
③ 徐兆仁主编《悟道真机》前言，中国人民大学出版社，1990，第 4~5 页。
④ 徐兆仁主编《仙道正传》前言，中国人民大学出版社，1992，第 4~5 页。
⑤ 徐兆仁主编《先天派诀》前言，中国人民大学出版社，1990，第 1~3 页。
⑥ 郑术：《当中国内丹遭遇西方身体——赵避尘著作里的中西汇通》，中国科学院研究生院博士学位论文，2012，第 12~28、104~123 页。
⑦ 郑术：《内丹人体图风格探源——在〈性命法诀明指〉中西对话的视野中》，《科学文化评论》2011 年第 3 期。

　　高万桑（Vincent Goossaert）《1800~1949 的北京道士：一部城市道士的社会史》（*The Taoists of Peking，1800-1949：A Social History of Urban Clerics*）指出，赵避尘是民国道教发展史上的重要人物，《性命法诀明指》等著作最显著的特点是传统道教修炼过程与现代科学的融合，尤其是西方医学和解剖学；[①] 赵避尘打破了"法不外传"的规矩，极力扩大传播范围；且与陈撄宁通过刊物和仙学院在全国范围内建立组织的做法相比，赵避尘倾向于通过直接传授，并在地方建立组织网络。[②] 笔者以为然。

　　香港的陆宽昱（Charles Luk）把《性命法诀明指》部分章节英译为《道教瑜伽：炼丹术与长生》（*Taoist Yoga：Alchemy and Immortality*），在导言中对赵避尘丹法的特点做了介绍。[③]

　　横手裕《刘名瑞与赵避尘——近代北京的两位内丹家》对赵避尘的老师刘名瑞与赵氏的内丹丹法做了简述，并分析了在理教对赵避尘内丹思想的影响。[④]

　　傅凤英《北京桃园观千峰派的历史传承初探》对千峰先天派的历史传承进行了梳理。[⑤] 张华英《赵避尘（1860—1942）丹道学之研究》对赵避尘的生平、丹法源流及所受民间宗教的影响进行了梳理，对《性命法诀明指》主要内容进行了介绍。[⑥]

　　第四，对魏尧内丹的理论、特点、影响及意义作了阐述。如詹石窗主编《新编中国哲学史》概括了魏尧内丹理论的特点：实证实修与儒释道融汇。认为其内丹主要侧重于心性方面的阐释，从性、情、觉三个基本范畴展开，以实证实修的精神，融汇儒释道三教思想，阐释内丹丹理。[⑦] 胡孚琛《丹道法诀十二讲》中提到魏尧的睡功法诀。[⑧] 郭建洲《张伯端道教思想研

① 〔法〕高万桑（Vincent Goossaert），*The Taoists of Peking，1800-1949: A Social History of Urban Clerics*（Cambridge：Harvard University Asia Center，2007），p. 299.

② 〔法〕高万桑（Vincent Goossaert），*The Taoists of Peking，1800-1949: A Social History of Urban Clerics*，p. 303.

③ 陆宽昱（Charles Luk），*Taoist Yoga：Alchemy and Immortality*（London：Rider），1970.

④ 〔日〕横手裕：《刘名瑞与赵避尘——近代北京的两位内丹家》，京都东洋史研究会《东洋史研究》2002 年第 61 卷第 1 号，第 28~62 页。

⑤ 傅凤英：《北京桃园观千峰派的历史传承初探》，《中国道教》2008 年第 3 期，第 31~33 页。

⑥ 张华英：《赵避尘（1860—1942）丹道学之研究》，台湾辅仁大学硕士学位论文，2006。

⑦ 詹石窗主编《新编中国哲学史》，第 690 页。

⑧ 胡孚琛：《丹道法诀十二讲》上卷，社会科学文献出版社，2009，第 267 页。

究》提出，魏尧所述炼气化神阶段的丹法中的一年温养工夫，应该是符合张伯端内丹丹法要旨的。[1]

第五，对汪东亭、徐海印、冉道源的生平、著作及丹法次第的介绍。台湾萧进铭《性命双修与心息相依——内丹西派的入手工夫及其演变》提出，由吴天秩所开启的西派清净法门，并非承传自李涵虚本人，而是存在西派之外的其他来源。当然，另外一个可能的情况是，吴天秩本来就不是李涵虚的弟子，其原本的师承，就是清修的身外虚空法，吴、汪二人为西派法裔的说法，乃是由第四代弟子徐海印所建构起来的。[2] 笔者以为然。陈毓照、张利民主编《丹道养生道家西派集成》中"张利民序"对汪东亭、徐海印和冉道源等生平、著作以及冉道源丹法节次与西派别传丹法节次做了简要介绍。[3]

总览以上成果，因各自探讨问题的重心所限，上述研究虽取得有益的成果，但对民国道教内丹学研究存在以下不足。首先，对陈撄宁及其弟子的"现代内丹学"建立探讨不足。学界对陈撄宁及其弟子的内丹学达成共识：改革和发展了传统内丹学，建立了适合现代社会的内丹学。但对陈撄宁及其弟子的内丹（含女丹）之基本理论、丹法及其特色探讨不全面。其次，对赵避尘千峰先天派内丹思想的解析存在不少误读，没有与伍柳派等派比较分析，"西化"精气神论及修炼方法仍需要做全面深入的研究；对魏尧的内丹理论、特点的阐述存在误解；魏尧融汇三教思想阐释内丹丹理、丹法及特色仍需要做深入研究；对张松谷、蒋植阳、杨践形的师承、内丹思想及特色研究，尚无学人论及；徐海印、汪东亭、冉道源、洗心子的"西派"内丹思想及特色也还无学者涉及，需要做深入研究。再次，对《大成捷要》内丹工夫步骤、特点的探析不足；《道乡集》的内丹思想也无人研究，也需做全面分析研究；蒋维乔《因是子静坐法》内丹思想及其意义的研究无人涉及，需要做分析研究。最后，对民国内丹学的三教合一论的内涵及其与明清等之前内丹学三教合一论之异同，民国内丹学与佛教的三教合一论的异同，以及民国内丹学的三教合一新论成因的分析，学术界还没有人研究；民国内丹学的时代背景、思想渊源、特点与影响亦需要做深入

① 郭建洲：《张伯端道教思想研究》，山东大学博士学位论文，2005。
② 萧进铭：《性命双修与心息相依——内丹西派的入手工夫及其演变》，《道教内学探微：以内丹及斋醮为核心》，台湾新文丰出版公司，2015，第 192~194 页。
③ 陈毓照、张利民主编《丹道养生道家西派集成》第 1 册，中国时代经济出版社，2010。

研究；民国内丹学现代转型的经验及其对当前内丹学服务和谐社会构建的启示，亦无人涉及。

总之，目前学界对民国道教内丹学的研究只局限于陈撄宁等少数个案，没有对一些有影响的内丹家进行研究，缺乏从宏观上探讨民国内丹学的背景、渊源、内容、特点、影响、价值和意义，因而需要进行全面系统的专题研究，这正是本书的写作动因。

有鉴于此，本书在充分吸收前人研究的基础上，继续从现存民国道教内丹学文献入手，对其进行梳理，个案研究与宏观阐述相结合。此外，通过民国内丹学与之前内丹学之比较研究，揭示民国内丹思想对前人的继承与创新之处；到民国内丹家的原籍、活动地以及现今仍然有民国丹派流传等地进行走访和田野调查；用宗教社会学的方法对民国内丹学形成的时代背景和社会影响进行分析研究。

第一章　民国道教内丹学形成的时代背景

民国时期道教内丹学深受民国社会政治、经济和思想文化的影响，亦受道教自身发展状况的影响。民国道教内丹学面对从传统向现代急剧转型的社会，开始了现代转型，并被道教界的有识之士用来救世救国。因此民国道教内丹学成为内丹学发展史上的一个重要阶段。

第一节　民国社会政治、经济和思想文化概况

民国时期内丹家大多是由清末入民国的，也就是说他们生活在清末和民国年间。1840 年至 1901 年间，帝国主义先后对中国发动了鸦片战争、第二次鸦片战争、中法战争、甲午中日战争、八国联军侵华战争等，清政府被迫签订丧权辱国的《南京条约》《天津条约》《北京条约》《中法新约》《马关条约》等一系列不平等条约。清政府已成为帝国主义统治中国的工具，中国沦为半殖民地半封建社会。

1911 年辛亥革命推翻了清王朝，结束了中国两千多年的封建君主专制制度。1912 年元旦，中华民国临时政府成立，孙中山就任大总统。民国时期，帝国主义的侵略，特别是日本帝国主义的侵略给中华民族造成了巨大的灾难。1931 年，日本帝国主义策划了九一八事变，占领东北三省，建立了伪满洲国的傀儡政府；1937～1945 年又发动了全面侵华战争，中华民族面临亡国灭种之境。帝国主义与中华民族的矛盾空前尖锐。中国人民为了救亡图存，进行了不屈不挠、英勇顽强的反帝反封建的斗争。

除了帝国主义的侵略战争，这个时期特别是民国时期内战连连。1912～1949 年，大规模内战有二次革命、护国战争、护法战争、国民党新军阀混战、国共两次大规模内战。可见，民国时期国家内忧外患同时并存，政治上达不到真正的统一，社会生活长期不得安宁。频繁战乱，导致国民经济遭受严重破坏，经济长期处于停滞的状态。民国社会基本上还是农村自然

经济占优势，但 20 世纪 30 年代中期中国的农村经济就发生了严重的危机，"自耕农大量破产，佃农增加，富农经济衰退，经营地主减少，新式农垦公司没落"①。"农民普遍缺乏耕畜、农具、肥料和种子，无力维持生产。"荒地大量增加，1934 年比 1910 年全国耕地面积锐减 2 亿多亩。"农业产量下降，粮食供给严重不足。"农民生活十分困难，大批农民流离失所，"乞讨为生，或掘草根、剥树皮充饥度日，甚至出现了人吃人的现象"②。简言之，旧中国的老百姓遭受帝国主义、封建主义和官僚资本主义三座大山的重压，生活在水深火热之中。

鸦片战争以来，伴随着隆隆炮火而来的"西学东渐"粉碎了中国士大夫的传统文化优越论的迷梦，特别是甲午中日战争中国战败后，中国士大夫对传统文化完全丧失信心，于是出现了向西学一边倒。民国时期，西方大量自然科学和社会人文学说传入，中国传统文化受到欧风美雨猛烈的扫荡，特别是五四新文化运动，高举"民主""科学"两面大旗，提出"打倒孔家店"的口号。儒学虽首当其冲，但道教被认为阻碍科学进步、导致人们"迷信"而成为重点批判对象。如钱玄同说："汉晋以来之所谓道教，实演上古极野蛮时代'生殖器崇拜'之思想。二千年来民智日衰，道德日坏，虽由于民贼之利用，儒学之愚民，而大多数心理举不出道教之范围，实为一大原因。"③ 他还指出，在 20 世纪科学昌明的时代，为增进自然的、社会的知识，"益世觉民"，不应迷信佛教、耶稣教，而要剿灭道教。④ 刘叔雅说："这两年，国人因为精神的不安，政治的紊乱，生事的压迫，更加上缺乏科学知识，固执陈旧思想，所以群众心理，忽然变态。什么《灵学丛志》、心灵学、四秉、十六司、城隍、土地、四大元帅、玉鼎真人、盛德坛、先天道，百怪千奇，纷纷出现。科学昌明的时代，万不能容这种惑世诬民的东西来作怪害人。"⑤ 胡适说："道教中的所谓圣书《道藏》，便是一大套从头到尾，认真作假的伪书。道教中所谓（三洞）的'经'，那也是《道藏》中的主要成分，大部都是模仿佛经来故意伪作的。其中充满了惊人的迷信，极少有学术价值。"⑥

① 陈廷湘主编《中国现代史》，四川大学出版社，2010，第 273 页。
② 参见陈廷湘主编《中国现代史》，第 273~274 页。
③ 钱玄同：《随感录》，《新青年》第 4 卷，第 5 号，1918 年 5 月 15 日，第 463~464 页。
④ 钱玄同：《随感录》，《新青年》第 4 卷，第 5 号，1918 年 5 月 15 日，第 464 页。
⑤ 刘叔雅译《灵异论》，《新青年》第 6 卷，第 2 号，1919 年 2 月 15 日，第 107 页。
⑥ 胡适：《胡适口述自传》，唐德刚译注，华东师范大学出版社，1993，第 250 页。

　　基督教伴随着西方列强的政治、经济和军事侵略而渗透到中国广大的乡村和城镇，道教亦受到前所未有的冲击。在"五四"以后非宗教论思潮的影响下，1922～1927 年中国社会出现了一次声势浩大的非基督教运动。该运动虽是反基督教文化侵略的，但"反宗教大同盟"主张，一切宗教都是违反科学的迷信，足以消灭人的智力，束缚人的自由，是人生进步的最大障碍，宗教与人类势不两立。这对中国的传统宗教也造成了相当的影响，故道教也再次受到波及。

　　但在 1920～1921 年，少年中国学会在南京和北京邀请中西学者演讲及通信讨论宗教之得失。持否定宗教观点者有王星拱、李石曾、罗素、格那列（Marcel Granet）、巴比塞（Henri Barbusse）等，持肯定宗教态度者有梁漱溟、屠孝实、周作人、刘伯明、陆志伟诸人。当时中国知识界对宗教持否定态度的学者发表的言论，"大抵是从认识论、社会学或伦理学的角度立论，而鲜有学者洞察到宗教的真价值，即终极意义和人文价值的根柢"[1]。屠孝实却是当时极少数能对宗教特有的终极价值具有深湛的理解的学者之一，被认为"持论清明而不拘家法"[2]。作为宗教哲学研究的专家，屠孝实先后应少年中国学会、北京大学哲学社之邀，就宗教的本质、根源、价值及宗教与科学的关系等问题发表自己的观点。针对反宗教人士反对宗教的主要理由就是认为宗教阻碍科学发展、导致迷信，屠氏却主张科学与宗教[3]虽存在诸多不同，但又是互补与共存的，而不是绝对冲突的，其理由如下。

　　第一，人生问题的解决不能仅仅靠科学，还需要宗教。屠氏指出，科学知识是理性的产物。人类经过科学的训练以后，可以养成谨慎、忠实、公正诸美德。科学虽能培养人的谨慎、忠实、公正诸美德，给人带来巨大的物质财富，但是科学不能当作人生问题的唯一解答。因为人生的实际情况不仅仅是理智的一方面，感情的活动与意志的活动也占很大一部分。故人的全面发展，还需要宗教。

　　第二，科学与宗教的对象是不同的。屠氏指出，科学的对象是自然、社会和思维，即客观存在的世界。宗教的对象"超然者"是最高理想。

---

①　唐逸：《五四时代的宗教思潮及其当代意义》，《战略与管理》1997 年第 2 期，第 98、102 页。

②　唐逸：《五四时代的宗教思潮及其当代意义》，《战略与管理》1997 年第 2 期，第 104 页。

③　屠孝实界定宗教为：宗教是我们信仰超然者，而自己觉得和他契合时所发生的思想、感情、动作和经验。

第三，科学与宗教认识对象的方法是不同的。屠氏认为，科学的对象是为人的理性所认识的。科学是通过观察、实验，运用理性分析来揭示事物的因果关系。而宗教的对象——最高理想不是理性所能认识的，是用直观（直觉）来认识的。因为理智的作用以分析为主，分析的结果只能得到抽象的观念，不能得到具体的观念。

第四，宗教知识在性质上与科学知识不同。屠氏指出，宗教的对象既然是最高理想，而这个理想的认定，又不适用理性而须用直观，所以宗教中的知识在性质上与科学知识不同。宗教知识属于直觉知识，而科学知识属于概念知识。直觉知识与概念知识之所以不同，是由直觉不同于理性的特征决定的。

第五，科学与宗教的验证是不同的。屠氏指出，科学是以经验为根据的，能被经验证实或证伪；宗教却是先信仰而后验证。宗教的对象——最高理想非经验所能证明，因为理想不是现成的，是要人们努力去实现的。理想既非现成，故无法用经验证明；且经验是片段的，更不能证明理想，故宗教是先信后证。

第六，与科学相比，宗教常用寓言来说理。屠氏指出，科学所述的是抽象的知识，宗教所述的是具体的理想。人类言语本是抽象的产物，所以用来叙述科学知识是合适的，若用以形容理想，就有许多地方不适合了，故宗教常用寓言来说理。如大乘经典说"三千大千世界""无量阿僧祇劫"，若当作事实——客观的时间存在和空间存在，就是妄语；若把它当寓言看，不过是用以形容绝对理想超越时间性或超越空间性的，这就不能说它是妄语。基督教《旧约》中"上帝是全知、全能、全善"，应该看作形容最高理想的具足性；"耶稣复活"可解释为表现贯彻生死而超越生死对立以上的大生命。要言之，宗教上的说法十之八九是寓言，而不是实指。寓言若被看作事实，就变成了迷信。

第七，理想的信仰也是科学所必需的。屠氏指出，一切理论知识的根蒂，不能离开信仰。他说："信仰之完成，有待于知识之淬砺固矣。然吾人尚有一事应加注意者，即一切理论知识之根蒂，不能离去信仰是也。"[1] 这就是说，信仰的最终完成虽有赖于理论知识的辅助，而一切理论知识的根蒂也离不开信仰。科学是以实验或观察为基础，用数理来规范。换句话说，

---

[1]　屠孝实：《论信仰》，《学艺》1920 年第 2 卷第 4 期，第 9 页。

科学所依据的根本的材料，乃各个直觉知识，而其赖以整理材料的数学亦出于感性方面的直觉形式。可见，真理的观念实质上与宗教信仰相毗邻而行。

此外，为了打倒偶像，破除迷信，提倡科学，针对包括信仰道教神灵在内的民间信仰的各种鬼神崇拜盛行之风，1928 年 10 月南京国民政府颁布了《神祠存废标准》，目的是废除泛滥的偶像崇拜与神祇信仰，改良社会风俗。《神祠存废标准》提出，"我国古代崇祀之神，今多讹误，或为释道两氏所附会，失其本意，或因科学发明以后，证明并无崇祀之意义"，故应废除之神为：日神、月神、火神、魁星、文昌、五岳四渎、东岳大帝、中岳、海神、龙王、城隍、土地、八蜡（神农、后稷除外）、灶神、风神、雨神、雷祖、电母等，以及淫祠类：张仙、送子娘娘、财神、二郎、齐天大圣庙、瘟神、痘神、玄坛、时迁庙、宋江庙、狐仙庙。[①] 这些被废的神祇大多为道教神或与道教联系紧密的民间信仰，所以该标准对道教影响较大。这实质上反映了民国政府对道教采取限制的政策。

第二节　民国时期道教发展概况

清末民国时期，中国社会由传统向现代转型，而民国是社会的急剧转型期。受中国社会剧变的影响，道教势力日趋衰微和民间化。清末以来，道教即已衰落，"南方正一道不仅张天师的'正一嗣教真人'的封号早被取消，连各级道教管理机构亦被废止，政治地位大不如前；北方全真道稍优，领袖人物对国事尚有一定影响，但理论建树不多，全真道士多兼行斋醮祈禳，与正一道士的差别愈益缩小"[②]。中华民国成立，持续数千年的帝制社会结束，《临时约法》规定"人民有信教之自由"，国家实行政教分离，国民政府"不再以神权为政权之依凭"，也不再直接扶植某种宗教，这迫使宗教走上了自筹自办之路。1912 年，江西都督府在破除迷信的活动中，"取消张天师的封号及其封地，正一道的政治与经济根基发生动摇"[③]。有鉴于此，民国时期道教出现了前所未有之困境，被认为"道教已不成为教"，但危机

---

① 中国第二历史档案馆编《中华民国史档案资料汇编》第五辑第一编文化（一），江苏古籍出版社，1994，第 501~505 页。
② 牟钟鉴、张践：《中国宗教通史》下册，社会科学文献出版社，2000，第 1068 页。
③ 牟钟鉴、张践：《中国宗教通史》下册，第 1068 页。

中又有转机，即道教为了适应现代社会艰难地进行现代转型。下文就民国时期道教的发展情况概述之。

一 民国时期庙产兴学造成道教庙产大量流失

首倡庙产兴学的人是康有为和张之洞。1898 年 5 月 22 日，康有为在《请饬各省改书院淫祠为学堂折》中提出将各地淫祠废除并改为学堂，这是庙产兴学之议的发轫。1898 年 6 月，张之洞在《劝学篇》中亦提出，书院改学堂的经费来源是征收全国数万座寺院、道观，利用其土地及建筑物，以节省巨额费用。[①] 这个庙产兴学的主张，在光绪二十七年（1901）时成为清朝的政策。

中华民国成立后，兴学工作持续开展，但国家的财力仍然捉襟见肘，兴学的经费仍然要靠地方去筹措，故庙产兴学之风又起。南京国民政府成立后就兴起了三次庙产兴学风波，即 1928 年 4 月，内政部长薛笃弼拟于第一次全国教育大会提议改僧寺为学校，由此引发了南京国民政府成立后的第一次庙产兴学风波；1930 年 11 月庙产兴学运动促进委员会发表《庙产兴学促进会宣言》，由此掀起了第二次庙产兴学风波；1935 年 8 月，江苏、山东、安徽、浙江、湖北、湖南、河南七省教育厅，联名呈请"保障寺庙财产，办理各地方教育"，并"将寺产收入充作民众小学或地方教育经费"[②]，由此引发了第三次庙产兴学风波。

民国时期，国民政府曾五次制定或修正寺庙管理的法令，唯这五次的法令渗透了庙产兴学之政策，且均属"警察法"层次，无法达到有效保护寺庙财产的目的。1929 年 1 月 25 日南京国民政府颁布《寺庙管理条例》，由于出台仓促，因袭《修正管理寺庙条例》的颇多，带有明显抄袭的痕迹，存在的问题亦较多，因而导致佛道教界的普遍反对。经行政院第 25 次会议议决，采纳了内政部的意见。1929 年 6 月 8 日，内政部训令各省民政厅、南京市公安局转饬所属："在《寺庙管理条例》未经修正公布以前，所有寺庙事项一律维持现状，停止处分，前条例暂缓施行。"[③] 但是，有的地方置内政部的训令于不顾，训令发出之后仍在施行《寺庙管理条例》，四川省就

---

① 陈金龙：《南京国民政府时期的政教关系——以佛教为中心的考察》，中国社会科学出版社，2011，第 78~79 页。

② 陈金龙：《南京国民政府时期的政教关系——以佛教为中心的考察》，第 81~96 页。

③ 《内政部训令》（1929 年 6 月 8 日），《内政公报》第 2 卷第 6 期，"训令"第 6 页。

是其中突出的一例。四川省军政长官对于通令暂缓施行的公文，"不惟隐搁不宣，更复肆其淫威，公然违抗法令"①。四川大学还依据《寺庙管理条例》，规定寺庙财产提成兴学之暂行规程。② 在上述背景下，出现了中国数千年未有之奇特现象，道观房舍及田产等大多被用作办学等公益慈善事业，或被军队、政府机构、劣绅占用，有的庙产被提为公产、军款。现以四川省成都市为例述之。

华阳县东较场城隍庙，1929 年冬，成都市政府提买该庙业产；街铺面被住持抵押给张子昭、江紫云。③ 在民国 18 年 10 月之前，边防军警卫司令部曾没收庙产，并驻军，还办国防学校；这是廖树森等觊觎庙产未遂，报边防军。全川射术会还曾侵占房室，后退出。④ 民国 21 年 9 月 22 日，东较场城隍庙又有军队驻入，驻军为刘文辉的二十四军一师十三旅二十团第一营。

成都市下东大街府城隍庙，民国 18 年（1929）由公家拍卖，成都市慈惠堂循街众之请求，东二东三两区首人就街方集资，以慈惠堂名义买下；维修庙宇，存庙貌，香火颇盛。⑤

成都市龙王庙于 1932 年 2 月被军队占驻，3 月迁移观音堂（所办公地）。⑥ 1934 年 4 月，四川省会公安局东三署奉令迁住龙王庙，但龙王庙前驻军队对于房舍毁坏不堪，空房一座，门扇干槅俱无，大殿四面皆空。⑦

成都市，乾隆时代旗民创修之关帝庙，民国 18 年成都市公安局第三署第三分所迁此作为办公地。⑧

成都市少城祠当街关帝庙正殿的前半部被成都卫戍司令部外勤部队驻

① 《呈为四川军政当局违抗法令擅提庙产事据情转呈恳祈迅予严令制止文》，《海潮音》第 10 卷第 8 期（1929 年 8 月），"佛教史料"第 5 页。
② 《呈为四川军政当局违抗法令擅提庙产事据情转呈恳祈迅予严令制止文》，《海潮音》第 10 卷第 8 期（1929 年 8 月），"佛教史料"第 5 页。
③ 《叶洪兴等送成都市公安局关于华阳城隍庙主持意图欺诈请予鉴核一案的呈》，成都市档案馆，民国 0093-05-764（全宗号 0093，目录号 05，案卷号 764）。
④ 《成都市政府、成都市公安局关于饬查华阳县城隍庙僧法云等以寻仇报复串通军队滋事一案的指令、呈》（民国 18 年 10 月 31 日），成都市档案馆，民国 0093-05-1745。
⑤ 《成都慈惠堂送成都市公安局关于城隍庙产业及僧道变动一案的公函》（民国 18 年 1 月 4 日），成都市档案馆，民国 0093-05-1066。
⑥ 《成都市公安局第一署送成都市公安局关于观音堂房屋修葺一案的呈》（民国 21 年 3 月 18 日），成都市档案馆，民国 0093-05-775。
⑦ 《四川省会公安局关于龙王庙房屋赔偿一案的训令》（民国 23 年 4 月 1 日），成都市档案馆，民国 0093-05-780。
⑧ 《成都市公安局第三署送成都市公安局关于关帝庙年久失修一案的呈》（民国 20 年 3 月 23 日），成都市档案馆，民国 0093-05-775。

扎，在领款修葺之际即行占据；民国 24 年 7 月 21 日，一连或二排让出一部分，与成都市公安局西八署伙住。①

成都市红墙巷关帝庙，于民国 19 年 8 月，由主管单位旗籍贫民生计委员会变卖给王时仁堂名下。该庙由于军警驻扎或为贫民栖身而破落；变卖之时，因信仰之需要，成都市公安局西三署三分所还设立在此庙。旗籍贫民生计委员会主管关帝庙二所、大仙庙一所；四道街关帝庙此前已经变卖，大仙庙已经租佃，内设小学校及二十四军林旅马厩。②

成都市千祥街药王庙，成都县地方救济院于民国 20 年 1 月 21 日请求成都市公安局批准设在市内千祥街药王庙内，该院为救济孤贫幼孩院。③

成都市天回镇三圣庙庙址由成都县政府主管，民国 30 年 4 月，改为国民学校，后又改用为收押犯人（政治犯）。④

成都市龙王庙，地址百余方丈，房舍二十余间，东门并无破烂。民国 15 年 11 月，该庙前段（庙门等）卖给三复堂，卖银 600 元；价银一部分作军款，一部分给绅民洪闻鹤等办慈善。民国 15 年 12 月 29 日，绅民请求政府收复被卖庙前段；三复堂修好山门，其余房屋空地仍为其管业，因为无相当官产还。民国 16 年 5 月，洪闻鹤等成都、华阳两县绅民呈文省政府，为重视水利，修复龙王庙，因为此庙关系全川农田水利，故保存水利祀典。民国 16 年 10 月 8 日，前省长公署令省会警察厅制止毁庙，并责令三复堂将拆毁庙宇修复，修复需 6000 大洋；三复堂实质上属于"盗卖"，故堂主畏罪隐匿。民国 18 年 4 月，龙王庙地基拨归龙王庙五街绅首办理团务慈善之基础，而成都公安局第一署第三分驻所住龙王庙已历 10 年，两者共同办公；三分驻所若搬迁，房舍归五街团务慈善机构"中正善堂"。是年华阳官产清理处又打算变卖龙王庙；民国 19 年 8 月，国民革命军第二十八军军长邓锡侯同意洪闻鹤等人请求，省政府主席刘文辉亦同意，故国民革命军第二十

---

① 《成都卫成司令部关于成都市公安局西八署于部队共住关帝庙一案对四川省会警察局的指令》（民国 24 年 7 月 21 日），成都市档案馆，民国 0093-05-780。
② 《旗籍贫民生计委员会、成都市公安局第三署关于变卖红墙巷关帝庙请将西区三分所迁移一案的呈、训令》（民国 19 年 8 月 24 日），成都市档案馆，民国 0093-05-849。
③ 《成都县地方救济院送成都市公安局关于本院在市内千祥街药王庙内设立请予批准并派警前往保护一案的公函》（民国 20 年 1 月 21 日），成都市档案馆，民国 0093-05-839。
④ 《迁让成都天回镇三圣庙国民小学卷》，四川省档案馆，民国 041-2-3315。

八军军司令部、刘主席令华阳官产清理处揭去封条，禁止拍卖。①

北方的情形亦是一样的。如窪德忠 1942 年来中国北方看到道教的景象是："庄严肃穆的道观很少，而多数都在大街上同商店、字号毗邻，简直无法用'庄严'之类词语奉承它。"② 多数场合还移作他用，如规模宏大的太原纯阳宫没有道士，"却有许多妇女、儿童在专心纺棉，显然已被当作手工业作坊"；"济南迎祥宫也同样是纺棉的场所"，内殿一兼作医生的道士毫无道教知识。③ 太原元通观是山西的著名道观，已作为咖啡业同业公会的办事处了。济南长春观"一部分房屋被警察占用，在本堂的玉皇大帝前面，居民在烧饭，本堂变成住宅的一部分，二楼被当作了仓库"④。北京朝阳门外东岳庙，1920 年时宗教气氛很浓，有 10 多名道士，而今"一部分地方辟为小学，一部分地方被警察使用，道士减到九名"，作为道观的作用微乎其微。⑤ 泰安岱宗坊附近玉皇观"昔日的丰彩几乎荡然无存，连一个参拜者都没有"⑥。他只发现沈阳的太清宫、北京的白云观，尚"保持着名副其实的道观式面貌和风格"。当时太清宫是东北地区道教的总本山，设立了中华全国关东道教总分会；白云观是中国全国道教总会本部。白云观内有道士 78 名，识字者仅 10 多名，每天的工作就是打扫清洁和劳动，早晚读经的规定均未实行，"极少数道士成天晃荡，晒太阳打发日子"；道士们生活清苦，饭食差，穿补丁道袍。⑦

二　新道教组织——道教会成立

民国政府废除前清的道会司等机构，实行政教分离，宗教信仰自由，各宗教一律平等。面对国家政治体制剧变，道教界为争取自身在新体制下的合法存在，保护庙产，并推进道教事业之发展，全真道、正一道的领袖们相继发起成立道教会。民国元年 7 月，北京白云观住持陈明霖联络北京、奉天、江苏、直隶、山东、河南、陕西、湖北等地 18 名

① 《成都、华阳两县绅民龙王庙五街民成都公安局呈华阳官产清理处拍卖龙王庙请制止保留及会商龙王庙警团合驻办法与四川省政府批》，四川省档案馆，民国 054-04-10984。
② 〔日〕窪德忠：《道教史》，萧坤华译，上海译文出版社，1987，第 285 页。
③ 〔日〕窪德忠：《道教史》，萧坤华译，第 285 页。
④ 〔日〕窪德忠：《道教史》，萧坤华译，第 285~286 页。
⑤ 〔日〕窪德忠：《道教史》，萧坤华译，第 286 页。
⑥ 〔日〕窪德忠：《道教史》，萧坤华译，第 286 页。
⑦ 〔日〕窪德忠：《道教史》，萧坤华译，第 286~289 页。

道教界代表，在北京发起成立道教会，名为中央道教会，拟定《道教会宣言书》《道教会大纲》《道教会请求民国政府承认条件》三份文件。陈明霦等 9 人于 7 月 10 日亲赴国务院、总统府上书，请求批准建立道教会，予以立案。8 月 4 日得到准予立案的批复。道教会"力挽颓风，表彰道脉，出世入世，化而为一，务求国利民福，以铸造优秀高尚完全无缺之共和为宗旨。"① 《道教会宣言书》称："宗教为立国之要素，与道德、政治、法律相辅而行……无论何等社会，凡虔诚信仰者，一切贪、嗔、痴、妄、杀、盗、邪、淫诸恶念顷刻即消。"② "道教为中国固有之国教，国体革新，道教亦应变制，此中央道教会之所由发生而亟须振兴者也。"③ "有国以护教，有教以固国，国与教相维系而不可分离。"④ 可见，"道教有倡明道德，促进共和之义务"⑤。

该道教会组织系统："诸山道众和十方善士组织的道教会，先在北京设中央道教总会，于各省设总分会，各城镇乡设分会。"⑥ "内力弥满，再事扩张于欧斐美澳。"⑦ 总会设会长一人，副会长二人。"教会事业分为出世间业和世间业两大类。出世间业有二门：演教门、宣律门；世间业有三门：救济门、劝善门、化恶门。"⑧ 入会条件为："道教信士及一切善男信女（不限种族、不限国籍、不限行业，但能发心入道），志愿助扬道教、度化众生者"⑨，都可入会。该会是全真道的全国性道教组织，不包含正一道。

1912 年 9 月，道教正一派第六十二代天师张元旭，应李佳白、李提摩太等邀请至沪参加组织世界宗教会，又"召集上海各正一派庙观以及苏州、无锡、常熟、松江、嘉定、镇江、川沙等地部分正一派代表，举行了中华民国道教总会发起人会议，并于关帝庙宣布成立中华民国道教总会及中华民国道教会江西本部驻沪总机关部"⑩。但是，这一代表道教正一派的全国

---

① 《道教会布告》，《藏外道书》第 24 册，巴蜀书社，1994 年影印本，第 474 页。
② 《道教会布告》，《藏外道书》第 24 册，第 472 页。
③ 《道教会布告》，《藏外道书》第 24 册，第 472 页。
④ 《道教会布告》，《藏外道书》第 24 册，第 472 页。
⑤ 《道教会布告》，《藏外道书》第 24 册，第 477 页。
⑥ 《道教会布告》，《藏外道书》第 24 册，第 474 页。
⑦ 《道教会布告》，《藏外道书》第 24 册，第 474 页。
⑧ 《道教会布告》，《藏外道书》第 24 册，第 474 页。
⑨ 《道教会布告》，《藏外道书》第 24 册，第 476 页。
⑩ 卿希泰主编《中国道教史》第四卷，第 433 页。

性道教组织，仅仅是一种设想；由于它没有得到民国政府的支持，又"缺乏实际上的权威和一套强有力的队伍予以推动"，因而"在后来的十余年中，除了设在上海的本部总机关部稍有活动外，中华民国道教总会始终没有能在全国范围内正式成立和开展活动"。①

经民国元年批准立案的中央道教会，成为各省、县道教信徒进行道教会组织活动的合法依据。受中央道教会的影响，一些省份如四川、北平、天津、沈阳、安东等也相应成立省级道教会；市县级道教会也应运而生。各级道教会虽受限于内外条件，但都做了一些有益的工作。下文以四川省道教会为例简介省级道教会开展的工作。

四川省道教会于1913年5月至1949年12月所开展的主要工作，据《四川道教总分会暂行简章》《四川省道教会章程》及工作报告等可归纳如下。

第一，宣传道教教义，搜集储备道教经典书籍。在宣传教义方面，四川省道教会在会内设图书展览室一所，青羊宫、二仙庵旧藏经籍图书尽量陈设。② 开展道教经典书籍之搜集储备工作；现青羊宫印经院刊印发行流通《广成仪制》等356种道书就是那时搜集的。

第二，厘定清规，训练会员，整顿教规，严密纠察。为纠正道教不良之风，提升会员素质，举办道教训练班、道教学院教育会员。③ 一些受训的会员成为县道教会的理监事，如1944年广汉县道教会常务理事唐诚源（道教训练班毕业），监事周致福（道教院毕业）。④ 对乱办道教训练班进行整饬。针对道教清规松弛，省道教会厘定道教徒之清规。职员会员如有不守本分、不遵会章，查明分别劝戒，如不悛改，应予除籍。⑤ 1948年，省道教会拟定道教徒冠巾规则一份、庵观住持规则一份。省道教会还呈请省政府严禁或取缔道侣吸食鸦片。

---

① 卿希泰主编《中国道教史》第四卷，第433页。
② 《四川省道教会职员略历册会员名册章程与改组会议记录报告表及省社会处指令训令》，四川省档案馆，民国186-01-1838。
③ 《四川省部分县府呈县道教分会组织总报告表职会员名册章程会议记录与调整情形及社会处指令》，四川省档案馆，民国186-01-1839。
④ 《四川省部分县府呈县道教分会组织总报告表职会员名册章程会议记录与调整情形及社会处指令》，四川省档案馆，民国186-01-1839。
⑤ 《四川省部分县府呈县道教分会组织总报告表职会员名册章程会议记录与调整情形及社会处指令》，四川省档案馆，民国186-01-1839。

第三，保护四川省内各庙观财产，调解道教纠纷。庙观财产（含法器），无论十方捐助、道士自置，均为道教会公产。庙产只应保守，不得私自变卖。如庙产被人侵占，会员被人损害，省道教会就会出面请求政府或地方官长，保护其从前庙产。江安县汉安镇西外八角楼住持捐庙产助学引起的庙产被占，四川省道教会就八角楼庙产被非法侵占一事，多次向省政府反映，并得到四川省政府一再批令饬县府查明呈复。① 但在省道教会未成立之时，已经"提办学务及地方公益的庙产，不能因此率请取回，致生缪辖"② 省道教会还呈请四川省绥靖公署通令保护朽败庙宇，严禁污秽神像。

第四，管理市县级道教分会。四川省道教会对于中央道教会有协助之义，对于本省各分会有统辖维持之责。省道教会指导未成立道教会的县成立道教会，也指导已成立的县道教会的工作。如巴中县尚未组织县道教会，王伏阳理事长致函巴中县王至洁，要求其发起成立道教会。于是，1947 年12 月 18 日，王至洁等人成立巴中县道教分会，王至洁任常务理事。③ 新津县虽有火居道士组织了道教会，但省道教会据组织章程第 4 条之规定，各县市局名山丛林静坛道众均应组织分会；函嘱萧明远等为发起人，成立新津县道教分会。1947 年 3 月 22 日，原县道教会常务理事李晓舟及寺庙道士代表萧明远等组织成立了四川省道教会新津分会，并报批获准。④ 省道教会还请县政府切实保护并维持各分会办公地点，严禁滋扰。省道教会给所属各县市分会会员统一颁发会员证章、会员证。

可见，四川省道教会在处境困难的情况下，搜集储备道教经典书籍，整饬教规，训练会员，保护庙产，管理县市级道教会，取得了一定的成绩。

---

① 《四川省道教会职员略历册会员名册章程与改组会议记录报告表及省社会处指令训令》，四川省档案馆，民国 186-01-1838。

② 《四川省部分县府呈县道教分会组织总报告表职会员名册章程会议记录与调整情形及社会处指令》，四川省档案馆，民国 186-01-1839。

③ 《四川省道教会职员略历册会员名册章程与改组会议记录报告表及省社会处指令训令》，四川省档案馆，民国 186-01-1838。

④ 《新津、眉山等部分县府呈报组织调整县道教分会情形的呈文及巴中分会职会员略历册与四川省社会处指令训令》，四川省档案馆，民国 186-01-1837。

三　道教界开展服务社会活动与重建道教理论的努力

（一）道教界开展服务社会活动

民国政府要求佛道教寺庙兴办慈善事业，尤其是办学校；为此还先后出台了寺庙兴办慈善事业的法规，通过法律手段强迫佛道教寺庙执行。1915年 10 月 29 日北洋政府颁布的《管理寺庙条例》，1921 年 5 月 20 日北洋政府颁布的《修正管理寺庙条例》和 1929 年 1 月 25 日国民政府颁布的《寺庙管理条例》都规定寺庙必须兴办各项公益慈善事业。1934 年 8 月 31 日出台了《寺庙兴办公益慈善事业实施办法》，该办法规定，寺庙出资兴办公益慈善事业时，应按其每年财产总收入，依下列标准，每年分两次缴纳：（一）五百元以上一千元未满者，百分之二；（二）一千元以上三千元未满者，百分之四；（三）三千元以上五千元未满者，百分之六；（四）五千元以上一万元未满者，百分之八；（五）一万元以上者，百分之十。[①] 该办法特别是出资比率受到中国佛教界的反对。中国佛教会于 1934 年 9 月拟定《佛教寺庙兴办慈善公益事业规则》，"经内政部修正后，呈交行政院核准，由内政部备案，1935 年公布并通行各省市"[②]。内政部批准道教寺庙也用该规则办理。[③] 该规则还规定了寺庙兴办慈善公益事业的出资比率：100 元以下者 1%，100~300 元者 2%，300~500 元者 3%，500~1000 元者 4%，1000元以上者 5%；后屡遭抗议而被迫调低。[④] 寺庙兴办慈善公益事业应接受主管官署的监督，并接受当地佛教会指导。每年年终，寺庙应将办理状况及收支情况向内政部备案，并由中国佛教会评定成绩，分别奖惩，呈报内政部备案。"寺庙住持如不遵守出资比率规定，由当地佛教会请求主管官署协助令其出资，如再违抗，则按《监督寺庙条例》的规定，革除其住持之职。"[⑤]

鉴于上述，道教界为了自身的生存和发展，响应政府号召，除了为善信提供所需的宗教服务外，也尽其所能兴办学校等各类公益慈善事业，服

① 彭秀良、郝文忠主编《民国时期社会法规汇编》，河北教育出版社，2014，第 252 页。
② 秦孝仪编《抗战前国家建设史料——内政方面》，台北中国国民党中央委员会党史委员会，1977，第 291 页。
③ 秦孝仪编《抗战前国家建设史料——内政方面》，第 291 页。
④ 秦孝仪编《抗战前国家建设史料——内政方面》，第 291 页。
⑤ 《内政年鉴》第 4 册，上海商务印书馆，1936，第 126 页。

务社会。如沈阳太清宫方丈葛月潭创办太清道立国民小学以及宗教粹通学堂，投入巨资建立织染工厂，其中一部分作为贫民工厂，起到了振兴工商业的先导作用。①

四川青城山天师洞住持彭椿仙于"1917 年在青城山麓双钟寺创办小学。1919 年，又在石笋堂建小学一所，解决贫苦子弟入学困难"②。彭椿仙"关心贫苦农民，常常给青城山附近贫苦农民以粮、钱帮助"，"发放无息贷款，救济贫苦"。③

1947 年 5 月 10 日《新新新闻》载，外西望仙桥遭火灾，共烧及 16 家，受灾 81 户，因大半系贫民，一时生活无着，区公所发起募捐救济，青羊宫道士自愿施粥三日。④据青羊宫原监院张圆和说，在旧社会每年春节，青羊宫道观要向贫穷人施米，一年施舍老斗不下三四担。贫民死后无钱安葬，施舍棺材一副。每年施舍棺材达五十副以上。⑤ 1940 年，成都青羊宫划出庙产修建青羊宫小学，⑥新中国成立后，为政府接收。成都二仙庵医院，穷人看病，费用全免；还免费救治抗日受伤战士数人。成都市道教界设立有"孝德慈善会"，专门从事对贫苦人施米、施药、施棺材等救济事业。⑦

1926 年，四川三台县云台观开办小学一所，校长由住持兼任，聘请教师教课，附近入学儿童 60 人，学生只缴书本费，免缴学杂费。1938 年，云台观成立医疗所，聘请龚云生管理，由道观发给免费医疗证，给贫困户免费治疗，其余则只收药费。该小学校和医疗所一直办到 1949 年。⑧

（二）道教学者重建道教理论的努力

如前所述，民国时期，西方科学和人文社会科学给道教带来了巨大冲击，道教文化日趋衰微。为了应对西方文化的挑战，适应近现代转型的社会，道教界中有识之士编辑出版道教刊物、道经等宣扬道教教义，通过著

① 〔日〕五十岚贤隆：《道教丛林 太清宫志》，郭晓锋、王晶译，齐鲁书社，2015，第 173~174 页。
② 李合春、丁常春：《青羊宫二仙庵志》，成都民族宗教文化丛书编委会，2006，第 177 页。
③ 王纯五主编《青城山志》，四川人民出版社，1998，第 211 页。
④ 成都市道教协会编《成都市道教志》（未刊稿），1995 年 4 月，第 79 页。
⑤ 成都市道教协会编《成都市道教志》（未刊稿），1995 年 4 月，第 79 页。
⑥ 陈世松、贾大泉主编《四川通史》（重修本）卷七，四川人民出版社，2010，第 646 页。
⑦ 成都市道教协会编《成都市道教志》（未刊稿），1995 年 4 月，第 79 页。
⑧ 四川省绵阳市民族宗教事务委员会编纂《绵阳市民族宗教志》，四川人民出版社，1998，第 358 页。

述阐扬道教思想的时代价值，重建道教理论，以期复兴道教。

张竹铭、陈撄宁、沈伯英等人于 1933~1937 年在上海创办《扬善半月刊》杂志，倡导仙学，共发行 99 期；又于 1939~1941 年创办《仙道月报》报纸，发行 30 期，大力弘扬仙道文化。陈撄宁、赵避尘等人引进西方科学入道教内丹学，企图建立科学化、通俗化的内丹学，以此来救国救世（后文详述，此不赘述）。易心莹、张其淦等人阐述道教思想原旨，主张道教文化是中华传统文化之正宗，复兴中华离不开它。

易心莹（1896~1976），原名良德，字宗乾，法名理轮。1913 年离家只身至青城山天师洞寻师学道，在庙里做杂活。1914 年到成都二仙庵蚕桑传习所做杂役。1917 年，天师洞原住持魏至龄去二仙庵，见其能耐劳苦，虔诚好道，将其领回青城山收为全真龙门派碧洞宗第二十二代弟子。彭椿仙住持为提高道教徒的文化素质，命易心莹往本山朝阳庵吴君可门下就学，读儒家五经，又学《云笈七签》。1926 年，颜楷游天师洞，受住持委托将易心莹带回成都，入崇德书院深造，攻读经史一年多。1928 年，易心莹回到天师洞后，担任知客兼文书，记账一年有余。他在接待四方名流的同时，撰成《青城指南》、《青城山风景导览》（由常道观藏室刊印）。1931 年，彭椿仙为了使易心莹专门从事道教学术研究，卸去其知客职务。此后，他专心致志，广积道书，共收藏道书 1000 余册，还深入研究，并实地考察蜀中道观，曾多次赴三台云台观和成都青羊宫、二仙庵等宫观访道。与当时研究道教的知名学者——西南联合大学化工系的陈国符教授、《扬善半月刊》的主笔陈撄宁、四川大学的蒙文通教授等人相互切磋，交流学术。易心莹先后著有《老子通义》（《读老心解》，今佚）、《道学系统表》、《道教分宗表》（《论道教宗派》）、《道教三字经》、《道学课本》（今佚）、《道教养身》（今佚）等书，并辑有《女子道教丛书》。新中国成立后，1955 年，易心莹重任天师洞住持，担任编写《四川志·宗教志·道教篇》的工作。1957 年当选为中国道教协会副会长兼副秘书长，1962 年又被选为四川省道教协会会长。

易心莹的《道学系统表》《道教分宗表》体现了他的道教宗派观；他主张将老子以后的道教宗派分为十三支宗，它们是：1. 犹龙：指李耳、关尹、麻衣、陈抟、郑火龙、张三丰、李涵虚一系；2. 道学：指种放、穆修、李之才、邵尧夫、周敦颐、许坚、范锷昌、朱元晦一系，被认为是犹龙之岔派；3. 儒学：指孔子、子弓、荀卿、韩非子、黄生、贾谊、扬雄、王充一系；4. 治道：指河上丈人、安期生、毛翕公、乐瑕公、乐臣公、盖公、曹参一系；5. 内学：指安期生、马鸣生、阴长生、魏伯阳、淳于叔通、程晓（即彭晓）一系；6. 茅山：指茅蒙、茅偃、茅僖、茅盈、周义山、魏华存、许穆、陆修静、陶弘景、王远知、潘师正、司马承祯、李含光一系；7. 方仙：指西王母、汉武帝、李少君、董仲舒、左元放、鲍靓、抱朴子一系；8. 太平：指帛仲理、于吉、宫崇、襄楷尊奉《太平经》的派别；9. 正一：指张陵所传含成公兴、寇谦之、王纂及张祥、张虚靖、张国祥、张元旭一系；10. 玄学：指何晏、王弼、嵇康、向秀、郭象等人；11. 豫章：指孝悌王、兰期、许逊、黄仙姑、梁姥、施肩吾一系；12. 南宗：指张伯端、刘海蟾、薛道光、陈楠、白玉蟾、彭耜、陈致虚、陆潜虚一系；13. 北宗：指王重阳、马丹阳、谭处端、孙不二、刘处玄、郝大通、王处一、丘长春、宋披云、刘伯温、李虚庵、伍守阳、柳华阳、刘一明一系。[①] 这里易心莹把儒家、法家、黄老道家、魏晋玄学和宋代道学列为道教派别，可见他视道教为"中华文化之根柢"。

易心莹于 1937 年著《道教三字经》，该经是他为普及道教知识、训导后学而写的道教知识普及型读物。该经三字一句，按照道教发展历史的顺序，对道教的产生、发展、教理、教义、教派等内容进行了概述，是一部微型的"道教百科全书"。

张其淦（1859~1946），字汝襄，又字豫泉，晚号罗浮豫道人，广东东莞人。他于光绪二十年（1894）中进士，入翰林院为庶吉士，后又在山西、安徽等地任职，辛亥革命后，弃官去上海隐居，其间曾受到直隶督军朱家宝、总统袁世凯邀请任职，均遭他拒绝，还曾住持过广东省博罗县罗浮山酥醪观，"终老于黄冠"[②]。著作有《邵村学易》《老子约》《吟芷居诗话》等 20 多种。《老子约》四卷集中反映了他的道教思想。

《老子约》是张其淦于 1919 年 10 月所作。张其淦自称："其中博览诸注，撷其精华者半；体会经旨，自出心裁者半。"[③] 意谓：该注文内容一半是撷取前人注的精华，一半是自己的创新体会。他认为《老子》的主旨不是谈兵法、神仙修炼、服食导引以及烧丹炼汞，亦不是当时新学家所说"吾国最高之哲学"，而是讲黄老治国安邦之道。如他自称："余之意只知发

---

① 本部分参见卿希泰主编《中国道教史》第四卷，第 423~425 页。
② 张其淦：《老子约》，《藏外道书》第 3 册，巴蜀书社，1992 年影印本，第 543 页。
③ 张其淦：《老子约》，《藏外道书》第 3 册，第 543 页。

明黄老之学，得其微言，会其要旨耳。"① 张其淦坚持从"黄老之学"的视角来注释《老子》，实质上是他企图用黄老道学的思想来为世人开出一剂"救世"之方。这既是张其淦对现实政治、文化的反思，又反映了民初道教界有识之士在近现代社会转型、文化变迁中对黄老道学时代价值的掘发。这在近现代《老子》注家中独放异彩。

（三）教外道教学术研究的兴起

民国成立以来，随着社会现代转型和中外文化的广泛交流，新的学术规范勃然以兴，中国思想史的研究打破传统的治学方式，以新的现代眼光和比较科学的方法重新予以论述和评价。一批新型学者将道教作为社会历史现象去评述，出现了一批很有价值的学术论著。专著主要如下。

1924 年，刘咸炘（1896~1932）著《道教征略》（三卷，未完稿），该书对道教的学术渊源、各时期的主要派别以及道教经书等都做出了系统梳理，不乏创见，是系统研究道教史的开创之作。1934 年，许地山（1892~1941）的《道教史》（上册，商务印书馆，1934）出版，该书是第一部道教的专史；同年傅勤家《道教史概论》（商务印书馆，1934）问世。1937 年，傅勤家出版《中国道教史》，该书是我国第一部完整的道教史的学术性著作，它概述了道教的历史沿革、神仙信仰、法术、戒律、经典、宫观、道派以及佛道关系，对后世的道教学术研究产生了深远的影响。

1940 年，陈垣（1880~1971）的《南宋初河北新道教考》出版，该书论述了金元之际北方出现的道教新派别：全真教、大道教、太一教的产生、传承和发展，尤以全真教的论述更为系统严谨。陈垣于 20 世纪 20 年代搜集从汉代至明代的 1000 多通道教碑刻资料，编成《道家金石略》100 卷，后因校对不易，未刊行。

在道教典籍之考订方面，1949 年，陈国符（1914~2000）的《道藏源流考》出版，该书"于三洞四辅之渊源，历代道书目录，唐宋金元明道藏之纂修镂版，及各处道藏之异同，均能究源探本，括举无遗。其功力之勤，搜讨之富，实前此所未睹也"②。这部书于 1962 年经作者增订，至今仍是研究《道藏》必备的参考书。蒙文通于 1945 年辑校成玄英《道德经义疏》；

---

① 张其淦：《老子约》《藏外道书》第 3 册，第 544 页。
② 转引自卿希泰主编《中国道教史》第四卷，第 477~478 页。

作《校理老子成玄英疏叙录》，载 1946 年 10 月《图书集刊》第 7 期。1947
年辑校李荣《道德经注》；辑较《老子李荣注跋》，载 1948 年 6 月《图书集
刊》第 8 期。1948 年作《道家三考：坐忘论考、杨朱学派考、晚周仙道分
三派考》，载 1948 年 6 月《图书集刊》第 8 期。《陈碧虚与陈抟学派》，载
1948 年 6 月《图书集刊》第 8 期。1945~1949 年校理陈景元《老子注》、重
编陈景元《庄子注》等。①

有很高学术价值的论文有：1927 年，许地山的《道家思想与道教》，
《燕京学报》1927 年 12 月第 2 期；王明的《论〈太平经钞〉甲部之伪》
（《史语所集刊》1948 年 9 月 18 本）、《〈周易参同契〉考证》（《史语所集
刊》1948 年 9 月 19 本）、《〈老子河上公章句〉考》（《国立北京大学五十周
年纪念论文集》第十八种）②；汤用彤的《读〈太平经〉书所见》（《国学季
刊》1935 年 5 月第 5 卷第 1 期）；陈寅恪的《天师道与滨海地域之关系》
（《史语所集刊》1933 年第 3 卷第 4 期）、《白乐天之思想与佛道关系》
（1949 年《岭南学报》）；胡适的《汉初儒道之争》（《北大国学周刊》
1925 年 10 月第 2 期）、《陶弘景的真诰考》（1935 年 1 月《蔡元培先生六十
五岁论文集》）。这些文章都引起学界注目。

四　道教丛书的编纂

道教丛书的编纂是晚清民国时期道教界在道教发展史上所做的一个重
要贡献。其中最主要的如下。

首先，《重刊道藏辑要》的编纂。光绪十八年（1892），成都二仙庵阎
永和方丈在传戒之期又发起重新刊刻《道藏辑要》，后因经济原因未能开展
工作。光绪二十四年（1898），阎永和遇到新津彭翰然答应负责筹款。清光
绪二十七年（1901）阎永和发起募捐并启动重刊《道藏辑要》的工作，井
研贺龙骧承担校勘工作。他们根据成都著名藏书家严雁峰家藏的《道藏辑
要》（蒋元庭本）为底本重新编纂。他们鉴于"时事日非"，"恐珠遗沧
海"，又增补重要道书 18 种于内，并按各书的内容，分别续入二十八宿有
关字集。③ 阎永和等人又收录贺龙骧编的有关道经书目 5 种，以及宋元以来

---

① 卿希泰主编《中国道教史》第四卷，第 476 页；蒙默：《蒙文通先生学行简编》，载蒙文通
　《佛道散论》，商务印书馆，2011，第 247 页。
② 卿希泰主编《中国道教史》第四卷，第 476~477 页。
③ 参见卿希泰主编《中国道教史》第四卷，第 461 页。

有关道经书目 18 种，以备查。由此可见，阎永和等人在蒋元庭本《道藏辑要》的基础上，又增补了 18 种道书①和 23 种道经书目，共为 41 种，为了便于区别蒋元庭本《道藏辑要》而称之为《重刊道藏辑要》。光绪三十二年（1906）《重刊道藏辑要》校勘完成并开始雕刻《重刊道藏辑要》经版。阎永和经过认真周密的考查，从三个因素即工价廉、刻工精、成本低（采用梨木板材刻板）出发而选择"岳池帮"来刻板。光绪三十四年（1908），阎永和方丈不再负责《重刊道藏辑要》的组织工作，雕刻的组织工作由王伏阳和宋智和承继下来，前后经历 15 年之久，至民国 4 年（1915）才告竣工并开始印刷发行。《重刊道藏辑要》经版采用梨木为材料，每块两面刻字，一面两页，共雕刻一万四千块，以二十八宿为次序，印刷成为二百四十五册。集周秦以下道家子书、六朝以来道家经典，辑道家哲学、道教历史、气功丹法、天文地理、医学易学等，集几千年中国道教文化之精粹。《重刊道藏辑要》经版连续刊印了 20 年，抗日战争期间，印经工作中断。抗日战争爆发后，成都屡遭日军飞机轰炸，二仙庵退隐方丈王伏阳将经版全部运往青城山真武宫（祖师殿）保存，以使经版安全传世，直至抗日战争结束，才将《重刊道藏辑要》经版安全运回二仙庵，存放于丹台碧洞书房内。经版原存于二仙庵丹台碧洞书房，1961 年将经版移存于青羊宫，直至今日（现存青羊宫印经院）。

《重刊道藏辑要》不仅集中保存了不少《道藏》以外的道教经书，而且，在明本《道藏》奇缺的那些年代，为道门内外阅读道教重要典籍提供了方便。即使上海涵芬楼影印本《道藏》（1923～1926）问世以后，《重刊道藏辑要》仍有其不可取代的价值，它至今仍畅流海内外，堪称中国道教文化之瑰宝。《重刊道藏辑要》是晚清、民国时期中国道教发展史上的一座丰碑，对保存、传播和弘扬道教文化有着十分重要的意义。

此外，成都二仙庵印经院还刊印发行流通了《广成仪制》。《广成仪制》系清陈复慧（仲远）所汇编，据成都二仙庵于宣统二年（1910）重刊《广成仪制目录》，全书共 42 卷，计有 259 种。②《藏外道书》所载《广成仪制》绝大多数为二仙庵刊本。

其次，守一子编纂的《道藏精华录》。1922 年，守一子丁福保编纂《道

---

① 意大利的莫尼卡博士统计，新增道书共 18 种，转引自尹志华《清代全真道历史新探》，香港中文大学出版社，2014，第 332 页。

② 尹志华：《清代全真道历史新探》，第 176 页。

藏精华录》10 集，共 100 种。其中《道藏》、《云笈七签》和《道藏辑要》外之道经约占 1/3，失收与新出道经 36 种；所选不但囊括了道教经论、道书提要、道家传记、道教养生延龄要诀等方面内容，且文字精练，繁简得宜。每种典籍之后还精选修身养性、益寿延龄箴言作为补白。"凡太上秘旨、南北玄学、养生要诀，导引捷法，无不毕备。可知此书一出，直为学道者暗室中置一明灯，迷海上架一津梁也。"①

最后，明版《道藏》涵芬楼影印本及《道藏举要》的印行。1923 年 10 月至 1926 年 4 月，中华民国原总统徐世昌笃信道教，他出资，张元济、康有为等人出面协调，由傅沅叔任总理，商务印书馆以上海涵芬楼的名义据北京白云观明版《道藏》影印出版了明代《正统道藏》和《万历续道藏》，共 1120 册，凡印 350 藏。商务印书馆又从影印的全部《道藏》中选出最有资于学术的经书印成《道藏举要》。《道藏举要》分为 10 类，共有道书 176 种，398 册。明版《道藏》的影印出版及《道藏举要》的行世，改变了长期以来《道藏》数量既少又深藏宫观人少知的状况。这为学界的学术研究提供了方便。

五 道教走向世俗化②

明清之际，道教在上层地位日趋衰落以后便转向民间，走向世俗化③，民间通俗形式的道教活动越来越活跃，并对民间宗教产生了巨大影响。民国时期，前已述及，中国传统文化受到欧风美雨猛烈的扫荡，特别是五四新文化运动，道教与儒释等传统文化成为被批判、被打倒的对象，尤其是道教因被认为阻碍科学进步、导致人们"迷信"而成为重点批判的对象。

即便如此，道教作为世俗化的民间信仰的一部分继续活跃于广大民众之中。如成都青羊宫的老君会（花会），参会的社会各阶层人士每天有三四十万。另据 1924 年 5 月 21 日《申报》报道，5 月 18 日的泰山庙会到会人数 30 万，一部分下层官绅也常常参与。如 1924 年 5 月 12 日《申报》报道，上海松江道院由松江当地军政绅各界发起组织，于 1924 年 5 月 11 日成立，

---

① 卿希泰主编《中国道教史》第四卷，第 466 页。
② 本部分内容参见卿希泰主编《中国道教史》第四卷，第 222~225 页。
③ "世俗化"（Secularization）本是指宗教逐渐由在现实生活中无处不在的地位和深远影响退缩到一个相对独立的宗教领域里，政治、经济、文化等层面逐渐去除宗教色彩。此处"世俗化"是指道教向民间社会生活的渗透。

正午举行开院礼，到场民众甚多，松江县大半有名绅士到场，王司令主祭，所祭祀的神为道教教主老君等多教神灵。①

道教的各种神祠活动在民间十分流行，民国政府为了对此进行限制，于 1928 年 10 月颁布《神祠存废标准》。前已述及，《神祠存废标准》提出，废除之神为：日神、月神、火神、魁星、文昌、五岳四渎、东岳大帝、中岳、海神、龙王、城隍、土地、八蜡（神农、后稷除外）、灶神、风神、雨神、雷祖、电母等，以及淫祠类："张仙、送子娘娘、财神、二郎、齐天大圣庙、瘟神、痘神、玄坛、时迁庙、宋江庙、狐仙庙。"② 这些被废的神祇大多为道教神或与道教联系紧密的民间信仰，但一些被列为废除的道教民俗神——城隍、财神等仍受到人们普遍信奉而香火旺盛。

民国时期，道教对民间宗教仍有较大影响，如先天道、混元教、黄天教、在理教、同善社等。这些民间宗教思想主要来自道教，其内修都打着道教内丹学之旗帜。不仅如此，民国时期还有很多乩坛，主要崇奉道教神，大多通过乩传丹经口诀而进行内丹修炼。这些民间宗教、坛门成为民国时期道教信仰以及内丹学在民间社会流行的一大助力。

六　道教徒积极投身抗日活动

民国时期，道教徒继续弘扬爱国爱教传统，支持共产党领导的新民主主义革命斗争，特别是当日本军国主义者疯狂进行侵华战争期间，一些道教徒响应共产党的号召，支持抗日军队，参加各种形式的抗日救亡活动，有的甚至为此而英勇献身。如 1931 年春夏之交，红三军军长贺龙率部进驻武当山，武当山道总徐本善等全体道众夹道欢迎，主动把紫霄宫父母殿和西道院让出，作为红三军司令部和后方医院的驻地。徐本善还派道医水合一等人为伤员治疗；当红三军撤离武当山后，徐本善率领王教化等人把留下的红军伤员治愈后，帮他们化装成香客、道士后顺利归队。徐本善还曾协助红三军截取了国民党五十一师准备进攻武当山的三船军火，以补充红三军急需的枪支弹药。红三军转移后，徐本善也因此遭国民党军队杀害。③

---

① 卿希泰主编《中国道教史》第四卷，第 223 页。
② 中国第二历史档案馆编《中华民国史档案资料汇编》第五辑第一编文化（一），第 501～504 页。
③ 卿希泰主编《中国道教史》第四卷，第 436～437 页。

1937 年 4 月 23 日，中国工农红军西路军左支队在李先念、程世才等率领下来到甘肃省安西县的戈壁滩上的蘑菇台子道观，该观的郭元亨道长得知红军是为劳苦大众打天下的部队，便倾其所有，帮助处于绝境中的红军。西路军走后，郭元亨道长也因此被马步芳部队抓起来，被打得遍体鳞伤。①

1937 年秋，日军入侵杭州，杀人放火，奸淫掳掠，百姓无衣无食，在死亡线上挣扎。杭州玉皇山福星观住持李理山道长见此惨景，毅然决定停止观里的宗教活动，开放紫来洞，收容难民 1700 多人。为了解决难民生活问题，他一再冒险下山，穿过敌军封锁，到市里的国际红十字会请求帮助，并把救济粮运送回山。为解决开支经费紧缺的难题，他又派弟子吕宗安道长到上海武定路创建玉皇山福星观上海分院，积蓄香资来供难民的开支。后因战事渐平，难民纷纷下山谋生，该难民收容所维持了一年多时间后结束。②

1938 年 6 月，陈毅、粟裕奉命率领新四军挺进苏南敌后，建立以茅山为中心的苏南抗日根据地。以茅山乾元观老当家惠心白道长等为首的各宫院道教徒纷纷以各种形式参加抗日救国：有的道教徒直接参加了新四军，有的给新四军带路，还有的抬担架、搜集情报、照看伤员、备粮筹款等。新四军转移后，日军对茅山进行了残酷的报复性扫荡，惠心白等数十名道士惨遭杀害，为国捐躯。③

地处抗日大后方的四川道教界也积极地参与抗日救亡活动。1938 年，常道观住持彭椿仙从该庙及上清宫、建福宫、园明宫四庙每年的收入中提取若干经费补助应征壮丁家属，并拟定优待出征壮丁家属办法五条。政府颁"好义急公"匾予以嘉奖。④

1940 年 8 月 30 日至 9 月 1 日，彭椿仙联合青城山其他道观住持与时住建福宫的国民政府主席林森商议后决定，为超荐抗日阵亡将士，做法事三天，并请真心庵当家道士为主坛。法事结束后，林森主席付给坛用 240.5元，还给彭椿仙住持石章二方、王孙治印。⑤ 此外，青城山建福宫在祀广成

---

① 卿希泰主编《中国道教史》第四卷，第 438~439 页。
② 卿希泰主编《中国道教史》第四卷，第 439 页。
③ 卿希泰主编《中国道教史》第四卷，第 440~441 页。
④ 易心莹：《四川省道教志》1962 年 11 月 26 日手稿，第 105 页；另参王纯五主编《青城山志》，四川人民出版社，1998，第 211 页。
⑤ 林森：《峨眉青城纪游》，台湾"中央"文物供应社，1966，第 106~109 页。

子殿的神龛前，设置了"抗日阵亡将士之灵位"的牌子。

四川道教徒进行军事训练以备战。1937 年农历十月初四，四川省灌县道教徒组织军事训练队，队部主任：王伏阳、骆玉书、彭至国；职员：庶务康理怀，书记何诚亮；军事教官：李阳明、杨鉴之；国术教官：甯理正、张志清；学科教员：赵庶咸；道教教员：魏松霞；班长：孙良佳、尚青陵；队员计共 104 人。①道教徒的军事训练队的目的正如王伏阳主任训词中说的，自 1931 年起日本帝国主义入侵，民族危机日益深重，现中国处在朝不保夕的危险境地，我们道教徒不能坐视祖国的沦坏；道众要和大家一致联合起来，实行军事训练，努力军备，唯有奋斗抗战到底，才能打倒日本强盗，所以军事训练势所必需。② 1938 年 3 月，彭县道士徐光明、左海方、孟宗圣（常汇款回彭县给其师尹理俊）以及康仲之、唐远棣（后曾回庙 1 次）卸掉道装，削发入伍，出川抗日。③

上述几个事例，已足以表明现代中国道教徒众支持人民正义斗争，反对外来侵略，这种爱国主义精神，是中华优秀传统文化的组成部分。

结　语

综上，中华民国建立，封建帝制被推翻，但国内军阀战争连连，加上日本帝国主义侵华给中华民族带来的巨大灾难，导致了民国经济长期停滞，人民群众生活在水深火热之中。五四新文化运动时期儒道传统文化受到来自西方科学等思想的大力挞伐，加上非宗教运动、反迷信运动、庙产兴学运动等亦导致道教更加衰微。

庙产兴学运动导致道教庙产大量流失，为了保护庙产，适应现代社会，道教界有识之士组织了道教会。道教界应国民政府要求开展服务社会活动，兴办慈善事业，尤其是办学校。陈撄宁、易心莹等著书立说，通过报刊宣扬道教文化。教外知识分子许地山等人也开展道教史、《道藏》经典等研究，使道教文化进入现代学术视野。同时，道教界还增补和编纂了《重刊道藏辑要》《道藏精华录》等道教丛书，印行了明版《道藏》涵芬楼影印本。民国政府实行政教分离，道教文化亦受到知识界的猛烈批判，但道教

---

① 易心莹：《四川省道教志》，第 103～104 页；另参见《四川省志·宗教志》，第 56 页。
② 易心莹：《四川省道教志》，第 104 页。
③ 易心莹：《四川省道教志》，第 105 页。

信仰日益走向民间，作为民间信仰的一部分，仍然活跃于广大民众之中，甚至一些地方军政绅人士亦参与其中。民国时期道教徒还发扬道教爱国的光荣传统，支持人民的正义斗争，积极地参与抗日战争，武当山道总徐本善、茅山乾元观惠心白等道长还献出了自己的生命。

第二章　民国道教内丹学形成的思想渊源 *

内丹学自唐末五代兴起，历经宋、元、明、清的发展，形成了钟吕派、南宗、北宗、东派、西派、中派、三丰派、伍柳派等主要派别。综观内丹学千年的发展史，内丹学的基础理论及功法已经成熟，伍柳派的出现就是其标志；宋代以来内丹学发展的每一步还深受"三教合一"思潮的影响。这是民国道教内丹学形成的思想渊源。

第一节　内丹学之性命论

一　道化性命论

道教主张人是由道所化生的。在道教看来，"道"既是最高信仰，又是天地万物的本源。一切有情无情，都是由道所化生的。如《太平经》说："元气乃包裹天地八方，莫不受其气而生。"[1] 亦说："六极之中，无道不能变化。元气行道，以生万物，天地大小，无不由道而生者也。"[2] 意谓：天地万物皆由元炁行道而生。《道德真经广圣义》说："人之禀生，本乎道气。"[3] 又说："道，通也，通以一气生化万物，以生物故，故谓万物之母。"[4] 这是说，人与万物都是为道所化生。可见，人的阴阳性命是由道凭气所化生的。显然，道教的宇宙观继承了汉代哲学"气"化宇宙观和生命观以及《道德经》气宇宙生成论。

---

* 本章内容参见丁常春《伍守阳内丹思想研究》（巴蜀书社，2007）、《道教性命学概论》（社会科学文献出版社，2013）相关内容。

[1] 王明：《太平经合校》，中华书局，1960，第78页。

[2] 王明：《太平经合校》，第16页。

[3] （唐）杜先庭：《道德真经广圣义》，《道藏》第14册，文物出版社、天津古籍出版社、上海书店，1988，第519页。

[4] （唐）杜先庭：《道德真经广圣义》，《道藏》第14册，第334页。

内丹学亦主张人是由道所化生的，道是凭借炁来化生人的，其过程为：道→元炁→阴阳→人（万物）。如张伯端说："道自虚无生一气，便从一气产阴阳。阴阳再合成三体，三体重生万物昌。"① 意谓：道于虚无时化生先天一气，此气又产生阴阳二气，阴阳二气冲和而化生万物。伍守阳指出，道就是凭借精、炁、神化生人；道即虚无，虚无中产生先天一炁；此先天炁静极而动，动极而静，于是产生阴阳二气；阴阳二气相交遂生人，可见人之阴阳性命由道所化生，人身是一"小天地"，天人同构。② 伍氏在这里把理学的宇宙生成论和《道德经》的宇宙生成论相结合来论证人所以得生之理。

道要历经三次变化才能化生人。伍守阳指出，第一次变化是指父母初交，二炁合为一炁而成胎。此时只有先天一炁，没有神与炁的区分；因为这时母胞胎中还没有呼吸元神。第二次变化是指母亲怀胎十月，有炁为命，有神为性，而出生。第三次变化是指出生后长到十六岁，识神全，精炁盛，炁动于命根，神驰于外，炁化为精。③

显然，上述道化生人的思想是从内丹学的视角对老子《道德经》（王弼注本）中"道生一，一生二，二生三，三生万物。万物负阴而抱阳，冲气以为和"思想的新诠释。

有的内丹家却把上述道化生人的过程描述为：虚化神，神化炁，炁化形，形生人及万物。如陈致虚说："是皆不外神气精三物。是以三物相感，顺则成人，逆则成丹。何谓顺？一生二，二生三，三生万物。故虚化神，神化炁，炁化精，精化形，形乃成人。"④ 意谓：顺则成人的过程为虚化神，神化炁，炁化精，精化形，形乃成人；也就是"一生二，二生三，三生万物"的过程。这是袭取谭峭《化书》之虚、神、炁、形互化的思想。谭峭《化书》曰："道之委也，虚化神，神化炁，炁化形，形生而万物所以塞也。"⑤

而逆则成仙——仙道的过程为：精、炁、神（三）→神、炁（二）→元神（一），一复还为虚（道）。人道顺生有三次变化，仙道逆成也要经历

---

① （宋）张伯端：《紫阳真人悟真篇注疏》，《道藏》第 2 册，第 944 页。
② （明）伍守阳：《天仙正理浅说》，《藏外道书》第 5 册，第 834~835 页。
③ （明）伍守阳：《天仙正理浅说》，《藏外道书》第 5 册，第 835~836 页。
④ （元）陈致虚：《金丹大要》，《藏外道书》第 9 册，第 21 页。
⑤ （五代）谭峭：《化书》，《道藏》第 23 册，第 589 页。

三次变化。如陈致虚说："是皆不外神气精三物。是以三物相感，顺则成人，逆则成丹。何谓顺？……何谓逆？万物含三，三归二，二归一。知此道者，怡神守形，养形炼精，积精化炁，炼炁合神，炼神还虚，金丹乃成。"① 意谓：三（精、炁、神）归二（神、炁），即养形炼精，积精化炁；二（神、炁）归一（元神），即炼炁合神；一复还为虚，即炼神还虚。伍守阳指出，丹道的三关修炼——炼精化炁就是使精返为炁，即人道之三变返到二变；炼炁化神就是使炁炼为神，也就是人道之二变返到一变；炼神还虚，即使神还为虚，也就是人道之一变返回到虚无。② 由此可见，人道与仙道之间是顺逆关系，而且还一一对应，此即所谓"顺则成人，逆则成仙"。要言之，就神、炁、精的分与合而言，人道与仙道存在着一顺一逆的对应关系。

有的丹经把上述过程概括为：形化精，精化气，气化神，神化虚。如《性命圭旨》曰："道生一，一生二，二生三，三生万物；此所谓顺去生人生物。今则形化精，精化气，气化神，神化虚；此所谓逆来成仙成佛。"③ 意谓：逆则成仙的过程，就是形化精，精化气，气化神，神化虚。这亦是袭取谭峭《化书》之虚、神、炁、形互化的思想。谭峭《化书》曰："道之用也，形化炁，炁化神，神化虚，虚明而万物所以通也。"④

此外，元代以来的内丹家还用理学的宇宙生成论解释丹道原理，即无极太极→阴阳五行→万物化生。周敦颐《太极图说》提出理学的宇宙生成论：从无极而太极，分阳分阴，再生五行、万物。众所周知，这是受到道教陈抟《无极图》的影响而产生的。内丹家却据此论解释人道为：无极而太极→阴阳动静→五行四时→万物化生（人）；丹道为：万物→五行→阴阳→太极本无极。李道纯提出，无极而太极，就是虚化神；太极一动一静，阴阳二炁生，就是神生炁；炁聚则生精；精化而有形，即精炁相生而性命身心形成；精炁藏于肾；神藏于心。⑤ 这就是"顺则生人"的法则。张三丰亦持此论，他提出道生天地及万物，统无极，生太极。道化生人的过程为，父母开始孕育生命之时，一股灵气投入胎胞之中，此时为太极；太极动而

---

① （元）陈致虚：《金丹大要》，《藏外道书》第 9 册，第 21 页。
② （明）伍守阳：《天仙正理浅说》，《藏外道书》第 5 册，第 836 页。
③ 《性命圭旨》，《藏外道书》第 9 册，第 523 页。
④ （五代）谭峭：《化书》，《道藏》第 23 册，第 589 页。
⑤ （元）李道纯：《全真集玄秘要》，《道藏》第 4 册，第 530 页。

阴阳交媾，乾道成男，坤道成女；当男女交媾之初，男精女血结成胎。此后父精藏于肾，母血藏于心；十个月时人形已长全，出生；刚出生之人的性命是真性、真命。[①] 逆则成仙，张三丰指出：人是由天地、父母所生育，含有阴阳动静之机，具有造物之玄理；人能体会此生身之道，顺而用之，则子子孙孙无穷繁衍下去；逆而用之，则成仙成圣。[②]

二　性命内涵论

内丹学主张，性即神，命即炁。《重阳立教十五论》云："性者，神也。命者，气也。"[③] 炁藏在肾，神藏在心。如伍守阳说："有心，即其有性之元；有肾，即其有命之元。神已因藏之于心，炁已因藏之于脐。神即性，是心中所有，固不离于心；炁即命，是肾中本有，固不离于肾。"[④] 命在丹经中通常是炁和精的代称。精炁本是同一个东西，因为精由炁化。如陆西星说："性则神也，命则精与气也。"[⑤] 元炁在丹经里被比喻为婴儿、坎男、夫、彼、金、铅等，神通常被比喻为姹女、离女、妇、妻、我、汞、砂等。神炁是心肾中的两个东西。

内丹学提出，精炁神有先天、后天之分。内丹家主张，先天精炁神是指人未有此身时就已经存在，后天精气神是人出生后才有的。如刘一明说："精炁神而曰元，是本来之物。人未有此身，先有此物。"[⑥] 后天精炁神，即交感精、呼吸气和思虑神，是人出生后而产生的。修道的关键是明白先后天精、炁、神的内涵、属性、作用以及相互之间的关系。

就先后天之神的内涵、属性和作用来说，内丹家主张，先天之神，即元神，是人的元性、心中的真性；后天之神，即识神、思虑之神，是元神逐境驰外而成的。元神的属性是有变化、有神通之物，且极易逐境驰外而成识神。如伍守阳说：元神变化无穷，神通广大，出入无时无刻。元神有时出，使眼、耳、鼻、舌、身、意沉溺于色、声、香、味、触、法而不知返；有时自己产生色、声、香、味、触、法之境，把眼、耳、鼻、舌、身、

① 《张三丰先生全集》，《藏外道书》第 5 册，第 465 页。
② 《张三丰先生全集》，《藏外道书》第 5 册，第 466 页。
③ 《重阳立教十五论》，《道藏》第 32 册，第 154 页。
④ （明）伍守阳：《天仙正理浅说》，《藏外道书》第 5 册，第 835~836 页。
⑤ （明）陆西星：《玄肤论》，《藏外道书》第 5 册，第 363 页。
⑥ （清）刘一明：《修真后辨》，《藏外道书》第 8 册，第 495 页。

意牵扯进来，从而使其身心俱疲。①

而识神是没有神通变化之物，使元精变为后天之精。内丹修炼中只用元神，元神在内丹修炼的全过程中始终起主宰作用。如伍守阳说：性命双修是由元神主宰；在命功阶段，元神主宰炁而化炁，即以性配命来修；在性功阶段，用元炁化神，即以长生之命配性来修。② 可见，命功、性功都离不开元神。就先天炁、后天气的内涵、属性和作用来说，内丹家主张，先天炁是元炁，即肾中真阳之精；后天气是呼吸之气。元炁是先于天而有，即道炁。而呼吸之气是后于天而有。呼吸之气是往来不穷的。凡人才有呼吸之气，而真人没有呼吸之气。

元炁是金丹之母，长生之本。如伍守阳说："炁者，先天炁，即肾中真阳之精也。人从此炁以得生，亦修此炁而长生，唯用修而得长其生，故称修命。"③ 但内丹修炼也要用后天之气，因为"有元炁，不得呼吸，无以采取、烹炼而为本。有呼吸，不得元炁，无以成实地长生转神入定之功。必兼二炁，方是长生超劫运之本也"④。可见，先天炁、后天气并用才是长生超劫运之本。搞清楚这点是修仙之关键。如伍守阳说："吕祖得先天炁、后天气之旨而成天仙也。纯阳真人初闻道，而未甚精明，及见《入药镜》云'先天炁，后天气，得之者，常似醉'之说而后深悟成道，故其人自诗云：'因看崔公《入药镜》，令人心地转分明'是也。"⑤ 意谓：吕祖因先天炁、后天气之用搞明白了，而后彻悟成道。

关于先天炁的真假，伍守阳指出：当内丹修炼之人达到虚静极致的时候，心里没有一毫念虑，也没有觉知一念，此正是真的先天真境界，即佛教所说"不思善，不思恶"时；如果遇到混沌初分，真性开始觉知，真炁开始呈现，这就是真的先天之炁。⑥ 此外，先天炁是藏在炁穴，虽有动的时候，依然是无形依附于有形；当要用时炁开始呈现而立即被觉知，此炁还未变成后天精，即没成为有形的后天精，所以说是真的先天炁。⑦

内丹家还指出先天元精实质就是先天元炁。如陈虚白说："本根之本，

① （明）伍守阳：《天仙正理直论》，《藏外道书》第 5 册，第 812 页。
② （明）伍守阳：《天仙正理直论》，《藏外道书》第 5 册，第 779 页。
③ （明）伍守阳：《天仙正理直论》，《藏外道书》第 5 册，第 777 页。
④ （明）伍守阳：《天仙正理直论》，《藏外道书》第 5 册，第 786 页。
⑤ （明）伍守阳：《天仙正理直论》，《藏外道书》第 5 册，第 786 页。
⑥ （明）伍守阳：《天仙正理直论》，《藏外道书》第 5 册，第 786~787 页。
⑦ （明）伍守阳：《天仙正理直论》，《藏外道书》第 5 册，第 787 页。

元精是也。精即元炁所化，故精炁一也。"① 伍守阳亦说："在虚极静笃时则曰先天元炁，及鸿蒙将判而已有判机，即名曰先天元精，其实本一也。"② 这就是说，先天元炁向外动欲化为后天，是时即为先天元精；元精与元炁本来是同一个东西。先天元精就是小药。后天之精即交感之精，它是先天元炁触色流形，变而为后天有形之精。交感之精是有形的，是无神通、变化之物，故不可用。

内丹家主张，精、炁、神之间又是相互作用、相互依存的。由于精在炁中，元精与元炁本是一，所以内丹修炼其实只是用神炁。可见，精、炁、神三者之间实质上就是元炁与元神之间的关系。元炁与元神之间的关系是：炁依神则能化炁，神依炁则能化神。先天炁即真阳之精，是长生之本。世人耗尽此精炁，则命丧；返还得此精炁，则能长生。但元炁必须要元神来驾驭，元精才能返还为元炁。如果没有元神主宰元炁，便不得真长生之元炁。故元神是修长生之主。然而元神需要元炁来定根基，因为如果不长凝神入于炁穴，则神随时会落入空亡，不能长住，故无法长生久视。

第二节　内丹学之鼎器、药物和火候论

内丹学认为，鼎器、药物和火候是丹道性命修炼的三个要件。内丹清修派、双修派都这样认为，但对鼎器、药物、火候的内涵却有不同的界定。

一　鼎器

鼎器，是"鼎"和"炉"的简称，此名仿自外丹。内丹学认为，内丹修炼工夫的关键之一，是辨清人身何处是"鼎炉"。如伍守阳指出，鼎器是炼精化炁、炼炁化神的重要因素，因为用火候为烹炼，必有鼎器为封固；同时亦是神凝精炁所归之处。③

鼎器有许多异名，陈虚白指出，其异名有"太极之蒂、先天之柄、虚无之宗、混沌之根、太虚之谷、造化之源、归根窍、复命关、戊己门、庚辛室、甲乙户、西南乡、真一处、中黄房、丹元府、守一坛、偃月炉、朱

---

① （元）陈虚白：《规中指出》，《道藏》第 4 册，第 389 页。
② （明）伍守阳：《天仙正理直论》，《藏外道书》第 5 册，第 788 页。
③ （明）伍守阳：《天仙正理直论》，《藏外道书》第 5 册，第 793 页。

砂鼎、龙虎穴、黄婆舍、铅炉土釜、神水华池、帝一神室、灵台绛宫"24种。① 而王道渊提出，鼎器的异名有"天心、玄关、土釜、黄庭、黄房、中宫、灵台、蓬壶、鄞鄂、铅炉、汞灶、神室、药室、空谷、玄谷、天谷、金谷、规中、命蒂、壶天、虚堂、元宫、玄牝、琼台、紫府、偃月炉、半升铛、戊己门、复命关、庚辛室、甲乙户、西南乡、神炁穴、朱砂鼎、守一坛、龙虎穴、黄婆舍、金刚圈、栗棘蓬"②，共计39个。

就鼎器内涵来说，双修派一般主张，鼎为配合修炼的女方，即女鼎，而自己为炉。清修派诸家对此也有不同的界定，主要有以下几种。③

（一）心即炉，肾即鼎

中医学认为，五脏合于五行阴阳之数。心与肾，就五行来说，心属火，肾属水。有鉴于此，内丹家提出，心属火，为神火；肾为水，为真一之水，以神火熏蒸真一之水，即为水火济、龙虎会、坎离交。所以心即炉，肾即鼎。如阳道生说：身心为炉鼎，因为它们是神气依附之所，是内丹工夫施展之地。④ 如何安炉立鼎？阳道生指出，起居要谨慎，"节饮食，调寒暑，省睡眠，收拾身心，惜精、惜气、惜神，使四大安和、神完气壮，则此身心方成炉鼎"⑤，此时才是入药之基。否则炉鼎有弊漏，就不能使用。如果此身是个有弊漏之虚器，小药还没有产生，是时而行火候，则虚阳上攻，正好是自焚其躯。⑥

（二）玄牝是鼎炉

张伯端主张玄牝是鼎器。如张伯端说："要得谷神长不死，须凭玄牝立根基。真精既返黄金屋，一颗明珠永不离。"⑦ 意谓玄牝为鼎炉。何谓玄牝？《金丹四百字》说："要须知夫身中一窍，名曰玄牝。此窍者，非心非肾，非口鼻也，非脾胃也，非谷道也，非膀胱也，非丹田也，非泥丸也。能知此一窍，则冬至在此矣，药物在此矣，火候亦在此矣，沐浴亦在此矣，结

① （元）陈虚白：《规中指南》，《道藏》第4册，第387页。
② （元）王道渊：《还真集》，《道藏》第24册，第101页。
③ 本部分参考了郝勤《龙虎丹道：道教内丹术》（四川人民出版社，1994）的相关研究成果。
④ （明）阳道生：《真诠》，《藏外道书》第10册，第852页。
⑤ （明）阳道生：《真诠》，《藏外道书》第10册，第857页。
⑥ （明）阳道生：《真诠》，《藏外道书》第10册，第857页。
⑦ （宋）张伯端：《紫阳真人悟真篇注疏》，《道藏》第2册，第947页。

胎在此矣，脱体不在此矣。夫此一窍亦无边旁，更无内咎（外），乃神气之根，虎（虚）无之谷，在身中而求之，不可求于他也。"① 意谓玄牝不是心肾，不是口鼻，不是谷道，不是膀胱，不是丹田，不是泥丸，就是玄关一窍；虽为身中一窍，但它又是无形无象、无固定位置的；此窍只在自身中找，而不是在他处找。陈虚白亦主张玄牝为鼎炉，玄牝是身中一窍，气生即窍现，是金丹返还之根，神仙凝结圣胎之地。② 王道渊也主张，鼎器就是玄关一窍，即天心。玄关一窍"在人身中，肾上心下，肝西肺东，不偏不倚，独立虚空，非内非外"③，为元始之宗。

（三）黄庭即鼎，炁穴即炉

《青华秘文》主张，黄庭即鼎，炁穴即炉。《青华秘文·炉鼎图论》提出，黄庭即鼎，炁穴即炉；黄庭正在炁穴上，炁入黄庭而封固之，行火烹炼，故有此炉鼎。④

（四）丹田是鼎器

伍守阳主张，丹田即鼎器。他提出，神炁复归丹田，神炁有铅汞之喻，丹田就有鼎器之喻。鼎器的实质就是炼精、炁、神之处所。⑤

（五）内鼎、外鼎论

鼎器亦有内鼎、外鼎说。陈致虚主张，内鼎即下丹田，在脐下三寸；外鼎即玄牝、玄关。⑥

伍守阳却主张，外鼎是指丹田之形，炼精化炁所用之地；内鼎是指丹田中之炁，是为炼炁化神所用。也就是说内外鼎之分是根据化炁、化神之用而分的。⑦ 伍还指出，炼精化炁时，下丹田是外鼎，神就是内鼎；炼炁化神时，中丹田是外鼎，炁就是内鼎。炼精化炁时，下丹田是神炁归依之处所，下丹田也就是外鼎；而神又为炁所归依，神就是内鼎。炼炁化神时，

① （宋）张伯端：《金丹四百字》，《道藏》第 24 册，第 162 页。
② （元）陈致虚：《规中指南》，《道藏》第 4 册，第 387 页。
③ （元）王道渊：《还真集》，《道藏》第 24 册，第 98 页。
④ （元）陈致虚：《规中指南》，《道藏》第 4 册，第 372 页。
⑤ （明）伍守阳：《天仙正理直论》，《藏外道书》第 5 册，第 793 页。
⑥ （元）陈致虚：《金丹大要》，《藏外道书》第 9 册，第 25 页。
⑦ （明）伍守阳：《天仙正理直论》，《藏外道书》第 5 册，第 794 页。

神炁居中丹田，中丹田就是外鼎；而炁又为神所归依，因为炁定神才能定，所以炁可称内鼎。① 由此可见，炼精化炁是炁归依神，炼炁化神又是神归依炁。神依炁，炁依神，神炁相依，而又依中下丹田的外鼎。

关于炉鼎的要诀，柳华阳指出，鼎炉是随着神炁的变化而异：一是当神炁升到头顶为鼎，以坤腹的部位（丹田）为炉；二是当炼精开始时，精生外驰，必须以神摄之回中宫（丹田），混合神炁，是时，神在炁中，故神为火，炁为炉；三是欲使炁藏伏，唯有神，此时，炁是药，神为炉；四是以形状来说，因为神炁均藏在丹田之中，所以把丹田作调药之炉；五是采药行周天的时候，在炁穴起火，升降首腹之间，所以乾首为鼎，坤腹为炉；乾在上为鼎，坤在下为炉。② 由此可见，有了神炁的升降，便有鼎器之名；没有神炁，便没有鼎器。

伍守阳又指出，鼎器是自己身中本有的，但不可执着为实有，"鼎原无鼎"，鼎器只是喻名；喻名虽多，只不过是借权显实。鼎器在身内，不需要外求；那种在身外安炉立鼎，或以女人为鼎，是误人的。③

此外，鼎炉又有大小鼎炉之分。《性命圭旨》认为，黄庭是鼎，炁穴是炉，此是小鼎炉；乾位是鼎，坤位是炉，此是大鼎炉。④ 小周天炼精化炁用大鼎炉，大周天炼炁化神用小鼎炉。

综上，鼎器的实质就是炼精、炼炁、炼神所归依本根之地。鼎器是随神炁的妙用而变化的，鼎器论实质是论神炁。

二　药物

药物，亦仿自外丹，是指人体中的精、炁、神，此亦称内丹的"三宝"、"三元"或"三奇"。内丹修炼，就是修炼人体中的精气神。如《海琼白真人语录》云："夫人身中有内三宝，曰精气神是也。"⑤《规中指南》说："夫神与炁精，三品上药，炼精化炁，炼炁成神，炼神合道，此七返九还之要诀也。"⑥《金丹大要》曰："圣人言修炼金丹者，炼精气神而已。惟

---

① （明）伍守阳：《天仙正理直论》，《藏外道书》第 5 册，第 794 页。
② （清）柳华阳：《金仙证论》，《伍柳仙宗》，河南人民出版社，1987，第 602～604 页。
③ （明）伍守阳：《天仙正理直论》，《藏外道书》第 5 册，第 793 页。
④ 《性命圭旨》，《藏外道书》第 9 册，第 522 页。
⑤ （宋）白玉蟾：《海琼白真人语录》卷 1，《道藏》第 33 册，第 111 页。
⑥ （元）陈致虚：《规中指南》，《道藏》第 4 册，第 389 页。

此三者，千古之上，万世之下，无以易之。"① 可见，药物是炼金丹的根本。

药物在丹经中有许多异名。王道渊指出，药物的异名有"金精、木液、红铅、黑汞、朱砂、水银、白金、黑锡、坎男、离女、苍龟、赤蛇、金公、黄婆、婴儿、姹女、火龙、水虎、木郎、石女、白雪、黄芽、交梨、火枣、乌肝、兔髓、乾马、坤牛、日精、月华、天魂、地魄、金花、紫芝、金脂、玉液、琼葩、玉蕊、水中金、火中木、阴中阳、阳中阴、黑中白、雄裹雌、青龙脂、白虎髓"②，共计 46 个。

在内丹家眼中，精炁神又有先天、后天之分。先后天精气神的属性、作用及其相互关系如前所述，兹不赘述。

药物又有内药、外药之分。内药、外药之论，清修、双修丹家都有。双修丹家所说外药指从异体（女鼎）得来之药，而清修丹家主张内外药离不开自己一身。这是清修、双修两派关于内、外药说最大的不同。搞清内药、外药之理，是初关炼精化炁、中关炼神还虚中间结合过渡转化之大关键。若内药、外药之理不明，炼丹就如水火煮空铛。

清修派内丹家主张，内药、外药本体是相同的，但作用不同。张伯端主张，内药、外药在本体上相同。如他说："内药还同外药，内通外亦须通。丹头和合类相同，温养两般作用。"③ 李道纯亦主张，内药和外药本体相同，但作用不同；外药用来成就地仙，即了命；内药用来成就水仙（神仙），即了性。④

伍守阳却指出，内外药本质上都是自己身中一点真阳之炁，即先天祖炁。外药即元精，元炁将外驰而不使之发向外，返先天本源，虽从内生，却从外来，称之外药；内药即大药，是炼外药成的金丹。⑤ 由此可见，内药是补足之元炁，是初关炼精化炁之结果；外药是元精，是初关炼精化炁所用之药。

关于称外药、内药之名的缘由，伍守阳指出：外药与内药虽然同是元炁化生，外药初生总是出于身外，故称之外药，这就使修炼者知道采之于外而还于内，而炼成还丹；内药只动于发生之地，不涉及外境，因其不离

① （元）陈致虚：《金丹大要》，《藏外道书》第 9 册，第 16 页。
② （元）王道渊：《还真集》，《道藏》第 24 册，第 101~102 页。
③ （宋）张伯端：《紫阳真人悟真篇三注》，《道藏》第 2 册，第 1010 页。
④ （元）李道纯：《中和集》，《道藏》第 4 册，第 488 页。
⑤ （明）伍守阳：《天仙正理直论》，《藏外道书》第 5 册，第 790 页。

于内，故称内药，这也为了修炼者不至于混求于外，而能采得大药，炼炁化神。① 前人每次注释只说，炁是外药，神是内药，此说不对。②

外药、内药之采法是不同的。如伍守阳说：外药生而后采，内药则采而后生。这再次说明了划分外药、内药之理。③

总而言之，外药是元炁自虚无中返归于鼎内之炁根，此变化虽在逆转一炁，而其主宰是元神，即"神返身中炁自回"之说。炼外药火足药成，方是至足纯阳之炁。是时，炁不再变成阴精，此纯阳之真炁就是内药，即大药。外药、内药本质上都是元炁。外药采之于外而还于内，内药采之于内。外药用来化炁——了命，内药用来化神——了性。

三　火候

火候，亦仿自外丹，是指用人身的"神火"来烹炼鼎器中的"真药物"，炼成内丹。就丹法来说，药物是基础，鼎炉是条件，火候就是方法和实践。

火候是内丹修炼最关键的要素，历来也是最秘密的事情。如《悟真篇》说："纵识朱砂及黑铅，不知火候也如闲。"④ 又说："契论经歌讲至真，不将火候着于文。"⑤ 由此可知，火候向来为内丹家所秘。

丹经关于火候的探讨历来都是详一而略一。如伍守阳就说，丹经历来都是详一而略一，让人很难知火候全貌。这给人的感觉是：不传似亦传之；虽说传之，又似不传。⑥ 王道渊却认为，祖师不是不传火候之秘，而是唯有遇到真正修道之人才传。

火候有不少异名，王道渊提出，其异名有"气中神、阴内阳、二十四气、七十二候、二十八宿、六十四卦、十二分野、日月合璧、海潮升降、三十二天、三十文爻、七十武炼"⑦，共计 12 个。下文就火候的内涵、本质等，概述如下。

---

① （明）伍守阳：《天仙正理直论》，《藏外道书》第 5 册，第 790 页。
② （明）伍守阳：《天仙正理直论》，《藏外道书》第 5 册，第 790 页。
③ （明）伍守阳：《天仙正理直论》，《藏外道书》第 5 册，第 790 页。
④ （宋）张伯端：《紫阳真人悟真篇注疏》，《道藏》第 2 册，第 938 页。
⑤ （宋）张伯端：《紫阳真人悟真篇注疏》，《道藏》第 2 册，第 951 页。
⑥ （明）伍守阳：《天仙正理直论》，《藏外道书》第 5 册，第 810 页。
⑦ （元）王道渊：《还真集》，《道藏》第 24 册，第 102 页。

（一） 火候的内涵

火候是个总称，它其实含有很多的环节，随着炼丹的进程而变，也就是说小周天、大周天都有许多具体环节。伍守阳说："采药之候，封固之候，起小周天之候，进退颠倒之候，沐浴之候，火足、止火之候，采大药之候，得大药服食之候，大周天之候，神全之候，出神之候等皆是。"① 意谓火候有：采药之候，封固之候，起小周天之候，进退颠倒之候，沐浴之候，火足、止火之候，采大药之候，得大药服食之候，大周天之候，神全之候，出神之候，等等。由此可见，火候是总称，有许多具体环节。

（二） 火候的本质

火候本指神驭炁进退之节。如伍守阳说："《真诠》曰：火候本只寓一气进退之节，非有他也。"②

关于火候的本质，伍守阳主张，火候只是"呼吸"二字，此"呼吸"指真人之呼吸，即真息，非凡人口鼻之呼吸。如他说："随机默运入玄玄，达观往昔千千圣，呼吸分明了却仙。此直言说出火候只是呼吸二字。"③ 又说："岂不见陈虚白曰：'火候口诀之要，当于真息中求之。'《灵源大道歌》云：'千经万论讲玄微，命蒂由来在真息。'此又直说出火候只是真息。真息者，乃真人之呼吸，而非口鼻之呼吸。"④ 这就是说火候只是呼吸二字，呼吸即真人之息，即火候本质上只是真息。因此火候口诀之要，当于真息中求之。由此可见，火候的关键是伏气，在炼精化炁时，称为调息；在炼炁化神时，称为胎息。

（三） 周天火候

火候通常又称"周天火候"。内丹家根据"天人同构"原理，认为身中造化法象天地，炼丹时的火符进退与天地间的阴阳消长暗合，所以称为"周天火候"。炼精化炁时称之为"小周天"，炼炁化神时称之为"大周天"。他们仿《参同契》中纳甲法和十二辟卦法论炼丹火候，把年、月、

---

① （明）伍守阳：《天仙正理直论》，《藏外道书》第 5 册，第 796~797 页。
② （明）伍守阳：《天仙正理直论》，《藏外道书》第 5 册，第 800 页。
③ （明）伍守阳：《天仙正理直论》，《藏外道书》第 5 册，第 796 页。
④ （明）伍守阳：《天仙正理直论》，《藏外道书》第 5 册，第 796 页。

日、时与卦爻进行搭配、比附，以此来掌握炼丹进阳火、退阴符之方法。如彭晓在《红铅火龙诀》中，用周易六十四卦除乾坤坎离四卦之外余六十卦、三百六十爻与年、月、日、时相比附，来说明炼丹时的火符进退之方法；一日十二时辰炼丹的火符进退之理，与一年十二个月相通。① 此法就是"攒簇法"，为后世内丹家所遵从。

关于"六十卦喻火候"之内涵，阳道生指出，一天早晚各系一卦，如屯蒙卦，一正一倒看，实际上只是一卦；火候本只是一个火，唯有上下之别，即一气之上下；明白此理，火候之机在我，可以不用卦爻。六十卦中无论是反卦或是对卦，都是说明火候的进退之理。如屯蒙二卦是反卦，以屯卦之本身来说，自初爻至上爻，即如阳火自下升进至于顶。屯卦倒观即为蒙卦，却似从屯之上爻一般如阴符自上而降下，入黄庭。② 可见，火候本只是一个火，但有进阳火（上），退阴符（下）。

关于炼丹时的火符进退如何与天地间的阴阳消长暗合，伍守阳说：六阳用乾，以四九三十六为度，共二百一十有六；六阴用坤，以四六二十四为度，共一百十四，两者相加共三百六十。③ 显然，这是运用《易》的"阳用九，阴用六"思想。周天火候只是一种取喻，是心中妙用，故不可拘泥。

（四）小周天、大周天火候的特点

火候通常分小周天、大周天火候。小周天火候是指炼精化炁的火候，大周天火候是指炼炁化神的火候，所以小周天与大周天火候各有其特点。

小周天火候属于有为之工，而大周天火候属于无为之工。伍守阳说："有作者，小周天也。无为者，大周天也。盖火候行于真人呼吸处，此处本无呼吸，自无呼吸而权用为有呼吸，以交合神炁。"④ 这是说，小周天是有为，因为火候行于真人呼吸处，此处本无呼吸，自无呼吸而权用为有呼吸，以交合神炁。虽是有为之工，但不着相，着相即错。伍又指出，虽属有为，毕竟要合天然自在为妙，不如是则非仙家真火真候，就属外道邪说之火。大周天是无为。因为呼吸本是自己所有，先自外而归于内，则内为有，故

---

① （宋）张君房纂辑《云笈七签》，蒋力生等校注，华夏出版社，1996，第 425～426 页。
② （明）阳道生：《真诠》，《藏外道书》第 10 册，第 856 页。
③ （明）伍守阳：《仙佛合宗语录》，《藏外道书》第 5 册，第 666 页。
④ （明）伍守阳：《天仙正理直论》，《藏外道书》第 5 册，第 797 页。

大周天必欲至于无。虽是无为之工，非不用火，而是行火候之妙于无，不用火即错。①

小周天有为之工的特征为：有时、有进退、有沐浴、有颠倒、有周天度数。以一日计，行十二时小周天火候，子进阳火，午退阴符，卯酉沐浴。伍守阳指出，用子卯午酉四时定小周天火候之真机；六阳时用乾之用而进阳火，至六阴时则用坤之用，颠倒之而退阴符；由于卯酉沐浴，阳时乾策实用一百八十，阴时坤策实用一百二十。② 可见，小周天火候是有进退、有沐浴、有颠倒、有周天度数的。

而大周天无为之工的特征为：无时、无数，为不有不无之文火。伍守阳说："真候者，火候定而空矣。不用小周之九六，不同其颠倒、进退、沐浴等。"③ 意谓：此"真候"指大周天火候定而空；不用小周天火候之九、六爻，不同其颠倒、进退、沐浴等。

要言之，小周天火候有时、有进退、有沐浴、有颠倒、有周天度数；大周天之火，不计爻象，因非有作，温温相续，又非顽无，初似不着有无，终则全归大定。切不可执火为无，以为自了则落小解之果；又不可住火于有，以为常行，则失大定之归。

（五）活子时火候

活子时火候是采取药物火候的关键。活子时是指丹道于一日十二时都有阳生、火生之子时，不要拘泥于夜半之死子时，故称活子时。伍守阳认为，古人或以日喻，或以月喻，或以一年喻，不过借此以明何时起火。④ 伍守阳还提出，丹道中十二时中皆可有阳生、火生之子时，非拘泥于半夜之死子时，故称真活子时。修丹者当于天时中认取丹道当生火之活子时。⑤ 伍守阳还提出，丹道所说的子午、卯酉之时都是虚比，因为炼丹时间的把握，不是要呆板用一天十二时辰，而用心中默运十二时来虚比。⑥

---

① （明）伍守阳：《天仙正理直论》，《藏外道书》第 5 册，第 797 页。
② （明）伍守阳：《天仙正理直论》，《藏外道书》第 5 册，第 799 页。
③ （明）伍守阳：《天仙正理直论》，《藏外道书》第 5 册，第 809 页。
④ （明）伍守阳：《天仙正理直论》，《藏外道书》第 5 册，第 797 页。
⑤ （明）伍守阳：《天仙正理直论》，《藏外道书》第 5 册，第 797~798 页
⑥ （明）伍守阳：《天仙正理直论》，《藏外道书》第 5 册，第 802 页。

第三节　内丹性命双修的基本步骤

内丹修炼的基本步骤，陈抟《无极图》界定为炼精化炁、炼炁化神、炼神还虚三个步骤，这为以后内丹家所宗本。南宋余洞真在《悟玄篇》中首次将这三个步骤称之为三关，即炼精化炁为初关，炼炁化神为中关，炼神还虚为上关。后来的内丹家在三关修炼之前通常又有炼己筑基的入手工夫，在此后又加上炼虚合道一段工夫。"三关修炼"是 16 岁至 64 岁已化精、耗精者修炼之功法，而"童男未化精者之修"则不需初关炼精化炁之工。① 童体已破的修炼者必须先筑基，而后才能炼精化炁、炼炁化神、炼神还虚和炼虚合道。

一　炼己筑基

把炼己作为筑基的入手工夫，钟吕一系的内丹道都持此观点。关于炼己的内涵，历来丹家见仁见智，主要有如下几点。

首先，炼己就是止妄念。陈虚白主张，工夫入手即止念，而止念就是使妄念不生，正念现前，这就是炼己。②

其次，炼己就是炼心。炼心即降伏妄心。王重阳认为，炼己就是炼心，即降伏妄心，使心死，从而使元神呈现。③

再次，炼己就是不贪财色，加强道德修养。如陈致虚说："去色欲，绝恩爱，轻财货，慎德行，四者为炼己之大要。"④

最后，炼己就是制伏元神。伍守阳认为，炼己之"己"即真性、真意，为元神之别名，实质上只是心中之灵性。⑤ 炼己即制伏元神。

筑基工夫，就是补足人体已经亏耗之精炁神，使之达到童体之水准。补亏的原则就是以精补精、以炁补炁、以神补神。也就是用自身的先天之精气神来补。如《悟真篇》说"竹破须将竹宜补"。补亏所需要时间，通常为十年之损需要用一年工夫补之。如《灵宝毕法》说："十年之损，一年用

---

① "童男未化精者"是指男人到十六岁，炁足纯阳，精未泄。
② （元）陈虚白：《规中指南》，《道藏》第 4 册，第 384 页。
③ 《五篇灵文》，《藏外道书》第 25 册，第 671 页。
④ （元）陈致虚：《金丹大要》，《藏外道书》第 9 册，第 27 页。
⑤ （明）伍守阳：《天仙正理直论》，《藏外道书》第 5 册，第 812 页。

功补之，名曰采补还丹。"① 筑基所需的时间随年龄的增长而增加。男性从16 岁算起，每大 10 岁，筑基时间大约就要多用一年。炼已筑基完成的标志，有的主张内以精炁神三全为标志，即精满、气足、神旺，外以目、齿、声三全为标志，即双目炯炯有光，声音洪亮，齿落复生（牙齿健全），因为精满现于牙齿，气足现于声音，神旺现于双眼。也有主张回复到 16 岁未漏精以前童体的生理特征，即所谓"男降白虎不漏精"②。

二 初关炼精化炁

初关炼精化炁又称小周天工夫或子午工夫。就钟吕丹法而言，炼精化炁之工被称为"小乘安乐延年法"。《灵宝毕法》把小乘一法分为四个次第：匹配阴阳第一、聚散水火第二、交媾龙虎第三和烧炼丹药第四。

宋元以来的内丹学认为，炼精化炁通常是以泥丸为鼎，下丹田为炉，元精为药物，用小周天火候进行炼精化炁。这个过程是采、封、炼、止。"采"是指药产生后必须采之归炉的方法；"封"是指采药归炉封固药物于鼎器的方法；"炼"即指用小周天之火烹炼药物，使精化为炁；"止"即"止火"，精尽化为炁——丹熟必须止火，否则火候过而导致走丹。如《悟真篇》云："要知产药川源处，只在西南是本乡。铅见癸生须急采，金逢望后不堪尝。送归土釜牢封固，次入流珠厮配当。药重一斤须二八，调停火候托阴阳。"③ 这就概述了采、封、炼、止之步骤。而伍柳派又加上调药这一步骤，其步骤为：调药，采小药，封固，行小周天之火，止火。

此外，与上述男丹初关工夫不同，女丹是炼血化炁，即"太阴炼形"，亦谓"斩赤龙"。当斩赤龙的步骤完成之后，其他环节的修炼与男性修炼内丹基本相同。

三 中关炼炁化神

中关炼炁化神又称大周天工夫。就钟吕丹法而言，炼炁化神被称为朝元炼炁。如《钟吕传道集·论朝元》说："日月之间，一阳始生，而五脏之气朝于中元；一阴始生，而五脏之液朝于下元；阴中之阳、阳中之阳、阴

---

① 《灵宝毕法》，《道藏》第 28 册，第 353 页。
② 陈兵：《道教气功百问》，今日中国出版社，1989，第 97 页。
③ （宋）张伯端：《紫阳真人悟真篇注疏》，《道藏》第 2 册，第 929 页。

阳之中之阳，三阳上朝内院心神，以返天宫"①，此谓朝元炼炁。《大丹直指》亦说，用纯阳之炁，随日定时（子午卯酉四正时），炼五脏之气，炼至见五方真炁合出本色五气阳神，称为"朝元炼炁"②。

宋元以来，内丹学提出，炼炁化神通常是以黄庭（中丹田）为鼎，下丹田为炉，纯阳之炁为大药，用大周天火候进行炼炁化神。其步骤通常为：采大药，过关服食、封固和行大周天之火。采大药之工，伍守阳主张，大药之生有四类：交感而后生、媒合而后生、静定而后生、息定而后生；采大药有七日采大药之采法。③

过关服食是指采到大药后把它由下丹田迁移到中丹田。于是大药封固于中丹田，是时，就得行大周天火候。大周天通常需要十个月时间，其间阳神阴质消尽，体变纯阳。大周天工夫完成后，应用"迁法"把阳神从中丹田迁至上丹田，于是就进入炼神还虚的阶段。

四　上关炼神还虚

钟吕丹道称上关为"炼神合道"。《灵宝毕法》《钟吕传道集》将炼神合道分为朝元炼炁、内观交换、超脱分形三节工夫，《西山群仙会真记》分炼神合道、炼道入圣两节工夫。《大丹直指》分炼神合道、炼形合道（弃壳升仙超凡入圣）两节工夫。就钟吕丹法来说，炼神合道只讲到出神而止。宋代以来的内丹家认为，炼神合道到出得阳神，这实质上并未能了彻性功，与道合真，于是他们把炼神合道改为"炼神还虚"④。伍守阳却主张，炼神还虚分为两个步骤：先三年乳哺，后九年大定。三年乳哺为成就神仙；九年大定，还虚合道，遂成天仙，但九年大定时已无大道可修，无神可炼，只是强名"末后还虚"。而《性命圭旨》却认为，炼神还虚还不是末后工夫，称"命宗人只知炼精化炁、炼炁化神、炼神还虚而止，竟遗了炼虚合道一段"⑤。炼虚合道才是内丹性命修炼之最后一段工夫，称为"本体虚空，超出三界"，又称"粉碎虚空"或"虚空粉碎"。

柳华阳亦认为"虚空粉碎"是末后工夫。柳氏在《慧命经》中用八幅

---

① 《修真十书·钟吕传道集》，《道藏》第 4 册，第 676 页。
② （金）邱处机：《大丹直指》《道藏》第 4 册，第 399 页。
③ （明）伍守阳：《伍真人丹道九篇》，《藏外道书》第 5 册，第 869~870 页。
④ 参见陈兵《道教气功百问》，第 129 页。
⑤ （明）尹真人弟子撰《性命圭旨》，上海古籍出版社，1989，第 342 页。

修真图概述内丹修炼步骤，其中最后一幅就是"虚空粉碎图"，并说："一片光辉周法界，虚空朗彻天心耀。双忘寂净最灵虚，海水澄清潭月溶。"① 这是说，粉碎了虚空心，即无心于虚空，阳神合于遍布万化、无所不在于大道之中。从此达到"不生不灭，云散碧空山色净；无去无来，慧归禅定月轮孤"② 的境界，即与道同体。因此，上关炼神还虚的程序就变为：先三年乳哺，即先将在中丹田中炼就的阳神迁于上丹田，然后温养乳哺三年，到阳神始能老成。次九年大定（面壁还虚），最后炼虚合道。

第四节 "法财侣地"说

内丹学主张，在修性命工夫之前，修炼者通常要具备"法、财、侣、地"。"法、财、侣、地"是性命双修的外部条件，也是必要条件，道教内丹清修派、双修派诸丹家都极为重视它们。

"法"，就是内丹性命双修之"真法"，即性命双修的正确的方法和技术。由于内丹家遵从"天机"（真法）不可泄露，丹法不能妄传匪人，所以丹法历来都是秘传，丹经也不"成段诀破"，且晦涩难懂，因此"法"的寻求和学习便显得既神秘又难得。如张伯端说："仆自己酉岁于成都遇师授以丹法。当年主公倾背，自后三传非人，三遭祸患，皆不逾两旬。近方追忆师之所戒云：异日有汝解缰脱锁者，当直授之，余皆不许……是天意秘惜，不许轻传于非人，而仆不遵师语，屡泄天机，以有其身故每膺谴患，此天之深诫。"③

内丹修炼的关键在于口诀，而口诀必须要仙师亲口传授了才能知晓，绝不是看了书上所写就可以明白的，所以说"得诀归来好看书"。如吕洞宾《真经歌》曰："人人纸上寻文义，喃喃不住诵者多。持经咒，念法科，排定纸上望超脱。若是这般超生死，满地释子成佛罗。"④ 意谓：不可从纸上文字寻意义，也不能靠纸上所说来超脱。伍守阳还指出，理可以从书（丹经）中求，修炼之事不可按书上来做。丹经只能用来引进真师，或印证师

---

① （清）柳华阳：《慧命经》，《伍柳仙宗》，第 403 页。
② （清）柳华阳：《慧命经》，《伍柳仙宗》，第 403 页。
③ （宋）张伯端：《紫阳真人悟真篇注疏》，《道藏》第 2 册，第 968 页。
④ 《吕祖全书》，《藏外道书》第 7 册，第 120 页。

言。内丹修炼必须要真诚参师学道方可。①

　　既然真仙师所传的"法"才是"真法"，所以求"法"就是找真仙师。但真仙师通常不是靠自己找到的，而是真仙师自己来挑选人作为弟子。

　　真仙师选择弟子都是有严格条件的，只有具备"仙佛种子"的人才传道于他。可见，求真师真诀不是一厢情愿的事，而是真师认为求法者符合条件才会收为徒并传授真诀。伍守阳指出，真师择徒的标准主要为：弟子本人及祖宗历代积德循道，称之有根基，即"仙佛种子"；不传那种祖宗及自身无德行且轻视道的人；不传有恶念及做过恶事的人；不传空谈而心不实悟的人；不传执着却病坐功而欲学之以求成仙的人；不传视仙道等同于房中术，以女人为鼎，认为淫媾可成仙的人；不传开始勤奋而最终懈怠的人。②

　　由此可见，真仙师择徒的条件就是要求求法者必须是全德、志坚之士。"全德"是指"全五伦之德"，五伦就是指君臣、父子、兄弟、夫妇、朋友；五伦之德指孝悌忠信、礼义廉耻、仁慈智勇、节烈贞良；真正践行了五伦之德，即所谓"全五伦之德"③。"坚志"是指真心实意地亲近师父，一心学道，具备弟子之威仪，做弟子分内的事，不违反师父所说，不犯道教戒律，不违法，时时切问近思，一有所闻，便求实悟，不肯虚度光阴，不敢虚负圣教，这种人才能称之为"志坚"者。④

　　求法者不仅要使自身具备仙种子的素质，而且要能够辨别真假仙师，才能求得真法。如何辨别世上的假仙师呢？陈致虚提出，要以对《参同契》《龙虎经》《悟真篇》三书的内容了解程度来甄别师之真伪，凡问此三书内容无所不知的人，是真师，而妄谈附会之人是假师。⑤

　　寻求真师难的主要原因，伍守阳指出是，求法之人，虽邂逅真师，不能辨邪正而难以相信，这属认道不真；平日又不曾交往，不知其有无道德，是邪是正，而不敢轻易相信。⑥

　　"财"，是指行内丹修炼工夫所需要的资金。内丹修炼所需的食品、静

---

①　（明）伍守阳：《天仙正理直论》，《藏外道书》第 5 册，第 831 页。
②　（明）伍守阳：《天仙正理浅说》，《藏外道书》第 5 册，第 854 页。
③　（明）伍守阳：《天仙正理浅说》，《藏外道书》第 5 册，第 853 页。
④　（明）伍守阳：《天仙正理浅说》，《藏外道书》第 5 册，第 853 页。
⑤　（元）陈致虚：《金丹大要》，《藏外道书》第 9 册，第 7 页。
⑥　（明）伍守阳：《天仙正理浅说》，《藏外道书》第 5 册，第 853～854 页。

室等生活必需品需要钱财置办。再者，内丹修炼所需的护法之人，也需要给工钱，当然提供钱财之侣除外。提供钱财之侣就是指得法者以法易财，所得护法之人。内丹家称之为"法财两济"。内丹修炼所花时间长，花费亦大，所以财历来是内丹家所苦恼之事。但与择侣相比，求财不算难。内丹修炼者求财助道，或以自己家资变卖而得，或以知音外护出财助道而得。如伍守阳说："求财助道者，或以自己家资变易而得，或以外护出财助道而得，何难？"①

"侣"，是指内丹修炼时的外护道侣，即知音外护，也就是能苦心修德、诚心向道者的真同志。陈致虚指出，得法之后，必须先找到知音道侣。知音道侣与修炼者相互规检，匡正谬误，共同成道；或者是善良道侣未闻道，财却有余，宜进行交易而两相成事，此即"法财两济"。②

知音外护的主要作用：一是提供财势支持；二是性命双修时需要外护道侣给予修炼者以各个方面的照顾，如可谈玄论道，相互切磋，有心腹事亦可相托付，还有入室兴功时间的把握、出现危险时给予必要的帮助以及防闲杂人来惊扰元神等。

与求财相比，择外护同志更难。伍守阳认为，由于人品不同，有十类人是假心学道的，其表现在：有的人德行虽符合学道之要求，但修道之心不专一；有的人志向上虽欲成为神仙，但德行不足；有的人开始虽勤勉，但最后则懈怠；有的人初次遇到真师，以一杯茶招待真师，便问如何修成黄芽，以杯酒给真师饮，便问如何修到"了手"；有的人出于猎奇之心，只图知道，而不行道；有的人只图博闻，却自夸为能士；有的人诈言医士学谈道，而涉猎却病旁门的小坐功；有的人本来志向就不是真心学道，但借学道之芳名而暗地里行不道之事，如说用女子为彼家，实际上欺骗人家女子，行奸淫之事，或称能炼丹服食而不死，能点金银如山之多，实际上是为了骗取人家的金银本钱；有的人口称学道、知道、行道，而实际上不学道、不知道、不行道；有的人既想修仙，又对父母妻子的恩爱不能尽舍，结果俱失。除此之外还有，共同修道的人未必出于同一家庭或同乡，彼此素不相识，只是得法之后想访友、访弟子来护道，由于素不相识，选择合适的人较难。另外还有，对外护同志的德行上不善的方面由于接触的时间

---

① （明）伍守阳：《天仙正理浅说》，《藏外道书》第 5 册，第 851 页。
② （元）陈致虚：《金丹大要》，《藏外道书》第 9 册，第 8 页。

短而不了解，对其隐藏在内心深处的邪恶之念由于一面之交而难以觉察；对其祖父辈之所种下的恶基也无远见之明。①

"地"，是指选择宜于内丹修炼的地方，即求福地。道教中的洞天福地就是炼性命双修工夫的理想地方。内丹诸派都非常重视选择修炼之地。修炼地点的选择是依据修炼阶段的不同而不同的。内丹双修派主张既在闹市中修行，也要隐修洞天福地，如《金丹大要》曰："小隐山中大隐廛，廛中造化妙玄玄。凡人未得廛中说，莫入深山隐洞天。"② 意谓：先大隐闹市，后小隐洞天。又云："未炼还丹莫入圜，丹头多在闹林间。婴儿姹女一欢会，却向关中养大还。"③ 意谓：炼炁在闹市，养神在静处。内丹清修派诸家主张，炼己在尘俗，炼炁、炼神必须在洞天福地。如《悟真篇》说："须知大隐居廛市，何必深山守静孤。"④ 意谓：炼己在闹市。张三丰提出，"炼己于尘俗"，但"养气于山林"。⑤ 因为炼龙虎大丹，不能听到鸡犬之声，不能有闲杂人来惊扰元神。

在内丹家眼中，福地通常指，第一，诸小山不是福地，因为无正神为主，多是精、鬼等，它们不令人作福，但能作祸；而华山、泰山、霍山、恒山、嵩山、太白山、终南山、王屋山、潜山、青城山、峨眉山等诸山有正神在其中，若有道者登而居之，则山神助福。⑥ 第二，福地还指无兵乱，不会被豪强侵占，不会招致盗贼来扰，不临近往来的要冲；而又要临近城市，易于获得饮食之需；还得远离树林，不受鸟、风的噪声干扰。⑦

第五节 内丹学之三教合一论

宋元以来的内丹学都打上了三教合一思想的烙印。内丹家纷纷融儒佛入丹道，都高唱三教合一。钟吕丹道一系的两大派，无论张伯端所开启的内丹南宗，还是王重阳开创的全真道内丹北宗，都把儒佛融入丹道。但内丹家是站在本教立场上，对儒佛二教采取"拿来主义"，融摄和会佛儒二教

---

① （明）伍守阳：《天仙正理浅说》，《藏外道书》第 5 册，第 851~853 页。
② （元）陈致虚：《金丹大要》，《藏外道书》第 9 册，第 48 页。
③ （元）陈致虚：《金丹大要》，《藏外道书》第 9 册，第 48 页。
④ （宋）张伯端：《紫阳真人悟真篇注疏》，《道藏》第 2 册，第 924 页。
⑤ 《张三丰先生全集》，《藏外道书》第 5 册，第 471 页。
⑥ （明）伍守阳：《天仙正理浅说》，《藏外道书》第 5 册，第 849~850 页。
⑦ （明）伍守阳：《天仙正理浅说》，《藏外道书》第 5 册，第 850 页。

思想中与自己相通相近之点。

一 三教皆性命之学

六朝时期，三教中就有人倡导三教合一，但着重于儒道佛三教的社会教化作用，即认为三教在"导民向善"的社会作用上旨归一致。是时，道教开始提倡"三教一致"；至隋唐五代时期，"三教融合"全面展开，但道教尚未明确喊出"三教一家""三教合一"的口号；到北宋，张伯端才从内丹修炼的角度第一次明确举起了"三教合一"的旗帜。① 从此以后，历代的内丹家皆高唱"三教合一"，纷纷融儒佛入丹道。

但宋代以来，内丹家主张三教合一，着重于三教义理同源，即都源于"道"。如王重阳《金关玉锁诀》曰："三教者不离真道也，喻曰：似一根树生三枝也。"② 意谓：儒道佛三教如道这棵树上所生的三个枝。《重阳全真集》卷一之《孙公问三教》云："儒门释户道相通，三教从来一祖风。"③《永学道人》曰："心中端正莫生邪，三教搜来做一家。义理显时何有异，妙玄通后更无加。"④ 这是说，儒道佛三教教理相同。谭处端《水云集》卷上《三教》云："三教由来总一家，道禅清静不相差。仲尼百行通幽理，悟者人人跨彩霞。"⑤ 意谓：三教是一家，义理相同。白玉蟾说："夫修炼金丹之旨……炼形以养神，明心以合道，皆一意也……以此理而质之儒书则一也；以此理而质之佛典则一也。所以天下无二道也。"⑥ 意谓：儒释道三教一理。

三教义理都源于道，在人来说就是性命本原。张伯端主张，三教皆性命之学。道佛用性命学教人修炼以逃生死。佛教以空为宗，如果顿悟圆通则直超彼岸；道教凭借炼养而即身成仙；儒教主张穷理尽性以至于命，但鉴于序正人伦，施仁义礼乐之教，故微言性命。可见教虽分三，皆是讲性命之道；三教学理，皆出于仙佛圣贤心性实证之"道"。⑦

陈致虚主张，三教都讲性命双修之道。如他说："孔子与佛皆明此道，

---

① 参见卿希泰主编《中国道教思想史》第三卷，第483页。
② （金）王重阳：《重阳真人金关玉锁诀》，《道藏》第25册，第802页。
③ （金）王重阳：《重阳全真集》，《道藏》第25册，第693页。
④ （金）王重阳：《重阳全真集》，《道藏》第25册，第696页。
⑤ （金）谭处端：《水云集》，《道藏》第25册，第849页。
⑥ 《修真十书·杂著指玄篇》，《道藏》第4册，第625页。
⑦ （宋）张伯端：《紫阳真人悟真篇注疏》，《道藏》第2册，第914页。

非别有一道也……即金丹之道也，佛云摩尼，儒语仁义，道曰金丹。"① 意谓：三教都是阐述金丹之道。三教虽是一道，但教分为三，这是圣人为了不同根器的人而开的方便法门。

伍守阳亦认为，儒释道都是性命之学，但三教讲性命之详略是不同的。他指出，儒学是入世法，讲性命的大意是"天命之谓性"，"穷理尽性以至于命"。至于人与天地合德、日月合明、四时合序和鬼神合其吉凶的论述，是性命之关键，却没讲。佛学是出世法，只说性不说命，谈性时又很隐晦，菩萨之下无人能悟之，故佛教徒都说见性成佛，而"命学"失传。与儒释不同，道教详言性命，主张性命双修。以形影来喻性命，伍氏认为，儒教言性命之"影"，不言其"形"；佛教以性为"形"，以命为"影"；道教说性命，既言其"影"，又言其"形"，所以说道教的性命学高于儒释两教。②

二　道儒关系论

（一）儒家人道是仙道之基

内丹家主张儒家人道是仙道之基。修道之人在修仙道之前，必须先修"人道"——五伦之事，才可能被传仙道。伍守阳提出，修道之人必须于人道之五伦之事中先修纯德。纯德指对君当忠而忠，对亲当孝而孝，对兄长当顺而顺，对朋友当信而信，高真上圣都主张要传道于有此纯德之人。③ 傅金铨说："欲学神仙，先为君子。人道不修，仙道远矣。人道是仙道之阶，仙道是人道之极。不有人道，安求仙道？正心修身，徙义崇德，此庸行也。孝弟忠信，忍让慈惠，此庸德也。庸德之行，庸言之谨，真学志士，必自此始。"④ 意谓：三纲五常之人道是仙道之阶梯，修道之人必须先成为君子，然后方可入仙道。可见，修儒家五伦之德是修仙道之前提；人德合天，则与天为一，如此才可能得传。

仙师收徒的标准，如前所述，第一条就是弟子及祖宗历代积德循道。

由上述可见，内丹学将儒家的"五伦"等道德修养作为修仙的必要前提，强调"人德合天"，这就把"五伦"等世俗道德纳入道教的宗教道德之

---

① （元）陈致虚：《金丹大要》，《藏外道书》第 9 册，第 10 页。
② 参见（明）伍守阳《内金丹》，《藏外道书》第 11 册，第 251 页。
③ （明）伍守阳：《天仙正理浅说》，《藏外道书》第 5 册，第 854~855 页。
④ （清）傅金铨：《道海津梁》，《藏外道书》第 11 册，第 366 页。

内，既增加了"五伦"等世俗道德的神圣性，又调和了出世与入世、道与儒之间的矛盾，扩大了道教的生存空间。

（二）仙道是儒家天道

内丹学认为，仙道就是儒家天道。如伍守阳说："曹老师昔云：'古圣所言修行之事，及我素所言者，皆节目，即儒家所谓人道之当然者。我今再为尔浅说其道之原，即儒家所谓天道之所以然者。'"① 这是说，在人道方面，儒与道所说相同，仙道即儒家之天道。

内丹学认为，道与儒的修持工夫也有相同之处。如关于"还虚"之理，伍守阳认为，儒、道是共有的；儒家"执中"即仙道"还虚"，还虚就是复归无极之初。②

关于道与儒之间的不同，内丹学认为，儒教着重于全人道——知人，而道教着重于修仙道——知天。如伍守阳说："若知人而不知天也，不可。何也？凡曰大修行，非止于了此一生之事而已，必要证无上之上。先要知大道所以然之真，而后修得证所以然之妙，始可信心直行到极处。不然何所往而何所证？"③ 可见，道教既要修人道，全五伦之德，更要修仙道而成就天仙，而儒教只着重于修人道，这就是道教与儒教不同之处。

三 仙佛关系论

内丹学主张，仙道同佛道："人若晓得《金刚》《圆觉》二经，则金丹之义自明，何必分别老释之异同哉！天下无二道，圣人无两心，何况人人具足，个个圆成。"④ 意谓：佛道与仙道，都是修心（性）而悟道。伍守阳说："既性命双全，方成得一个人。亦必性命双修，方成得个仙佛。未有二者不全而能成人成仙佛。必以顺之成人者，以逆成仙佛。所以知为仙佛由于为人。"⑤ 可见成仙、成佛之道相同：逆成仙佛，性命双修。

内丹学主张，仙道、佛道都是为了复真性，即所修亦同一真性。伍守阳指出，仙佛始终皆是复归本性而成仙佛，仙佛所修之性相同。丹道始谈

① （明）伍守阳：《天理正理直论》，《藏外道书》第 5 册，第 780 页。
② （明）伍守阳：《伍真人丹道九篇》，《藏外道书》第 5 册，第 866 页。
③ （明）伍守阳：《天仙正理直论》，《藏外道书》第 5 册，第 780 页。
④ 《修真十书杂著指玄篇·修真辨惑论》，《道藏》第 4 册，第 618 页。
⑤ （明）伍守阳：《天仙正理浅说》，《藏外道书》第 5 册，第 834 页。

炼己，是修性于世法、世念中，因为有诸多执着需要破除；最后说炼神还虚，是炼性还于虚无；实质上都只是修一个真性。那种主张仙佛所修之性不同的观点是错误的，因为《法华经》《华严经》都认为仙佛所修是同一真性。①

因此内丹学主张，仙即是佛，佛即是仙。五等仙同佛教五宗。佛教五宗指外道禅、凡夫禅、小乘禅、大乘禅、最上乘禅。最上乘禅同天仙，大乘禅菩萨同神仙，小乘禅同地仙，凡夫禅同人仙，外道禅同鬼仙。② 故遇有仙可学，则学仙，仙即佛；遇有佛可入，则入佛，佛即仙。

内丹学认为，仙佛修行皆要进行斋戒，且道教比佛教的要求更严格。道教的戒律有很多，三洞众戒有："三戒，五戒，六戒，七戒，八戒，九戒，初真十戒，十二可从戒，十四持身戒，二十四戒，二十七戒，三十六戒，正一七十二戒，升玄内教百二十九戒，洞玄上品四十戒、中品六十戒、下品八十戒，共一百八十戒，上清三百观身戒，洞神七百二十戒，玄都律文天尊十戒，千二百威仪戒，金纽太清阴阳戒。"③清初，全真道龙门支派律宗第七代律师王常月制造了三坛大戒。另外，元全真道士陆道和编辑有《全真清规》。客观地说，道教戒律借鉴了佛教戒律的形式和内容，但由于二教生死观、伦理思想不同，所以二教戒律还是有较大区别的。

关于仙佛之间的不同，内丹学认为，仙佛之不同只是言语上的不同，所讲道理同，即"言异理不异"。对所谓"佛教了性，道教了命"的观点，陆西星指出，了命与了性不可分，仙佛两家都是以"性命双修"为最终目的。④ 伍守阳还指出，仙宗果位，了证长生；佛宗果位，了证无生。然而了证无生是以了证长生为实旨，了证长生也是以了证无生为始终。⑤

综上，内丹学从"性命学"的视角提出儒道佛都是性命学，教虽分三，但都是讲性命之道。内丹学将儒家的"五伦"等道德修养作为修仙的必要前提，强调"人德合天"，从而调和了道与儒的矛盾。内丹学提出仙道、佛道都是为了复归真性，还将佛教明心见性等修性法门吸收转变为炼神之法。显然，内丹学虽高唱三教合一，援引儒佛入丹道，但它基本上是站在道教

① 参见（明）伍守阳《天仙正理直论》，《藏外道书》第 5 册，第 779 页。
② （明）伍守阳：《仙佛合宗语录》，《藏外道书》第 5 册，第 715 页。
③ （明）伍守阳：《仙佛合宗语录》，《藏外道书》第 5 册，第 730 页。
④ （明）陆西星：《玄肤论》，《藏外道书》第 5 册，第 364 页。
⑤ （明）伍守阳：《伍真人丹道九篇》，《藏外道书》第 5 册，第 866 页。

的立场上，来融摄和会佛儒二教思想中与自己相通相近之点，吸取儒佛的长处，丰富发展自身。这正如陈寅恪先生所说："六朝以后之道教，包罗至广，演变至繁，不似儒教之偏重政治社会制度，故思想上容易融贯吸收。凡新儒家之学说，几无不有道教，或与道教有关之佛教为之先导……其真能于思想史上自成系统，有所创获者，必须一方面吸收输入外来之学说，一方面不忘本来民族之地位。此二种相反而适相成之态度，乃道教之真精神，新儒家之旧途径，而二千年吾民族与他民族思想接触史之所昭示者也。"① 可见，内丹学的三教合一论集中体现了"道教之真精神"。

结　语

综上可见，道教内丹学的基本理论和工夫次第在民国之前都已经成熟了。上述道教内丹学之性命论、内丹三要件——鼎器、药物和火候论、内丹性命双修的基本步骤论、法财侣地论和三教合一论，是民国时期道教内丹学形成的最主要的思想渊源。

---

① 陈寅恪：《冯友兰中国哲学史下册审查报告》，《金明馆丛稿二编》，生活·读书·新知三联书店，2001，第 284~285 页。

第三章　陈撄宁的内丹思想

陈撄宁是近现代道教史上影响最大和造诣最高的道教学者，是龙门第十九代居士，虽未正式受戒入教，但曾任中国道教协会副会长、秘书长、会长，毕生殚精于道教及其文化研究，成就颇著。民国时期面对道教文化极度衰微，他倡导仙学。陈氏所说的"仙学"是指外丹和内丹，但内丹学是陈氏仙学的主要内容。陈氏的内丹思想既继承前人，又深深打上了时代的烙印。

第一节　陈撄宁的生平、师承和著作①

一　陈撄宁的生平

陈撄宁（1880~1969），原名志祥、元善，字子修，后据《庄子·大宗师》中"撄宁也者，撄而后成者也"句，改名撄宁。他的龙门派法名为"圆顿"，祖籍安徽怀宁县，世居安庆苏家巷，幼承家学，熟读儒典，10岁读《神仙传》，即萌生学仙之念，稍长，考中秀才。因患痨疾（肺结核），从叔祖学中医，同时试做仙道工夫，逐渐恢复健康。1905年考入安徽高等法政学堂，两年后痨疾复发而辍学。1908年起，为了学习养生方法自救，他离开家四处求师，先后拜访过的佛教界大师有：九华山的月霞法师，宁波的谛闲法师，天童山的八指头陀，常州的冶开和尚。因嫌弃佛教炼养工夫偏重心性、忽视肉体，于是改访道教中高人，他先后到访过苏州穹窿山、句容茅山、均州（丹江口）武当山、即墨崂山、怀远涂山以及湖州金盖山等处，皆无所获，于是决心直接阅读《道藏》。1912年至1914年，他住在姊丈乔种珊家，每天前往上海白云观通读《道藏》，遂悟得道教丹术之底

---

　　① 本节内容参见《陈撄宁自传》（《道教与养生》，华文出版社，1989）第1~5页及尹志华《陈撄宁的仙学思想》（《宗教学研究》2000年第1期）的相关研究成果。

蕴。为了有所比较，他又去杭州海潮寺华严大学阅读佛经，不久又赴北京寻访高道，未遇。1916 年，陈撄宁由沪返京，与西医师吴彝珠结婚，夫妻二人在上海民国路自设诊所行医。

1922～1932 年，陈撄宁与黄邃之、高尧夫、谢李云等同志数人进行了数百次外丹试验，终因军阀混战和日寇侵沪受到破坏，未获最后成功。

1933 年，张竹铭医师在沪创办《扬善半月刊》，特辟"答读者问专栏"，请陈撄宁主笔。陈撄宁利用这个阵地，大力提倡"仙学"，团结了众多好道之士，使之成为当时全国研究仙道的中心。1936 年 8 月，《扬善半月刊》在出版的第 76 期封面开始显著地标注"专门仙学杂志"字样。1937 年 8 月，日军进攻上海，《扬善半月刊》停办。1936 年 4 月，陈撄宁在《扬善半月刊》发表了其为中华道会①草拟的发起词《中华全国道教会缘起》。该发起词指出，道教"应恃作今日团结民族精神之工具"，因为道教能"管百家之总钥，济儒术之穷途，揽国学之结晶，正新潮之思想"。

1936 年 9 月，张竹铭、汪伯英、许得德等人创办了丹道刻经会，其刊印范围为内丹类、外丹类、修养类等十类。陈撄宁被聘为首批顾问，担任审定及校勘之义务工作，如校勘《道窍谈·三车秘旨》等。

1937 年 7 月，陈氏收到四川青城山天师洞住持彭椿仙、道士易心莹、成都二仙庵退隐方丈王伏阳等人的来信，邀请他速往青城山避乱，陈撄宁因交通等困难而未能赴约。②

1938 年 5 月，张竹铭等人开办了上海仙学研究院，陈撄宁亲任仙学院教授，讲授《〈灵源大道歌〉白话注解》《〈黄庭经〉讲义》《〈孙不二女功内丹次第诗〉注》《悟真篇》《参同契》等。

1939 年，张竹铭医师又创办了《仙道月报》，陈仍为主笔之一。1941 年夏，该刊又因上海局势险恶而停办。

---

① 中华道会是上海道教全真、正一两派首次联合组成的道教组织，名义上是全国性的道教组织，实际上仍旧是上海地方性的道教组织。民国 17 年 7 月，清虚观住持严洪清联合上海正一、全真两派的著名道士以及道教居士谢强公、张竹铭、姚天民等在该观召开道教联合会筹备会。11 月 4 日，在上海白云观召开中华道教会成立大会，严洪清任大会主席。民国 25 年 7 月 27 日，中华道教会在乔家栅重新成立，推选谢强公为主席。民国 26 年，抗日战争爆发，该会停止工作。

② 洪建林编《仙学解秘——道家养生秘库》（以下简称《仙学解秘》），大连出版社，1991，第 226 页。

1941 年，上海紫阳宫住持陈铁海邀请陈撄宁讲道于紫阳宫。

1947 年 3 月，上海市道教会成立，陈撄宁积极参加了上海市道教会的成立大会。4 月，上海市道教会出版了陈撄宁所作的《复兴道教计划书》（5000 册）。陈氏称，"凡关于玄门一切事项，当兴者即兴，当革者即革，总以发挥道教真义而又适合于现代心理为原则"，其主要内容为："一、道教讲经坛；二、道学研究院；三、道教月报社；四、道教图书馆；五、道书流通处；六、道教救济会；七、道功修养院；八、道士农林化；九、科仪模范班。"①

新中国成立后，1953 年，浙江省政府聘陈撄宁为浙江省文史研究馆馆员。1956 年秋，道教界人士倡议成立中国道教协会，他被邀请为筹备委员。1957 年 4 月，中国道教协会正式成立，他当选为副会长兼秘书长。1961 年，他当选为中国道教协会会长。"文革"期间，中国道教协会被迫停止工作。1969 年 5 月 25 日，陈撄宁因肺癌病逝于北京医院。

二　陈撄宁的师承

关于陈撄宁的师承，他自称："仆正式之导师，前后共有五位，北派二位，南派一位，隐仙派一位，儒家一位，现在我自己竟不能说是专属那一派。若论到龙门派，仆算是第十九代圆字辈。以上各派，都是在家人传授，只重功夫，不重仪式，故与出家人不同。另外尚有乩坛传授，未免类乎神话，江湖传授，又嫌落于旁门，故皆不愿奉告。"②

陈撄宁非常尊崇陈希夷、邵康节、黄元吉一派的丹法，认为这派是内丹道的上乘，且引为"私淑"。

陈氏弟子主要有：吕碧城（1883～1943，一名兰清，字遁夫，号明因、宝莲居士，安徽旌德县人；民国词人、诗人、政论家、社会活动家），王聘三（道号潜道人，前清翰林，四川人），张竹铭（1905～2004，上海人，翼化堂末代堂主，创办《扬善半月刊》《仙道月报》，中医师），汪伯英（1907～？，道号志真子，江苏无锡人），常遵先（1873～？，别号潇湘渔父，湖南湘阴人），张化声（1880～？，湖南省祁阳县人），洪太庵（福建福州人），朱昌亚（人和医校校长），胡海牙（1914～2013，浙江绍

---

① 参见吴亚魁《生命的追求——陈撄宁与近现代中国道教》，上海辞书出版社，2005，第 110～111 页。

② 洪建林编《仙学解秘》，第 52～53 页。

兴人），李养正等。

三　陈撄宁的著作

陈撄宁的内丹著作，主要有《〈孙不二女功内丹次第诗〉注》《〈黄庭经〉讲义》《口诀钩玄录》等，主要见于《扬善半月刊》《仙道月报》《道协会刊》，他所校订的内外丹典籍曾由翼化堂善书局出版发行。1978年，徐伯英据《扬善半月刊》和《仙道月报》编辑并由陈氏弟子袁介圭（虞阳子）审订和增补的《中华仙学》一书由台北真善美出版社出版，该书所辑为 99 期《扬善半月刊》和 32 期《仙道月报》上面有关陈撄宁及其弟子的仙学论述，分为四编：第一编《仙学实证》，第二编《仙学理论》，第三编《诗歌杂抄》，第四编《仙学专著》。1989 年，中国道教协会编《道教与养生》由华文出版社出版，该书所收陈氏作品包括 1949 年以后的论著，然民国的著作不全。1991 年，洪建林编《仙学解秘——道家养生秘库》由大连出版社出版，该书除收陈撄宁在新中国成立后所作静功讲义三篇及黄元吉《乐育堂语录》四卷外，其余部分则不啻为《中华仙学》之节本。

2005 年，全国图书馆文献缩微复制中心出版《扬善半月刊与仙道月报全集》（8 开精装全 9 册）。此影印本合集是胡海牙先生珍藏、提供的，由陈撄宁亲自圈点、评注，是目前国内保存最完整的唯一一套合集。

2006 年，胡海牙总编、武国忠主编《中华仙学养生全书》（上中下册），由华夏出版社出版，收集有《扬善半月刊》《仙道月报》上陈撄宁的仙学论著以及陈撄宁未公开发表的仙学论文，如《周易参同契讲义》《乐育堂语录分类合编》（又名《口诀钩玄录全集》）是首次在大陆出版。2008 年，胡海牙、武国忠主编《陈撄宁仙学精要》（上下册）由宗教文化出版社出版，其中《大丹直指》的按语等是首次公开。

2015 年，郭武编《中国近代思想家文库·陈撄宁卷》由中国人民大学出版社出版，该书收录了陈撄宁在 1949 年以前的论著、讲义、书信、评注、序跋、按语、随笔、诗词等 200 余篇，并按时间顺序编排。该书严格地以陈撄宁本人撰写的作品为收录标准，同时补录了一些罕见的陈撄宁作品。此外，还对所收各篇作品进行了校勘，并撰写了题注。

第二节　陈撄宁的内丹基本理论

内丹学是陈撄宁仙学的主要内容。陈氏所说的"仙学"是指外丹和内丹。他说："所谓仙学，即指炼丹术而言，有外丹内丹二种分别。"[①] 他认为，古来仙学精华是炼外丹。如他说："古来仙学精华，就寄托在炼外丹功夫上。后世学者因外丹工夫手续麻烦，非寻常所能做到，遂改从自己身中精炁神下手，名为内丹。虽此内丹易于入门，但其功效稍嫌薄弱。"[②] 但陈氏的仙学思想主要是内丹学方面，故下文所说仙学即指内丹学。

陈氏主张，仙学是独立于三教范围以外的一种科学。仙学独立于三教的原因，他说："余本不反对儒释道三教之宗旨，但不愿听神仙学术埋没于彼三教之内，失其独立之资格，终至受彼等教义之束缚，而不能自由发展，以故处处将其界限划分明白，俾我中华特产卓绝千古的神仙学术，不至遭陋儒之毁谤，凡僧之藐视，羽流之滥冒，方士之作伪，乩坛之乱真。"[③] 他还说："现在与将来，是科学实验时代，空谈的哲学与玄学，已经感觉根本动摇，何况再夹杂许多神话！"[④] 仙学在今日不便墨守成规，而必须与时俱进地进行演变与改进，他的内丹基本理论亦然。

一　性命双修论

前已述及，内丹学主张，性即是神，命即是炁；精气神有先天后天之分。先天精炁神为元精、元炁和元神，后天精气神为交感之精、呼吸气和识神。性命双修而成仙；性功可以自悟，命功必须师传。而陈撄宁主张，"性"是人之灵觉，"命"是人之生机。先天炁是先天阴阳未判之炁，后天气是先天精（元精）。先天炁和后天气是母子关系，子是后天气，母是先天炁。后天气，丹道喻之为水；先天炁，丹道喻之为金。按五行之说，金能生水，是先天变为后天；丹道重在逆转造化，使水反生金，是后天反还先天。[⑤] 这是袭取西派等关于先天后天的思想。

---

① 洪建林编《仙学解秘》，第 423 页。
② 洪建林编《仙学解秘》，第 584 页。
③ 陈撄宁：《道教与养生》，第 248 页。
④ 洪建林编《仙学解秘》，第 462 页。
⑤ 洪建林编《仙学解秘》，第 646 页。

他指出"性命双修"的内涵：例如我们有一面玻璃镜子，许多灰尘沾在上面，把镜子的光完全蒙住了，要想镜子能重新放光，必须将上面的灰尘设法渐渐去除，"除去一分灰尘，即现一分光明；除去十分灰尘，即现十分光明"①，这就是"修性"。在去除灰尘时，又要时时保护这面镜子，万万不可打破它。如果偶尔不小心失手将镜子打碎，那么去除灰尘的工夫就无从做起，更不可能希望镜子重放光明，所以我们先要保护镜子不被打碎，这就是"修命"。"镜本有光，因尘埋而光灭；光不离镜，因镜破而光销；镜之光明譬如'性'，镜之质体譬如'命'，所以要'性命双修'。"②

他还指出，命功无法自悟，性功能自悟，且性功一定要自悟，因为性功与语言文字毫不相干，无法传授。命功是具体的事，虽得到传授，也未必能实行，更别说无传授。"请看世上一切学业，如工程师、电机师、化验师、药剂师、摄影师、汽车夫等等，若无人传授，能自悟乎？"③

可见，陈撄宁继承了前人的性命双修论。但他把"性"界定为人之灵觉，把"命"界定为人之生机，而不是神气，这是从科学的角度。他通过日常生活的事例来说理，通俗易懂，如镜子的光譬如"性"，镜子本身譬如"命"，光不离镜，所以要"性命双修"，用工程师、电机师等需要传授来喻命功必须要传授。

二　内丹派别论

（一）　内丹诸派丹法优劣论

就内丹诸派而言，陈撄宁提倡陈抟、邵康节、黄元吉一派，自称是私淑弟子。他提出，内丹南北两派，各走极端，而实行皆有困难，其势不能普及。南派双修丹法，极不适宜当今这个时代，唯有陈希夷、邵康节一派，是最便于学习的，黄元吉先生所讲的即此派，"亦即顿所'私淑'，而且乐为介绍者"④。他虽提倡陈抟隐仙派清净法，但与同志们讨论的却是全真道北宗的清净法。因为"清净工夫，做得好，能出阳神；做不好，只可出阴神，即能投胎夺舍，另外做专门投胎夺舍的工夫。古人虽有专从闭息、鉴

---

① 洪建林编《仙学解秘》，第 30 页。
② 洪建林编《仙学解秘》，第 30 页。
③ 洪建林编《仙学解秘》，第 45 页。
④ 洪建林编《仙学解秘》，第 92 页。

行、存想等法下手者，其法亦未必就胜过清净工夫"①。

陈撄宁还把丹法分为上上等、上中等和下下等三种法门。他认为，《悟真篇》丹法是上中等；三峰采战是下下等；上上等向来口传，不载于书。②在北派清净法中，伍柳派下手重在调息，心息相依，神气合一，最要紧下手诀，不是上乘。陈抟、邵康节、黄元吉一派是最上乘丹法，此派要旨是"守中抱一，心息相依"。此派最要紧的就是"玄关一窍"，既不是《参同契》《悟真篇》之法，亦不是伍冲虚、柳华阳之法。③

（二）三元丹法论

南宋、辽、金时，道教内丹学兴起三元丹法之说。三元丹法即天元、地元、人元丹法，即将那种据说服食后可以立地飞升、成为天仙的外丹称为天元神丹，将内丹术称为人元大丹，将黄白术叫作地元灵丹，地元的最重要目的是为天元创造条件。元明间又有将全真道北宗清净丹法称作天元丹法，将全真道南宗同类阴阳丹法称作人元丹法，将外丹黄白术称作地元丹法的。④

而陈撄宁却指出，人元丹法，吕祖、张紫阳、张三丰诸位皆依此法而修成。"清静派专讲单修，硬将《悟真》玄要之秘旨，在自己一身之精气神上摸索，勉强易以曲解，不免厚诬古人。"但"阴阳派夸谈妙鼎，艳说彼家，将先哲所传之'调息凝神'、'守中抱一'工夫，概视为修性不修命"，这就是说，人自己身中只有性而没有命，命全在别人身内，可见此理不通。⑤

他还指出，三元丹法事固有异，而理实无异。以电来打比喻说，人元丹法，就像电灯厂之电；地元丹法，就像干电池之电；天元丹法，就像天空中之电。如他说："须知天空中轰雷打闪之电，电灯厂机器磨擦之电，干电池药物变化之电，蓄电池随时储蓄之电，此四种电之来源虽不同，而电之性质却是一样。普通静功，譬如蓄电池之电。人元丹法，譬如电灯厂之

---

① 洪建林编《仙学解秘》，第93页。
② 洪建林编《仙学解秘》，第41~42页。
③ 洪建林编《仙学解秘》，第42页。
④ 胡孚琛、吕锡琛：《道学通论》，社会科学文献出版社，2004，第447页。
⑤ 洪建林编《仙学解秘》，第219页。

电。地元丹法，譬如干电池之电。天元丹法，譬如天空中之电。"①

他还指出，天元之道有二：一为天元神丹，是地元灵丹再进一步的作用；二为"先天一炁从虚无中来"的天元丹法，是清净独修真凭实据的工夫。那些"讲阴阳栽接之术者，自己工夫未曾做到此种地步，而且见识不广，囿于一家之言，所以不知人身内有此极平易而又极神奇之现象，每每劝人走一种很艰险的路程，以致抱道终身，永无实行之希望"②。

综上，陈氏提倡陈抟、邵康节、黄元吉一派，自称是私淑弟子。他提出，内丹南北两派各走极端，实行起来皆有困难，实在无法普及。主张内丹术即人元丹法，隐仙派是最上乘丹法。《悟真篇》是讲阴阳派之法，阴阳派主张命全在别人身内，此理不通。他把上述两种天元丹法合一，用电作比喻来说明三元丹法事异而理不异，非常贴切。

三 女丹派论

（一）女丹六派论

陈撄宁把女丹分为六派。

一是中条山老姆派："北派下手，先炼剑术。有'法剑'与'道剑'二种作用"③，《吕祖全书》是其源流。

二是丹阳谌姆派："此派重在天元神丹之修炼与服食，并符咒敕召等事。丹阳乃地名，谌姆乃人名。"④ 谌姆是许逊的老师，许逊著有《石函记》，吴猛著有《铜符铁卷文》，二书皆言天元神丹之事，皆谌姆所传；所传丹法属于中上乘，但自明张三丰、沈万三后此派失传。⑤

三是南岳魏华存夫人派：此派重精思、存想，奉《黄庭经》为正宗。历代女真大多修此派法。⑥

四是谢自然仙姑派：此派从辟谷、服气入手，以《中黄经》为正宗。此派适合年轻体健的人，不适宜年龄大体弱者。⑦

① 洪建林编《仙学解秘》，第 219 页。
② 洪建林编《仙学解秘》，第 219~220 页。
③ 洪建林编《仙学解秘》，第 237 页。
④ 洪建林编《仙学解秘》，第 237 页。
⑤ 洪建林编《仙学解秘》，第 237~238 页。
⑥ 洪建林编《仙学解秘》，第 238 页。
⑦ 洪建林编《仙学解秘》，第 238 页。

五是曹文逸真人派："此派从'清心寡欲'、'神不外驰'、'专气致柔'、'元和内运'下手，自始至终，不用别法。"① 《灵源大道歌》为其唯一经典。

六是孙不二元君派："此派即太阴炼形法，先从'斩赤龙'下手，乃正式的女子修炼工夫"②，主要经典为《孙不二女丹诗》。

陈撄宁主张，上述六派已经将魏晋以来女丹修炼门派概括全了。此外还有：夏姬有养阴之方，飞燕有内视之术，以及房中秘诀、素女遗经。这些都不方便公开讨论。③

（二）年龄不同的女子内丹修炼之异

陈撄宁还提出，女子因年龄之大小不同而内丹修炼法有别。

其一，童女修炼，是指尚未来月经的十余岁女子。此时身中充满元炁，"精神专一，嗜欲未开。若其生有凤慧，能从事于道，其成就甚易，较之年长者快捷数倍"。童女修炼"可免去筑基一段工夫，直接从辟谷服气入手，或从清静无为安神静坐入手"，如唐代谢自然等。④

其二，少女修炼，是指已有月经、尚未破体的十四五岁至二十余岁的女子。此时先将月经炼断——斩赤龙，回到童女之体，再做后面的工夫。⑤

其三，中女修炼，是指未曾结婚的二十二岁至三十五岁的女子。"人身生理处于盛极将衰之际。此时经期有调者，有不调者；有按时者，有不按时者。有带者，有崩者。有杂以他种病症。"⑥ 必须先"去其郁闷，和其气血，畅其精神"，而后工夫方有效验。⑦

其四，长女修炼，是指守贞未嫁的三十五岁至四十九岁的女子。此时月经将绝，"身中生气，日见衰弱，虽终身未出嫁，然其形体之亏损，较之已出嫁者无异"⑧。故修炼下手首先应当培补身中之亏损，不必急于"斩赤龙"⑨。

---

① 洪建林编《仙学解秘》，第 238 页。
② 洪建林编《仙学解秘》，第 238 页。
③ 洪建林编《仙学解秘》，第 238 页。
④ 洪建林编《仙学解秘》，第 239 页。
⑤ 洪建林编《仙学解秘》，第 239 页。
⑥ 洪建林编《仙学解秘》，第 239 页。
⑦ 洪建林编《仙学解秘》，第 239 页。
⑧ 洪建林编《仙学解秘》，第 239 页。
⑨ 洪建林编《仙学解秘》，第 239~240 页。

其五，老阴修炼，是指四十九岁至六七十岁的女子。"此时月经已绝，必须日日做工夫，采取造化之生气，以培补自己身中之生气"①，使月经渐渐恢复如中年人一样，"然后再默运玄功，渐渐炼之使无，如童女一样。此时骨髓坚实，气血调和，颜色红润，声音柔脆，白发变黑，落齿重生，名曰返老还童"②。此工夫有时需二三十年才能完成。

其六，少妇修炼，是指已出嫁的十六七岁至二十六七岁的女子。"此时情窦正开，欲念方盛。夫妻之恩爱缠绵、家庭之束缚尤甚。对于修炼一事，极不相宜。"③ 即使女方有志修炼，而男方必然反对。如果她"上无翁姑，下无儿女，而又家富身闲者"④，即使她丈夫不愿断绝人事，如有坚忍之力，房事之时暗施逆行术，即使不能成仙了道，华颜也必能永驻，但"斩赤龙工夫"未做好之人做不到。⑤

其七，中妇修炼，是指已出嫁的二十六七岁至四十六七岁的中年女子。中年妇女"此时有家事之劳心、儿女之系念，更谈不到修炼"⑥。如果丈夫反对，就更没有希望。如果夫妻志同道合，相互约定免除人事，各自修炼。如果有小孩需要哺乳，必须有替代的办法，不能自己来哺乳，这会妨害修炼。⑦

其八，孀妇修炼，是指已嫁而成寡妇，没有子女，或者有子女已能自立了的。"此时正好踏入修炼之途，以消遣后半生孤寂之岁月"，从而"使精神有寄托之乡，肉体有健康之乐。"⑧ 入手工夫，与未出嫁者大同小异。

可见，陈氏把女子内丹修炼按照年龄老少、婚否分为八个方面，囊括了女子内丹修炼之途径。这正如他所说"是皆前人所未尝显言者"⑨。

(三) 男女丹工夫之异同

陈撄宁主张男女丹工夫之异，一是下手之玄机不同。男子先炼本元

---

① 洪建林编《仙学解秘》，第 240 页。
② 洪建林编《仙学解秘》，第 240 页。
③ 洪建林编《仙学解秘》，第 240 页。
④ 洪建林编《仙学解秘》，第 240 页。
⑤ 洪建林编《仙学解秘》，第 240 页。
⑥ 洪建林编《仙学解秘》，第 240 页。
⑦ 洪建林编《仙学解秘》，第 240 页。
⑧ 洪建林编《仙学解秘》，第 240~241 页。
⑨ 洪建林编《仙学解秘》，第 241 页。

（先天炁），后炼形质；女子先炼形质，太阴炼形，即斩赤龙工夫，后炼本元。① 二是工夫效验之迟速不同。就工夫效验而言，女子比男子更快。三是男女之生理的不同是根本的不同。② 男女丹工夫的同：一是"一贯之妙道"同，即逆行造化相同；二是男女资格相同；三是修炼成就相同。

可见，陈撄宁对女丹派别、不同年龄女子内丹修炼之异、男女丹工夫之异同阐述之详，未见前人之丹经。

四　内丹入门的门径和条件

前已述及，内丹学主张，理可以从书中求，法要真师传。陈撄宁亦主张，初下手学内丹，读书明理最为重要，不可先求法子。③ 刚开始宜读伍冲虚《天仙正理直论》、黄元吉《〈道德经〉讲义》《乐育堂语录》。伍冲虚书是北派；黄元吉书是非南非北派，即隐仙派。他还说："学长生术，贵在明白原理，口诀乃其次也。我教人初步工夫，口诀很简单，只有八个字，'神气合一，动静自然'。"④

内丹学主张，求法就是求真师。但真仙师通常不是靠自己找到的，而是真仙师自己来挑选人作为弟子。陈撄宁亦主张，真师是可遇而不可寻的。如他说："早寻真师，这句话实在可笑。真师一不登广告，二不散传单，三不挂招牌，四不吹牛皮，五面上又无有特别记号。天下如此之大，一般学道者，从何而知某人就是真师？某真师住在某省某县某山某洞某街某巷？请问如何寻法？我老实说一句：'某师是可遇而不可寻。'"⑤

他还指出，有资格传道之真师有三等。第一等是已经完全修炼成功的人。第二等是一半修炼成功的人，他的肉体上的生理与普通人绝不一样。这两等真师传道没有什么交换条件。第三等是经过千辛万苦得到口诀，但因环境不佳，经济困难，未能开展实修，只得用法换财，但品德欠缺之人不许传授。⑥ 得到口诀就有资格传道，此观点未见前人之丹经。

他又指出，每个学道者的品德学识情况决定了他所得法的等级。如他

---

① 洪建林编《仙学解秘》，第 271 页。
② 洪建林编《仙学解秘》，第 649 页。
③ 洪建林编《仙学解秘》，第 132 页。
④ 洪建林编《仙学解秘》，第 189 页。
⑤ 洪建林编《仙学解秘》，第 246～247 页。
⑥ 洪建林编《仙学解秘》，第 573 页。

说："再者除读书明理之外，尤须立德立品，如果品学兼优，更遇机缘凑合，则所得者必是上上等法子。若品德虽好，而学问不足，则所得者，当是上中等法子。若学问虽好，而品德欠缺，此种人只能学普通法子。若品学俱无者，此种人对于仙道，可谓无缘，纵然勉强要学，只好学一点旁门小术江湖诀而已。"①

他还主张，修道虽是美事，但不是人人都能做，必须是上根利器方可成就，普通人走这条路通常走不通。② 他提出："世间上智少而中材多，与其劝人修道，不如劝人修慧。果能福慧兼全，修道自然容易。若有福无慧者，虽其人环境甚佳，而不能辨别是非邪正，难免妄修瞎炼。若有慧无福者，虽其人能闻一知十，彻悟玄机，而为环境所困，不能实行修证。此二种皆有缺憾。若福慧两门俱不足者，今生更无希望，只好守戒持斋，积功累德，清心寡欲，读书穷理，以待来生之机缘而已。"③

可见，陈撄宁主张，初学内丹，读书明理最为重要，不可先求方法，这与前人所说相同。陈撄宁指出传道真师有三等资格，前人没有这样详说，但第三等真师与前人所说略有不同，因为前人虽说法财两济，这"法"的内涵不仅仅是口诀。每个学道者的品德学识情况决定了他所得法的等级，发前人之未发。陈撄宁还主张修道必须是上根利器方可成就，普通人走不通，这一点前人没有明说。

五 内丹口诀论

内丹学之口诀向来秘传，且口诀与丹经可相互印证，即"得诀归来好看书"。

而陈撄宁主张，内丹学重诀不重文。他自称："余昔年访道，执定一个见解，就是虚怀若谷。不管所遇之人，是正道、是旁门、是邪术、是大乘、是小乘，总以得到口诀为最后之目的。故凡关于口诀一层，耳中所闻者，实在多得无以复加。虽不能说白费光阴，徒劳心力，然在我所得的口诀中，百分之五十，都是怪诞鄙陋，不能作用的。又有百分之二十。虽然能用，而无大效验，其可以称为真正口诀者，仅百分之三十而已。仅此百分之三

---

① 洪建林编《仙学解秘》，第 132~133 页。
② 洪建林编《仙学解秘》，第 33 页。
③ 洪建林编《仙学解秘》，第 33 页。

十，尚有上中下三等之不同，难以一概而论。"① 但陈撄宁声称自己对于仙学是抱定一种试验性质，故有时依口诀行事，有时又独出心裁，不依口诀。"若问我现在自己做到什么程度，合于那一部丹经第几层功夫，则不能回答。因为三十七年间，所做的功夫，大抵杂乱而无次序"，亦不喜死守一家之言。② 可见，陈撄宁把科学理性精神运用到了内丹学上。

他还主张，不许把传口诀当生意做。传口诀是很慎重的，这是因为：道书丹经所习用的口诀，最初大概出于《参同契》中"三五与一，天地至精；可以口诀，难以书传"③。读《参同契》的人甭想在书中找出一个法诀。魏伯阳曾说："若完全写出，则恐泄天符；若闭口不谈，又恐绝道脉。弄得他说也不好，不说也不好，真是进退两难。到了结果，下两句断语，就是'天道无适莫兮，常传于贤者'。"④《黄庭经》《抱朴子》两书亦然。

他还提出内丹口诀不肯轻传之理由。

第一，非遇载道之器，不肯轻传。因为造化要人有生有死，而修道之人却要长生不死，反抗造化。假如你没有超群的毅力、绝顶的聪明、深宏的德量，结果一定归于失败；失败以后，不自责自己资格欠缺，却怪师父口诀不灵。⑤

第二，传道者，"常故意使学道者受过相当之困难，以观察其人是否有诚恳之心志，所以不肯轻传"⑥。

第三，道可以公开宣讲给任何人听，可以著书立说给全世界看，法却按三个等级，选择上中下三等根器之人而传授，"不可以一法教多人，免致扞格不通"；术更须择时择地择人择社会环境，而酌量其可传与不可传⑦。有几种秘术虽能很快获得神效，却惊世骇俗，易招毁谤，因此不肯轻传⑧。

第四，品德欠优，不足为载道之器的人，虽有财力可以助师，按照惯

① 洪建林编《仙学解秘》，第 572 页。
② 洪建林编《仙学解秘》，第 157 页。
③ 洪建林编《仙学解秘》，第 571 页。
④ 洪建林编《仙学解秘》，第 571 页。
⑤ 洪建林编《仙学解秘》，第 572 页。
⑥ 洪建林编《仙学解秘》，第 572 页。
⑦ 洪建林编《仙学解秘》，第 573 页。
⑧ 洪建林编《仙学解秘》，第 572~573 页。

例亦不许传授。①

第五，真师当日学得口诀时，已发"不许妄传匪人，若妄传者，必遭灾祸"② 等誓词。因此当传弟子口诀时都是战战兢兢，恐怕自己偶尔不小心，犯了誓言，所以不肯轻传。③

第六，真师自己当日得传口诀，很不容易，"或经过许多岁月，或历过许多艰辛，或受过许多磨折，最后方能得诀归来。从此他就认定了自己生平所经历之过程，就是普通一般初学人的榜样。设如你所经历者，不合于他自己当日之过程，他以为太便宜于你，非普通学人之本分，因此不肯轻传"④。

第七，地元丹诀，即黄白点金术，"自古至今，皆守秘密，不肯公开"；"设若公开宣布，大家都会炼，银子生产过剩，必要扰乱全国金融，又恐匪人得之藉此作威作福，所以不肯轻传"⑤。

第八，剑仙的剑术是非常秘密的一种，属于地仙门中的旁支，他们的戒律是不许管国家大事。"这种人性情甚为固执而冷僻。若是你的资格不合于他的条件，无论如何，他决不肯相传。"⑥

第九，道学仙术是种族性的，佛教基督教是世界性的，"凡含有世界性的宗教，无论你们是什么种族，总普遍欢迎你们加入他们的教团"；而道学仙术恰好相反，假如你不是中华民族的子孙，就甭想得到丝毫真诀，"就是怕让外国人得着，去拼命死炼。假使他们一旦炼成功，似如虎添翼"⑦。

第十，后世一般宗教家经常利用神仙学说，把它们混入其教义内来装点门庭，如而今各处秘密小教以及某会某坛某社某院等。假如今日毫无疑虑地将天元神丹、地元黄白以及《参同》《悟真》之秘诀，完全公开，让这些人知道，合他们意的，就会作为他们号召的材料；不合他们意的，他们就会假借仙佛名义胡乱批评，贻误后学。这是未见公开的好处，反而先受公开之害。⑧

---

① 洪建林编《仙学解秘》，第 573 页。
② 洪建林编《仙学解秘》，第 573 页。
③ 洪建林编《仙学解秘》，第 573 页。
④ 洪建林编《仙学解秘》，第 573~574 页。
⑤ 洪建林编《仙学解秘》，第 574 页。
⑥ 洪建林编《仙学解秘》，第 574~575 页。
⑦ 洪建林编《仙学解秘》，第 575~576 页。
⑧ 洪建林编《仙学解秘》，第 576~577 页。

第十一，志在侵略的新式教徒，"每欲将其他教之特长，以及神仙家之秘术，尽收摄于己教范围之内，以造成他们的新教义"；"其手段譬如商家之盘店，把我们店面的招牌取下，又把我们店中存货搬到他们店中，改换他们的招牌，出售于市，并且大登广告，说是他们本厂制造的"；假如此计一朝得逞，"中华民族自古相传之道术，就要被他们消灭干净"；为了努力保存先人的遗产，故不肯轻传。①

他还在《与朱昌亚医师论仙学书》中指出，口诀不肯轻传，简言之，有六个理由：1. 有生有死是造化之常，而仙学首重长生不死，与造化争权，若轻泄妄谈，则恐招致祸害。2. 邪人行正法，正法悉归邪。口诀不载于书，恐为邪人所得。3. 其得之不易，故其传之亦不易。百艺皆然，丹诀尤甚。4. 道可明宣，使世间知有此事；术宜矜慎，使师位永葆尊严。5. 世鲜法眼，若不深藏，易招谤毁。6. 传授者的本意，是欲接有缘。如果偶尔失察，则得传授者，或不免视口诀为奇货可居，当作商品交易，与传授者本意相违，故不敢轻传。②

此外，陈氏还提出，内丹家不肯轻传口诀，又不肯写在书上，就是因为它是超人的，普通人听了，一定震惊；又因为是试验的，你只要依他的方法去做，就可以得到同样的效果，用不着许多理论。③

综上，陈撄宁提出内丹学重诀不重文，与他上述内丹入手先明理论相矛盾。陈氏说口诀不轻易传给邪人，与前人相同；以前内丹家都主张妄传匪人，恐遭天谴。陈撄宁还指出，口诀不传给外国人、把口诀当商品交易等理由应该是民国时期新出现的现象，发前人之未发。仙学与造化争权，若轻泄妄谈，则恐致殃咎；术不宜轻传，使师位永葆尊严；得之不易，故其传之亦不易；世人不能理解，轻传易招谤毁；轻传口诀，仙学易被民间宗教、坛社等歪曲利用等。这都是发前人之未发。

六　火候论

内丹学主张，丹熟必须止火。陈撄宁亦提出，丹熟止火之说，是止小周天升降之火。"阳光二现三现之景象，乃伍真人自己之经验，不是人人一

---

① 洪建林编《仙学解秘》，第 577 页。
② 洪建林编《仙学解秘》，第 236~237 页。
③ 洪建林编《仙学解秘》，第 327 页。

定都有这个样子，可不必拘泥。"①

他又指出，止火是指停止武火而不用，仅用文火照顾鼻中出入的气息，不是照顾下丹田。"若照顾下丹田，则周身精气神都聚会在这个小块地方，渐集渐多，不能容纳，必至冲关而出。因为火太过，就如水沸而溢。"②

他还指出，欲明白止火之理，必须先认识"火"在人身中是何形状，倘若对于火的形状都认识不清，则止火的作用更谈不到。"当人做工夫的时候，将自己的心神注重在身中某一部分，这就是'火'。"③ 世间所传的初下手工夫，"有守印堂者，有守绛宫者，有守脐下一寸三分者，有守顶门者，有守夹脊者，有守两肾中间者，有守海底者，凡是心神专注之处，都是火力所到之处"④。心神之所以被称为"火"，是因为中医书以五脏配五行，心藏神，在五行属火，无论人身上何处，若自己用心神在该处紧紧守定，"勿使移动，亦不放松，日日如此，经过相当时间，必觉该部发热发烧，或觉酸麻，或觉膨胀，甚至于有跳跃之状态，此皆神火集中之力所表现"⑤。一部分人做功夫到此地步，常常私自窃喜，"以为道在是矣，更加死守不放，拼命用功。长久下去，遂成不治怪症，此皆不善于用'火'之弊也。譬如煮饭，火太小则饭不熟，火太多则饭变焦。饭不熟尚可添火，饭变焦则无可救药，此时纵想止火，已嫌其迟。故初做功夫者，宁可不及，切勿太过"⑥。

他还提出，内丹修炼第三段功夫虽称为炼神，实质就是止火。"神即是火，火即是神，炼即是止，止即是炼。学者能懂得炼神工夫，就不必再问止火的方法，炼神与止火，其名为二，其实则一。"⑦ 炼精化炁是用元神来炼元精。炼炁化神是用元神来炼元炁。炼神还虚是元神自炼，自炼就是无神无炼。是时，只有浑然一个无神。如果不肯止火，炼神功夫就无法下手。⑧

总言之，陈撄宁主张，"火"就是心神注重在身中某一部分。而以前内

---

① 洪建林编《仙学解秘》，第 57 页。
② 洪建林编《仙学解秘》，第 200 页。
③ 洪建林编《仙学解秘》，第 199 页。
④ 洪建林编《仙学解秘》，第 199 页。
⑤ 洪建林编《仙学解秘》，第 199 页。
⑥ 洪建林编《仙学解秘》，第 200 页。
⑦ 洪建林编《仙学解秘》，第 200 页。
⑧ 洪建林编《仙学解秘》，第 200~201 页。

丹学主张神即火，是比喻，火候就是指以人身之"神火"来烹炼鼎器中的"真药物"。陈撄宁主张炼神就是止火，这与前人不同。之前内丹家主张，丹熟必须止火，是停止武火而不用，仅用文火微微照顾；而炼神是使阳神还虚合道。陈撄宁主张炼炁化神是以元神炼元炁，这与前人亦不同。之前内丹家主张，炼炁化神实质上是以纯阳已定之炁助阳神入定。

七 内丹学之四原则

陈撄宁主张，内丹学有四大原则：第一务实不务虚，第二论事不论理，第三贵逆不贵顺，第四重诀不重文。① 第一、第三原则与前人所说同，而第二、第四原则与前人所说不同。因为之前内丹家对内丹学之事与理、诀与文都很重视。

就务实而言，他提出内丹学讲究实人、实物、实情、实事、实修、实证。如他说："仙学乃实人、实物、实情、实事、实修、实证，与彼专讲玄理之事不同。故只能名之为'仙学'，而不能名之为'玄学'。"② 可见，这是对科学理性精神的附会。

他还指出，内丹学不能普度，因为传授者和接受者都必须是上智之人。如他说："仙学性质，与各种宗教不同。宗教是要普渡，所以注重宣传，只求人人信仰，来者不拒。仙学难以普渡，不是人人所能行的。"③ "传道者，须有超群之学识；受道者，须有天赋之聪明。然后循循善诱，由浅入深，历尽旁门，终归正路。"④ "神仙学术不是宗教，只能接上智，不能渡中材，何况是下愚？"⑤ 显然，陈氏此论，未见前人之丹经，也与他弘扬仙学的实践相悖，因为他弘扬仙学的举措就是在做普度的工作。

他还提出，内丹学传到外国必须慎重，因为它会使外国人如虎添翼。如他说："至于将神仙学术传到外国的话，此事须要慎重，外国人的人力财力，胜过我们百倍，所缺少的就是这个法子。假使一旦被他们知道，他们立刻就能实行，不比我们中国人能知而不能行，岂非是老虎添了两只翅膀么？"⑥

———————————

① 洪建林编《仙学解秘》，第 603 页。
② 洪建林编《仙学解秘》，第 424 页。
③ 洪建林编《仙学解秘》，第 412 页。
④ 洪建林编《仙学解秘》，第 635 页。
⑤ 洪建林编《仙学解秘》，第 510 页。
⑥ 洪建林编《仙学解秘》，第 510 页。

综上，陈撄宁提出内丹学的四原则是对内丹学特点的高度概括，但他的第二、第四原则与前人相抵牾。他指出，内丹学不能普度，这是针砭时弊的，因为当时民间宗教、乩坛等都打着内丹学的旗号忽悠群众。但他说上智之人方可学内丹道，此未见前人之丹经。

八 玄关一窍论

玄关一窍，又称玄关、玄窍、玄牝、玄牝之门、天地根等。历来丹家说法不一，有有定位和无定位两种说法。第一种是以身中的一个关键部位为玄窍，如玄关即炁穴"祖窍"，或即中丹田，或即上丹田等。第二种是以虚无或人身之中等为玄关。

而陈撄宁主张，玄关是在天人合发处。他说："'玄关一窍'者，既不在印堂眉间，亦不在心之下肾之上，更非脐下一寸三分。执着肉体在内搜求，不过脑髓、筋骨、血脉、五脏、六腑、秽浊渣滓之物、固属非是；离开肉体在外摸索，又等于捕风捉影，水月镜花，结果亦毫无效验。总之：著相著空，皆非道器。学者苟能于'内外相感'、'天人合发'处求之，则庶几矣。此乃实语，非喻言也。"① 意谓：玄关一窍不在眉间的印堂，也不在心下肾上，亦不在脐下一寸三分；在肉体内寻找，或是离开肉体在外摸索，都是错的；玄关只能于"内外相感""天人合发"处求之。笔者以为然。

九 内丹学之社会功能

内丹学主张通过性命双修而成仙，这是出世的。当然欲成仙先做好人，即修五伦之德；还要度人。

陈撄宁却认为，内丹修炼可以救国救世。他指出，学仙不是为当"自了汉"，只顾自己得道成仙，不管世事，而是应该利用自己证得的神通来救国救世。他特别反对在国难当头时消极遁世的做法。② 他修仙道的志愿就是"希望肉体证得之神通，消灭科学战争之利器"，"欲联络全国超等天才，同修同证，共以伟大神通力挽此世界末日之厄运"③。他又说："你若要救国，请你先研究仙学，等到门径了然之后，再去实行修炼。等到修炼成功之后，

---

① 陈撄宁：《道教与养生》，第 279 页。
② 洪建林编《仙学解秘》，第 530 页。
③ 洪建林编《仙学解秘》，第 105 页。

再出来做救国的工作；那个时候，你有神通，什么飞机炸弹毒气死光，你都可以不怕。"① 又说："愚意亦不愿与人轻启是非之争，只求得仙术拔出于三教范围之外，庶可不受彼等教义之束缚，而能自由发展，并希望由此多造就几位真实的神仙。对于世界上物质的科学，加以制裁，使好战之魔王所恃为杀人之利器，不生效力，然后人类方有幸福可言，否则二次大战，三次大战，以至不计数次大战，地球众生，将无噍类矣。"②

他还认为，仙道是救国救世的唯一办法。欧美用科学制造各种杀人利器，危害人类；但用科学武器以杀止杀就更加荒谬，唯有仙道"合精神与物质同归一炉而冶之"，可以达到自救救他之目的。③

陈撄宁主张自己决不求生在西方，更不求死后升入天堂，要用内丹工夫永久住在这个世上，把中国改造好。④

可见，陈撄宁主张用内丹修炼证得的神通来救国救世，故赋予内丹学救国救世之社会功能。这是陈撄宁对救亡图存时代课题的回答，虽体现了他爱国主义的情怀，但这与内丹学之成仙的宗旨相悖。

第三节　陈撄宁内丹工夫次第论

前已述及，内丹性命双修工夫的基本次第：炼精化炁、炼炁化神、炼神还虚和炼虚合道。而女丹工夫次第又必须在炼精化炁前进行斩赤龙的工夫。

陈撄宁却主张，仙家上乘工夫，简易圆融，本来没有先后次第。《孙不二女功内丹次第诗》中"次第"是就效验深浅而言；就工夫来说，此诗自第一首至第十四首，皆是一气呵成，不是划分作十四个段落，故必须前后统一起来看，方能得其纲要。⑤ 但笔者认为，陈撄宁《〈孙不二女功内丹次第诗〉注》对男女内丹工夫次第划分为十四步，涵盖了炼己筑基、炼精化炁、炼炁化神、炼神还虚和炼虚合道的步骤。该诗注集中体现了陈撄宁的内丹工夫次第思想，下文概述之。

---

① 洪建林编《仙学解秘》，第 514 页。
② 洪建林编《仙学解秘》，第 519 页。
③ 洪建林编《仙学解秘》，第 340 页。
④ 洪建林编《仙学解秘》，第 217~218 页。
⑤ 洪建林编《仙学解秘》，第 637 页。

一 收心

前已述及，内丹学主张，炼己是入手工夫，其内涵之一就是除妄念。陈撄宁亦指出，内丹初下手是收心，收心即除妄念。除妄念即"扫空生灭海"。生灭海，即人之念头，刹那之间，杂念无端而至，忽起忽灭。念起为生，念灭为死。然而欲扫空此杂念，唯有用法使念头归一，其法即"固守总持门"。"总持门"就是玄牝之门，即玄关一窍。① 张紫阳说："此窍非凡窍，乾坤共合成，名为神气穴，内有坎离精。"② 质言之，不过一阴一阳、一神一气；能使阴阳相合、神气相搏，则玄关之体已立。③

陈撄宁还指出，"固守总持门"就是凝神入炁穴。凝神入炁穴时，神在炁中，炁包神外，退藏于密。是时，既要不滞于迹象，又要不堕于昏沉。杂念不可起，念起则火燥；真意不可散，真意散则火寒，即老子所说"绵绵若存，用之不勤"，这就是守玄关时之真实下手工夫。可见，守玄关绝不是执着人身某一处部位而死守之，切勿误会；若初学者死守一处，不知变通，将来必得怪病。显然，后世所传两眉之间、印堂之内为玄关，与此不同。虽说初下手要除妄念，然而绝不是专在念头上做工夫，若一切不依，一切不想，其弊端与佛家相同，必然导致毫无效果，令人失望灰心。④

此外，陈撄宁指出，内丹修炼之人必须设法断绝尘缘，除幻境，然后方收速效。世有学道数十年，毫无进步，皆未脱俗累之缘故。幻境是身中阴魔乘机制造的种种景象：或者使人生爱恋，或者使人恐怖，或者使人起嗔恨，或者使人感到悲伤，或者使人误认为有神通，或者引人错走入邪路；甚至出现神志昏迷，自残肢体，偶有见闻，妄称遇圣。这都是幻境，必须要扫除。⑤

由上述可见，陈撄宁主张内丹初下手是收心。收心即除妄念，除妄念之法是凝神入炁穴。这与以前内丹家所说炼己不完全相同。陈虚白曾提出炼己即止妄念，但除妄念之法不是凝神入炁穴，凝神入炁穴是炼己之后的工夫。如陈虚白说："念起即觉，觉之即无，修行妙门，惟在此已。此法无

① 洪建林编《仙学解秘》，第 644 页。
② 洪建林编《仙学解秘》，第 645 页。
③ 洪建林编《仙学解秘》，第 644~645 页。
④ 洪建林编《仙学解秘》，第 645 页。
⑤ 洪建林编《仙学解秘》，第 653~654 页。

多子，教子炼念头，一毫如未尽，何处觅踪由。夫无念者，非同土石草木，块然无情也。盖无念之念，谓之正念，正念现前，回光返照，使神御炁，使炁归神，神凝炁结，乃成汞铅。"① 意谓：妄念一来，即便觉知舍弃，此谓炼己。炼己完成后，正念现前，回光返照，使神驭气，使气归神，即凝神入气穴而产生药物。

陈撄宁提出绝尘缘，除幻境。以前内丹家亦有人提出入手要绝尘缘，但除幻境是十月关的工夫。如陈致虚说："去色欲，绝恩爱，轻财货，慎德行，四者为炼己之大要。"② 意谓：炼己就是绝恩爱，看轻财物，按一定的道德规范约束自己的言行。十月关中会出现许多幻觉，内丹家称为外境或魔。《钟吕传道集》指出十月关中会出现许多幻觉，即魔，主要有十类魔：六欲魔、七情魔、富魔、贵魔、恩爱魔、灾难魔、刀兵魔、圣贤魔、乐魔、色魔。魔的产生是由于元神之阴未除尽。

二　养气

前已述及，内丹学主张，气分为先天炁和后天气。先天炁即元炁，后天气即呼吸气，两者是母子关系。

陈撄宁亦提出，先天炁是先天阴阳未判之气。先天炁和后天气是母子关系，子是后天气，母是先天炁。后天气，丹道喻之为水；先天炁，丹道喻之为金。按五行之说，金能生水，是先天变为后天；丹道重在逆转造化，使水反生金，是后天返还先天。③ 但陈撄宁所说"后天气，丹道喻之为水"，这是袭取李西月的说法，而李西月这一观点是来自《金丹真传》。但他所说的先天炁及其与后天气的关系，与李西月又不同。李西月所说"后天"与"先天"是在广义的"先天"范围内所做的，实指以筑基完成为分界的前后两部分工序，此前为后天之身，之后为先天之体。内丹道通常主张，后天气是呼吸气；先天元精，丹道喻之为水。

他还指出，前人所说的九转还丹，九是阳数之极，又为金之成数，故称九还，非限定转九次。这与前人所说相同。

他又提出，先天难于捉摸，必从后天工夫下手，方可返回到先天。后

① （元）陈虚白：《规中指南》，《道藏》第 4 册，第 384 页。
② （元）陈致虚：《金丹大要》，《藏外道书》第 9 册，第 27 页。
③ 洪建林编《仙学解秘》，第 646 页。

天气培养充足，则先天炁自然发生，故曰"子肥能益母"。① 此论未见前人之丹经，因为内丹学历来主张只用"先天"，不管"后天"。

三 行功

内丹学主张，当先天一炁产生，就得采药，然后行小周天火候。

陈撄宁却指出，常常凝神敛息，不久即可由造化窟中，采取先天一炁。敛息指呼吸之气蛰藏而不动，凝神指虚灵之神凝定而不散。② 采取先天一炁后就得进阳火、退阴符。阳火、阴符之运用，虽出于自然，但人工亦有潜移默化之力。自尾闾升上泥丸，是在背脊一路，名为进阳火；自泥丸降下气海，乃在胸前一路，名为退阴符。以升为进，以降为退。凡后升之时，身中自觉热气蒸腾，及至前降之时，则热气已渐归冷静。此以热气盛为进阳火，热气平为退阴符。二解虽义有不同，理则一贯。③ 这与前人所说任督二脉运行大略相同。

关于先天一炁应机发动之景象，陈撄宁提出，这就如张紫阳真人说："修炼至此，泥丸风生，绛宫月明，丹田火炽，谷海波澄，夹脊如车轮，四肢如山石，毛窍如浴之方起，骨脉如睡之正酣，精神如夫妇之欢合，魂魄如子母之留恋。"④ 此乃真境界，非譬喻。吕纯阳真人《步蟾宫词》云："地雷震动山头雨。"《百字碑》云："阴阳生反覆，普化一声雷。"邵康节先生诗云："忽然夜半一声雷，万户千门次第开。"钟离真人云："达人采得先天炁，一夜雷声不暂停。"彭鹤林先生云："九华天上人知得，一夜风雷撼万山。"⑤ 上述丹经谈雷，其源皆出于《周易》地雷复一卦。这实质上是比喻先天一炁积蓄既久，势力雄厚，应机发动之现象。要言之，先天一炁产生的景象，周身关窍齐开，耳闻风声，脑后震动，眼中闪光，鼻中抽掣。⑥ 此先天炁发生，丹家称之为活子时。但耳闻风声，脑后震动，眼中闪光，鼻中抽掣，在伍柳派看来，这是得大药之景，不是小药产生之景。

① 洪建林编《仙学解秘》，第646~647页。
② 洪建林编《仙学解秘》，第647页。
③ 洪建林编《仙学解秘》，第648页。
④ 洪建林编《仙学解秘》，第648页。
⑤ 洪建林编《仙学解秘》，第648页。
⑥ 洪建林编《仙学解秘》，第648页。

他还指出，女丹修炼欲求到此地步，必在月经断绝之后，即在斩赤龙之后。而孙诗所说，乃在斩龙之前，恐难得此效。大约此处所谓"雷"，不过是说行功之时，血海中有气上冲于两乳。[1] 此论与前人所说相同：女丹修炼先斩赤龙，再进行炼精化炁。

四　斩龙

前已述及，内丹学主张，女丹斩赤龙就是用法炼断月经，即不再行月经。老年妇女内丹修炼先让月经再来，然后再用法炼断月经。童女内丹修炼不需要斩赤龙。

陈撄宁亦指出，龙指女子之月经，斩龙就是用法炼断月经，使其永远不再行。女子修道，为何要先断月经？他主张，这是神仙家独得之传授，无上之玄机，不是世界各种宗教、各种哲学、各种生理卫生学所能比拟。女子修炼与男子不同，即在于此，女子成功较男子更速，亦在于此。若离开此道，别寻门路，绝无成仙之希望。[2]

他还指出，老年妇女月经天然断绝，生机缺乏，内丹修炼更难；其行内丹修炼法要是无中生有，使老年月经已绝者，再有来月经之象，然后再以有还无，按照少年女子修炼成规，渐渐依次而斩之。童女月经未行者，果生有凤慧，悟彻玄功，成就自然更易。可见，老年妇女与童女有天壤之别。[3] 这与前人所说相同。

他又指出，凡言铅言金言虎，都属一物，不过比喻人身中静极而动之先天阳炁。当采取先天炁之时，须借后天气以为枢纽，故曰风中擒玉虎，玉字表其温和之状。[4] 石杏林真人曰："万籁风初起，千山月乍圆。"正是此景。丹道有风必有火，炁动神必应，故吕纯阳真人云："铅亦生，汞亦生，生汞生铅一处烹。"铅与月，喻阳炁；汞与金乌，喻阴神。阳炁发生，阴神必同时而应，故曰月里捉金乌。[5] 这与前人所说不同，以前丹家主张阳炁发生，元神必同时相应。显然，陈在此没有明说斩赤龙的工夫。

---

① 洪建林编《仙学解秘》，第 648~649 页。
② 洪建林编《仙学解秘》，第 649 页。
③ 洪建林编《仙学解秘》，第 649 页。
④ 洪建林编《仙学解秘》，第 650 页。
⑤ 洪建林编《仙学解秘》，第 650 页。

五　养丹

内丹学主张，调息是小周天火候之用，本来具有进阳火退阴符、沐浴温养之义。调息就是使凡人之息转为真息，真息为：一呼一吸为息，不呼不吸亦为息。[①] 调息的作用是调呼吸之气而使之藏伏，唯能伏此气，则精可返而复还为先天之炁，呼吸亦离口鼻。[②]

陈撄宁亦指出，炼后天气，即用调息凝神之法；采先天炁，则等身中有生炁发动时下手。[③] 他说："调息之法，中粗而精，自始而至终，皆不可离。"[④] 调息不难，心神一静，随息自然，只守其自然而已。凝神指收已清之心而入其内。心未清时，眼勿乱闭，先要自劝自勉，劝得回来，清凉恬淡，始行收入炁穴，乃称凝神。然后如坐高山而视众山众水，如燃天灯而照九幽，此即所谓"凝神于虚"。[⑤]

关于调息之法，他又提出，神抱住炁，意系住息，在丹田中，宛转悠扬，聚而不散；则内藏之炁，与外来之炁，交结于丹田；神炁相守，息息相依；调息实质上以后天呼吸，寻真人呼吸处。[⑥] 这与伍守阳观点基本相同。伍守阳主张调息就是以神驭炁，即心息相依，一呼一吸合乎自然，不可执着有、无。[⑦]

他亦指出，凝神调息，调息凝神，渐采渐炼，渐凝渐结，即养丹。如《金丹四百字》云："混沌包虚空，虚空括三界；及寻其根源，一粒如黍大。"又云："一粒复一粒，从微而至著。"[⑧] 质言之，"不过渐采渐炼，渐凝渐结而已，非有黍米之象可寻。"[⑨] 这就是炼精化炁的工夫。

可见，陈撄宁主张炼后天气即用调息凝神之法，这与前人所说基本相同。

---

① （明）伍守阳：《仙佛合宗语录》，《藏外道书》第 5 册，第 647 页。
② （明）伍守阳：《天仙正理直论》，《藏外道书》第 5 册，第 820 页。
③ 洪建林编《仙学解秘》，第 651~652 页。
④ 洪建林编《仙学解秘》，第 107 页。
⑤ 洪建林编《仙学解秘》，第 652 页。
⑥ 洪建林编《仙学解秘》，第 652 页。
⑦ （明）伍守阳：《天仙正理直论》，《藏外道书》第 5 册，第 821 页。
⑧ 洪建林编《仙学解秘》，第 653 页。
⑨ 洪建林编《仙学解秘》，第 653 页。

六　胎息

内丹学主张伏气，当炼精化炁时，称之为调息；在炼炁化神时，称之为胎息。① 胎息之功就是以我呼吸之息返还为胎中息；是时，用胎息来养胎神，使神炁乘胎息之气而入定。如是久久无间断，绵绵密密，直证阳神大定，就是"胎圆"。②

陈撄宁却提出，胎息时，心依于息，息依于心，则心息长相依。是时，先天炁又贯通上中下三丹田。神能忘一切色相，色相既除，则与太虚相合。③ 他又说："仙道贵在以神驭气，使神入气中，气包神外，打成一片，结成一团，纽成一条，凝成一点，则呼吸归根，不至于散漫乱动，而渐有轨辙可循；如是者久之，则可成胎息。何谓胎息？即呼吸之息，氤氲布满于身中，一开一阖，遍身毛窍，与之相应，而鼻中反不觉气之出入，直到呼吸全止，开阖俱终，则入定出神之期，不远矣。"④ 意谓：神入气中，气包神外，打成一片，呼吸归根，如是而成胎息。胎息就是鼻中呼吸停止，全身中毛窍随着身内呼吸而呼吸。

可见，陈撄宁所说心息相依与前人同，但他主张胎息是先天炁贯通三丹田，这未见于前人丹经。他强调神炁打成一片，凝成一点，则呼吸归根而渐成胎息，而之前内丹家强调胎息是神炁乘胎息之气而入定，以胎息养胎神，这是胎息之工夫，他却没有提及。

七　符火

前已述及，内丹学根据"天人同构"原理，认为身中造化法象天地，炼丹时的火符进退与天地间的阴阳消长暗合。内丹学认为，按一天十二个时辰来说，天地间的阴阳消长情况为：子时是一阳初生，从子时至巳时是六阳之位，午时是一阴初生，从午时至亥时是六阴之位，故子午时是阴阳交替的关节点。内丹家通常仿《参同契》中纳甲法和十二辟卦法论炼丹火候，把年、月、日、时与卦爻进行搭配、比附，以此来掌握炼丹进阳火、退阴符之方法。因而子时亦称活子时，指丹道于一天十二时辰都可能有阳

---

① （明）伍守阳：《天仙正理直论》，《藏外道书》第 5 册，第 822 页。
② （明）伍守阳：《天仙正理直论》，《藏外道书》第 5 册，第 823~824 页。
③ 洪建林编《仙学解秘》，第 654 页。
④ 洪建林编《仙学解秘》，第 626 页。

生、火生之子时，不要拘泥于死子时。

而陈撄宁指出，动者属阳，静者属阴。阳炁发动时，则元神亦随之而动，炁到人身某处，神亦同到某处。阳炁发动叫进，而暗中以神助之，愈进愈旺，故说更加进。阳极则阴生，动极必归静。人之魂属阳，主上升；魄属阴，主下降。当升之时不可降，当降之时不可升。阴魄要防飞者，意谓炁若有静定之态，则神必助之静定，以防其烦躁不宁。阴符阳火，炁机动静，前数段工夫已有之，不必定在胎息后。①

他亦指出，进阳火、退阴符之六时，念不可起，意不可散，一线到底，勿使中断不连贯。等此一段工夫行毕，方可自由动作。② 此六时不是指昼之六时，亦不是指夜之六时，乃指人身中虚拟默运之六时。这就是古人名为六候，切不可拘泥天时，免至活法变成死法。人身六时实质上仍不外乎神炁动静、阴阳升降之消息。③ 可见，陈氏所说炼丹符火与前人所说基本相同。

八 接药

内丹学主张，炼精化炁完成，金丹大药已结，真炁若死守在下丹田，只能成就人仙。

陈撄宁亦指出，经过上述七步工夫后，神仙全部工夫，到此已得一半，因内丹已结。他指出，"丹头如露凝"，露乃地面之水因热化气，腾散于空中，至夜遇冷，遂附着于最易散热之物体，而凝结成露。丹道亦同此理，可以神悟，难以言传。④

陈撄宁还指出，既已结丹，则一身精炁神皆完全坚固，决定可以长生，但未能羽化，此时可称为人仙。⑤ 仙有五等：有鬼仙、有人仙、有地仙、有神仙、有天仙。鬼仙不离乎鬼，能通灵而久存，与常鬼不同；人仙不离乎人，饮食衣服，虽与人无殊，而能免老病死之厄；地仙不离乎地，寒暑不侵、饥渴无害，虽或未能出神，而能免衣食住之累；神仙者，能有神通变化，进退自如，脱弃躯壳，飘然独立，散则成气，聚则成形；天仙者，由

① 洪建林编《仙学解秘》，第 655 页。
② 洪建林编《仙学解秘》，第 656 页。
③ 洪建林编《仙学解秘》，第 656 页。
④ 洪建林编《仙学解秘》，第 656 页。
⑤ 洪建林编《仙学解秘》，第 656 页。

神仙之资格，再求向上之工夫，超出吾人所居之世界以外，别有世界。①

《钟吕传道集》从所修之术和功来界定五等仙。关于人仙，《钟吕传道集》指出，人仙是指修真之士，不悟大道，道中得一法，法中得一术，信心苦志，终世不移。五行之气，误交误会，形质且固，八邪之疫不能为害，多安少病，乃称人仙。显然，这与陈撄宁所说的内丹已结不同；陈撄宁所说的人仙是《钟吕传道集》中说的地仙。

此外，陈撄宁主张，"鼻观纯阳接，神铅透体灵"，此二句乃言超凡入圣之实功，不由此道，不能出阳神。他引自古相传之真空炼形丹法，以释其玄奥之义。《真空炼形法》云："夫人未生之先，一呼一吸，气通于母。既生之后，一呼一吸，气通于天。天人一气，联属流通，相吞相吐，如扯锯焉。天与之，我能取之，得其气，气盛而生也。天与之，天复取之，失其气，气绝而死也。故圣人观天之道，执天之行，每于曦驭未升旸谷之时，凝神静坐，虚以待之，内舍意念，外舍万缘，顿忘天地，粉碎形骸。自然太虚中有一点如露如电之阳，勃勃然入于玄门，透长谷而上泥丸，化为甘霖而降于五内。我即鼓动巽风以应之，使其驱逐三关九窍之邪，扫荡五脏六腑之垢，焚身炼质，锻淬销霾，抽尽秽浊之躯，变换纯阳之体。累积长久，化形而仙。"② 这是说，圣人每于太阳未升起之时，凝神静坐，内舍意念，外舍万缘，顿忘天地，自然太虚中有一点如露如电之先天炁，勃勃然入于玄门，透长谷而上泥丸，化为甘霖而降于五脏内；是时，即鼓动巽风以应之，使其驱逐三关九窍之邪，扫荡五脏六腑之垢，焚身炼质，抽尽秽浊之躯，变换纯阳之体而成仙。这是袭取《性命圭旨》贞集附录"炼形说"的内容。

陈撄宁亦指出，炼形之法总共有六门：其一名玉液炼形、其二名金液炼形、其三名太阴炼形、其四名太阳炼形、其五名内观炼形，此五门总的来说不是虚无大道，终不能与太虚同体；唯有真空炼形，虽说有作，其实无为，虽叫炼形，其实炼神，是修外而兼修内。依法炼之百日，则七魄亡形，三尸绝迹，六贼潜藏，十魔远遁。炼之千日，则整个身体俨如水晶塔子，表里玲珑，内外洞彻，心华粲然，灵光显现。③

但陈氏所说真空炼形之法未见于之前钟吕系的丹经，它实质上是服先

---

① 洪建林编《仙学解秘》，第 656~657 页。
② 洪建林编《仙学解秘》，第 657 页。
③ 洪建林编《仙学解秘》，第 658 页。

天乿法，是服气法门中的一门。再者，内丹学主张性命双修使纯阳元神与道合一，即成天仙；肉身被认为是"臭皮囊"，不需要抽尽秽浊之躯，变换纯阳之体。笔者认为，此真空炼形之法可能来自民间宗教内丹学。如黄天道《普静如来钥匙宝卷》主张，人与宇宙两者本为一体，因此取天地精气，以补内用，是内丹修行的有机部分。如其说，"采取日精月华，天地真宝""昼夜家，采取它，诸般精气。原不离，日月光，诸佛之根""采先天混源一气，炼三光玄妙消息"[1]。圆顿教《龙华经》说，"每日吞先气，逐日采日精，吸来归腹内，运转妙无穷"[2]。可见，黄天道、圆顿教的内丹学都是服气法。

九　炼神

前已述及，内丹学主张，炼乿化神是指用纯阳之乿点化元神之阴，培补元神之阳；再用已定之乿助元神亦定，神乿俱大定而使乿至无、神至纯阳；其过程，伍柳派界定为：采大药、过关服食、封固、行大周天至神胎全。

陈撄宁却指出，人的元神历劫不变，而识神是变化的。用真空炼形之功，将识神渐渐炼去，则元神渐渐显出。譬如磨镜，尘垢既消，光明斯现，乃知一切神通，皆是人本性中所固有者，非从外来。[3] 是时，乿与神已不可分离，言神而乿在其中，言乿而神在其中。

可见，陈撄宁所说"炼神"是指用真空炼形法把识神渐渐炼去，使元神渐渐显出，这大约相当于以前丹家所说的"炼己"，与炼乿化神不同。但以前丹家所说"炼己"之法主要有：止妄念，降伏妄心，制伏元神，不贪财色等，没有真空炼形法。

十　服食

内丹学主张，炼精化乿完成，金丹大药已结。陈撄宁却指出，内丹修炼之人贵在收积虚空中清灵之气于身中，然后将人之神与此气配合而炼养

---

① 转引自马西沙《宝卷与道教的炼养思想》，《世界宗教研究》1994 年第 3 期，第 66 页。
② 《龙华经》之三，海会云采的博客，http://blog.sina.com.cn/s/blog_6f5f9b5b0102vsjz.html，查看时间：2020 年 10 月 25 日。
③ 洪建林编《仙学解秘》，第 658~659 页。

之，为时既久，则神气打成一片，而大丹始成。① 可见，此大丹不同于以前丹家所说的大药——大药是精尽化为炁，是纯阳已足之炁，亦身中自有，不是来自身外虚空中之先天炁。陈撄宁的弟子汪伯英继承其观点，进一步将道界定为"太虚中无形之生炁"，将修道界定为"采取太虚中无形之生炁，来修养吾人之身心"。②

陈撄宁还指出，内丹后半部工夫所以宜居山，因为山中清灵之气较城市为优。但入山亦须稍择地势，或结茅，或住洞，要在背阴面阳遮风聚气之所，山后有来脉，左右有屏障，中有结穴，前有明堂，此乃乾坤生气蕴蓄之乡。日月升沉，造化轮转，人打坐于其间，得此无限清灵之气，以培养元神。③ 可见，陈撄宁的内丹后半部工夫宜居山之论与前人不同。之前内丹家认为，炼神工夫之所以选择居山，是因为山里清静，不像城市太嘈杂，惊扰阳神的因素少，而不是因为山中清灵之气较城市为优。

陈撄宁又指出，采天地之灵气以结丹，须识阴阳盛衰之候，夺造化之玄机而换体，必经三年九载之功。④ 他亦指出，元神变为纯阳，周身毛窍皆发现有光明。其所以有光，或者因身中电力充足之故。这就如世上雷锭能自发光，经过长久的时期，而本体不减毫厘。⑤

由上述可见，陈撄宁主张收积虚空中先天炁来结丹并培养元神，这与内丹学主张身中自有的先天炁不同。他后来虽也承认身中先天炁，但认为必须要借助于虚空中先天炁才能还丹结胎。⑥ 陈撄宁还指出此先天炁就是所谓"外药"。而内丹学主张内、外药本质上都是自己身中先天炁，外药即元精，元炁将外驰而不使之发向外，返先天本源，虽从内生，却从外来，谓之外药；内药即大药。⑦

十一 辟谷

内丹学主张炼炁化神，十月养胎阶段随丹功进程会依次出现证验。伍柳派认为主要有：辟谷、先后天气俱停、昏睡全无、胎息脉住、五通之验。

---

① 洪建林编《仙学解秘》，第 661 页。
② 洪建林编《仙学解秘》，第 346 页。
③ 洪建林编《仙学解秘》，第 661~662 页。
④ 洪建林编《仙学解秘》，第 662 页。
⑤ 洪建林编《仙学解秘》，第 662 页。
⑥ 洪建林编《仙学解秘》，第 167 页。
⑦ （明）伍守阳：《天仙正理直论》，《藏外道书》第 5 册，第 790 页。

陈撄宁却指出，元神变为纯阳之时，会出现辟谷，断绝烟火食。这是因为灵气充满于身，自然不思食，不是空腹忍饥。[1] 是时，还会色空两忘，浑然大定。如他注"忘神无相著，合极有空离"曰：

> 忘神者，此时虽有智慧而不用，若卖弄聪明，则易生魔降。无相著者，谓无色相之可著也。合极者，合乎太极也。合乎太极者，即神气合一，阴阳相纽也。如是则不落顽空，故曰有空离，谓遇空即远离也。第三句言不著于色，第四句言不著于空，色空两忘，浑然大定。[2]

这就是说，此时神虽有智慧而不用，无色相之可著；合神气合一，阴阳相纽，不落顽空，色空两忘，浑然大定。

可见，陈氏所说的辟谷现象出现时间与以前丹家不同，前人所说辟谷现象是出现在元神未变为纯阳之前；当元神变为纯阳之时，出现天眼通、天耳通、他心通、宿命通、神境通，而不是辟谷。

十二　面壁

前已述及，内丹学主张炼神还虚，先三年乳哺，后九年大定，即面壁之功。

而陈撄宁指出，面壁之说，始于达磨。梁武帝时，达磨来到嵩山少林寺，终日面壁而坐，九年如一日。故后世道教之修静功者皆称之面壁。[3]

他还指出，经过辟谷一关，古仙修炼到此程度时，大半择深山石洞而居之，令人用巨石将洞口封住，以免野兽之侵害及人事之烦扰，且不须守护者。但此法在今日未必合适。[4] 普通办法，即于山林清静之处，结茅屋数间，以备同道住宿。然后用木做一小龛，其中仅容一人座位，垫子宜软厚，前开一门，其余三面须透空气而不进风，最好用竹丝编帘遮蔽，如轿子上所用的。人坐其中，不计月日，直至阳神出壳，始庆功成。唯昼夜须有人守护，谨防意外之危险。中间若不愿久坐，暂时出来亦可。此时身内已炁满不思食，神全不思睡，其外状则鼻无呼吸，脉不跳动，遍体温暖，眼有

---

[1]　洪建林编《仙学解秘》，第663页。
[2]　洪建林编《仙学解秘》，第663页。
[3]　洪建林编《仙学解秘》，第664页。
[4]　洪建林编《仙学解秘》，第664页。

神光。其身体内部之作用，自与凡夫不同，不可以常人之生理学强加判断。①

由上述可见，陈撄宁所说"面壁"主要指面壁的准备功夫——"入室事宜"及出现的身体异象，这与以前内丹家所说基本相同；但他没有涉及面壁具体工夫，如前人所说"三年乳哺""九年大定"的工夫。

十三 出神

内丹学主张，三年乳哺中有调神出壳之法。陈撄宁自称，对于出神以后种种作用，因无实验，不敢妄谈："余自访道至今已三十年矣，实未曾目睹阳神是何形状？如何出法？即当日师传，亦不及此，仅云时至自知。故对于出神以后种种作用，因无实验，不敢妄谈。"② 这体现了陈氏的科学态度。有鉴于此，陈撄宁摘抄《青华老人语录》和《冲虚子语录》③ 相关内容论出神工夫。

关于出神之景象，《青华老人语录》说，阳神脱胎之先兆：有光自脐轮外注入，有香自鼻口中出；"既脱之后，则金光四射，毛窍晶融，如日之初生于海，如珠之初出于渊。"④ "香气氤氲满室，一声霹雳，金火交流"，而阳神已从泥丸出。出神以后，全看平日功夫。若阳神纯是先天灵气结成，则遇境不染，见物不迁，收纵在我，来去自如。一进泥丸，此身便如火热，金光复从毛窍间出，香气亦复氤氲。顷刻返回到黄庭，虽有如无，不知不觉，此真境。若平日心地未能虚明，所结之胎，决非圣胎，所出之神，一见可惧则怖生，一见可欲则爱生，殆将流连忘返，堕入魔道。⑤

而《冲虚子语录》指出，阳神之出，不必执定要身外有身。如刘海蟾真人以白气出，西山王祖师以花树出，马丹阳真人以雷震出，孙不二元君以香风瑞气出。这些人虽有相可见，而非人身。又如南岳蓝养素先生以拍掌大笑而出；邱长春真人自言，出神时三次撞透天门，直下看森罗万象，见山河大地如同指掌。这二者皆无相可见，而亦非人身。⑥

① 洪建林编《仙学解秘》，第 664 页。
② 洪建林编《仙学解秘》，第 664 页。
③ 《青华老人语录》是指《唱道真言》，清代扶乩之作；《冲虚子语录》是指明伍冲虚所著《仙佛合宗语录》《天仙正理直论》等著作。
④ 洪建林编《仙学解秘》，第 665 页。
⑤ 洪建林编《仙学解秘》，第 665 页。
⑥ 洪建林编《仙学解秘》，第 666~667 页。

出神之景象有此不同的原因：《冲虚子语录》指出，本性灵光，非有非无，亦有亦无，隐显形相，安可拘一？当可以出定之时，偶有此念动而属出机，未有不随念而显化的。故念不在化身，则不必见有身；念若在化身，则不必不见有身。[①]

关于出神后的工夫，《青华老人语录》指出，其道有二：下士委身而去，其成仙快；上士浑身而去，其成仙迟。当阳神从泥丸出去之后，在太虚中逍遥自乐，顷刻飞腾万里，高踏云霞，俯观山海，千变万化，从心所欲。回视身躯，如一块粪土，不如弃之，是以蜕骨于荒岩，遗形而远去，此委身而去者之所为。若有志之士，不求速效，自愿做迟钝工夫。阳神可出而勿出，幻躯可弃而勿弃，保守元灵，千烧万炼，忘其神如太虚，而以纯火烹之，与之俱化，形骸骨肉，尽变微尘，此浑身而去者之所为。[②] 显然，此浑身而去者之所为与内丹学所说的炼神还虚不同，因为炼神还虚的结果是阳神与道合一，而形骸骨肉没有尽变微尘。

显而易见，陈撄宁摘抄《青华老人语录》和《冲虚子语录》论出神工夫，这实际上代表了他的观点。

十四　冲举

陈撄宁指出，冲举，即所谓白日飞升。他又指出，从古即有此说，但在今时，既未尝见闻，理论上又苦无证据。如果以历代神仙传记为凭，自然如数家珍，听者或乐而忘倦，回头又疑其伪造事实，提倡迷信。必须求得一平素不信仙道之人，在他口中或笔下得一反证，而后方能无疑。[③] 陈撄宁举以唐韩退之先生所作《谢自然诗》记叙果州南充县谢自然白日飞升作为证据，认为冲举之说可信。

显然，内丹学提出，九年大定，还虚合道，这是阳神与道合一。此工夫都是隐修，已不再说白日飞升。

综上，陈撄宁《〈孙不二女功内丹次第诗〉注》中划分男女内丹工夫次第为：前半部工夫和后半部工夫。前半部工夫是指第一步至第七步，实质是指炼炁，这实际上涵盖了炼己筑基、炼精化炁阶段。后半部工夫是指第八步至第十四步，实质是指炼神；其中第八步至第十一步大约相当于炼炁

---

① 洪建林编《仙学解秘》，第 666~667 页。
② 洪建林编《仙学解秘》，第 666 页。
③ 洪建林编《仙学解秘》，第 667 页。

化神阶段，第十二步至第十四步大约相当于炼神还虚阶段。可见，该诗注集中体现了陈撄宁的内丹工夫次第思想。

但陈对内丹工夫次第的大多数诠释与全真道北宗的内丹学有不少抵牾之处，如炼己、凝神入炁穴、调息凝神、辟谷、先天一炁、真空炼形法等论，特别是陈氏推崇真空炼形法与全真道北宗内丹学主张性命双修的基本理论相悖，其中只有少数内丹工夫诠释与全真道北宗相同。可见陈撄宁在该诗注中所表达的内丹思想不属于北派丹法，那种主张该诗注介绍了北派丹法的观点[1]是缺乏证据的。

第四节　内丹学与五教、科学的关系

民国时期，陈撄宁主张仙学独立，虽不愿讲三教一贯，更不愿讲仙佛同源，但他也称仙学独立是权宜之计。他的内丹学也谈三教关系，同时还讲与耶稣教、天主教和伊斯兰教的关系。为了建立现代内丹学，陈撄宁大力引科学入丹道，以期说明内丹学符合科学，不是迷信。

一　内丹学与五教的关系

陈撄宁指出，从道的角度来看，儒释道仙原本可以互摄；从术的角度来说，四者所修之术则泾渭分明。[2]

他亦指出，佛家、道家、儒家的修养方法都侧重心性，没有修养肉体的办法，所以达不到祛病延龄之目的，成不了仙，因为神仙是精神与物质混合团结锻炼而成的。如他说："苟欲跨鹤而去，非身外有身阳神出现不可，仅学老庄之清静无为，乐天安命，无济也。再学孔孟之诚意、正心、修身、养气亦无济也。更进而学释氏之参禅、打坐、念佛作观，仍无济也。因为这些工夫都偏重于心性方面，对于肉体上不起变化。且容易令人固执贵心性而贱肉体之谬见。到了结果，肉体老病而死，心性亦无作为。故以上所说的工夫，只可以修佛修道，为圣为贤，断断乎无有做神仙的资格。"[3]儒释道三教侧重心性，医药卫生体操运动侧重肉体，"皆不足以达到'长生不死'、'白日飞升'之目的。充其量，则心性工夫仅能'坐脱立亡'，肉体

---

① 卿希泰主编《中国道教史》第 4 卷，第 408 页。
② 洪建林编《仙学解秘》，第 507 页。
③ 洪建林编《仙学解秘》，第 215 页。

工夫仅能'延年却病'而已"①。

他还提出，儒释道三教与耶稣教、天主教、伊斯兰教一样，都是道中的一部分。如他说："儒释道三教，不过是道中的一部分，耶稣、天主、回回，也是道中间的一部分，宇宙万物以及我们人类，也不过是道中间的一部分。"②

他又提出，道教、儒教、佛教、基督教（含天主教）、伊斯兰教五教之宗旨，无非劝人为善，诫人作恶。他说："道、儒、释、耶、回五教之宗旨，无非劝人为善，诫人作恶，务使天下亿兆生灵咸涵育于慈风惠泽之中，彼此皆能互助合作，而不相侵害。然后人类社会，方得维持，国家治安，庶几长保，此宗教精神所以伟大也。"③

他亦提出，五大宗教的人都可学仙。他说："儒教中人也可以学仙，道教中人也可以学仙，佛教耶教回教中人，皆可以学仙，甚至一教不信的人更可以学仙。因为仙之本身，产生于学术之试验，不像宗教要依赖信仰。"④但他指出，佛教、耶稣教（含天主教）是世界性的，仙学是种族性的。如他说："佛教耶教，是世界性，道学仙术，是种族性。凡含有世界性的宗教，无论你们是什么种族，总普遍欢迎你们加入他们的教团。你不信，劝你信；你既信，拉你进。至于道学仙术，恰好立在反对的地位。设若你不是中华民族黄帝子孙，你就莫想得他丝毫真诀。"⑤

就仙佛的关系而言，陈撄宁提出，仙佛的宗旨刚好相反，仙讲长生，佛讲无生。如他说："仙讲长生，佛讲无生，断断乎不能合作，不能一贯，不能牵强附会的。"⑥他还指出，佛之宗旨要"无我"，仙之宗旨要"有我"。如他说："佛之宗旨要'无我'，仙之宗旨要'有我'；佛不敢和宇宙定律相抵抗，眼见世间生老病死，成住坏空，一切现象，难以避免，故说'诸法无常'；仙要打破宇宙之定律，不肯受造化小儿之戏弄，不肯听阎王老子之命令，故说'长生不死'；佛最后之结果是入涅槃，涅槃之表示就是死，涅槃之意思就是寂灭，仙最后之结果是白日飞升，飞升之表示就是不

---

① 洪建林编《仙学解秘》，第215~216页。
② 洪建林编《仙学解秘》，第60页。
③ 郭武编《中国近代思想家文库·陈撄宁卷》，第563页。
④ 陈撄宁：《道教与养生》，第240页。
⑤ 洪建林编《仙学解秘》，第575页。
⑥ 洪建林编《仙学解秘》，第314页。

死，飞升之意思就是脱离凡界而升到仙界，永远不会寂灭，但亦非如佛教行十善道死后生天，念阿弥陀死后生西之说。此皆仙学与佛学大不同处。"①

仙佛两家的立场是不同的，人各有志，"虽不必舍己从人，亦不可强人就己"②，更不能自高自大，轻视他教。

他还提出，佛家重炼性，仙家重炼炁。但究竟到了无上根源，性就是炁，炁就是性。如他说："佛家重炼性，一灵独耀，迥脱根尘，此之谓性长生；仙家重炼气，遍体纯阳，金光透露，此之谓气长生。究竟到了无上根源，性就是气，气就是性，同者其实，异者其名耳。"③

他又指出，与佛家相比，内丹修炼只讲工夫，不讲觉悟，不讲福报。如他说："学仙的人们，只讲功夫，不讲觉悟，决不会单由觉悟上就能得到神通变化。"④ "仙道门中，只讲功夫，不讲福报。讲福报者，是门外汉。"⑤

他还指出，佛家心性之理可以自悟，而仙家修炼之术绝不能自悟，因为"纵然得遇明师传授口诀，尚要刻苦试验，方可有几分希望。纵然本人有志刻苦，尚要外缘具足，方可许你实验。纵然外缘具足，尚要自己道力坚定，方可不被外缘所诱惑。纵然道力坚定，尚要学识精深，方可不致弄巧成拙"⑥。

他亦指出，佛家解脱生老病死诸苦，专从心性上做工夫，对于肉体弃而不管，生老病死诸苦依然存在；仙家却先从肉体上做工夫，渐渐地脱胎换骨，再由炼神而成仙。⑦

他还主张，学仙之人可自由出入儒道释。他称自己四十年间"于三教中出入自由"。如他说："仆幼读儒书，二十岁学道，三十岁学佛，四十岁又学道，今年过五十矣。回忆四十年间，于三教中出入自由，不见其有碍也。"⑧ 他亦主张，学仙之士，尽可学佛，这样才有所比较。如他说："世常谓学佛之士，不应再学仙。愚则谓学仙之士，尽可兼学佛。盖伊等所谓既学佛不应再学仙者，乃宗教家浅陋之眼光，防彼教徒为仙学所动摇而叛其

---

① 洪建林编《仙学解秘》，第 424 页。
② 洪建林编《仙学解秘》，第 462 页。
③ 洪建林编《仙学解秘》，第 661 页。
④ 洪建林编《仙学解秘》，第 470 页。
⑤ 洪建林编《仙学解秘》，第 473 页。
⑥ 洪建林编《仙学解秘》，第 322 页。
⑦ 郭武编《中国近代思想家文库·陈撄宁卷》，第 605 页。
⑧ 洪建林编《仙学解秘》，第 50 页。

本教也。顿所谓已学仙不妨兼学佛者，乃使学者有所比较，挹彼注兹，择善而从也。"①

他还提出，学仙与学佛可以互相补充，佛教不能化导之人可学仙。② 鉴于世道险恶，他还曾劝人学佛。如他说："往年以仙学立场，对佛法常抱一种不妥协之态度。今见人类根性日益恶劣，杀人利器层出不穷，且于大自然境界中，仗科学之发明而冒险尝试，扰乱宇宙共同之秩序，恐吾辈所托身之地球将来不免有毁灭之一日。仙家纵修炼到肉体长生，并证得少许神通，究未能跳出旋涡之外，皮之不存，毛将安附。因此近来常与人讲出世之佛法，而不讲住世之仙学。"③

鉴于印光、太虚等佛教大师对内丹学之"仙佛合宗"论猛烈批判，陈撄宁反对新著丹经引用佛典名词。如他说："我们学仙的人，把仙教自己范围以内的书籍宣传也好，注解也好，流通也好，切切不可借用佛典中一个名词，省得受佛教徒轻视，说我们没有独立的资格，要依靠别人家的门户。"④

就儒道关系而言，陈撄宁指出，《大学》的"正心诚意"，其作用在养高尚之人格，目的在于"齐家治国平天下"，"止于至善"，为明德新民之标准，与静坐内炼功夫无关。孟子的养浩然之气是讲义理之事，与内丹炼炁无关。⑤ 笔者以为然。

他还指出，儒家偏重世间做人的道理，充其量亦不过希望成圣贤，不能满足人成为超人之愿望，仙学则可以补足此缺点。⑥

二 内丹学与科学

民国时期，陈撄宁大力引科学入丹道，故被马一浮称为"科学化唯物派的神仙信仰者"⑦。

陈撄宁主张，内丹学与科学极其相近，都讲真凭实据，不迷信。有科学思想科学知识的人，学仙最易入门。如他说："神仙之术，首贵长生，唯

① 洪建林编《仙学解秘》，第221页。
② 郭武编《中国近代思想家文库·陈撄宁卷》，第608页。
③ 郭武编《中国近代思想家文库·陈撄宁卷》，第571页。
④ 洪建林编《仙学解秘》，第314页。
⑤ 洪建林编《仙学解秘》，第17页。
⑥ 洪建林编《仙学解秘》，第424页。
⑦ 洪建林编《仙学解秘》，第215页。

讲现实，极与科学相接近。有科学思想科学知识之人，学仙最易入门。若普通之宗教家，以及哲学家，皆不足以学神仙，因为宗教家不离迷信，哲学家专务空谈，对于肉体之生老病死各问题，无法可以解决，亦只好弃而不管，就算是他们高明的手段。"① 他还说："神仙要有凭有据，万目共睹，并且还要能经过科学家的试验，成功就说成功，不成功就说不成功。其中界限，俨如铜墙铁壁，没有丝毫躲闪的余地。"②

他提出，宗教贵在信仰，依靠他力；内丹学全靠自力，重实证，所以说内丹学是科学而不是宗教。如他说："凡宗教首重信仰，信仰者，仰仗他力也；仙学贵在实证，实证者，全赖自力也。所以神仙学术，可说是科学而非宗教。"③

内丹学主张，顺则成人，逆则成仙。陈撄宁指出，顺则成人，人之命形成过程为：以太→中子→电子→原子→分子→细胞→肉体→精血，人之性形成过程为：清虚→混沌→灵光→元神→真意→识神→灵魂→情欲；逆则成仙，就是从真意下手脱离肉体细胞阶段，而以气体分子为自体，即神炁合一的工夫；再以元神为用，以原子为体，即炼炁化神工夫；再以灵光为用，以电子为体，即炼神还虚的工夫。④ 如图 3-1：

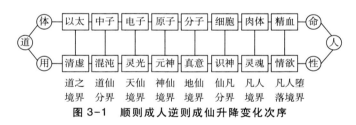

图 3-1　顺则成人逆则成仙升降变化次序

来源：郭武编《中国近代思想家文库·陈撄宁卷》，第 593 页。

他认为，神仙是人类进化的下一个目标，而内丹学即缩短人类进化过程之学。他说："须知进化是无止境的，古代之猿既能进化为今日之人，安知今日之人不能再进化为将来之仙？"⑤ 他指出，由猿进化为人，所经时间极长；由人进化为仙，所需时间也许更长，非今日人类所能久待，"必须用

① 洪建林编《仙学解秘》，第 333 页。
② 洪建林编《仙学解秘》，第 511~512 页。
③ 田诚阳编著《仙学详述》，宗教文化出版社，1999，第 377 页。
④ 郭武编《中国近代思想家文库·陈撄宁卷》，第 593~594 页。
⑤ 郭武编《中国近代思想家文库·陈撄宁卷》，第 355 页。

一切方法帮助，始可望其速成。这些方法都是缩短进化过程之学，除各种科学而外，仙学尤为专门。仙学中分两大部分，即住世仙学和出世仙学。住世仙学中包括身体健康法、寿命延长法、驻颜不老法、人种改良法。这些方法如果皆能普及，则进化过程当然可以缩短。在别种科学上，虽亦有类似之法，大概要借助于身外的物质；在仙学上只凭自己的修养功夫。物质条件，非经济宽裕者不能办。修养功夫，只要有恒心毅力，人人皆可以奉行，此乃仙学与其它科学不同之处。出世仙学比住世仙学更进一步，须得初步功夫有了基础，方可从事于此，其中包括断烟火食法、肉体化炁体法、炁体出入自由法、炁体聚散随意法、炁体绝对长生法、炁体飞升到另一世界法。此乃专门仙学所独有者，别种科学万难做到。但必须下多年苦功，方有成就，普通人不敢问津"①。唯有初步的住世仙学适合今日人类所需。

他还认为，仙学可以补救人生之缺憾，其能力高出世间一切科学，能解决普通科学不能解决的问题。如他说："顿研究仙学已三十余年，知我者，固能完全谅解；不知者；或疑我当此科学时代；尚要提倡迷信。其实我丝毫没有迷信，唯认定仙学可以补救人生之缺憾，其能力高出世间一切科学之上。凡普通科学所不能解决之问题，仙学皆足以解决之，而且是脚踏实地，步步行去。"②

他亦提出，极端唯物派的科学家只承认我们一个肉体，人类的意识作用只是肉体中一部分物质在那里冲动，并无灵魂；而仙学家主张我们肉体以外还有性命。③

他还认为，宗教，无论是道教、佛教、耶稣教、天主教，还是其他的鬼神教、乩坛教，在以后的世界上一概都要被科学打倒；④ 而在将来世界上的仙学家有希望同科学家相对抗，即内丹学不会被科学打倒。如他说："须知仙学家的劲敌是科学家，而宗教的敌人也是科学家，但是将来世界上足以同科学家对抗的，独许仙学家有这个希望。"⑤

① 郭武编《中国近代思想家文库·陈撄宁卷》，第 356 页。
② 洪建林编《仙学解秘》，第 234 页。
③ 洪建林编《仙学解秘》，第 477 页。
④ 洪建林编《仙学解秘》，第 514 页。
⑤ 洪建林编《仙学解秘》，第 477 页。

结　语

综上，陈撄宁等人通过《扬善半月刊》《仙道月报》以及书信联系等公开探讨内丹学，在当时非常艰苦的条件下，培养和团结了一批学道、修道和从道的弟子和同道。这使得道教内丹学及道教文化在 20 世纪三四十年代的国家多事、人民多难的社会里得以传承，也为后来道教文化的复兴储备了人才。

从陈撄宁的师承来看，他的内丹学渊源于南北宗、隐仙派，也受到民间宗教内丹学（儒家、江湖传授）以及乩传内丹学（乩坛传授）的影响，如真空炼形法等。

从他的内丹基本理论和工夫次第来看，由于时局所限，陈撄宁虽一心想构建"仙学"体系，但并没有建立起他的近代内丹学体系。但陈撄宁对内丹派别、口诀、原则、救世功能以及女丹等的探讨，多发前人之未发。

陈撄宁对内丹学性命工夫与儒佛的心性工夫不同的分析，颇为中肯。陈撄宁还提出，儒释道三教与耶稣教、天主教、伊斯兰教都是道中的一部分，此论有利于建立和谐的宗教关系。

陈撄宁为了使内丹学适应近代社会，建立近代内丹学，大力引科学入丹道，认为内丹学与科学极其相近，都讲真凭实据，不迷信；还认为内丹学可以补救人生之缺憾，其能力高出世间一切科学。他的上述内丹学与科学关系论虽有牵强附会之处，但推动了道教内丹学的近代转型，对当代内丹学等道教文化如何与中国特色社会主义相适应是有启示意义的。

第四章　陈撄宁"弟子"的内丹思想

民国时期，陈撄宁以《扬善半月刊》《仙道月报》为平台，大力弘扬仙学，受益之人都尊其为师，故他的弟子较多。本文所说的"弟子"既有陈撄宁亲自教授的，又有以陈撄宁为同道的（即追随者），如汪伯英、张竹铭、常遵先、张化声、洪太庵及吕纯一等。

第一节　内丹基本理论和工夫

汪伯英等人继承了陈撄宁的内丹思想，在此基础上又不断发展出新内容，如求法、性命论、玄关、火候等。

一　顺而生人之道，逆而生仙之理

前已述及，内丹学主张顺则成人、逆则成仙。道化生人的过程为：道→元炁→阴阳→人；仙道的过程为：精、炁、神（三）→神、炁（二）→元神（一），一复还为虚（道）。有的内丹家却把道化生人的过程描述为：虚化神，神化炁，炁化形，形生人及万物；仙道：形化精，精化炁，炁化神，神化虚。陈撄宁主张，人之命的形成过程为：以太→中子→电子→原子→分子→细胞→肉体→精血；人之性的形成过程为：清虚→混沌→灵光→元神→真意→识神→灵魂→精欲。

而汪伯英亦指出，道即造化之大炁，亦即太虚中无形之生炁。"道在先天，本属虚无，自'无'而生'有'。"① 由"先天"而寄托"后天"，则"虚化神，神化气，气化形"，此顺而生人之道。大炁运用，则"形化气，气化神，神化虚"，如冰复融化为水，水又化为汽，这是返本还源之道，即

---

① 洪建林编《仙学解秘》，第 608 页。

逆而成仙之理。①

常遵先指出，先天坤卦和后天坎卦均在北方，坎水中爻属阳；先天乾卦和后天离卦均在南方，"离卦中爻属阴。能于坎中得阳炁鼓动，上还离中；再将离中阴炁驱降入坎"，如是返先天乾坤，即返本还原法。②

可见，汪伯英、常遵先也都主张顺则成人，逆则成仙。但汪氏是借助谭峭《化书》之虚、神、气、形互化来诠释顺逆之道，而常氏是借助易学先后天八卦来解析顺逆之理。这与宋元以来内丹学所说大同小异，与陈撄宁用科学来诠释亦不同。

二　求法——寻真师

前已述及，内丹学主张，在下手行功之前，修炼者通常要具备"法、财、侣、地"。"法、财、侣、地"是性命双修的外部条件，也是必要条件。而求法就是寻真师。

而汪伯英却认为，三元丹法皆在乎得诀。得诀之后，亟须谋"法、财、侣、地"。然而这皆不能有预期；若有预期之念，反生浮躁妄想之心。求法就是寻真师。按惯例，只许师寻弟子，不许弟子寻师。

汪指出，只许师寻弟子有七个方面的原因。

其一，只许师寻弟子，不许弟子寻师二语，在《扬善半月刊》中，大约专指学剑仙。③

其二，"自古以来，小人多而君子少，下愚多而上智少"，欲求有闻道资格之人，颇为困难。因为小人不能公开，下愚则无法公开。④

其三，有的人虽无闻道资格，而因仙术之神奇、道学之玄妙让其震撼，于是抛弃父母妻儿，辞掉工作，外出寻师。然而由于此种人根本无精明的学识、坚决的志愿，"徒因一念好奇，乘兴而出"，终至钱财用尽，衣服亦穿旧，寻师不得。或无脸回家，流为乞丐；或形惭枯瘦，饿死他乡。⑤

其四，如无闻道资格之人即使遇到真师，真师亦未必肯将口诀与方法传授给他；即使肯传授，此人亦未必真能实行；即使能实行，其身亦未必

---

① 洪建林编《仙学解秘》，第 608 页。
② 洪建林编《仙学解秘》，第 739 页。
③ 洪建林编《仙学解秘》，第 83 页。
④ 洪建林编《仙学解秘》，第 83 页。
⑤ 洪建林编《仙学解秘》，第 83 页。

便有效验，"于是徒生谤毁，在事实上，有损无益"；故自古仙真"先教人穷理尽性，修身积德，从消极方面着手；必待机缘成熟，然后方授之真诀"①。

其五，剑术虽为绝技，但欲学之人品德优良，志念坚决，欲借术以护道，师亦未尝不可寻。②

其六，消极方法就是修身积德行善；积极方法就是随处留意，即必须待机缘凑合，方能会遇。"若弟子寻师者，必要舍去一切，或登山涉水，或跨县经州，始可谓之寻。"然而这必须要有非常学识、抱坚苦卓绝之志者，方能足够担当。故不许弟子寻师是对普通人说的，不是对上智之君子说的。③

其七，"炼己持心，虽是性功，然性功全凭于悟"，本无所谓口诀；即使有口诀可以公开，其得与不得，就看个人的见解。若命功则必须要真师传授，不能强猜，这就是吕祖所说"性要悟，命要传"。④

可见，汪伯英所说只许师寻弟子大约专指学剑仙，这是陈撄宁没有说过的。其他六个原因与陈撄宁等前贤的意思基本相同。

汪伯英还主张，虽只许师寻弟子，亦容许弟子寻师，其理由有二。

一是从消极方面来说，上要侍奉父母，下要养活妻儿，故应该"存慈悲心，行方便事，静则一念不生，动则万善俱随，以尽人道。久而久之，弟子虽不寻师，师亦必寻弟子"⑤。

二是从积极方面来说，父母已有归宿，妻子儿女不致受冻挨饿，而求道之念胜于求财，好德之心胜过好色；"所蓄之志，猛似烈焰，坚若金刚，'富贵不能淫，贫贱不能移，威武不能屈'；置生死于度外，忘得失于心中，断臂立雪不足贵，焚顶烧指未为奇"。如此寻师，师必得，故弟子可以寻。⑥

要言之，汪伯英详细地分析了只许师寻弟子有七个方面的原因，发前人之未发。他提出虽只允许师寻弟子，亦容许弟子寻师；容许弟子寻师的两个理由亦未见前人之丹经。但他说得诀后再谋"法、财、侣、地"，这与以前内丹学不同，因为内丹学主张唯有真师才能传真诀。

① 洪建林编《仙学解秘》，第83页。
② 洪建林编《仙学解秘》，第84页。
③ 洪建林编《仙学解秘》，第84页。
④ 洪建林编《仙学解秘》，第84页。
⑤ 洪建林编《仙学解秘》，第81页。
⑥ 洪建林编《仙学解秘》，第82页。

三　精炁神——性命论

如前所述，内丹学主张，精炁神是人身三宝。陈撄宁主张，"性"是人之灵觉，"命"是人之生机。先天精炁神为元精、元炁和元神，后天精气神为交感之精、呼吸气和识神。

汪伯英却指出，神与炁、精之所以为上等妙药，因为人身在世，能够康健、有聪明智慧，完全靠精炁神的营养来维持。[①] 精是人身的液体，含有膏黏性的物质，如稀薄的糨糊；气是膏黏性的液体被火熏蒸熔化而成，能被人看见，如口中呼吸的水汽以及沸水的蒸汽之类；神是由此蒸汽类的东西，再变为眼睛不能看见的东西，虽不能被看见，不过是因其微妙而隐于虚空，并不是没有。[②] 精气神"常在循环施化，流行于周身；或精化气而气化神，或神化气而气化精。只要有此三物运行于身，则人便可以不死"[③]。所以说上药三品是神与气精。精气神在后天则分为三，而在先天则元神元炁元精混合为一，"打成一片，扭成一团，联成一气，故云三品一理"[④]。

他还提出，精有元精和浊精两种。元精"是在恍惚窈冥中忽然间似有一觉一动"[⑤]，而并不是因为受到外界的刺激所致，且不会变为胶黏的流质物。浊精大部分都是欲念所化的，一部分是由于饮食方面多吃了刺激兴奋与有情的血肉东西而变为浊精。但内丹家只用元精，不用浊精；每个人都有元精，不分男女。[⑥]

神有元神和思虑之神。元神就是人的灵明知觉。思虑之神，名为识神。内丹修炼家候元精发生的时候，便要设法去混合他的元神。精合神的方法为：等元精产生后，立即用元神驾驭它；则水火既济，精神合一，精且化为神。丹经谓"凝神入炁穴"，其实就是心息相依，神入炁中。这正是采大药之时。大药，丹经又名真种子，是天地之至精，元始之祖炁。真种子是真阴真阳结合产生出来的，丹经称之黍米玄珠。[⑦] 可见，汪氏称大药就是丹经所说的真种子，这是错误的。凝神入炁穴后，采的药是小药，丹经又称

① 洪建林编《仙学解秘》，第 701 页。
② 洪建林编《仙学解秘》，第 701 页。
③ 洪建林编《仙学解秘》，第 701 页。
④ 洪建林编《仙学解秘》，第 712~713 页。
⑤ 洪建林编《仙学解秘》，第 708 页。
⑥ 洪建林编《仙学解秘》，第 708~709 页。
⑦ 洪建林编《仙学解秘》，第 709~710 页。

真种子。

汪伯英还提出，先天大药拥有纯阳之性，温和而轻清，"至柔之中，有至刚之德"①，"至刚之中，含至柔之性"②，故能变化身躯重浊之质，"即质随气化，神能飞形之理"③。

汪伯英还提出，精依气则足，因精与气也是相互补益的，即"精虽因气而盈，气亦因精而旺"，"精能生气，气亦能生精"。④ 这就如水汽能变为云，云也能变为水。水多云多，云多水多。凡人则自少而壮精气盛，自壮而老精气衰。总之，天地之间，水与云犹如人身上的精与气。⑤

汪伯英亦提出，精气神分为先天后天。后天精为浊精，后天气为粗气，后天神为识神。"以湛然静定至诚专一之法，依次炼之"，"于是精为'元精'即化气，气为'元气'即化神，神为'元神'即返虚"。⑥

汪伯英还提出，"'性'是灵机，'命'是'生机'。'性'是'真空'，'命'是'妙有'。'性'在人身为'神'，藏于心部；'命'在人身为'气'，藏于两肾中间"，即"命门"。"'性'则无所不包，'命'则有所寄托。"然而"性"无命，"性"藏于虚空，就不能显其妙用；"'命'无'性'，则'命'成为死气，冥顽而不灵"⑦。故"性命"二者共同为用，不可分离。倘使两者日渐分离，则人便离死不远。如能常使两者混融，则离仙不远。性命合一就是以神入气，以气合神。这就是由"后天之神气"返还"先天之性命"，"'两仪'还为一气，阴阳复归太极"。再由"太极"而返还"无极"，则"大而化之""与道合真"。⑧

汪伯英又提出，性功分炼性与养性两种：炼性是"淘汰去自己向来所谓暴燥之火性。对于私人之享受方面，不与人计较，所谓'逆来顺受'，以造成天地间中和之气"⑨。至于遇到物质及情欲方面之引诱，要视有如无。然而此种习惯刚开始或许有点儿忍耐不住，未免勉强矜持，后来自能变成

① 洪建林编《仙学解秘》，第 714 页。
② 洪建林编《仙学解秘》，第 714 页。
③ 洪建林编《仙学解秘》，第 714 页。
④ 洪建林编《仙学解秘》，第 712 页。
⑤ 洪建林编《仙学解秘》，第 712 页。
⑥ 洪建林编《仙学解秘》，第 445 页。
⑦ 洪建林编《仙学解秘》，第 605 页。
⑧ 洪建林编《仙学解秘》，第 605 页。
⑨ 洪建林编《仙学解秘》，第 606 页。

如本然的天性。这皆属于"炼性"之工。

而"养性"当优游闲暇，从容不迫，绝不可有丝毫勉强之执着。如《参同契》曰："内以养己，安静虚无。"《悟真篇》云："漫守药炉看火候，但安神息任天然。"如此方能养得性体圆明，灵机活泼泼的，此之谓"养性"。①

汪氏还指出，"命功"属于阴中之一阳，即在"恍惚杳冥"中采取"先天一炁"。工夫能做到"恍惚杳冥"之时，不论南宗北宗，其先天一炁必然发生，百无一失。"炼精化气"就在此时。唯有先天之炁才能熔化后天之精，使不顺流而下，而得河车逆转。②

综上，汪氏对先后天精气神内涵的诠释基本上与前人相同。但他说，精是人身膏黏性的液体，气是由膏黏性的液体为火性熏蒸熔化而成，神是由此蒸汽类的东西再化而为眼睛所不能看见之物；人是完全靠这三种东西的营养维持，这是从生理学角度来诠释精气神，未见前人之丹经。他说大药又称真种子，这是错误的，"命"在人身为"炁"，藏于两肾中间"命门"，这是中医的说法，未见前人之丹经。汪氏提出性功分为炼性与养性，此炼性等于炼己，养性等于炼神。他还提出，炼精化炁是先天之炁熔化后天之精，使之不顺流而下，而得返回为炁，此论是错误的，因为内丹学主张后天精不能返回为炁，炼精化炁的实质是元精不化为后天精，返回为炁。

四　龙虎论

在内丹经中，龙虎通常指神炁，即"龙"喻元神，"虎"喻元炁（精）。

汪伯英主张，从丹道观点来看，"龙"喻"神"，"虎"喻"炁"；"'龙'喻东方之'木'，'虎'喻西方之'金'；'龙'喻'离家'之'汞'，'虎'喻'坎家'之'铅'；'龙'为阳物，而阳中含阴；'虎'为阴物，而阴中含阳"。故"龙虎"相交，"阴阳可以变化，'神'可以化'气'，'气'可以变'神'，'有'可以还'无'，'无'可以生'有'"，千变万化，总不超出一炁。因此龙虎变化，即神炁之变化。③

---

① 洪建林编《仙学解秘》，第606~607页。
② 洪建林编《仙学解秘》，第607页。
③ 洪建林编《仙学解秘》，第612~613页。

汪伯英提出,神是虚灵的东西,用世间虚灵之物来说,唯有电近似它。电是无形而有性的。电由于无形故金属不能阻碍它,由于有性故能通过金属传电,"或生光热,或成动力,皆由于虚灵之故耳"①。神能入石与这相似。神能飞,因为神本虚灵而轻清,自有飞扬的性能。神虽能飞,无形不能呈现自己。如今神在形中,以神炼形,那么"神力愈旺,形随神化;故神能飞,形亦能飞"②。形能飞,全靠神力,这就如电动机之所以能发电,是依赖电磁之力。故修仙之人如果出神尸解,这就如电动机的自身转动而已,其效果不明显;如果连肉体一起白日飞升,这就如一台电动机而带动各种机器做各种不同的工作。③

汪伯英又提出,神如火,形如烛,火若无烛,火散于虚空而不能被看见,"神若无形,神隐于造化而无所凭。故火赖烛而发光,神依形而显灵"④。蜡烛的油量充足,火光就更亮,故"形之魄力伟大,神灵愈旺"⑤。神的清浊总是依靠形而生,"形清则神清,形浊则神浊,形旺则神旺,形衰则衰,形坏则神离"⑥。故内丹修炼之人"虽当注重在神,而亦当保全其形"⑦,这就是道教重视性命双修的原因。

要言之,汪伯英主张,"龙"喻"神","虎"喻"炁";神炁互化,神形相依,这与前人所说相同。但他从人的自由来诠释形神俱妙,用电来比喻神的虚灵,发前人之未发。

五 玄牝——玄关一窍论

前已述及,玄关一窍,又称玄关、玄窍、玄牝、玄牝之门、天地根等。历来丹家说法不一,主要有:玄关即炁穴"祖窍",或即中丹田,或即上丹田,或人身之中等。陈撄宁主张玄关是在天人合发处。

而汪伯英提出,玄牝实质上就是一阴和一阳,是阴阳出入的门户。他指出,玄牝出于老子《道德经》中"谷神不死,是谓玄牝。玄牝之门,是谓天地根"。谷神是指虚谷中的灵气,即天谷元神。谷是空其中而包其外,

---

① 洪建林编《仙学解秘》,第 710 页。
② 洪建林编《仙学解秘》,第 710 页。
③ 洪建林编《仙学解秘》,第 710 页。
④ 洪建林编《仙学解秘》,第 711 页。
⑤ 洪建林编《仙学解秘》,第 711 页。
⑥ 洪建林编《仙学解秘》,第 712 页。
⑦ 洪建林编《仙学解秘》,第 712 页。

外面包的就是玄牝。"有玄牝一包，那谷神便能发生妙用而不死。"① 玄牝实质上就是一阴和一阳。就身中而言，"当以心中神为玄，肾中气为牝。而神气合一中产生之虚无一炁，便是谷神"②。就南宗来说，"以离门为玄，坎户为牝。而于坎离既济中产生之先天灵机，便是谷神"③。总言之，玄牝是阴阳出入的门户；门户之中，便有谷神在内；出玄入牝，就是阴阳沟通之象。④

汪伯英还提出，玄窍就是玄关一窍，是在乾坤交媾之时产生。是时，使神炁相会合，"则宝鼎之中，遂产生一粒黍米玄珠，若恍若惚，若有若无，来人身上，妙不可言，降入丹田，则神凝气定"⑤。此玄关一窍是由乾坤卦合成的，不是普通的窍。乾卦有"神"，坤卦藏"气"。乾坤既合意味着神气相交，故玄关一窍又名为神气穴。⑥

要言之，汪氏主张，玄牝实质上就是一阴和一阳，是阴阳出入的门户。它在乾坤交媾之时发生，乾坤既合，则神炁即交，故又名为神炁穴。这是对陈撄宁的玄关一窍论的继承和发挥，与以前内丹学所说实质上相同。

六　"真土""真铅""真汞"论

内丹学所说的真土是指真意，真铅是指先天炁，真汞是指元神。

而汪伯英指出，真土就是一心不二、一念不生的真意；"亦是'绵绵若存'，无思无虑，滴滴归源，'勿忘勿助'的'真息'"⑦。

真铅是外药，又称金公，是从身外得来的，是虚无中的先天一炁。真铅既然是先天一炁，要想擒伏它就必须要用"真心""真念""真情""真意""真息""真土"。⑧

真汞是人的本性灵光、先天元神。先天元神藏在心时，称君火，又称真火；当凝元神入中央时，即称真土。真铅既然已从外来，制伏真汞，这其实就是指炁入身来、神归炁内；而"神气合一之处，即是中宫，中宫即

① 洪建林编《仙学解秘》，第 707 页。
② 洪建林编《仙学解秘》，第 707~708 页。
③ 洪建林编《仙学解秘》，第 708 页。
④ 洪建林编《仙学解秘》，第 708 页。
⑤ 洪建林编《仙学解秘》，第 723 页。
⑥ 洪建林编《仙学解秘》，第 723 页。
⑦ 洪建林编《仙学解秘》，第 717~718 页。
⑧ 洪建林编《仙学解秘》，第 718 页。

是真土。神气归于中宫，即是铅汞归于真土"①。

汪还提出，清净、人元丹法的方法虽然不同，但它们的作用相同；两派所用炉鼎虽然不同，但炉鼎中的药物相同；"外借之假象虽不同，假中之真性命则同"②。清净丹法用一人为炉鼎，人元丹法用两人为炉鼎，但两派临炉时所用"真土""真铅""真汞"则完全相同，这正如电的种类虽多但其性质是一样的。③

可见，汪氏对"真土""真汞"内涵的诠释与前人基本相同。"真铅"是外药，即从身外得来的先天一炁，这与其师陈撄宁的见解相同。但他说清修、双修丹法是用完全相同的"真土""真铅""真汞"，这正如电的种类虽多但其性质是一样的，是发前人之未发。

七 火候论

如前所述，火候通常又称"周天火候"；炼精化炁时称之为"小周天"，炼炁化神时称之为"大周天"。陈撄宁指出，进阳火、退阴符之六时，"念不可起，意不可散，一线到底，勿使中间断续不贯"，等此一段工夫行毕，方可自由行动。④ 此六时不是指白天的六时，亦不是指夜晚的六时，是指人身虚拟默运的六时；实质上仍然是神炁动静、阴阳升降之消息。⑤

张竹铭却指出，八卦每卦共六爻，而每一卦亦能变化八卦，八卦可变化为六十四卦。六十四卦中，每卦亦有六爻，共计三百八十四爻。内丹修炼者肉体中经过八八六十四种阴阳卦气的自然变化，称之为一周天。丹经云"二八"，即指两个八两，合成一斤，一斤为三百八十四铢，亦为一周天之数。"至于如何体验，如何分析，此中含口诀，非笔墨所能形容。"⑥

汪伯英却提出，火之名大概可分为二，即先天火与后天火。后天火是有形之火，"是凡火，是假火；其性猛烈，遇物即烧"⑦，能把一切东西烧为灰烬。先天火是无形之火，丹经称为神火，亦称真火，"其性温和而不猛烈，

---

① 洪建林编《仙学解秘》，第 718 页。
② 洪建林编《仙学解秘》，第 718 页。
③ 洪建林编《仙学解秘》，第 719 页。
④ 洪建林编《仙学解秘》，第 656 页。
⑤ 洪建林编《仙学解秘》，第 656 页。
⑥ 洪建林编《仙学解秘》，第 195~196 页。
⑦ 洪建林编《仙学解秘》，第 728 页。

能觉而不能见，为天地造化之生机，能利物而不致害物"①。内丹修炼就是用此先天火。"火候"就是候此先天火之候。他还提出，火候有外火候和内火候。外火候是有为有作的功夫，是南宗所推崇的；内火候是无为自然的大道，是北宗所擅长的。如崔公《入药镜》曰："天应星，地应潮"②，这是外火候。《悟真篇》云："谩守药炉看火候，但安神息任天然"③，这是内火候。

就活子时而言，汪伯英指出，"冬至"，即一阳生。"不在子"，就是说一阳生不在十一月子月，亦不在夜半子时。任何时候只要有冬至一阳生象，即谓活子时。④ 张竹铭却指出，"活子时"是指心不动而阳微举。"活"指无心而自然动。"心不动谓之静，静属阴，阴极则阳生"，谓之活子时。阳生之时，其举甚微弱，似动而非动，但觉欣欣然有生意。是时，"宜绵绵密密，心息相依于虚空之中"，色身上之变化则听之任之。⑤

就沐浴来说，汪伯英指出，"沐浴"意思有二：一是指洗涤，一是指休息。洗涤是指洗心涤虑、澡身浴德；休息是指清净无为、息气宁神。⑥ 沐浴实质上是求身心之暂时清净，叫做工夫的人酌情划一个小阶段来休息片刻；这正如做饭，烧到一滚开，需暂时停火，或用小火慢煮，以免烧焦或鼎沸。这也是临机运用中一种制裁调济的方法。⑦

何谓卯酉沐浴？汪伯英指出，卯酉有日月时间和部位两种意义。就日月时间而言，卯酉月或时都应该休息。就部位来说，卯酉是玄牝，卯酉之门就是玄牝之门。卯酉为何又指部位？他指出，时间与部位本来就有对应的关系。譬如"冬至不在子"，这是要人懂得"活子时"；"卯酉亦虚比"，这是要人明白"活卯酉"。"因为子时则在静极将动，十二时内意所到之候，是宜进火；而卯时则不特意到，气亦到"⑧，如果不小心谨慎，依然鲁莽进火，则正是"卯时药到卯门"，先天炁就会变成后天气。⑨ 这是因为卯属木，

① 洪建林编《仙学解秘》，第 728 页。
② 洪建林编《仙学解秘》，第 729 页。
③ 洪建林编《仙学解秘》，第 729 页。
④ 洪建林编《仙学解秘》，第 729 页。
⑤ 洪建林编《仙学解秘》，第 195 页。
⑥ 洪建林编《仙学解秘》，第 729 页。
⑦ 洪建林编《仙学解秘》，第 729 页。
⑧ 洪建林编《仙学解秘》，第 730 页。
⑨ 洪建林编《仙学解秘》，第 730 页。

木生火，火逼金行，故药走失。酉时是指在阳降阴承之后，先天炁到酉位，此即"任同督合"。[①] "酉属金，金为刑，主杀气，能克夺微阳。若不小心谨慎、逆来顺受、不怒不怨、不僭不狂、涵养深沉、知雄守雌，则所有微阳，必为金气所夺。"[②] 这是说，卯时沐浴是指慎始，酉时沐浴是指谨终。卯沐浴为受宠若惊，应当格外谨慎。酉沐浴为受辱若惊，必须唾面自干。

总言之，汪伯英提出先天火与后天火，未见前人丹经；他还提出火候有外火候，有内火候；此外火候相当于武火，内火候相当于文火。张竹铭指出，修道者肉体中经过八八六十四种阴阳卦气的自然变化，谓之一周天，此周天火候未见前人丹经。汪伯英的活子时论与前人相同。他提出沐浴有二义：一为洗涤义，一为休息义，而以前丹家所说沐浴只有休息义。伯英指出，卯酉包括时间与部位，且两者有相互依赖的关系；有活子时，就有活卯酉。这发前人之未发，丰富了火候之卯酉思想。

八　炼己筑基论

前已述及，内丹学主张，炼己筑基是内丹道的入手功夫，炼己贯穿内丹修炼之始终。汪伯英亦认为，炼己持心之道，彻始彻终都应进行，未得诀之前固宜行，得诀之后亦不可舍弃。炼己持心是性功。性功为根本，命功为辅佐，"有杀身以成仁，无求生以害仁"。性功既已精炼，命功一蹴可就；性功若未锻炼，命功终究难成。"故或先性而后命，或先命而后性，或性命双修，兼程并进。"[③]

内丹学主张，童体已破的内丹修炼者必须先筑基，筑基是补足已亏耗之精炁神，使之达到童体的标准。汪伯英却指出，筑基就是所谓男子修成不漏精，女子修成不漏经，男闭阳关，女斩赤龙。筑基就是筑长生之基，为命功之始。[④] 张竹铭亦主张，"筑基"，即筑结丹之基。如果能使阳精永远不漏，身体超乎寻常健旺，精神愉快，营卫调和，则筑基之功可算完成。筑基之法各有不同，有上乘、中乘、下乘之法；还有纯粹先天，有夹杂先天，有夹杂后天，有完全是后天的。[⑤]

---

① 洪建林编《仙学解秘》，第 730 页。
② 洪建林编《仙学解秘》，第 730 页。
③ 洪建林编《仙学解秘》，第 82 页。
④ 洪建林编《仙学解秘》，第 705 页。
⑤ 洪建林编《仙学解秘》，第 195 页。

可见，汪伯英的炼己筑基论与伍柳派的基本相同，因为伍柳派主张炼己贯穿内丹修炼的始终，筑基就是精尽化炁，即男子修成不漏精。但汪氏主张筑基就是女丹之斩赤龙，这与以前女丹经所说不同，因为在女丹中，斩赤龙是炼精化炁前的一段工夫。张竹铭主张筑基之法有上中下三乘法，有先后天法等，但具体内容文献无征。

九　与道合真论

前已述及，内丹学主张炼神还虚，与道合一。汪伯英却提出，"与道合真"的内涵有二。一是狭义的暂时的初步工夫。他指出，初步工夫是起初做心息相依、神气混融之工夫，以至于达到"虚极静笃，人我皆空，无天无地，不识不知"之境界。① 然而达到此种境界并非必经极长时间，"若能专心致志，择静地闭关，对于外事丝毫不问，如此则身心清静"，如果行之得法，则一二月中就可以证到，不过入定时间不能十分长久。然而证到此步工夫，不论时间长短，对于自己生死就能有所把握，坐脱立亡，已可随心做到。其所不足的是虽能"与道合真"，但不能"形神俱妙"。②

二是广义的永久的极致工夫。他指出，这在能出"阳神"之后。工夫至能出"阳神"，其"神通"之力当然"不可思议"，但其肉体却依然存在。于是再做"形神俱妙"工夫，"阳神"可出而不使速出，留在身体之内，绵绵密密，保存元灵。"一收一放，一呼一吸，全任天地造化自然之气，将所有之幻躯，日渐消融浑化于不知不觉之中。"久而久之，形骸骨肉自然尽变为微尘。此所谓"炼神还虚，炼虚合道"，亦即"形神俱妙，与道合真"。这就是广义的永久的极致工夫。③

总言之，汪氏的狭义的与道合真实质上是指伍柳派所说的最初还虚，广义的就是内丹学所说的阳神与道合一，即炼神还虚，炼虚合道。但他说的炼神还虚、炼虚合道工夫使形骸骨肉自然尽变为微尘，这与前人所说不同。

---

① 洪建林编《仙学解秘》，第 605 页。
② 洪建林编《仙学解秘》，第 605～606 页。
③ 洪建林编《仙学解秘》，第 606 页。

第二节　内丹学与儒释、科学关系论

汪伯英等人继承陈撄宁的三教观，就三教异同做了深入辨析。洪太庵等人继承陈撄宁的内丹学与科学关系论，用科学知识诠释内丹学。

一　三教异同论

前已述及，陈撄宁指出，从道的角度来看，儒释道仙原本可以互摄；从术的角度来说，四者所修之术则泾渭分明。仙佛的宗旨是刚好相反的，仙讲长生，佛讲无生。

汪伯英却提出，三教均可出三界、脱轮回。道教内丹学的"元神"就是佛教的"法身"，而儒教所说的"道心"就是佛教所谓"菩提心"。三教所证的果，佛教称之为"佛祖""菩萨"，道教称之为"真人""金仙"，儒教称之为"圣人""神人"。有时三教亦互称，如孔子认为尧舜禹汤是东方圣人，而佛是西方圣人。佛既然可称为圣，圣亦可称为佛；况且佛视众生皆是佛。故不能因名词之不同，而据此判断说道教不能出三界、脱轮回。①

汪伯英还提出，三教学说各有真理。"苟循其道，皆可超凡入圣。强分是非，徒生门户之争。"② 汪氏称自己是亦儒亦佛亦道；认为儒佛道三教是一理，不存在任何歧视；不过其中有所取舍，"在儒则敦其伦常，于道则取其方法，皈佛则遵其戒律"③，也是可以相互助益，取其增上缘的。④

就三教的上帝而言，汪伯英提出，上帝有有形有相的上帝和无形无相的上帝两种内涵。就有形有相的上帝来说，它是上帝在人心目中被认为像人间的帝王一样的体相，不过其道德、神通、智慧不同于帝王，这个上帝相当于佛教所说的报身。但此上帝又分出各种的上帝，如道教所说的昊天上帝、玉皇上帝、玄天上帝等，这么多的名称也可以说是上帝的分身变化出来的，相当于佛教所说的化身。而儒家的上帝是指宇宙的主宰。根据"儒家出于道家，黄帝问道于广成，孔子问礼于老子"，则儒家的上帝也许

① 洪建林编《仙学解秘》，第445页。
② 洪建林编《仙学解秘》，第446页。
③ 洪建林编《仙学解秘》，第446页。
④ 洪建林编《仙学解秘》，第446页。

就是道家的上帝。①

就无形无相的上帝而言，它是先天的主宰，是道的全体、神的妙用，如《道德经》说"吾不知谁之子，象帝之先"，又说"有物混成，先天地生"，这就是佛教所说的法身。然而人身中也有个上帝，此上帝就是指人的本性灵光，即先天元神。②

就道佛关系而言，汪伯英提出，以治心病身病为喻，今日佛学家相当注重治心病，而略于治身病。有的法师，"已悟一切唯心、三界唯识、三途六道、九品五乘，皆在自性之中。心包太虚，法身无际"③，然而他与普通人一样要生老病，衣食住行与普通人也一样，若有疾病也必须就医吃药，未必真能解脱。而道学"不弃色身，亦不恋色身，不即说空，亦不离说空"④，道教用色身证得长生，这是初步工夫，"继则由色身透出法身，再则由法身融化色身，一步有一步工夫，一层有一层效验。如人饮水，冷暖自知，不尚空谈，皆重实证"⑤。

汪伯英还提出，学佛者就是要"空三心、泯四相、破法执、除我慢，使无明尽净，惑业全消"⑥，然后才能不入轮回，跳出三界。他又指出，学道之人"以法摄先天之炁，融化一身之浊精，使生男育女之物，变为成仙作佛之基"⑦，当下斩断淫根，欲念全忘，这就是精化为炁。然后再炼气化神，用"静定""止观"之法，效仿佛枯坐雪山，学习达摩祖师面壁少林寺；久而久之，"静极光通达，明极即如来"⑧。可见，成仙不只是生天，亦超出三界之外。

就无生与长生而言，张化声指出，"无生"是佛祖从果地上所证悟的，用真谛显示的一种境界；"长生"是道祖根据因地上的语言，用俗谛标出的一个目标。⑨ 总之，两者都是解脱生死。

张化声还提出，仙学与佛学有六个方面不同："仙学简而要，佛学博而

---

① 洪建林编《仙学解秘》，第 705~706 页。
② 洪建林编《仙学解秘》，第 706 页。
③ 洪建林编《仙学解秘》，第 443 页。
④ 洪建林编《仙学解秘》，第 443 页。
⑤ 洪建林编《仙学解秘》，第 443~444 页。
⑥ 洪建林编《仙学解秘》，第 444 页。
⑦ 洪建林编《仙学解秘》，第 444 页。
⑧ 洪建林编《仙学解秘》，第 444 页。
⑨ 洪建林编《仙学解秘》，第 436 页。

精。仙学以生理变化心理，佛学以心理改革生理。仙学以色身冥通法界，佛学以法界融化色心。仙学在打破虚空，佛学在显现真如。仙学在白日飞升，佛学在超出三界。仙学应用真一之炁，是唯生的，佛学建立阿赖耶识，是唯心的。"① 他还声称，"道教满足化声的生理，尚未满足化声的心理；佛教满足化声的心理，尚未满足化声的生理"②。

综上，汪伯英提出，三教学说各有至理。佛学相当注重治心病，而略于治身病；道学是身心兼治。成佛成仙都超出三界之外。他还提出，道教的"元神"就是佛教的"法身"，而儒教的"道心"就是佛教的"菩提心"。有形有相之上帝相当于佛教的报身，道经中的昊天上帝、玉皇上帝、玉虚上帝、五老上帝、玄天上帝等相当于佛教所说的化身，而儒教的上帝是指宇宙的主宰。张化声指出，"无生"是佛祖从果地上所证悟的，是用真谛显示的一种境界；"长生"是道祖根据因地上的语言，用俗谛提出的一个目标。张化声主张，道教满足他的生理需要，却没有满足他的心理需求；佛教满足他的心理需求，却没有满足他的生理需求。且仙学与佛学有六个方面不同。可见，汪氏等人没有把内丹学独立于道教。

二 内丹学与科学

洪太庵等人继承陈撄宁引科学入内丹学的做法，极力用科学知识来诠释内丹学。

前已述及，陈撄宁认为，内丹学与科学极其相近，都讲真凭实据，不迷信。神仙是人类进化的下一个目标，而内丹学即缩短人类进化过程之学。

洪太庵亦主张，仙学是人类进化之学。他说："仙学者，乃人类进化之学。而成仙则为人类进化之结果。衡以世界事事物物进化公例，固无足异。乃世人恒以怪诞目之，可谓浅识矣。"③ 他还指出，电是人身的元炁，真意是人身的元神。④ 他还提出，电是天地的元炁，人是天地的元神，故天地人称为三才。⑤

洪太庵还提出，三尸五虫就是人身潜伏的细菌。人的元炁旺盛，则细

---

① 洪建林编《仙学解秘》，第 333 页。
② 洪建林编《仙学解秘》，第 437 页。
③ 陈撄宁：《道教与养生》，第 177 页。
④ 陈撄宁：《道教与养生》，第 178 页。
⑤ 陈撄宁：《道教与养生》，第 178 页。

菌伏而不动。三尸五虫害道，等于细菌害身。把三尸五虫一扫而空，则疾病可以不生，人身可以不死。但医学家承认其功效只能治愈疾病，而不能致长生，因为此说不能由显微镜中得到证明。①

吕纯一主张，炼精化炁就是将原生精卵分泌液化为电子。炼炁化神就是炼化电子使其能脱离肉体，炼神还虚、炼虚合道就是炼化电子为所谓"元始子"。② 此"元始子"是吕氏自造之科学名词，即指比电子更为基本的一种粒子，相当于先天炁。③

张化声主张，道教"唯生"论可消融唯心、唯物的粗暴威权。佛教唯心论认为，世界万事万物都是人的妙明真心中的物。道教唯生论认为，人与天地万物的本体相同，且共生于世界。"唯心者不失英雄本色，唯生者极自由平等之致。"④ 而今生物学、生理学、生殖学、生态学、发生学、化学、物理学等科学大放异彩，应该适应潮流，将仙术建立在科学之上，使唯心唯物的粗暴威权"消融翔洽于唯生的大化炉中，造成升平和乐的世界"⑤。

张化声还提出，唯生论就是为了取代唯心论和唯物论。"唯物论粗，浅而易知；唯心论暴，深而难明。"⑥ 人心有善恶之分，而今世上人的善心少而恶心多，这就酿成了世界大战。唯生论中绝对没有危险分子。⑦ 他认为，人与天地万物都是唯生的。黑格尔发明分合进化法，用正-负-合三式来解释宇宙一切事物和一切学术。据此类推，唯心是正，唯物是负，唯生论就是合。⑧

前已述及，汪伯英主张，神是虚灵的东西，与电近似。电由于无形故金属不能阻碍它，由于有性故能通过金属传电；神能入石与这相似。神能飞，因为神本是虚灵而轻清，自有飞扬的性能。神虽能飞，无形不能呈现自己。形能飞，全靠神力；这就如电动机之所以能发电，是依赖电磁之力。故修仙之人如果出神尸解，这就如电动机的自身转动而已，其效果不明显；如果连肉体一起白日飞升，这就如一台电动机带动各种机器做各种不同的

① 陈撄宁：《道教与养生》，第178~179页。
② 纯一子：《佛家气功玄旨》，国际文化出版公司，1994，第7页。
③ 纯一子：《佛家气功玄旨》，第12~13页。
④ 洪建林编《仙学解秘》，第524页。
⑤ 洪建林编《仙学解秘》，第524页。
⑥ 洪建林编《仙学解秘》，第533页。
⑦ 洪建林编《仙学解秘》，第533页。
⑧ 洪建林编《仙学解秘》，第533页。

工作。

总而言之，洪太庵主张，仙学是人类进化之学，电是人身、天地之元炁，三尸五虫是人身潜伏之细菌。人之元炁旺盛，则微菌伏而不动。三尸五虫之害道，等于微菌之害身。把三尸五虫一扫而空，则疾病可以不生，人身可以不死。吕纯一提出，炼精化炁就是将原生精卵分泌液化为电子；炼炁化神就是炼化电子使其能脱离肉体；炼神还虚、炼虚合道就是炼化电子为所谓"元始子"。这是从科学视角对内丹学所做的诠释，发前人之未发。张化声道教"唯生"论可消融唯心唯物之粗暴威权；适应科学时代，应将内丹学建筑在科学之地平线上。汪伯英主张，神是虚灵的东西，与电近似；形能飞，全靠神力；这就如电动机之所以能发电，是依赖电磁之力。这是对陈撄宁的内丹学科学化的继承。

结　语

综上可见，汪伯英等人用科学知识诠释内丹学之精气神内涵、精气神炼化之理，这是奉行陈撄宁的内丹学科学化的主张，对今日道教内丹学的现代诠释亦有启示的意义。

汪伯英等人对求法、性命论、玄关、火候、炼己筑基等阐述是陈撄宁内丹思想的继承和丰富。汪伯英等人主张三教各有至理，在儒则敦其伦常，于道则取其方法，皈佛则遵其戒律；道教"唯生"论（内丹学）可消融唯心唯物的粗暴威权，造成太平和乐的世界，这亦是对陈撄宁的三教观的继承和发展。不过汪氏等人不把内丹学独立于道教。

第五章 《大成捷要》《道乡集》的内丹思想

《大成捷要》《道乡集》经崂山道徒传出后成为民国时期影响较大的丹经。《大成捷要》一书，大约辑成于晚清民初，作者不详。据民国陈圆普所撰《〈大成捷要〉缘起》称，王乾一道长云游至河南登封县中岳嵩山崇福宫，见到马宇秀炼师所藏《大成捷要》，抄录携带到沈阳太清宫。一天出示静一炼师，他见而悦之，建议公开，付诸石印。民国18年（1929），该书首次有了石印本，沈阳太清宫姚至果道士作序，目前该本存世的仅见永盛印书馆影印版。董沛文主编《仙道口诀》里，盛克琦点校的《大成捷要》就是此本。① 民国22年（1933），朱文彬又发起刊印《〈大成〉〈道乡〉修真全集》，从此广为流传。该本前有朱文彬、李炳章作序，现有山东印书馆本。徐兆仁主编《悟道真机》所收《大成捷要》即此本。该书原来分为三卷，现存两个版本都没有分卷。与永盛印书馆本相比，山东印书馆本少了八条内容：《天元大丹汇纂诸家经典节取至理名言丹经目录》《地元神丹节取至理名言丹经目录》《人元神丹节取至理名言丹经目录》《天元大丹逐节秘旨口诀宗古圣仙佛丹经目录》《五层活子时》《七次混沌开基》《大成捷要天元大丹二十四节口诀天机目录》《大成捷要性命双修心印口诀天机秘文》。该书精采各种丹经扼要之语，立论精工，扫除繁芜，泄尽乾坤性命之旨，道破理气之主，实修道之津梁。该书被崂山等全真派用为秘本。

《道乡集》是由即墨崂山白云洞道士王全启传授给朱文彬，朱氏校阅并于民国22年（1933）刊行的。徐兆仁主编《仙道正传》所收《道乡集》即此本，但有辑校。该书是清末民初崂山逸叟史丛龙等人扶乩的。该书无论从形式到内容都历求通俗、简明，对实修难点、重点反复强调，让人把握筑基炼己等实修方法的关键。

---

① 董沛文主编《仙道口诀》，盛克琦编校，宗教文化出版社，2012。

第一节 《大成捷要》的内丹基本理论

《大成捷要》内丹基本理论是对前人的继承，但又有新的阐述。下文通过与伍柳派等内丹思想的比较，来分析《大成捷要》的内丹思想。

一 三元丹法

前已述及，南宋、辽、金时，道教内丹学兴起天元、地元、人元之三元丹法说。元明间又有将全真道北宗清净丹法称作天元丹法，将全真道南宗同类阴阳丹法称作人元丹法，将外丹黄白术称作地元丹法的。

《大成捷要》亦把内丹学分为三元丹法。它主张，道本一理，法分三元，即天元、地元、人元。天元叫大丹，地元称神丹，人元叫金丹；三元都有大丹、神丹和金丹之名。"天元尽性了命，地元擒砂制汞，人元移花接木。"① 可见，此天元丹法指清净丹法，地元丹法指外丹黄白术，人元丹法指同类阴阳丹法。人元金丹是接命之本，地元神丹是服食之道，天元大丹是性命双修之功夫。

《大成捷要》还提出，许施阳是既知地元神丹，又知天元大丹；葛雅川是既知地元神丹，又知人元金丹；吕纯阳、张三丰是既知人元，又知天元、地元；全真道南宗五祖，皆以人元金丹了道；全真道北宗七真皆以天元大丹登仙，而不知地元神丹。②

《大成捷要》又指出，历代仙师道祖传经演法，立说垂训，有专门说一元，兼谈三元；有说三元而侧重人元；有谈三元而侧重地元。如《金丹心法》《性命圭旨》《天仙正理》《仙佛合宗》《金仙证论》《慧命经》等书，是专讲天元大丹，即清净修炼。《金丹真传》《醒道雅言》《玄要篇》《敲爻歌》等书，是专说人元金丹，即同类阴阳修炼。《黄帝九鼎》《太清丹经》《地元真诀》《承志录》《渔庄录》等书，是专讲地元神丹，即外丹黄白术。《道德经》《阴符经》是三元丹法都谈。《悟真篇》《参同契》亦讲三元而侧重讲人元。《龙虎经》《石函记》亦谈三元而侧重说地元。③

---

① 徐兆仁主编《悟道真机》，第 145 页。
② 徐兆仁主编《悟道真机》，第 146 页。
③ 徐兆仁主编《悟道真机》，第 146~147 页。

二　内丹性命双修之纲领

前已述及，内丹性命双修工夫次第为：炼己、炼精化炁、炼炁化神和炼神还虚。

《大成捷要》却主张，内丹性命双修次第功夫为，初节炼精化气功夫，称为小成筑基。"欲除疾病、去衰老、延寿考、返童颜，当行百日筑基之功。"筑基功夫的次第：调元精以炼外药，必须凭借文武火之妙用。"采真种以炼小药，要假周天火符之玄机。火足药灵，龟头缩，而丹放毫光，意采眸取。六根震，而五龙捧圣。透三关、过九窍永成金刚不坏之体，升乾鼎，降坤炉，定作长生不老之人。此百日筑基之功，已返到本体未破，乾坤交泰之地"，称为人仙。①

次节炼气化神功夫，称为中成养胎。十月养成胎之功为守中抱一，是养胎的主脑。不分昼夜行功，时时刻刻，勿忘勿助而养。是时，会出现的魔境有：或太阳当空；或丹光如莲，开放极而金花上飘鼎外；或真火炼形，或赤蛇透关，或龙虎交战，或婴诧团圆，或龟蛇盘结，或仙佛来参，或中气周匝而生芒，或电神施威而监坛，或现天堂美景以诱我，到处是琼宫阆苑，或见地狱恶形以惊人。②

当六脉住，"自然饥渴永绝，而炁化纯阳"；身能耐寒暑，"昏睡全无，而丹光常明，心必达圣通灵"；于是仙婴出现于凡躯之外，聚金光于法身之中，此十月养胎之功已返到本来面目，称为地仙。③

三节炼神还虚，称为上成乳哺。十月养胎之功完成，欲超凡入圣，成仙做佛，就得行三年乳哺之功，再炼神还虚。乳哺之功，须明七七存养之道。调神出入依据阳光之收放。阳神之出主乎动；动则宜暂不宜久，宜近不宜远。阳神之入主乎静；"静则贵久不贵暂，贵遐不贵迩"。其功必由暂而至久，"愈静定斯愈笃实，而阳神愈坚，慧光愈明"。直至三年功成，阳神老练。"觉得调神出壳之际，而阳神直以太虚为宅舍。极大地山河，尽是我之家庭田园、游赏栖迟之所也。及收回入定之时，而阳神又以色身为寝室。合内院中宫，尽是我之床枕几席，偃仰宴息之处也。"将见举足千里，遍游万国，"隐现莫测，通天达地，步日玩月，入水不溺，入火不焚，入金

---

① 徐兆仁主编《悟道真机》，第 147~148 页。
② 徐兆仁主编《悟道真机》，第 148 页。
③ 徐兆仁主编《悟道真机》，第 148 页。

石无碍"。"欲少留在世，则佑国护民，建功立业。欲超凡入圣，则凌霄而霞举，飞升而拔宅。"此三年乳哺之功，"已返到性体坚刚、神化无方之位"，称为神仙。①

末节炼虚合道，称为大成九年面壁。三年乳哺成功之时，"神虽妙，而形不妙，不能浑于无极"；这时超脱，只能是尸解仙，名虽登仙籍，逍遥洞天，而少却末后炼虚合道工夫。末后炼虚合道是最上大成，为九年面壁之功。此功已返到无余涅槃，大觉金仙之位。②

可见，《大成捷要》所说内丹性命双修之纲领与伍柳派基本相同；伍柳派的内丹性命功夫步骤为：炼己、炼精化炁、炼炁化神和炼神还虚（三年乳哺与九年大定）。但五龙捧圣工夫在伍柳派为炼气化神工夫；伍柳派卯酉周天工夫没有真炁上下运行，也没有仙婴（阳神）出现于凡躯之外一说。

三　人身关窍秘诀

《大成捷要》主张，人身后有三关：尾闾、夹脊和玉枕。尾闾在夹脊尽头之处，其关通内肾之窍；上行至第七节，与内肾两相对处，即是夹脊关；又上至脑后，称之玉枕关。③ 人身前有三丹田：泥丸、土釜、华池。泥丸宫是上丹田，"方圆一寸二分。虚间一穴，乃藏神之所，其穴在眉心。入内一寸为明堂宫，再入内一寸为洞房宫，再入内一寸为泥丸宫，即上丹田"④。眉心之下，向口中有二窍，即口内上腭，称之鼻梁金桥，又叫上雀桥。舌下亦有两窍，下通气管喉咙。颌下硬骨为喉，是内外气出入之处。颌下软骨为咽，是进饮食、通肠胃之所。气管有十二节，名叫重楼；直下接肺窍以至于心。心下有一窍，名叫绛宫，是龙虎交会之处。绛宫直下三寸六分，名叫土釜黄庭宫，这是中丹田；其左明堂、右洞房，亦是空间一穴，方圆一寸二分，是藏气之所、炼丹之鼎。其外与脐门相对，约有三寸六分。脐门内号生门，中有七窍，下通外肾。外肾是精气走失之处。脐之后，肾之前，中间一穴，名叫堰月炉，又叫气海。气海稍下一寸二分，名叫华池，为下丹田。下丹田是藏精之所、采药之处。其左明堂、右洞房，亦是虚间一穴，方圆一寸二分；"此处有二窍，向上一窍，通内肾。直下一窍，通尾

---

① 徐兆仁主编《悟道真机》，第148~149页。
② 徐兆仁主编《悟道真机》，第149~150页。
③ 徐兆仁主编《悟道真机》，第155页。
④ 徐兆仁主编《悟道真机》，第155页。

间。中间强名曰'玄关'",是无中生有之处;"炼精炼到精满炁足,自然产出真一之炁,玄关自开"①。

人身中又有三窍:上窍、中窍、下窍。上窍离宫心位,外阳而内阴,中藏元神,称为性、汞、龙、灵山。下窍是坎宫肾位,外阴而内阳,中藏元炁,称为命、铅、虎、炁穴、命宫、坤炉、生门、密户。此上下二窍中间又有养胎一窍,是空洞之所、虚无之窟,是人身之正中。它在心下、脐上的黄庭之处,即中丹田。②

可见,与以前丹经相比,《大成捷要》所说的尾闾、夹脊和玉枕三关是位于脊髓上,但以前的丹经所说的三关是在督脉上。《大成捷要》主张中丹田是绛宫直下三寸六分的土釜黄庭宫,而以前的丹经通常认为绛宫是黄庭宫,即中丹田;《大成捷要》所说上下丹田与以前的丹经基本相同。《大成捷要》的金丹三窍论是以前的丹经没有明说的。

综上,《大成捷要》继承了前人的三元丹法,但它对各丹派、丹经详细归类,发前人之未发。《大成捷要》所说内丹性命双修之纲领与伍柳派基本相同。《大成捷要》所说人身关窍秘诀,三关、三丹田与前人大略相同,但以前的丹经所说的三关是在督脉上;以前的丹经通常认为绛宫是黄庭宫,即中丹田。其三窍论未见前人丹经。

第二节 《大成捷要》的内丹性命工夫论

《大成捷要》的内丹性命功夫论基本上袭取伍柳派,但又有不少新的阐述,特别是它的炼炁化神工夫。

一 收心炼己口诀

伍柳派主张,炼己还虚是内丹修炼的入手工夫。《大成捷要》却主张,内丹修炼的入手是收心炼己。收心炼己,就是专看念头起时,坚持正觉,使杂念扫除,而皈于一念。"主静立极,还虚入定。扫除三心,灭尽四相。直待心地静后,性天清凉,凝神入定于炁穴,一心默守。"③《大成捷要》还指出,欲除妄念,先持正觉。有正觉自然无妄念,无妄念积习纯

① 徐兆仁主编《悟道真机》,第155~156页。
② 徐兆仁主编《悟道真机》,第156页。
③ 徐兆仁主编《悟道真机》,第161页。

熟，可致无梦，无梦则心死神活。心不炼则神不定，元神会转化为识神。意不炼则情不死，元炁会化为后天之精。必须灭尽心头之火，灭尽无穷的欲望。"时时真一内守，处处万缘皆空。"性天清凉，才不为欣喜所迷惑，此炼己之功。①

二　初节炼精化炁工夫

伍柳派主张，初关炼精化炁是筑基工夫。《大成捷要》亦主张，初节炼精化炁功夫，名叫小成筑基。筑基之功，调药补精，炼精化炁。

（一）最初还虚、蛰藏炁穴

《大成捷要》主张，入室行功，必须端坐静室，返观内照，凝神入于命门之地，命门即炁穴，即凝神入炁穴。心止于脐下气穴，叫凝神。将虚无元神，轻轻送入真人呼吸之处，蛰藏于坤炉之中。气蛰炁穴，叫胎息。心息俱伏藏于炁穴，守其清静自然，叫勿忘；顺其清静自然，叫勿助。"总以虚空为藏心之所，以昏默为悬神之乡。三番两次，澄之又澄，沉之又沉。渐渐心息相依，神气融合"，不觉恍然一阳生，而人如醉了。②

（二）调外药天机

《大成捷要》主张，入手调药补精，名叫勒阳关。有种、采、炼、养四字口诀。种就是凝神入炁穴，使心力目光返观内照，凝聚在下丹田，"静之又静，沉之又沉，直沉静到无何有之乡。深入寂灭场，入于混沌"，人我双忘，即虚极静笃。"只待混沌开基，元炁发动，化为元精，冲动阳关。"当"胀满难禁，令人姿情纵欲，此时坚持正觉，速行采炼之法"。是时，如果有迟误，则外药走脱，精败气耗。③

（三）玄关窍开、产真种不老不嫩天机

《大成捷要》指出，玄关窍开，真种将产，关键在于知时。"无中生有，真种产出，即其时。"然而又不可太早，急于采取，因为太早则药嫩气微而不灵。也不可太迟采药，太迟则药老气散而不聚，必须不老不嫩才是真正

---

① 徐兆仁主编《悟道真机》，第 162 页。
② 徐兆仁主编《悟道真机》，第 160~161 页。
③ 徐兆仁主编《悟道真机》，第 165 页。

的采取之时。药老是指"玉洞双吹已过，阳物兴起已衰"，药嫩是指"一吼气住，呼吸倒回元海之际"。①

关于产真种不老不嫩的天机，《大成捷要》指出，先天真种，本来无相。因为神气交感，混合已达极致，不知不觉之中，忽然下丹田融融洽洽，"周身酥绵快乐，痒生毫窍，身心无主"②。下丹田温暖，先天炁机渐渐流动，阳物勃然兴起，顶门有冷气吹入。而炁穴之中，忽然一吼，呼吸顿断，离于口鼻，倒回元海。只觉得下丹田之中，咚咚有声，惊战移时，忽然又停住不动。③一连三五次，或六七次而后停止。是时，"其心息如磁石之相翕，神气如虫蛰之相含"；如在母腹未生之前，恍恍惚惚，神气相亲相恋，纽结一团；全身都不能转动，只有耳能听人说话。护道之侣应谨慎看守，千万莫受惊；一会儿，"痒生毫窍，肢体如绵，恍惚之间，心性复灵"。上则呼吸再起，下则阳物再起，下丹田之气，"自下往后而行肾管之根，毛际之间，其痒生快乐，这正是身中不老不嫩的真种产生的天机"④。

（四）产真种次第天机

《大成捷要》指出，玄关一窍开，"快乐之景，有一连开二三十次而后止，有一连开一二十日而后止"，时间长短原本不同。炁愈动，"机愈勤，日夜并进，时刻不懈"；一日炼过三五周天以至十余周天，则行功将彻昼夜而无休歇；渐渐觉得精尽化成炁，其动机天天减少；昼夜之间，又渐渐退回到三、五周天，随兴随采，运行周天。玄窍开一次，行周天火符一次，称之为颠倒阴阳三百六十息。⑤

（五）锻炼阴精以分先后天口诀

《大成捷要》指出，先天元精产生的子时，是指元始祖炁来自虚无杳冥之中。元始祖炁纯是先天之英华，无渣滓，可谓真药物。后天媾精之子时，是指为精欲交感所变之阴精，不能为药物。是时，炼后天精，其法就是"以呼吸之凡火，引动命宫之真火，再以性中之神火主之，使三火腾光，发

① 徐兆仁主编《悟道真机》，第172页。
② 徐兆仁主编《悟道真机》，第172页。
③ 徐兆仁主编《悟道真机》，第172页。
④ 徐兆仁主编《悟道真机》，第172~173页。
⑤ 徐兆仁主编《悟道真机》，第173~174页。

焰于炉中"，而下丹田内一呼一吸，息息往来归于乾鼎，神存炁穴，目无转睛，阴精化为炁；此调药、炼药之真天机，亦是炼精化炁之真口诀。①

（六）采药天机口诀

关于采药，《大成捷要》提出：一阳来复，外肾兴起，活子时到，是时，回光返照，神住炁穴。采药的决法为：采药时之呼吸，吸则有心，呼出无意，心力随之而已；或十息、或数十息，以外肾消缩净尽为止，阳物绝无动之迹象，这就是采药归炉，即元精还归本位。②

（七）采真种天机口诀

《大成捷要》指出，采真种小药归炉，有吸、舐、撮、闭四字口诀。吸就是鼻中吸气以接先天；舐就是舌舐上腭以迎甘露；撮就是紧撮谷道，内中上提；闭就是"塞兑垂廉，回光返照"，紧闭穴门。③ 具体过程：先天真一之炁已动，切不可守静，迅速凝神炁穴，"目光照定，心力提足，一意不散，万虑皆宁"；用吸字往上提，用舐字即舌舐上腭，用撮字即紧撮谷道，用闭字即闭住耳、目、口三关；神返身中，目光照定炁穴玄关一窍；用吸不用呼，吸吸归入乾顶，采小药以归坤炉。只可后升，不可前降，此即采真种之真口诀。④

（八）封固炼药口诀天机

《大成捷要》指出，小药既已归炉，必须用真意封固。封固就是闭塞耳、目、口三关，有凝神、聚气、温养之义。⑤ 炼药真诀就是呼吸并用。神存炁穴，"听其自然之息，以烹以炼"。"升则有心，降则有意。"吸叫采取，呼称烹炼。⑥ 炼药的过程：当神炁随呼入俱伏于炁穴，略停一息，待息起，随呼出，接吸之际，以神驾驭炁，"由督脉后升并行。用真意率领元炁，自坤腹逆上干鼎，则小周天进阳炁为采取，即是周天子时之第一息"。用在六阳时，周天火符自此而运起，以呼出为浴沐，即文火。当用六阳时数足，

---

① 徐兆仁主编《悟道真机》，第 168 页。
② 徐兆仁主编《悟道真机》，第 166 页。
③ 徐兆仁主编《悟道真机》，第 174 页。
④ 徐兆仁主编《悟道真机》，第 177 页。
⑤ 徐兆仁主编《悟道真机》，第 174~175 页。
⑥ 徐兆仁主编《悟道真机》，第 166 页。

午退阴符。然而头中先天炁机，用真意率领元炁，从顶呼入，"由任脉降下坤炉，为烹炼"。用在六阴时，正是乾鼎的元炁随真意由上腭下重楼，降于炁穴之内。吸入为沐浴，即文火。①

关于元神领元炁升降口诀，《大成捷要》指出，子进阳火，元神率领元炁，"存想一轮红日，由督脉而后升，自坤腹移上乾首。当升之时，千万不可降，只等二百一十六吸数足"；午退降符，元神率领元炁，"存想一轮皓月，由任脉自乾顶降下坤炉。当降之时，万不可升，只待一百四十四呼数足"。②

（九）止火

《大成捷要》指出，小周天火足丹熟，就得止火。止火有止火之候：初发现于眉前，久则自下丹田上达于眼，光明闪灼，此即阳光一现之景到。阳光一现，火候未足，淫根未缩；凡遇一阳生，即当采炼一周天，以至采炼多次，直炼至龟缩不举，阳光二现，即"静定之中，忽觉坤田之内，丹光上涌，外达于目而生辉，直将二目催开，光耀闪灼，一连二三次而后已。或丹光涌出，明如金钱，赤如火珠，从大眼角流出，累累成珠，一连二三颗，滚滚下滴，落在身上，似觉有声"③。到此阳光二现之时，只要龟缩不举，纵有生机，万不可再行周天之火，应该迅速入定，含光静养；"凝神默守，只等阳光三现"，行七日采大药之功。④ 这就是说，阳光二现止火，阳光三现采大药。

综上，《大成捷要》主张炼己就是除妄念，这与南宗的炼己内涵相同。《大成捷要》所说的炼精化气工夫次第基本与伍柳派相同，但它把最初还虚放在炼精化气工夫之首，而伍柳派是在炼精化气工夫之前；它提出，勒阳关有种、采、炼、养四字口诀；采真种小药以归炉，有吸、舐、撮、闭四字口诀，这是伍柳派所未论及的，是对炼精化炁的丰富。它提出阳光二现止火，阳光三现采大药；而伍柳派主张，阳光二现、三现是止火之候，阳光三现又是采大药之候。它提出锻炼阴精以分先后天口诀，这是伍柳派所没有的，也是内丹学所反对的，因为内丹学主张只用先天精，不用后天精。

① 徐兆仁主编《悟道真机》，第 175 页。
② 徐兆仁主编《悟道真机》，第 177 页。
③ 徐兆仁主编《悟道真机》，第 181～182 页。
④ 徐兆仁主编《悟道真机》，第 182 页。

三　炼炁化神论

伍柳派主张炼炁化神的步骤为：采大药，大药过关服食，封固，行大周天之火至神胎全。采大药有：采大药之候（阳光三现），七日采工，得大药之景；大药过关服食：五龙捧圣之工；封固：大药入中丹田神室；行大周天之火：大周天火候属于无为之工，为不有不无之文火。十月关之证验：辟谷，先后天气俱停，绝食，昏睡全无，胎息脉住，六通之验，这些证验后也是胎圆之证。《大成捷要》基本袭取之。

（一）采大药

1. 神气皈根口诀

《大成捷要》指出，炼气化神，首先要采取大药。采取大药时，如果神不入大定，则大药不结；真息不蛰藏于气穴，则大药不会出现。[1] 心息都要蛰藏于气穴内，即使真息有时出气穴，而心则一时不能离开气穴，"一连七日，不分昼夜。心力眸光，守定炁穴"[2]，一直守到后天呼吸之气蛰伏气穴，是时，先天炁自然凝结成大药，其"状如火珠，大如弹子，产于坤炉之中"[3]。采大药之旨：要两眼眼光"窥定玄关一窍，瞬息不离。一连七日，直使神皈大定，而真气自凝，金丹自结"[4]。

2. 采大药天机真诀

《大成捷要》指出，采大药功夫开展之初，用真意眸光凝聚下丹田玄关窍开之处，"轻轻寂照，绵绵看守"[5]，三天过后才可加意采取。"心力要提足，目光要窥定。"[6] 呼吸之气要任其自然，不要留意呼吸。单等呼吸一停，大药就产生了。"呼吸不住，则大药不生。除了一日、二日、三日之前，守之速而不能得丹。于五六日之间，守之迟，亦不能得丹。前三日，不有不无，若存若亡，轻轻寂照。后三四日，瞬息不离，如猫捕鼠，似龙养珠，一念不起，一意不散。而六根震动之景呈现。"[7] 六根震动之景次第呈现：

---

① 徐兆仁主编《悟道真机》，第 182 页。
② 徐兆仁主编《悟道真机》，第 182 页。
③ 徐兆仁主编《悟道真机》，第 182 页。
④ 徐兆仁主编《悟道真机》，第 182 页。
⑤ 徐兆仁主编《悟道真机》，第 183 页。
⑥ 徐兆仁主编《悟道真机》，第 183 页。
⑦ 徐兆仁主编《悟道真机》，第 183 页。

"丹田如火热，两肾如汤煎，眼内吐金光，耳后若风生，脑中鹫鸣，以及身涌、肢战、鼻搐之类。"① 此后真意入定，真息停止，大药就产生了。

3. 六根不漏天机口诀

《大成捷要》指出，六根不漏，自然有六根震动之景。六根，即耳、目、鼻、舌、身、意。必须先斩断六根，然后才会出现震动景象。必须紧闭六根，使六根不漏，以聚大药之生机。紧闭六根的方法就是："下用木座抵住谷道，所以身根不漏。上用鼻夹牢封鼻窍，所以鼻根不漏。凝耳韵切莫外听，所以耳根不漏。唇齿相合，舌舐上腭，所以舌根不漏。塞兑垂帘，回光返照，寂然不动，目不外视，所以眼根不漏。一念不生，一意不散，六欲不起，六尘不染，所以意根不漏。"②

（二）大药过关服食

1. 大药过关天机妙诀

《大成捷要》指出，大药发生之时，"若用意勾引，便入导引之旁门。若不用意勾引，又违相随之相理"③。"应不前不后，毋忘毋助，若存若亡，只等大药动而后引，不可引而后动。"④ 等动过三次后，大药和真意相依同行，才能通三关、过九窍、入泥丸、落于中丹田，这叫服食，是五龙捧圣的天机。⑤

2. 大药过关天机

《大成捷要》指出，当大药过关时，大药在氕穴动三次后，用真意引大药自尾闾穴上升，"如蛆行、似火熏，又似热气盘旋"⑥，"自腰而起，拥上夹脊。此时要想夹脊有红黑二气，分拥丹走。自然火龙护右，水龙护左，慎勿开关"⑦。脊骨直起，默守大药，直等氕壮，渐开夹脊，放氕过关。"一意想就水龙护左，火龙护右，青龙、白龙、黄龙拥丹上行。"⑧ 用真意引过，直达玉枕关。仰面脑后，掩闭玉枕关。默守大药，慎勿开关。等氕壮，忽

---

① 徐兆仁主编《悟道真机》，第184页。
② 徐兆仁主编《悟道真机》，第184页。
③ 徐兆仁主编《悟道真机》，第185页。
④ 徐兆仁主编《悟道真机》，第185页。
⑤ 徐兆仁主编《悟道真机》，第185页。
⑥ 徐兆仁主编《悟道真机》，第187页。
⑦ 徐兆仁主编《悟道真机》，第187页。
⑧ 徐兆仁主编《悟道真机》，第187页。

然开关,用真意引入脑宫,以补泥丸、髓海,再用真意守之,名叫三花聚顶。略停一息,只觉口中甘露下降,"状如雀卵,颗颗降下,似糖蜜累累下滴"①。鼻窍关需要谨慎,随觉随咽。"过重楼,一意送入黄庭。"等大药降完,接着做卯酉周天一遍,然后做七日蛰藏功夫。②

3. 七日蛰藏之工夫

《大成捷要》指出,七日大蛰工夫就是:"深入寂灭,大休歇一回。混沌七日,轻轻寂照。绵绵若存,不即不离。文火沐浴,忘形无我。外不知有身,内不知有心,时刻不可有一毫杂念,守中抱一,直至死而复生。"③意谓:元神入大定七天,直到死而复生。

4. 蛰藏七日阴跷复生天机

《大成捷要》指出,七日大蛰工夫就是无私心杂念出现,于正念中只知道有元神轻轻寂照,绝不知道有呼吸绵绵往来。养胎时,元神如果不经常主照,就不能天天产生元炁。当元神蛰藏炁穴,神炁入定七天,才有一阳来复之机,小药依旧再生;七天后,修炼之人仍然不醒,需要道侣叫醒;若不唤醒修炼之人,害怕他元神静中出壳,坠入六道轮回,前功尽废。④

5. 大药到顶实验天机

《大成捷要》指出,大药过关的时候,先天炁壮之人是一撞即过三关,升到泥丸宫;而先天炁弱之人必须三次才能到顶门。⑤ 是时,九阳之气到了九天之上,"其头有颠鸾之状,其身似麻酥之样"⑥,"满面如蛛走蚁行,痒痒欲搔,散之印堂,次到鼻柱眼眶,两颧两腮"⑦。口内津液充满,吞咽不完。此时"口合懒开,身沉懒动,入于混沌,化为无有,并不知身在何处。自然息住脉停,真气充满,而不思食"⑧。一个月后脉息没有了,但还得吃饭,只是能减食量。三个月后自然辟谷。四个月以后,永绝烟火,是真正不食,所以说炁满不思食。

---

① 徐兆仁主编《悟道真机》,第 187 页。
② 徐兆仁主编《悟道真机》,第 187 页。
③ 徐兆仁主编《悟道真机》,第 187~188 页。
④ 徐兆仁主编《悟道真机》,第 195 页。
⑤ 徐兆仁主编《悟道真机》,第 189 页。
⑥ 徐兆仁主编《悟道真机》,第 189 页。
⑦ 徐兆仁主编《悟道真机》,第 189 页。
⑧ 徐兆仁主编《悟道真机》,第 190 页。

（三）养胎

1. 十月养胎

《大成捷要》指出，炼炁化神工夫称为中成养胎。养胎时，必须居住静室，闭门潜修，远离女色和鸡狗，避免接触污秽的东西，周围不要有声音。养胎的工夫为："当以元神为胎仙之骨，以大药为胎仙之肉。以元神为大药之主人，以大药为元神之宅舍。"① 还必须先把耳、目、口、鼻、四肢等全归于虚，如未出生时一样。元神安居于中丹田（中宫）之内，心无妄想，长久地守中抱一，"自然阳炁日日发生，运行于正路，点化神中之阴，阴神自然渐渐消灭，而念虑不起，使阳神愈旺而愈明，以至昏睡全无"②。

2. 安神祖窍用气口诀

《大成捷要》指出，十月养胎之秘旨，是元神安居在祖窍内，用文火来养，杳杳冥冥，还于虚空；是时，元神处在有觉无念之中，"有念则火燥，无觉则火寒"③；火燥就有火焚禅坐的危险，火寒就有坐化尸解的危险。十月养胎的真火候总以真意不散，"含光默默，真息绵绵，寂寂惺惺，神光普照"④。

3. 金液还丹天机口诀

《大成捷要》指出，养胎主要是入定工夫。如果入定时间长，自然觉得坎中一点热气，上冲心位。是时，"当用真意引过尾闾，由夹脊、透玉枕，入泥丸，如有物触脑，自上腭颗颗下降口中。状如雀卵，味似阳酥。化为金液，沥沥如淋水之状，香似醍醐，味似甘露。速当以真意迎之，徐徐咽下重楼，以目送之于炉鼎之内"⑤，一连九天吞咽不绝，这是小坎离交媾。⑥

4. 玉液还丹天机口诀

《大成捷要》指出，自小坎离交媾后，又渐渐地入于大定，先天炁自动，"坤宫忽然如雷震之声，腹中如裂帛之状。真气上冲，周流六虚，飞上泥丸。月窟生风，眉涌圆光，化为玉液，降在口中。如冰片之香，似薄荷

---

① 徐兆仁主编《悟道真机》，第 194 页。
② 徐兆仁主编《悟道真机》，第 194 页。
③ 徐兆仁主编《悟道真机》，第 195 页。
④ 徐兆仁主编《悟道真机》，第 194~195 页。
⑤ 徐兆仁主编《悟道真机》，第 196 页。
⑥ 徐兆仁主编《悟道真机》，第 196 页。

之凉。随觉随咽，沥沥降下重楼，当用真意送入中宫"①，如此七天吞咽不完，即用卯酉周天收之，等玉液降完，再凝神入定，守中抱一，这是大坎离交媾。②

5. 行卯酉周天口诀

《大成捷要》指出，一点金液还丹自上丹田落于中丹田，是时，必须用真意眸光，"从坤脐，至乾顶，左升右降，四九三十六而定。右升左降，四六二十四而定"③，这是卯酉周天度数。行大周天火候实质是收内药而固胎圆。

6. 日月合璧天机口诀

《大成捷要》指出，还丹以后，归入中丹田，温养胎仙，长久熏蒸。大定之中，只觉得有风从天降下，灌入泥丸、两眼之中，径透通身，百节齐开，骨节如断，心冷如冰，中丹田似火烧。④ 不要害怕，只要凝神入定。大定时间一长，真铅之气会变成一轮明月，真汞之气会变成一轮红日，这是铅汞相投。当静定之中，忽然看见一轮明月出现在眼前，缭绕不定，必须用真意留住它。静定不过三五息的时间，"又觉有日光出现，来与月光相合。日月交光之中，合发金花二朵，状如仙丹，金红赤色，五瓣分明"⑤，此是三华结成胎息，名叫玉蕊金花。此日光和月光相合，悬挂在印堂之上，即运用真意收藏它，用鼻吸入下丹田虚危穴，此后仍然必须静定，使丹光在印堂昼夜常明。⑥

7. 赤蛇透关天机

《大成捷要》指出，赤蛇透关是金液还丹的变化。元神进入大定，丹光变成赤子。当金液入顶，出现一条赤蛇从顶门而入，口吐祥光，窜入全身，驰骋于骨节之间，无处不到；是时，应当死心入定，任其所为，一会儿赤蛇就不见了。⑦

8. 纯阳祖炁助胎天机

《大成捷要》指出，金液还丹后，静定时间一长，"忽然觉得有二道纯

---

① 徐兆仁主编《悟道真机》，第 196 页。
② 徐兆仁主编《悟道真机》，第 196 页。
③ 徐兆仁主编《悟道真机》，第 197 页。
④ 徐兆仁主编《悟道真机》，第 197 页。
⑤ 徐兆仁主编《悟道真机》，第 198 页。
⑥ 徐兆仁主编《悟道真机》，第 198 页。
⑦ 徐兆仁主编《悟道真机》，第 209 页。

阳之物，从涌泉穴透出，穿膝过股"①，到达下丹田，集聚在一起。再发三昧真火炼它。纯阳之炁由督脉，"穿夹脊，过玉枕，直贯泥丸。过重楼，降下中宫，混入仙胎之中，相亲相恋，合为一体"②。

9. 真火炼形天机

《大成捷要》指出，金液还丹后，大定之中，"忽觉右脚底下涌泉穴内，如冰冷之疼痛上来，穿腿过膝，痛至两肾中间"③，过三天后才停止，称为"芦芽穿膝"。再透过玄窍，过夹脊至泥丸，即将印堂上一轮红日吸入中宫，降入下丹田，用真意送达疼痛处，再从尾闾穴倒转上升。④ 再发三昧真火炼之，如此再三，三百六十骨节的神炁一起冲上泥丸，头上霹雳一声，顶门开。⑤ 忽然甘露下降，即运用一点神火攒簇于中宫，这是金液玉液结成黍米玄珠降下黄庭宫之时。⑥

10. 呼吸蛰藏大周天

《大成捷要》指出，刚开始行大周天火候时，身心入定，息停；不过蛰藏八九十息之后，半刻钟行一周天；后又入大定，蛰藏一百八九十息后，一刻钟行一周天；后又入大定，蛰藏一千三百四五十息后，一个时辰行一周天；后又入大定，蛰藏一万三千五百息后，一天行一周天；以此类推，此后或十天、一个月行一周天，或一百天、十个月行一周天。⑦ 是时，元神和元炁都随呼吸之气变成一团灵光。⑧

（四）十月关之证验

1. 神具六通

《大成捷要》指出，前有六根震动之景，日月合璧金液还丹以后，神有漏尽通、天眼通、天耳通、他心通、宿命通、神境通。还丹之后，深入大定之中，能看见天堂地狱及三界十方，即天眼通；能听到十方的声音，即天耳通；能知十方众生心内隐微之事，即他心通；能知生前死后之因，即

① 徐兆仁主编《悟道真机》，第206页。
② 徐兆仁主编《悟道真机》，第206页。
③ 徐兆仁主编《悟道真机》，第198页。
④ 徐兆仁主编《悟道真机》，第198页。
⑤ 徐兆仁主编《悟道真机》，第198页。
⑥ 徐兆仁主编《悟道真机》，第198页。
⑦ 徐兆仁主编《悟道真机》，第201页。
⑧ 徐兆仁主编《悟道真机》，第201页。

宿命通；能预知吉凶，又能隔墙见物，即神境通；再加上以前炼精不漏到马阴藏相，即漏尽通。①

2. 真空炼形天机

《大成捷要》指出，养胎入定之人，会出现身体疲倦，胸脯刺痛胀闷，口吐三五碗紫血，这是平时劳累损伤心血的缘故。② 口吐紫血后，自身原有的痼疾都会消失。③ 还会有"脐中刺痛，两肋如锥扎，六腑如裂帛，或如大斧劈脑，或心觉恍惚，坐卧不安，大小便下出恶臭血块，异物有五样颜色，或九窍出浓，臭秽难当"④，这是去胎毒积秽的缘故，等它去完，便出现香气满室。⑤

3. 五气朝元天机

《大成捷要》指出，养胎入定，凝神归于寂灭。此时心中阴气将要全消，心经真气变成红色云霞上朝昆仑；肝中阴气将要全消，肝经真气变成青色云霞上朝昆仑左边；脾中阴气将要全消，脾经真气变成黄色云霞上朝昆仑顶部；肺中阴气将要全消，肺经真气变成白色云霞上朝昆仑右边；肾中阴气将要全消，肾经真气变成黑色云霞上朝昆仑后面，此"五气"静极之时自然上朝昆仑，即五气朝元。⑥

（五）十月关之魔

1. 三宝现象天机

《大成捷要》指出，日月合璧金液还丹之后，三座莲台在上丹田、中丹田和下丹田之中出现。三个婴儿盘膝端坐在莲台之上，这是大药化机变出的幻景，切不可执着他们。⑦ 此时迅速死心入定，以至灭尽定；金莲于是从黄庭产出，上透顶门，直冲天上，散作金花，用真意留住，金花又回归仙胎之中，养育仙婴。⑧

---

① 徐兆仁主编《悟道真机》，第203~204页。
② 徐兆仁主编《悟道真机》，第204页。
③ 徐兆仁主编《悟道真机》，第204页。
④ 徐兆仁主编《悟道真机》，第204页。
⑤ 徐兆仁主编《悟道真机》，第204页。
⑥ 徐兆仁主编《悟道真机》，第207页。
⑦ 徐兆仁主编《悟道真机》，第209页。
⑧ 徐兆仁主编《悟道真机》，第209页。

2. 雷神监坛天机

《大成捷要》指出，日月合璧金液还丹以后，如果雷神监坛，都是因为人心炼死，而识神闲而无依，变成雷公，恐吓修行人。[①] 是时，仍然死心入大定，识神自然变成护法神王。[②]

3. 战内外阴魔天机

《大成捷要》指出，养胎入定，内外阴魔有：天堂美景、琼宫阆苑、地狱恶像、神头鬼面等出现，千变万化，这是内外阴魔来扰。[③]

驱除这些阴魔的方法：看见就如没有看见，听到就像没有听到，一心凝神入定，且默诵金光神咒，那么阴魔自退。[④] 如果见闻不去，速炼焚身法，即存想空中太阳被我丹光引来；中丹田内又有一团真火腾上透出顶门，使两火相交，于是火焰弥满世界，焚烧万物，直至火灭烟消，天朗气清，一切阴魔自然消失。[⑤]

（六）胎圆之证

《大成捷要》指出，胎圆以后，灭尽定到达极致，是时，死心入定，自有金莲从地涌出，上透九霄，自然变成雪片，从天飞来，缤纷落下，用真意留住，仍然归于身中，养育仙婴，这是十月胎圆、止火的时候。[⑥]

《大成捷要》还指出，一旦出现天花乱坠还不知道止火，仙婴会遇到火焚禅坐的危险；天花乱坠是仙婴由中丹田迁入上丹田之景，必须止火。[⑦]

总言之，《大成捷要》的炼炁化神工夫次第基本与伍柳派相同，如它所说的七日采大药之功夫、五龙捧圣过关服食、十月养胎之工夫和证验与伍柳派所说相同。但它提出七日蛰藏之工夫、蛰藏七日阴跷复生天机、金液还丹天机口诀、玉液还丹天机口诀、日月合璧天机口诀、真火炼形天机、真空炼形天机、五气朝元天机，这是伍柳派的炼炁化神论所未论及的，也是钟吕系宋元以来的内丹学所未言的。因为上述七日蛰藏等工夫属于炼炁工夫，这是在炼精化炁阶段才论及的；而炼炁化神的本质，按照伍柳派的

---

① 徐兆仁主编《悟道真机》，第 210 页。
② 徐兆仁主编《悟道真机》，第 210 页。
③ 徐兆仁主编《悟道真机》，第 211 页。
④ 徐兆仁主编《悟道真机》，第 211 页。
⑤ 徐兆仁主编《悟道真机》，第 211 页。
⑥ 徐兆仁主编《悟道真机》，第 212 页。
⑦ 徐兆仁主编《悟道真机》，第 212 页。

观点，是纯阳已定之炁培补元神之阳，且助元神入定。它提出的三宝现象、雷神监坛之魔，未见伍柳派等前人丹经。它提出天花乱坠止火天机口诀，这与伍柳派亦不同；伍柳派主张乳哺三年后才会出现天花乱坠之景，此景至就得出胎，没有止火之说。

四 炼神还虚论

伍柳派主张，炼神还虚的步骤为：三年乳哺，九年大定。《大成捷要》亦指出，炼神还虚工夫，名曰上成乳哺；炼虚合道九年工夫，称为面壁大成。

（一） 阳神迁过重楼天机口诀

《大成捷要》指出，将阳神由中丹田迁入上丹田，过重楼关方法："若有知无知，若用力不用力，但存一息千里，千里一息之念，才是倏忽过重楼工夫。"① 将阳神迁入上丹田后，阳神于是据寂照于上丹田，同时，"存想三丹田，化成一个虚空大界"②。

（二） 调神出壳天机口诀

《大成捷要》指出，阳神于上丹田入定，大定之时，忽然霹雳一声响，轰开顶门，觉得身体如在虚空，冥然不知有尘世之累，只觉真我在虚空世界之中，③ 五气自然结为彩云护持法身，此时才可行调神出壳之功。是时，一念想出天门之外，阳神就可迁出肉体，而身外有身。④

（三） 开天门口诀

《大成捷要》指出，阳神迁到顶门，此时，"静中内观，顶中有三昧真火。静中外视，顶上有太阳神火"，必须用真意寂照凝聚，"使上火下射，下火上炎，内外夹攻，以烹以炼"，霹雳一声响，顶门开；此时修炼之人如刚出生小孩子一般呼吸动静。⑤

---

① 徐兆仁主编《悟道真机》，第213页。
② 徐兆仁主编《悟道真机》，第213～214页。
③ 徐兆仁主编《悟道真机》，第214页。
④ 徐兆仁主编《悟道真机》，第214～215页。
⑤ 徐兆仁主编《悟道真机》，第215页。

（四）调阳神出入天机口诀

《大成捷要》指出，阳神一出而不回，都是因为炼己未纯的错。阳神出去，必须一意守定金光，死心不动，阴魔自退。① 阳神应速去速回，且必须从旧路出入，不可回头看。② 阳神出一步，即迅速收回，再学第二步、第三步，以至九九数足；如此调至三年，总要"过境不染，见物不迁，收纵在我，来去自如"；总以死心入定为主，以喜、惧、哀、乐不动为宗。③

（五）身外有身收金光天机口诀

《大成捷要》指出，阳神既然迁到顶门之上，切勿恐惧，只管放心大胆专心致志地凝神，存想法身；一念想出天门，于是闭眼往下轻轻一跳，而身外有身。④

阳神初出之时，离色身三四尺远。此时，三亲六故、诸仙佛来参访等一切魔境都不要理睬，只是死心入定，顷刻之间，身中就会透出一道大如车轮的金光或白光，出现在面前，立即用真意把此光吸入法身中，再将法身收回本宫；之后仍然依灭尽定而寂灭之，深入大定。⑤

（六）聚金光布五芽灵气天机口诀

《大成捷要》指出，阳神初出身外，其身形仅三寸高。"盘旋左右，回顾禅坐"，立即收入上丹田神室，寂灭静养；"九九次，方布本身五芽灵气"；此五芽之气是在静极之后，由五气朝元所产生的。⑥

五芽灵气照耀空中，化为五色祥云，然后再运用真意将本性灵光射入祥云之内，化为一团金光，大如车轮，而阳神端居金光之内；其丹光余气皆化为天魔外道引诱阳神。"若稍微着声色于闻见，阳神既一去而不返，入于魔境，转生六道"，这皆因炼己未纯，心没有真死过的缘故。"必须一意守定金光，死心不动。一切魔境，不着自退"；等到魔境退尽，金光缩小，必须用真意照定金光一吸，连同法身收回性海本宫，混而为一；静定既久，

---

① 徐兆仁主编《悟道真机》，第 217 页。
② 徐兆仁主编《悟道真机》，第 217 页。
③ 徐兆仁主编《悟道真机》，第 217 页。
④ 徐兆仁主编《悟道真机》，第 215 页。
⑤ 徐兆仁主编《悟道真机》，第 215~216 页。
⑥ 徐兆仁主编《悟道真机》，第 216 页。

阳神再出。①

（七）三年乳哺

《大成捷要》指出，初出定的阳神，"圣体尚嫩，欲其慧光凝结不散，必须调养"，才能坚固老成，养成真空妙相之圣体。故必须行三年乳哺功夫。乳哺就是炼神入定的意思。初出定的阳神，容易动摇，调养入定得久，才能镇静而不妄动。②

初调神出壳，即出即入。再依灭尽定，而寂灭之。"一定七日，再调出而旋入，仍依灭尽定，而寂灭之。一定二七始，再调出而旋入。一定三七始，调出旋入。一定四七始，以至于五七、六七、七七始，调出而旋入。"③渐次调养，三年后停止。

调神之出入总是依阳光之收放。当阳神居上丹田，灭尽定极之时，总先是阳光透出顶门，"然后一念思出，随光超脱于身外"。如想收敛阳神入壳，先将毫光收入法身之内。然后阳神由旧路复归上丹田之中，仍依灭尽定，而寂灭之。如是调出即入，三年以后，性体老练，方保没有惊恐之患。④

调阳神出入至三个月后，知觉稍开，应防惊恐。三个月之前，一日出神三次，夜晚必定不可出神。半年以后，一日出神五次。一年后，一日出神七次，只在身边运动。二年以后，不再局限于日夜次数，可以暂离色身。三年以后，则一里、十里、百里、千里、万里一时可到。⑤

调神之始，一周、二周、三周而放出，一步、二步、三步而即入；或五周、六周、七周而放出，一里、二里、三里而即入；一年、二年、三年而放出，百里、千里、万里而即入。⑥

调神出入，须择黄道良辰之日，天气晴朗，没有风、云、雷、电以及大雾、大雨，才可调神出壳。

三年乳哺以后，性体老练，"以太虚为宅舍，天地山河，尽是我之床

---

① 徐兆仁主编《悟道真机》，第216页。
② 徐兆仁主编《悟道真机》，第217页。
③ 徐兆仁主编《悟道真机》，第218页。
④ 徐兆仁主编《悟道真机》，第218页。
⑤ 徐兆仁主编《悟道真机》，第218页。
⑥ 徐兆仁主编《悟道真机》，第218~219页。

枕"；"举步千里，遍游万国，出有入无，通天达地，入金石无碍"；"分形散影，百、千、万亿化身"；乳哺功成，名叫神仙。[①] 三年乳哺之功，阳神不过调出即入；总以在上丹田内多，在外少；三年功成以后，当行一定九年还虚之功。[②]

（八）还虚面壁

《大成捷要》指出，炼虚合道九年工夫，称为面壁大成。炼虚工夫，妙在忘形。无人无我，虚其身心，去其作用。阳神与太虚同体，称之炼心。阳神无像，所以叫炼虚。[③]

还虚就是将从前千磨百炼、分形散影、通天达地的阳神，复归于原来的身躯，收入性海——天谷内院，"将色身炼化，浑入法身之中"[④]。这又是性命合炼，再将阳神收入性海，"退藏祖窍太虚无极之位"；要将色身炼得"不有不无、非色非空、无内无外、不出不入、无始无终"[⑤]。"如龙养珠，蛰藏而不动。如鹤抱卵，安眠而不起"；必须大死一场，谨谨护持阳神，毋容阳神再出。[⑥] 将阳神蛰藏祖窍之中，定灭尽极之时，或百日，或十月，神光"自内窍透出外窍，由大窍贯入小窍。无内无外，无大无小，透顶彻底，光光相烛，窍窍相映"。是时，阳神虽然不能充塞其间，再把神光收归祖窍之中，一切莫染，仍然依灭尽定，而寂灭之。寂灭既久，"或一年，或三周，形神渐至浑化，色空渐归真常，直至空定衡极，灭尽无余之际"[⑦]，而神光又自然渐渐发露，如云电烟霞从太虚无极窍中"滚滚而出，贯于上窍下窍，大窍小窍，窍窍皆有神光"[⑧]。光明洞彻，"上彻天界，下彻地界，中彻人界"[⑨]，觉得三界之内处处神光充塞，而神、鬼莫不照耀于神光中。是时，阳神还不能遍入尘沙法界，再把神光收归玄窍之中，仍依灭尽定而寂灭之。[⑩]

① 徐兆仁主编《悟道真机》，第 219 页。
② 徐兆仁主编《悟道真机》，第 219 页。
③ 徐兆仁主编《悟道真机》，第 219 页。
④ 徐兆仁主编《悟道真机》，第 219 页。
⑤ 徐兆仁主编《悟道真机》，第 219 页。
⑥ 徐兆仁主编《悟道真机》，第 219~220 页。
⑦ 徐兆仁主编《悟道真机》，第 220 页。
⑧ 徐兆仁主编《悟道真机》，第 220 页。
⑨ 徐兆仁主编《悟道真机》，第 220 页。
⑩ 徐兆仁主编《悟道真机》，第 220 页。

阳神寂灭日久，直至三年或九年，灭尽无余之时，"神光周足，法相圆满，色空俱泯，形神俱妙"，将见无极神光化为太阳红光，就像有千万太阳放大光明，普照三千大千世界，而圣、贤、仙、佛及森罗万象莫不现于太阳红光中。[1] 是时，阳神还不能照耀四大部州及三十六天以上，再敛神韬光，依灭尽定而寂灭之。或百年，千年，一劫，万劫，直至粉碎虚空，与道合真。将见再放无量宝光，"直充塞于四大，得与贤圣、诸仙佛相会。自无始分离，今日方得会面。彼此交光，吻合一体，广无边际"；此九年面壁之功，已经返到无余涅槃、大觉金仙之位。[2]

综上可见，《大成捷要》的三年乳哺、调神出壳之论与伍柳派基本相同。但它所说的阳神迁过重楼天机口诀、开天门口诀、身外有身收金光天机口诀、聚金光布五芽灵气天机口诀，是伍柳派未曾论及的，亦未见前人之丹经。《大成捷要》指出，还虚是将从前千磨百炼、分形散影、通天达地之阳神，复归于旧躯，收入性海——天谷内院，将色身炼化，浑入法身之中；而伍柳派主张九年大定之时已经无神可炼，只是告诉初证神仙者不忘成就天仙。显然，《大成捷要》的还虚之功论述虽详，但已背离了九年还虚之旨。

第三节　《道乡集》的内丹思想

《道乡集》的内丹思想既继承前人，又有新的创见，且语言通俗简明。

一　"无极而太极"之先后天性命论

前已述及，内丹学主张，性即神，命即炁。《道乡集》亦主张，性即神，命即炁（精）。它指出，命与性原是二体，在人生之初，只有此性而没有命。"自囝的一声，与母分离之后，一点性灵流于情识，始为有命之初。"[3] 性命有先后天之分。《道乡集》指出，先天是指虚极静笃，无天地、无人我之时；因其混混沌沌，不分阴阳，故曰无极。后天是指当静极生动，一阳发生之时，始有天地人我之分；因其一分阴阳，故称太极，即后天。[4]

---

[1]　徐兆仁主编《悟道真机》，第 220~221 页。
[2]　徐兆仁主编《悟道真机》，第 221 页。
[3]　徐兆仁主编《仙道正传》，第 54 页。
[4]　徐兆仁主编《仙道正传》，第 53 页。

就先后天神气而言，《道乡集》指出，先后天气为：静极生动，此动气即先天炁；呼吸之气，即后天气。先天炁为子气，后天气为母气，以呼吸育养先天气为子生母。先后天之神为：思虑之神，即后天之神；不神之神——元神，即先天之神。气可先后天并用，而神只可用先天，不可用后天。①

就内丹性命双修来说，《道乡集》指出，它是以性为体，以命为用。初下手时以性就命，"如日蒸海水，久而云气上升"，此炼精化炁之正功。中间以命合性，名曰抽坎填离。离得坎中一点真金，变成乾健之体。坎失中爻，化为坤象，仍归乾南坤北之先天方位，纯是天道。② 最后了手时粉碎虚空，纯是性功。

二　"守明堂"之入手工夫论

前已述及，炼精化炁之入手工夫，道教内丹诸家历来见仁见智。伍柳派主张调药。药，又称外药，指元精，即元炁。元精顺则化为后天精，逆则返还于炁穴为元炁。内丹家就是抓住此变化之机，凝神入炁穴，使元精逆返归炁穴，这被称为"勒阳关"，又叫"调外药"。

而《道乡集》主张，炼精化炁入手工夫为守明堂。明堂即两眉之间，俗叫山根，仙书指为明堂，是下手时收念之处。此处不是玄关，不过如木匠正线，欲使从此处轻轻放下，仍然以寂照下丹田为准。③ 守明堂之法：坐时先将身心放下，闭目先看眉间，两眼先守此窍。一会儿，"明堂发暖，似有蠕动，即从门户而入，将此正念，收归土釜"，即下丹田，"若存若亡，静六根，却万虑"，两眼返照此穴，即凝神入炁穴，"总要不沾不脱"。用此温照，不要一个时辰气调息定，即至无极。"比时则为亥末，比日则为三十，比年则为十月，比卦则为重坤。"④ 等到虚极静笃，忽然一动，此动即真机，也就是一阳初动；"气动则用真息摄归本炉，用武火锻炼。一动一炼，气满真种自现"。⑤

《道乡集》还指出，守明堂即调外药。调外药之法：静观至虚极静笃，

① 徐兆仁主编《仙道正传》，第 53 页。
② 徐兆仁主编《仙道正传》，第 81 页。
③ 徐兆仁主编《仙道正传》，第 90 页。
④ 徐兆仁主编《仙道正传》，第 7 页。
⑤ 徐兆仁主编《仙道正传》，第 7 页。

而一阳亦生；待动机颇大，将元神凝入气根，动气为神吸收，亦自转回气根，与神结合一团，渐渐归于定静。而呼吸之气亦自与神气相依，渐渐入定，而不能为外物所诱，即调外药。①

就守明堂来说，止念虽是最难的，但亦有止念之法。止念之法为：将目光专看炁穴，我心即在炁穴；这就如我心看水，此念即在水上；我心看月，此念即在月上。目光一散乱，心亦随之外驰。能将此心目止于此穴，心目有所依归，自然定于炁穴。心目能定于炁穴，而后始归于大静，这是入手的最要之诀。由此可见，止念之法的实质就是凝神入炁穴。②

就凝神入炁穴而言，《道乡集》指出，功夫首要任务就是得着玄关。玄关不是指眉心（日心窍），脐下一寸三分为玄关亦是指鹿为马。玄关不开，不可以炼精化炁。但玄关每开于一阳初动之时，趁此阳动之初，凝神于此气机动处，即以目光煦照动处，此谓得着玄关。③

《道乡集》又指出，玄关一窍平时原本无形迹，只有坐到静极生动时，即静中忽然一动，阳炁欲拱关而出，此玄关一窍开；是时，神凝于机动处，便是得着窍。神既凝乎其中，阳炁为神所吸收，也返回本窍。神恋炁，炁抱神；神炁氤氲，才是真阴阳交配，真种产生。④

凝神亦有凝神之法。当坐时，只知凝神，不知凝神之法，所以妄念生而不能止，元神外驰而不能收。念不能止，则观不能正；神不能收，则止不得所。如是不入昏沉，就生烦燥。入昏沉则神无所依，颠倒梦想，无所不至；生烦燥则性不耐久，旋坐旋起，不得真定。凝神之法就是"寂照得所"。当真炁动时，神即凝于炁动处；遂动以觉应，须臾莫离；不即不离，始能不沾不脱。⑤ 神能以觉合动，动觉融化一处，即水火既济、金木交并。⑥

三　"心息相依"之伏气论

如前所述，内丹学主张，伏气就是使气深藏归伏于元炁之根而不驰于外。伏气在炼精化炁时，欲以调此气而伏，即调其息而伏，精可返而复还

① 徐兆仁主编《仙道正传》，第 119 页。
② 徐兆仁主编《仙道正传》，第 99 页。
③ 徐兆仁主编《仙道正传》，第 28 页。
④ 徐兆仁主编《仙道正传》，第 91 页。
⑤ 徐兆仁主编《仙道正传》，第 62 页。
⑥ 徐兆仁主编《仙道正传》，第 83 页。

为先天之炁。

《道乡集》却主张，心目所在，神炁相依，息定于中，即伏气；心息相依，息定心亦定。① 然而息定乃自然而定，非勉强使之定。勉强使之定，近乎强制，息不能伏。可见心息相依，息定心亦定。

《道乡集》又指出，当先天元炁发动，凝神于气根，元炁亦自同归本穴，神炁混合一处，即神炁相依，息亦随之不动。元炁发生于炁根，呼吸之气亦跟于炁根。息同神炁，相依相抱，三家相见，五行攒簇，此乃结丹之正功；神气相依，故息息归根。② 可见息不必调而自调。

《道乡集》还指出，心未定，息亦不定。学道之人不明此理，或以数息为伏气，或以闭气为伏气。闭气以代气，急则杀人；数息以伏气，滞则碍道。两者均有百损而无一益。定不住心，就会定不住息。心若不定，息亦无所止；所以息之定不定，要看心之定不定。伏气出于自然；果能凝神入妙，神与气自相团结。神气所在，息亦随之；神安气定，息亦随之安定。心若不定，息亦无所止。心定于何处，息止于何处；心定于何时，息止于何时。息之定止，随心之定止，即所谓"心息相依"。③

四 "有文有武"之周天火候论

前已述及，内丹学认为，身中造化法象天地，炼丹时的火候进退与天地间的阴阳消长暗合，所以称为"周天火候"。天地间的阴阳消长按一日十二个时辰来说，子是一阳初生，从子至巳是六阳之位；午是一阴初生，从午至亥是六阴之位，所以说子午是阴阳交替的关节点。卯酉是六阳、六阴之中的沐浴之位。

而《道乡集》亦持此论。它指出，先天元炁自尾闾穴上升绝顶，"因其升，故曰阳；自绝顶下降坤腹，因其降，故曰阴"，其实只是一物，即先天炁。至于换卦抽爻，亦是此义，不过是虚比，不是真有爻象。"因一阳初动，气到尾闾，即曰复卦，又曰子时。再升为二阳，在时为丑，在卦属临。再升而为三阳，在时为寅，在卦属泰。再升而为四阳，在时为卯，在卦属大壮。"此时，因其阳已极盛，故有沐浴之说，不过停而不行，并非有其他事。稍停即有动机，又上升而为五阳，"在时为辰，在卦属夬"。

---

① 徐兆仁主编《仙道正传》，第 20~21 页。
② 徐兆仁主编《仙道正传》，第 83~84 页。
③ 徐兆仁主编《仙道正传》，第 96~97 页。

再升至玉枕穴，"在时为已，在卦属乾"。六阳具足，故有变。由乾而变为姤，时属午。如此渐渐下降，历经遁、否、观、剥至坤，又归根。其实十二时辰与十二卦均是虚比，不过气到何处，即为何时何卦，并非真有时有卦。[①]

就沐浴而言，不但升降有沐浴，呼吸之间也有沐浴。先天炁上升时，本来就有行住之机。动机呈现可以行，静机呈现可以住。行时用呼吸之数规范之，一吸一升，要知道非一吸可升至乾顶。一呼一降，也要知道非一呼可降至坤腹。况且上升时有沐浴之说，"此时不可起火，必须静俟机动而后行，方不背乎自然"。况且呼吸均有责任，"上升时吸为主，呼不过从之而已。下降时呼为主，吸不过从之而已"，"吸用事时呼从之，呼即为之沐浴。呼用事时吸从之，则吸亦为之沐浴"。[②]

《道乡集》又指出，行周天火候是自然而然。先天一炁自能上升，顺其自然而升，不可降。行一周天，即足三百六十之数。至于中间三十六、二十四等说，均是托词，"并非令学道者遇阳生时，真数三十六；遇阴降时，真数二十四"[③]。

火候又有文武火之分。内丹学主张，炼精化炁的火候称为小周天火候，炼炁化神的火候称为大周天火候；小周天是武火，大周天是文火。

《道乡集》却提出，武火是指绵绵不断，息息归根；文火是指若守若存，勿忘勿助。"气来则用武火，气去则用文火"，"非文火熏照，则药不生。非武火锻炼，则精不化"；文武火应时而用，真造化自现。当用文火时候，不能用武火；当用武火时候，不能用文火；毫厘差错不成丹。[④] 具体来说，初坐寂照下丹田，"不离而守，不有而存"，此为文火。"遇有动机，凝神守着动处，将动气逆回玄窍，息息归根"，此是鼓动巽风。"神光煦照，即以火烹炼。精不经火炼，不能化气"，因而仍然不免作怪。故必须用武火锻炼，才可伏气。此一段是武火作用。"少时机息，仍然寂照"，此又是文火；等其再动，仍然用武火，一熏一炼，"少时机息，仍以文火寂照"。[⑤] 当真种产生后，摄归玄关，仍然用息息归根之法炼之，此即武火。"少时机

① 徐兆仁主编《仙道正传》，第 28~29 页。
② 徐兆仁主编《仙道正传》，第 75~76 页。
③ 徐兆仁主编《仙道正传》，第 28 页。
④ 徐兆仁主编《仙道正传》，第 7 页。
⑤ 徐兆仁主编《仙道正传》，第 69 页。

息，寂然而照，以待发火之机。"元神与真种同行同止，而以吸机缓缓吹之，使火上升。但吹之法，用吸机稍加之意，吸机随向下，而先天火受其逼迫，自动上升，此亦武火。"行到中间火炽，故有息火沐浴之事。"然而息火不是神离炁，不过不用吸力。沐浴期间，"用吸吹火时，呼任其自然，呼亦为沐浴"，"追升至绝顶，缓缓而下，此时当用呼机，吸机大可不用"。然而有呼则不能无吸，只是稍着意于呼机，吸则听其自然，吸亦称为沐浴，"及降至中间，稍稍休息，而后方降入玄窍，又归根"。总言之，静则为文火，动则为武火。①

《道乡集》还指出，小周天火候是个总称，主要包括的火候为：炁动一候，累炁产真种一候，采药一候，封炉一候，升一候，降一候，沐浴二候，共为八候。② 行小周天火候之法：小周天火候行于真种入炉之后，阳火发生之时，"顺其生发之机，以神而引，以息而吹，火受神息引吹，自然上升"；但不必论其爻象，限定其时刻；"有上行之机，则引上行，有定静之机，则听其定静"；"总是动而后引，静而后定。不动引之无益，不静定之有损"；无论动静，都必须顺其机而为之，即听其自升自降，才合乎自然；虽用神引，亦不可执着；虽以息吹，也不可执着。③

就风火而言，《道乡集》指出，元神是火，真息是风。炼精需要火，吹火需要风。"当阳炁动时，以神煦照，即火炼药"，以真息逆吹，即风助火。"火藉风势，风藉火威。"风火同用，精自然化为炁。④

五 炼炁化神

前已述及，炼炁化神，伍柳派把其过程分为四步：采大药、过关服食、封固、行大周天至神胎全。《道乡集》袭取其论。

（一）采大药

内丹学主张，丹熟必须止火，止火之时就是采大药之时。止火是止小周天之火，行采大药之功。

《道乡集》亦主张，止火是指大丹已成，不行周天火候。丹成当应时止

① 徐兆仁主编《仙道正传》，第70页。
② 徐兆仁主编《仙道正传》，第7页。
③ 徐兆仁主编《仙道正传》，第108~109页。
④ 徐兆仁主编《仙道正传》，第79页。

火，以免伤丹，即老子曰"知止不殆"。但止火亦有时，阳光三现就是其时。"当从阳光二现时止，至三现后宜采大药，又有七日天机生。"①

《道乡集》指出，七日天机就是采大药天机。七日天机的内涵是：因为大药即成，"必须服食，而后方能点化阴质，成全纯阳之体"。虽以七天为限，身体健、功夫纯者二三天或四五天就能得大药，不一定要七天；"唯药已成形，犹隐而不露"，必以眼光静观中丹田，昼夜不息，大药自生。②

《道乡集》还指出，采大药时，有采之不得的，有一采即得的。假如行小周天火候不足三百六十之数，"火候不足，大药难成，故采之不得"③。或者是不知止火之景，"应止火不止火，火过伤丹"，也是采之不得。而采即得的，是因为小周天火候足，止火景现即止。④

（二）过关服食之法

关于过关服食之法，《道乡集》主张，大药产生之景是六根震动之象，即"丹田火炽，两肾汤煎，耳后生风，身涌鼻搐，脑后鹫鸣"⑤。

大药发生，只是动于炁穴。"唯气穴间，有四道歧路，上通心窍，前彻阳关，后通尾闾，下连谷道。"四窍之中唯有谷道危险。大药由炁穴发出，"上冲于心不受。前至阳关不受，后至尾闾不通，即欲下奔谷道"，"此时当紧撮谷道，勿令外泄。势必转向尾闾，仍不能过，不必强引"，但以一意静守，等其动而后引，自然冲开尾闾关，升至夹脊，又不动矣。仍然必须等其自动之机而后引之。自然冲过夹脊关，"而升至玉枕，又不动。亦如上法引过玉枕，升至绝顶，下至印堂，又不动"，是时，仍然必须等其自动之机而后引之。"自然冲过印堂，下入重楼，点化阴质"，以上下丹田为一境界，作为十月温养之基。⑥

但大药过关时，上有鼻孔，下有谷道，都很危险。谷道即有"紧撮谷道内中提"之诀。印堂必须用夹鼻牵牛之法，渡过此危险。不仅如此，大药过关之时，更需要以神主宰于气中，以真意引药上升，此即丹经所谓"两相知之微意"。是时，更当谨闭六根，使无外驰之路。六根即眼耳鼻舌

---

① 徐兆仁主编《仙道正传》，第109页。
② 徐兆仁主编《仙道正传》，第109页。
③ 徐兆仁主编《仙道正传》，第65页。
④ 徐兆仁主编《仙道正传》，第65页。
⑤ 徐兆仁主编《仙道正传》，第109页。
⑥ 徐兆仁主编《仙道正传》，第110页。

身心，"内视返听，则眼耳无漏。夹鼻抵腭，则鼻舌无漏。撮谷道，却念虑，则身心无漏"。六根既固，大药无漏。① 要言之，机动则引而行，机息则守其静。既不着于意，亦不驰于意。自然而然，无为而为，此即过关服食之法。可见，大周天之火候是自然运动，不同于小周天之用呼吸。

（三）养胎之工夫

关于养胎之工夫，《道乡集》主张，大药入中宫后，仍然以寂照为主。但此时的寂照，"必寂而照，照而寂，不寂不照，不照不寂"。寂照到极处，"自有天然之火候，自然之运动"，不需要神驭，不需要息吹，"如天地之气，自行运用而不息"。只是寂照时，元神虽居中丹田，而必合下丹田化一虚空境界，始成一大圆镜。如果仅仅执着于中丹田，不能连合下丹田，"则二气不能随时生发，涵养我之元神，亦不合玄妙天机"。故服食之后，胎神大定，"失于寂照，则二气不畅旺。二气不畅旺，则不能资养元神"，因此寂照是养胎之本。②

《道乡集》还指出，初入定的三个月里，二气仅动于脐轮之虚境。等寂照到四五个月，"二气受元神之寂照，服食以尽，而归于灭定"，"元神得二气之资养，圆明不昧，而得证真空"。"气息既定，食性已绝，光灼灼、圆陀陀"，只存一寂照的元神。寂照至六七个月，"元神独明，昏睡全无"。寂照八九个月，"万脉归源，寂然大定"。寂照到十个月，"阳神已足，智慧丛生，六通俱见，一镜独明，唯慧而不用"，才算完成胎圆之果。③

《道乡集》还指出，十月养胎中必须防的危险有：沐浴有所失当，寂照有所疏漏。沐浴失当，则气息难以灭尽。寂照疏漏，则昏沉不能绝尽，因为"气息有丝毫未灭，不能纯其阳明之神；昏沉有丝毫未绝，不能证其胎圆之果"。"必须寂而又寂，照而复照，必待食脉两绝，昏散全无"，才可以脱其胞胎。④

《道乡集》又指出，沐浴是温养之意，温养就是寂照合宜。十月养胎，全凭借寂照。但将昭昭之神与中下二丹田化为一座空境界，"浑浑融融，无人我之相。熙熙皓皓，无散乱之机。愈寂而愈妙，益定而益微"，此是十月

---

① 徐兆仁主编《仙道正传》，第 110 页。
② 徐兆仁主编《仙道正传》，第 110~111 页。
③ 徐兆仁主编《仙道正传》，第 111 页。
④ 徐兆仁主编《仙道正传》，第 111 页。

沐浴真功、防危虑险的妙道。①

六　炼神还虚

前已述及，伍柳派主张，炼神还虚，先三年乳哺，后九年大定。《道乡集》亦持此论。

关于三年乳哺，《道乡集》指出，存养是乳哺之首。神全胎足，正宜脱胎，即将阳神上迁于泥丸宫，但不是滞于泥丸宫，是将阳神寂照于泥丸宫，与中下二丹田化一虚空境界，这是存养的全体，亦是乳哺之首务。存养功纯，出神景现。②

关于出神之景，《道乡集》指出，出神景即六花纷飞，或满天雪飞。见此景后，即可以灵识出神泥丸宫以外，随出随收，或出一步而收，或数日而一出。总是少出而多存养，才合玄妙天机。唯有"以太虚为超脱之境，以上田为存养之所，愈出愈熟，愈出愈远"，久而久之，阳神老成，自通变化。初出神时，要知随出随收，慎勿贪景贪玩。出时是"宜暂而不宜久，宜近而不宜远"，"由暂而久，不至迷而忘返。由近而远，不至迷而不归"，"或见美色，或见宝贵，或识神来魔，或上天来试"，无论见到什么稀奇之物、可欲之事，都应一笔扫尽。慎勿认作真有，稍有希望，便着魔障。③

《道乡集》还指出，神初出时，必须随出随收，出则存神光轮中，入则存神上丹田。尤其需要"空而不空，不空而空，空无所空，始为真空"。修行到此地步，"自有神光照顶，始出始收，不可离此光轮"，久则不必如此。④

《道乡集》又指出，存养功纯，阳神老成，自有光现，或金光，或白光，此光一现，便知阳神全。此时，"莫教光散，须用收念之法，凝神光中，引入性中，仍归定静"。阳神初出，三两步即可收回，"纯养一七再出，二七再出，三七、四七亦然"，必到七七四十九天，阳神才老练。四十九天之后，"神通广大，百亿化身"。此时虽然"宜慧而不用，始入妙化。神常宿于泥丸，寂照而双忘，定静以寂灭"，如是三年可成

---

① 徐兆仁主编《仙道正传》，第111页。
② 徐兆仁主编《仙道正传》，第111~112页。
③ 徐兆仁主编《仙道正传》，第112页。
④ 徐兆仁主编《仙道正传》，第67页。

神仙。①

关于九年大定，《道乡集》指出，九年还虚，是与太虚合体，虚空即我，我即虚空。如果执着于虚空，就是又有一虚空。若是又有一虚空，则是虚空仍然为虚空，而我仍然是我，不能合成一体，即我与虚空不能打成一片。②

综上，《道乡集》主张先天即无极，后天即太极；守明堂为炼精化炁的入手功夫；凝神入炁穴的首务是得着玄关，凝神之法是"寂照得所"；心息相依，息定心亦定，心定息亦定；升降有沐浴，呼吸之间亦有沐浴；炁来则用武火，炁去则用文火。这些论点皆未见前人之丹经，而炼炁化神、炼神还虚之论基本上袭取伍柳派之说。

结　语

综上所述，《大成捷要》精采丹经要语，由浅入深地汇录了修性炼真的奥义秘诀。它对内丹学之基本理论阐述与伍柳派大略相同；但它对各丹派、丹经详细地归类，发前人之未发。它的炼己与炼精化炁论与伍柳派基本相同；但它的锻炼阴精论与伍柳派不同，而与传统内丹学相悖，可能是受到民间宗教内丹学的影响。它的炼炁化神工夫次第基本与伍柳派相同，但它提出七日蛰藏之工夫、蛰藏七日阴跷复生天机、金液还丹天机口诀、玉液还丹天机口诀、日月合璧天机口诀、真火炼形天机、真空炼形天机、五气朝元天机，这是伍柳派等炼炁化神论所未论及的，可能亦是来自民间宗教内丹学。

《道乡集》对内丹思想的阐述既继承前人，又有新的创见。如它主张先天即无极，后天即太极；守明堂为炼精化炁的入手工夫；凝神入炁穴的首务是得着玄关，凝神之法是"寂照得所"；心息相依，息定心亦定，心定息亦定；升降有沐浴，呼吸之间亦有沐浴；炁来则用武火，炁去则用文火。这些论点皆未见前人之丹经，而炼炁化神、炼神还虚之论基本上袭取伍柳派之说。

---

① 徐兆仁主编《仙道正传》，第 76 页。
② 徐兆仁主编《仙道正传》，第 77 页。

第六章　蒋植阳的内丹思想

蒋植阳，名克志，字于道，号植阳子，道号炼虚子，浙江定海县人，生卒年不详。于民国5年（1916）著《修道全指逐节天梯无上甚深微妙真经》，简称《修道全指》。他在该书的"跋"中称，曾拜先天道蒋克章族兄为师，被授予先天道门中三般口诀，但发现所修炼的无非后天神气，欲得先天神炁，却没有此般口诀。后通过细阅《金仙证论》《慧命真经》《天仙正理》《仙佛合宗》《性命圭旨》《春园秘注》及诸丹经，撰成此书。由此可见，蒋植阳的内丹思想主要受明清时期伍柳派等丹经的影响，属于北宗一脉。

《修道全指》的版本，笔者仅见萧天石主编《道藏精华》第八集之一，台湾自由出版社1982年版所收本。

《修道全指》指出，内丹修炼要明白法诀和逐节次序；其步骤为：炼己还虚，"初乘炼精化炁成金丹人仙之事"，"中乘炼炁成神养道胎地仙之功"，"大乘炼炁育神成变化神通之法"，"上乘内外神行并炼之功"（炼神还虚），"最上一乘炼虚合道天仙之功"。[①] 他在书中述每节功夫时，先用图（见章末附论），后传出口诀及诀法，可谓图诀双明。

第一节　蒋植阳内丹学之"修道外护事"论

蒋植阳主张，内丹修炼不仅要明白法诀和逐节次序，还要备齐"修道外护事"。

一　修道者必先修德论

前已述及，伍柳派主张，修道者必须先修五伦之德。蒋植阳亦主张修

---

① 蒋植阳：《修道全指》，萧天石主编《道藏精华》第八集之一，台湾自由出版社，1982，第6~9页。

道者必先修德。首先，修道者必先修五伦之德。五伦就是指君臣、父子、兄弟、夫妇、朋友；五伦之德指孝悌忠信、礼义廉耻、仁慈智勇、节烈贞良。修五伦之德是修仙道之根基。①

其次，广行阴骘，日诵天律，行功过格。修道者要广行阴骘，日诵《太上感应篇》《文帝阴骘文》《关圣觉世经》等书，行《太微仙君功过格》《文昌帝君功过格》等，修善积德，行功察过。②

最后，只有功德圆满，才能成仙。蒋植阳指出：古仙在金丹事成后，游戏人间，和光混俗，扶危拯厄，普度群迷，接引后学；当功行圆满时，只候天书降诏，玉女来迎，驾雾腾云，直入三清境。③

二　甄别真假仙师论

前已述及，内丹修炼的"真法"要靠真师传授，所以辨别真假仙师，才能求得"真法"。甄别真假仙师之法，陈致虚提出要以对《参同契》《龙虎经》《悟真篇》三书内容的了解程度来甄别师之真伪；凡对书内容问无不知者，是真师，而妄谈意会者是假。④

但蒋植阳主张，首先，要搜诸道书，博览通达。修道者对《悟真篇》《黄庭经》《道德经》《金刚经》《大洞经》等四十种书的注解，要熟读细看。⑤

其次，熟读细看上述诸书后，访拜明师则真假可知。因为，祈请师指示其修道之诀，与上述诸书之前后逐节相合，此谓真传正道，修之可成；若师指示其修道之诀，与上述诸书之前后次序错乱，此谓旁门外道，故可退出。⑥

① 蒋植阳：《修道全指》，萧天石主编《道藏精华》第八集之一，第93页。
② 蒋植阳：《修道全指》，萧天石主编《道藏精华》第八集之一，第93页。
③ 蒋植阳：《修道全指》，萧天石主编《道藏精华》第八集之一，第93页。
④ （元）陈致虚：《金丹大要》，《藏外道书》第9册，第7页。
⑤ 具体有《悟真篇》（有直注、三注、四注）、《黄庭经》（有内景、外景注解），还有《道德经》《金刚经》《大洞经》《日月经》《指元篇》《参同契》《参虚篇》《阴符经》《中和集》《清静经》《入药镜》《养真集》《采药歌》《传道集》《崇正篇》《还金篇》《珠玉歌》《金碧经》《樵阳经》《铁锁鍋》《太玄经》《原道歌》《玉皇心经》《观音心经》《浚性渊源》《率性阐微》《道言精义》《众喜粗言》《金丹真传》《修道真传》《金丹四百字》《火记六百篇》《天机正法》《天仙正理》《性命圭旨》《仙佛合宗》《金仙证论》《慧命真经》，参见萧天石主编《道藏精华》第八集之一，第93~94页。
⑥ 蒋植阳：《修道全指》，萧天石主编《道藏精华》第八集之一，第94页。

三 择地与择侣论

选择适宜的内丹修炼地方,是炼丹必要的外部条件,这些地方就是指道教中的洞天福地。蒋植阳亦主张,内丹修炼必择净地名山,如华山、泰山、嵩山等,方有正神护佑。而诸小山不可于其中做金液神丹,因无正神为主,且多鬼怪妖精作祸。如他说:"必择净地名山,方有正神护佑。盖净地名山者,《抱朴子》所按仙经云:可修行居者,惟华山、泰山、霍山、恒山、嵩山、小室山、长山、太白山、终南山、女几山、地肺山、王屋山、抱犊山、安邱山、潜山、青城山、峨眉山、绥山、云台山、罗浮山、阳驾山、黄金山、鳖祖山、大小天台山、括苍山、四望山、盖竹山,皆是正神在其中。若有道者登居之,则山神助福也。抑且老君所云:诸小小山皆不可于其中作金液神丹,皆无正神为主,多是木石妖精、千岁老物、血食之鬼,此皆邪气,不令人作福,但能人作祸。"①

选择志同道合的道侣,即知音外护,是内丹修炼的又一必要条件,历来丹家都对此非常重视。蒋植阳亦指出,要寻访三位同志入室作伴侣,此"同志"应须心喜全五伦之德,积阴功,守五戒,学道德,苦行不怠。②

入室之时,师徒要立誓同心苦修勤炼。功成之候,同游人间,和光混俗,普度群迷,接引后学。有此外护,则修道功果可成。③

四 入室事宜论

入室事宜是炼丹之必要准备工作,丹家历来都比较重视。伍守阳主张,修行之所,房屋应为丈室,能容三五个人居住为宜;若过大,恐盗贼可据为穴。墙必须重垣,能遮护恶虫、恶兽之患为宜。屋内光线明暗要适宜,这可令护道者心情舒畅,不生疾病。床坐要用厚褥,和软而坐不厌。喝洁精芽茶,吃淡饭,禁荤腥,五味随时,调养口腹。安静气体,要安居丈室,行住坐卧不为世务尘劳。④

蒋植阳继承了伍守阳的上述思想,但又有新的阐述。蒋植阳指出,修炼所住房屋不宜高大,仅容三五个人所居,以遮蔽风雨为宜;墙壁必须坚

---

① 蒋植阳:《修道全指》,萧天石主编《道藏精华》第八集之一,第94页。
② 蒋植阳:《修道全指》,萧天石主编《道藏精华》第八集之一,第94页。
③ 蒋植阳:《修道全指》,萧天石主编《道藏精华》第八集之一,第95页。
④ (明)伍守阳:《天仙正理浅说》,《藏外道书》第5册,第850~851页。

厚，以避恶虫，而且踏地亦用石灰炼坚，则无蛇、虫、鼠之患；要邻近街市，便于买办食用等物；必须远离树林、古坟，绝其鸟语、风声、阴气；床几上下备置法器，以防外魔来扰；屋内昼夜的光线要明暗适宜，以安魂魄；坐宜厚褥，食宜淡素；茶宜精洁，五味须随时；常戒酒荤，不吃辛、辣、咸、苦味之太过；调养口腹，不使身体或饥、或饱、或寒、或热，因为太饥则馁腹，太饱则伤炁，太寒则损身，太热则伤神。①

综上，蒋植阳的"修道外护事"是指：修德、甄别真假仙师、择地、择侣和入室事宜。这是对前人"法、侣、地"以及入室事宜等思想的继承，但他又与时俱进地对部分内容进行了丰富和发展，如修德不仅要全五伦之德，还要广行阴骘，行功过格；甄别真假仙师比前人增加了二十多种道书等。"财"是炼丹必要的外部条件之一，炼丹所需的"财"历来亦是内丹家所苦恼之事，蒋植阳在"修道外护事"中却没有提及，这是他与以前内丹家的不同之处。

第二节　炼己还虚、炼精化炁和炼炁成神论

如前所述，蒋植阳的内丹思想深受伍柳派的影响。下文试通过与伍柳派丹道之比较来对蒋植阳内丹学之炼己还虚、性命合一、采取封固和六候炼丹做如下解析。

一　"炼己还虚"论

伍柳派认为，炼己还虚是丹道的入手工夫。炼己之"己"即元神、真性、真意之别名，实质上就是心中之灵性。蒋植阳亦主张，自古千万圣真之修道，必先炼己还虚。炼己之"己"，即元神；其动为真意，其静为真性。②

伍柳派主张，炼己之法由于人的根器不同而不同。上根器之人的炼法为：以虚而灵，不着形迹，四相皆忘，明心见性，直入无为之境。中下根器之人的炼法主要有六种：一要苦练，凡修道当行之事，易事不能生轻蔑之心，难事不能生厌畏之心，都要勤恳地去做；二要熟练，修道功夫次第

① 蒋植阳：《修道全指》，萧天石主编《道藏精华》第八集之一，第94~95页。
② 蒋植阳：《修道全指》，萧天石主编《道藏精华》第八集之一，第12页。

要熟悉，且勤修不断；三要纯心，禁绝不当为之事，如炼精是思虑，功炁时元神驰向熟境等；四要精进励志而求其必成；五要隔绝贪爱而不留余爱，如富贵、名利、妻子等；六要禁止旧习而全不染习。①

而蒋植阳指出，炼己的基本方法，就是观照本心，使心不为识神所累，身不为物欲所牵连，万缘不挂，一尘不染，常处朗月耀明之境。炼己是个渐进的过程，通常要克服以下的魔难：如果见到美色爱欲，要不起邪念，不动心；如果见到荣华富贵，即提正念使心不为所惑，"或目所见者，或耳所闻者，是为声色之魔，或心所思者，或意所虑者，是为阴私之魔。或见光中奇异宝物，是为妖魔、邪魔。或化神佛来言祸福，是为外魔、天魔"②。这些魔乃是识神之所化，如果信以为真，即为魔之所诱，故要依据正念，见而不自见，闻而不自闻，知而不自知，认而不自认，魔遂与己不相干。另外，遇到水火、刀兵、劫杀、打骂等魔来，亦不可妄生恐惧、惊动、散乱之心。总之，炼己必须时刻勤炼，这样内丹修炼才能成功。炼己如若放松，炼丹之时，则有走失之患；养性之时，则有妄出之危。

伍柳派主张，炼己贯串三关修炼之始终，即炼精、炼炁、炼神和最终还虚都离不开炼己。未炼己之恶果有：一是炼精时，由于淫念未除净，不能辨药生之时；二是因惊恐、闻思、昏沉，导致炼药之火候不能自始至终；三是大药将得，因淫念未净而复失，变为淫精；四是神胎将成，因心逐见闻、觉知于外而不能入定成胎；五是采取先天炁之时，由于炼己不纯，思虑习气导致先天炁不清；六是要想使神能入定而得静，己未炼，必不得其静定；七是因炼己之未纯，四天魔出现：遇可喜而即喜，遇可惧而即惧，遇可疑而即疑，遇可信而即住；八是由于未先炼己，内本无而妄起一想念而障道，称之内魔障；九是因先未炼己，外本无，而偶有一见一闻，不远离而有应对，则着魔而障道，谓之外魔障。③

蒋植阳指出，当未炼己之时，元神常常为万事、情欲之所累，而权当日用识神之用，还牵连眼、耳、鼻、舌、身、意入于色、声、香、味、触、法之熟境。内丹修炼时如果事先不勤炼己，元神就会熟境难忘，导致元神外驰而元炁散；欲炼精时，不得其精住；欲炼炁时，不得其炁来；药当生时，不辨其为生之时候；药之将得，由于己念而复失炁之清真；由于己念

① （明）伍守阳：《天仙正理直论》，《藏外道书》第5册，第811~812页。
② 蒋植阳：《修道全指》，萧天石主编《道藏精华》第八集之一，第15页。
③ （明）伍守阳：《天仙正理直论》，《藏外道书》第5册，第813~814页。

未除，神要定静而不能定静，基要筑成而无法筑成；或遇到喜欢、惧怕也就喜欢、惧怕；或遇到怀疑、可信也就怀疑、可信。①

关于还虚，伍柳派认为，炼己是修道之先务，目标是还虚，还虚才是真谛。还虚就是复归无极之初，以恢复本来之性体。还虚之功，唯在对境无心，即心无挂碍，达到如佛教所说"一念不生、六根不动"的境界，此时元神才会寂照不昧。

而蒋植阳除了用"炼己还虚图"示人，还有图中一首诗曰："灵台湛湛似水壶，只许元神在里居。若向此中留一物，岂能证道合清虚。"② 意谓：元神独居灵台方为还虚。

总言之，蒋氏继承了伍柳派"炼己还虚"论的基本思想，如炼己的内涵、未炼己的危害。但他所说的炼己的方法没有伍柳派详细；另外，他对"还虚"用图并赋诗一首来解说，而对其诀法未阐述。

二　"性命合一"论

何谓性命？伍柳派主张，先天神是元神，后天神是识神；先天炁是元炁，后天气是呼吸之气；先天精就是先天炁，后天精是交感之精。

而蒋植阳指出，性在先天时称元神或真意，在后天时称知识之神或思虑之神。命在先天时称元炁或元精，在后天时称呼吸之气或交感之精。性命在父母未生时，原是太和一炁之天理，合而为一。当人哇的一声坠地，性命至此才分为二。性分藏于心，命分藏于肾。于是乎性不能见其命，而命亦不能见其性。神藏于心，所动则为火，"乃火性轻浮上焰，发于七窍同用，变为思虑之神，逐日游而上耗也"③。精藏于肾，所动则为水，"故水性重沉下流，发于淫根漏泄，变为交感之精，每夜静而下耗"④。初乘炼精化炁就是要使神不上耗，炁不下耗。

关于性命合一的内涵，蒋主张，性命合一就是调药之法。调药法：虚无静定之际，丹田中先天之炁发动，是时用心中之元神（属火）入丹田而驾驭此先天之炁（属水），随真息（属风）之吹嘘，元神时刻无间断地驭此先天之炁，合乎自然，这样火因风而灼水，水火混融，故水不下流，火不

①　蒋植阳：《修道全指》，萧天石主编《道藏精华》第八集之一，第 12 页。
②　蒋植阳：《修道全指》，萧天石主编《道藏精华》第八集之一，第 11 页。
③　蒋植阳：《修道全指》，萧天石主编《道藏精华》第八集之一，第 17 页。
④　蒋植阳：《修道全指》，萧天石主编《道藏精华》第八集之一，第 17 页。

上焰，元神与元炁两相和合而不外驰，性命合一，这就是调药之法。①

他还指出，性命合一，也就是凝神入炁穴，回光内照。当凝神之时，用文火之法，外念不入，内念不出，不着不滞，勿忘勿助，存神于内，守意于中，含光默默，调息绵绵，不息而嘘，不存而照，既照则忘息忘意，既忘则如虚如无。当嘘之时，其气绵然，未尝不息。当息之时，其风微然，未尝不嘘。当忘之时，其心湛然，未尝不照。当照之时，其意浑然，未尝不忘。用如是真忘、真照、真息、真嘘之文火，就不怕真种（小药）不生。

而在伍柳派看来，调药又称调外药。由于元精顺则化为后天精，逆则返还于炁穴为元炁。内丹家就是抓住此变化之机，凝神入炁穴，使元精逆返归炁穴，此被称为"勒阳关"，又叫"调外药"。调药有三点：一、调时，调药生之时，合于当生之时，这就是为了分辨先天、后天之精，合于当采之时，这就是为了分辨药物之老嫩；二、调药的诀法，是一阳初动，凝神入炁穴；三、调所即在炁融动之处。②

综上，蒋氏所论"性命的内涵"以及"凝神入炁穴、回光内照"与伍柳派同。但他所说"性命合一"即调药是个新称呼；对调药之法的诠释比伍柳派详细，除了没涉及"辨水源之清浊和药物之老嫩"。

三 "采取封固"论

当药生之时，就要立即采药归炉行火。伍柳派主张，采药之工就是炁动神动，以元神主宰元炁，不令其出阳关，返归于体内之炁根。采到小药后，将其封固在下丹田（炁穴）。封固之时，就得行小周天之火。

而蒋植阳主张，当药生之时，用真意宰之归炉；是时就以下丹田为炉，以阖辟为箱，以元神为火，以真息为风，以风而吹火，以火而化物，以暖信为效验，以畅快为无事，久久煅炼，刻刻熏蒸，则先天炁不再向外化为有形之精，即淫根自断，这就是用武火来采药。

用武火烹炼完之后，把药仍封固在炉中，此时要用文火温养。文火温养就是凝神聚炁，收视返听，一念不生，一意不散，息息归根。③

他还指出，封固就是判定水源之清浊，即分辨先天、后天之精；辨药物之老嫩，即察先天炁之发生是否过或不及。判定水源之清浊的景象为：

① 蒋植阳：《修道全指》，萧天石主编《道藏精华》第八集之一，第 18 页。
② 《伍柳仙宗》，第 598 页。
③ 蒋植阳：《修道全指》，萧天石主编《道藏精华》第八集之一，第 23 页。

一念无生，万缘顿息，浑浑沦沦、溟溟涬涬、湛然独存、虚极静笃，此时所生的阳精为清，反之则为浊。

关于小药之产景，伍柳派主张，静定中一阳初动时，全身融融温和，似乎没别的知觉，只感觉酥绵快乐，从十指头起渐渐到全身；身体自然挺直，如岩石耸立在高山上；心自然空虚寂静，如秋月映照在澄清的碧水里一般；斯时，痒生于全身之毛孔，身心快乐，阳物勃然而举，丹田暖融融，忽然发生吼声，神炁如磁石互相吸引一样，意和息如蛰虫之互相抱合而睡眠一般，其中景象是好像有一异物入丹田，似妇人受胎一般，呼吸间断了，身心的快乐在面容上表现出来，神和炁相互融合，只觉万窍千脉一齐开了。①

蒋植阳亦持此观点。他指出，静极未动，即太极将判未判之间，混混沌沌，默默昏昏，不觉入于虚无灭尽之境。片刻，痒生于全身之毛孔，肢体酥麻如绵，身心快乐，阳物勃然而举，忽然发生吼声，神炁如磁石互相吸引一样，意和息如蛰虫之互相抱合而睡眠一般。是时，玄关之顿变，似妇人受胎一般，呼吸间断了，身心的快乐在面容上表现出来，神和炁相互融合，只觉万窍千脉一齐开了。而元炁发生之行，是上通心宫，下通阳关，后通督脉，前通任脉，中通冲脉，横通带脉，上后通肾，上前通脐，动于肾管之根，行于毛际之间，似施似翕，而实未见其施翕，如泄如漏，而实未见其泄漏。全身快乐无穷，舒畅极了。②

综上，蒋植阳主张用武火采小药，之后把药仍封固在炉中行文火温养。此论与伍柳派不同。他所说的小药产景与伍柳派略同，但他还阐述了元炁发生之行及其景象，这是对小药产景论的一大丰富。他主张封固就是判定水源之清浊，辨药物之老嫩。而伍柳派谈"辨水源之清浊与药物之老嫩"是指"调药"之工夫，非"封固"之工夫。可见"采取封固"论是蒋植阳的新创。

四　"六候炼丹"论

当采到真药物之时，就得行周天火候。伍柳派主张，火候是个总称，它有诸多细节，随着炼丹的进程而变，主要有：采药之候，封固之候，起

---

① 《伍柳仙宗》，第 647 页。
② 蒋植阳：《修道全指》，萧天石主编《道藏精华》第八集之一，第 24～25 页。

小周天之候，进退颠倒之候，沐浴之候，火足、止火之候，采大药之候，得大药服食之候，大周天之候，神全之候，出神之候，等等。① 火候实质上指神驭炁进退之节。神炁并行，一升一降，就如太阳之一升一降，行一周天为三百六十度，故称周天火候。周天火候通常有小周天、大周天之分。炼精化炁的火候称为小周天火候，炼炁化神的火候称为大周天火候。小周天火候属于有为之工，为武火；而大周天火候属于无为之工，为文火。

关于行小周天火候，伍柳派主张其要点有二。一是以真息定子午卯酉四时并且用子卯午酉四时定小周天火候之真机。子进阳火，午退阴符，卯酉沐浴。子午卯酉为身中活子时。六阳时用乾之策数而进阳火，至六阴时则用坤之策数而退阴符；由于卯酉沐浴，阳时乾策实用一百八十，阴时坤策实用一百二十。沐浴是正功，进火、退符是助功。二是以吸升呼降为行火之机。当在阳之时，顺吸机而至乾，乾为天，为首位，在上，故称升不降。当在阴之时，则顺呼机而至坤，坤为地，为腹位，在下，故称降不升。

而蒋植阳指出，周天火候的运用按照六规而定，金丹大药由此六候而炼成。关于六候的内涵，他指出："论其玄功"，有先天、后天并运之妙法；定其规则，有乾策、坤策生成之息数；"论其间文武之火功"，有专门用文火或武火，有既不用文火也不用武火，有用文火兼带武火，有用武火兼带文火；"论其中沐浴之秘法，有息中沐浴，有规中沐浴，有四正沐浴，有归根沐浴"。② 要言之，六候之候有行、住、起、止之机；六候之火有先后缓急之用。后天气吸，则先天炁升于乾，是为采取；后天气呼，则先天炁降于坤，是为烹炼。

关于六候炼丹之法程，他指出，升督脉进火之候，必须合乾策之数。由于乾之阳爻用九，"阳之时规四撰，每一规时，乘得四九三十六"，六阳时共得二百一十六，自子至巳内，除卯时沐浴不用阳数，而实得一百八十，此即乾策之数。而降任脉退阴符之候，必须合坤策之数。由于坤之阴爻用六，"阴之时规四撰，每一规时，乘得四六二十四"，六阴时共积得一百四十四，自午至亥，除酉时沐浴不用阴数，而实得一百二十，此即坤策之数。③ 由此可见，自地至天而比喻为升候，所进阳火而用每规三十六息；自天至地而比喻为降候，所退阴符而用每规二十四息。一周天三百六十息中，

---

① （明）伍守阳：《天仙正理直论》，《藏外道书》第 5 册，第 796~797 页。

② 蒋植阳：《修道全指》，萧天石主编《道藏精华》第八集之一，第 29 页。

③ 蒋植阳：《修道全指》，萧天石主编《道藏精华》第八集之一，第 30~31 页。

三百息为有数之火符，六十息为无数之沐浴，合十二时之阴阳。

他还指出，身中运周天三百息中，息息都有进退沐浴。"凡进则藏息阳火，凡退则藏停阴符；亦以进处者藏浴，亦以退处者藏沐。"① 退沐浴用在子进阳火时，是后天气呼处；进沐浴用在午退阴符时，是后天气吸处。

他又指出，六候炼丹之进火退符的具体法程大略为：自督脉而进火，"有六阳时之规则，每规三十六息，每息一吸一呼"②，即每升一吸一呼，而吸呼进退之间，是阳升生杀之门。③ 这是说，当真炁发动之时，"是正子时，初规而起息。先用文火之引导，后用武火之逼升"④，再兼文武火之并用，可得真炁之升长；又因吸到极致而回呼，则真炁随呼降为真阳之杀处，用沐浴温养。⑤

他还指出，有升、退、停三位之机，分别用武火、文火、沐浴。升就是先天炁发生旺时，"用后天气吸逼上升"，这就是明进阳火，即用武火催。退就是"后天气吸极回呼，则先天炁随呼下退"，这就是暗退阴符，即用文火摄。停就是"先天随后天之退"，用元神之真意摄真炁合停，此为暗停阴符，即用沐浴温养。⑥ 可见时时皆有阳火、阴符、沐浴。

他又指出，自任脉而退符："有六阴时之规，每规二十四息，每息一呼一吸"，即每降一呼一吸，而吸呼往来之间是阴降生杀之门。这就是说，当真炁杳冥而待动，是正午时初规而起息。"先用文火之引导，后用武火之逼降"，再兼用文武火，可得真精之降长，因呼到极致而回吸，则真精随吸升为真阴之生杀处，用沐浴温养。⑦

他又指出，有降、进、息三位之机，分别用武火、文火、沐浴。降就是先天炁发生旺时，"用后天气呼逼下降"，此为明退阴符，即用武火催。进就是后天气呼机回吸，则先天炁随吸上进，此为暗进阳火，即用文火摄。息就是先天炁随后天气之进，用元神之真意扯真炁，此为暗息阳火，即用沐浴温养。⑧ 可见，息息皆有进火、退符、沐浴。

① 蒋植阳：《修道全指》，萧天石主编《道藏精华》第八集之一，第32~33页。
② 蒋植阳：《修道全指》，萧天石主编《道藏精华》第八集之一，第33页。
③ 蒋植阳：《修道全指》，萧天石主编《道藏精华》第八集之一，第33页。
④ 蒋植阳：《修道全指》，萧天石主编《道藏精华》第八集之一，第33页。
⑤ 参见蒋植阳《修道全指》，萧天石主编《道藏精华》第八集之一，第33页。
⑥ 参见蒋植阳《修道全指》，萧天石主编《道藏精华》第八集之一，第33~34页。
⑦ 参见蒋植阳《修道全指》，萧天石主编《道藏精华》第八集之一，第34~35页。
⑧ 参见蒋植阳《修道全指》，萧天石主编《道藏精华》第八集之一，第35页。

他还指出，行此周天火候，正如伍冲虚所说，凡一遇到真炁发动就得炼一次，一次火候运一次周天之数。如此炼而复炼，大约需要百日时间可完工，即精不漏而返炁。百日之期是约数，通常年少者与用工之勤者所用时间不需百日；年老者与用工之懈怠者所用时间超过百日。完工是没有固定日期的，总是以止火之景到了为主要依据。止火之景为：外肾如马阴藏相之形，这是龟缩不举之明证；而内肾有放光动地之景，这是阳光发现之明证；另外有景在明堂，即阳光发现之处，等到阳光二现、三现之出现，这才是火足、止火之候。①

综上，蒋植阳对六候之内涵的阐述与伍柳派大略相同。但他对六候炼丹之法程的解析比伍柳派详细；特别是"六候中用文火"之论是伍柳派所未论及的，因为伍柳派主张炼精化炁之火是武火，炼炁化神之火才是文火。

第三节　"大乘""上乘"内丹工夫论

前已述及，伍守阳主张，炼神还虚分为两个步骤：先三年乳哺，后九年大定。《性命圭旨》却认为，炼神还虚还不是末后工夫，称"命宗人只知炼精化炁、炼炁化神、炼神还虚而止，竟遗了炼虚合道一段"②；炼虚合道才是丹道修炼之最后一段工夫，又称粉碎虚空或虚空粉碎。蒋植阳亦持此观点，但他把炼神还虚分为"炼炁育神"与"内外神行并炼"两段工夫。下文试通过与《性命圭旨》之比较，对蒋植阳内丹学之"大乘"炼神还虚与"上乘"炼虚合道做如下解析。

一　"大乘"炼神还虚论

就炼神还虚而言，《性命圭旨》把此段工夫分为："婴儿现行，出离苦海"、"真空炼形"和"移神内院，端拱冥心"。③

关于"婴儿现行，出离苦海"，《性命圭旨》主张，大周天火候已足，阳神已纯阳，如胎儿已长圆满，必须出胎。当移胎换鼎之时，阳神跃然而出，潜居气穴之间，又重开一混沌。阳神初成神仙时，还未健壮，如初生之婴儿，必凭乳哺而成人，即所谓"始则藉坤母黄芽以育之，继则聚天地

---

① 参见蒋植阳《修道全指》，萧天石主编《道藏精华》第八集之一，第40页。
② （明）尹真人弟子撰《性命圭旨》，第342页。
③ （明）尹真人弟子撰《性命圭旨》，第295页。

生意以哺之"①。若养育失调，阳神就有弃壳离巢之变。此时要着实提防阳神不可轻易地纵身出去，一旦出去迷路，就会失掉旧舍而无法回来了，所以不能出神太早。

关于"真空炼形"，《性命圭旨》主张，真空炼形之法就是所谓"外其身而虚空之"，使心空无碍，身空无碍，直炼到形与神相涵，身与心为一，方才是形神俱妙、与道合真，可见，名叫炼形，其实是炼神。②

在真空炼形中出现的景象有：一百天时，七魄离形，三尸绝迹，六贼潜藏，十魔远遁；一千天时，四大一身如水晶塔子一样，表里玲珑，内外洞彻，灵光显现。③

关于"移神内院，端拱冥心"，《性命圭旨》主张，留阳神于上丹田，抱一冥心，万虑俱忘，万法归一，复归如婴儿，不识不知，体若虚空，安然自在，则自然变化成神仙。④

上述三段功夫大约需要三年，而且在这三年里，阳神会出现无数化身，如是三年，只是成就神仙。要想成为天仙，还需九年面壁之工夫。

而蒋植阳分此段工夫为："大乘炼炁育神"和"大乘内外神行并炼之功"，即"胎足出神"与"三载化身"。蒋植阳主张，胎圆炁足之时，必有天花乱坠之候，此为出神之景，则当调神出壳。所谓天花乱坠，就是指静定时候，泥丸宫内白毫相中或放黄白之光辉，犹如雪花之纷飞。若出神之景现而不出，是为守尸鬼，不能成仙。若出神之景未现而妄出，则入魔道。

他指出，按伍守阳《天仙正理直论》所论，调神出壳之法，就是乳哺之法。初出的阳神就如婴儿幼小时，必须依赖乳母哺养。倘若拘阳神于上丹田，或执着于上丹田，则失还虚之义旨，大悖乳哺养育。故阳神一出顶门就要立即收回，即收摄阳神归于上丹田。是时，唯阳神寂照于上丹田，且亦照于中下二丹田，并且相与混融化成虚空之大境，此为存养，是乳哺的首务。存养的本质就是阳神出收之大用，不是着意于上丹田。阳神初出顶门时，要防外魔来侵扰。这些外魔或化诸佛言祸福与异事来引诱，或化奇景胜地，实质上都是平日识神从心所欲之随现，切莫理会。

他又指出，存养阳神还要用冥心端拱之法。冥心端拱之法：深居静室，

① （明）尹真人弟子撰《性命圭旨》，第 297 页。
② （明）尹真人弟子撰《性命圭旨》，第 308～309 页。
③ （明）尹真人弟子撰《性命圭旨》，第 312 页。
④ （明）尹真人弟子撰《性命圭旨》，第 320～321 页。

端拱默坐，万虑俱忘，离相离空，使阳神体若虚空，安居于清灵之境。[①] 此"冥心端拱"论与上述《性命圭旨》所论同。

他还指出，神通常出收一次，就得存养七天，当出景至再出。初次由近而出，由近而收。再次渐远而出，渐远而收。渐出渐收，渐乳渐养，出收纯熟，养之老成，必炼三年方可。三年之功圆满，神光充实全体。性如婴儿之复归，身如虚空之同体。不识不知，唯寂唯空。自然变化生神，可出入化身，能通达之天地，入金石之无碍，入水火之无害，即所谓"三载化身"。

二 "上乘"炼虚合道论

《性命圭旨》把"炼虚合道"工夫称为"本体虚空，超出三界"，即"粉碎虚空"。它主张，要想成就天仙，必须粉碎虚空，使阳神超出三界，即所谓"身外有身，未为奇特。虚空粉碎，方露全真"[②]。它指出，虚空是本体，本体是虚空。如果执着虚空相，便不是本体。虚空本应粉碎，若有粉碎心，便不是虚空。所以当不知有虚空，然后方可以言太虚天地之本体；不知有粉碎，然后方可以言太虚天地之虚空，但不能安本体于虚空之中。人之本初原自虚无中来，虚化之为神，神化之为气，气化之为形，顺则生人。而今则形复返之为气，气复返之为神，神复返之为虚，逆则成仙。这只是炼神还虚之阶段，未到无上至真之道。而道是真空，乃虚空之父母，即虚空之本体。虚空只是天地之父母，天地乃人及万物之父母，即虚空是天地、人及万物之本体。故要使阳神与道合一，就要炼虚合道，行粉碎虚空之工夫。

而粉碎虚空工夫只是复炼阳神，再将前述三年中分形散影之神摄归本体，又将本体之神销归天谷，又将天谷之神退藏于上丹田之中存养，如鸡抱窝中之卵，紧紧护持，毋容再出，依灭尽定而寂灭之。如此"炼之而复炼之，则一炉火焰，炼虚空，化作微尘，万顷冰壶，照世界，大如黍米"[③]。一会儿，神光满穴，像太阳刚出时之光焰腾空，自内窍达于外窍之大窍的九窍之中，窍窍皆有神光。是时，又把神光销归祖窍之中，一切不染，依灭尽定而寂灭之；久而久之，神光如云中发出的闪电，从中窍而贯穿于上

① 蒋植阳：《修道全指》，萧天石主编《道藏精华》第八集之一，第66页。
② （明）尹真人弟子撰《性命圭旨》，第342页。
③ （明）尹真人弟子撰《性命圭旨》，第349页。

窍，大窍、小窍，窍窍皆有神光；光明洞耀，照彻十方，上彻天界，下彻地界，中彻人界，三界之内，处处皆有神光，而神与鬼莫不照耀于神光之中。是时，再又敛神韬光，销归祖窍之中，一切不染，依灭尽定而寂灭之。寂灭既久，而六龙之变化全，则神光化为舍利光。如赫赫日轮，从祖窍之内一涌而出，化为万万道毫光，直贯于九天之上，普照于三千大千世界；随后"又升于裟婆幢界，又升于音声轮界，复直冲于胜莲华世界，得与贤胜如来相会，……彼此舍利光相交，吻合一体，如如自然"①。功夫到此，阳神已与道合一，超出三界。

蒋植阳却把"炼虚合道"工夫分为"九年面壁"和"虚空粉碎"。就"九年面壁"来说，他指出，"面壁"就是真空炼形（炼神）之法，即将前所化阳神摄归性海（上丹田）复炼，而其所发阳光收回身内运转，则虚无之阳复归上丹田照养。是时，内观其心，心无其心。外观其形，形无其形。形无其形即身空，心无其心即心空。心空无碍，则神愈炼而愈灵。身空无碍，则形愈炼而愈清。一直炼到形与神而相涵，身与心而为一，方才是形神俱妙、与道合真。

他还指出，在九年面壁期间会依次出现以下景象：炼到一百天时，七魄亡形，三尸绝迹，六贼潜藏，十魔远遁；炼到一千天时，四肢全身俨如水晶，表里玲珑，内外洞彻，心花灿烂，而灵光显现。②

要言之，蒋植阳的上述"九年面壁"论与前述《性命圭旨》的"真空炼形"论相同。就"粉碎虚空"而言，他亦主张，粉碎虚空才能最终成就天仙。蒋植阳的粉碎虚空的原因、方法及其证验等均照搬上述《性命圭旨》中"本体虚空，超出三界"之粉碎虚空论。

结　语

综上所述，蒋植阳的"修道外护事"论是对前人"法、侣、地"以及入室事宜等思想的继承，但他又与时俱进地对部分内容进行了丰富和发展，如修德不仅要全五伦之德，还要广行阴骘，行功过格；甄别真假仙师比前人增加了二十多种道书等。"财"是炼丹的必要外部条件之一，他在"修道

① （明）尹真人弟子撰《性命圭旨》，第351~352页。
② 蒋植阳：《修道全指》，萧天石主编《道藏精华》第八集之一，第80页。

外护事"中却没有提及，这是他与以前内丹家的不同之处。

　　蒋氏继承了伍柳派"炼己还虚"论的基本思想，但他所说的炼己的方法没有伍柳派详细。蒋氏所论"性命的内涵"以及"凝神入炁穴、回光内照"与伍柳派同，但他所说"性命合一"即调药是个新称呼。蒋氏主张用武火采小药，之后把药仍封固在炉中行文火温养，此论与伍柳派不同。他所说的小药产景与伍柳派略同，但他还阐述了元炁发生之行及其景象，这是对小药产景论的一大丰富。他主张封固就是判定水源之清浊，辨药物之老嫩，而伍柳派谈"辨水源之清浊与药物之老嫩"是指"调药"工夫，非"封固"之工夫。蒋氏对六候之内涵的阐述与伍柳派大略相同，但他对六候炼丹之法程的解析比伍柳派详细，特别是"六候中用文火"之论是伍柳派所未论及的。

　　蒋氏"大乘"炼神还虚与"上乘"炼虚合道思想，除了调神之法主要继承了伍守阳"三年乳哺"的相关思想，基本上是袭取《性命圭旨》之炼神还虚与炼虚合道的思想。不同之处是，蒋氏把《性命圭旨》的"真空炼形"论放在了炼虚合道阶段。这反映了蒋氏在内丹学之炼神还虚与炼虚合道阶段尚无"无心性之体认"（汤用彤语）。蒋氏之所以还要撰写内丹学之炼神还虚和炼虚合道等思想，笔者认为，是在民国初年科学无神论思潮对道教大力挞伐的时代背景下，出于护教之需而向世人及修道者说明成仙之可能，从而维护道教之神仙信仰。

　　附论：修真图

图 6-1　性命合一图

图 6-2　采取封固图

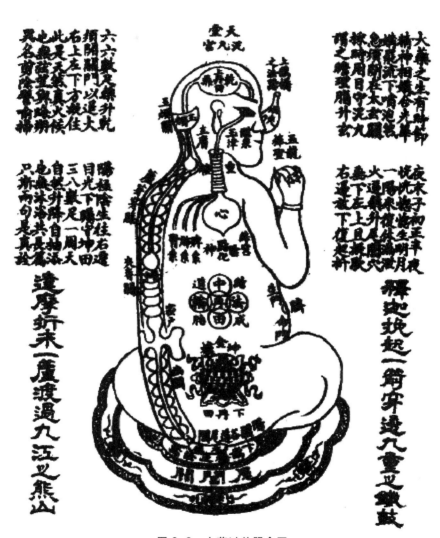

图 6-3 大药过关服食图

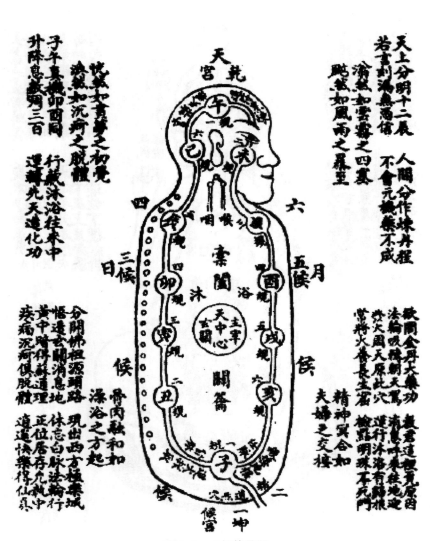

图 6-4　六候炼丹图

图 6-5 十月道胎图

图 6-6　胎足出神图

图 6-7　三载化身图

九载面壁图

神矢化形空色相

性光返照复元真

心印悬空月影净

筏舟刘岸日光融

正大光明

图 6-8　九载面壁图

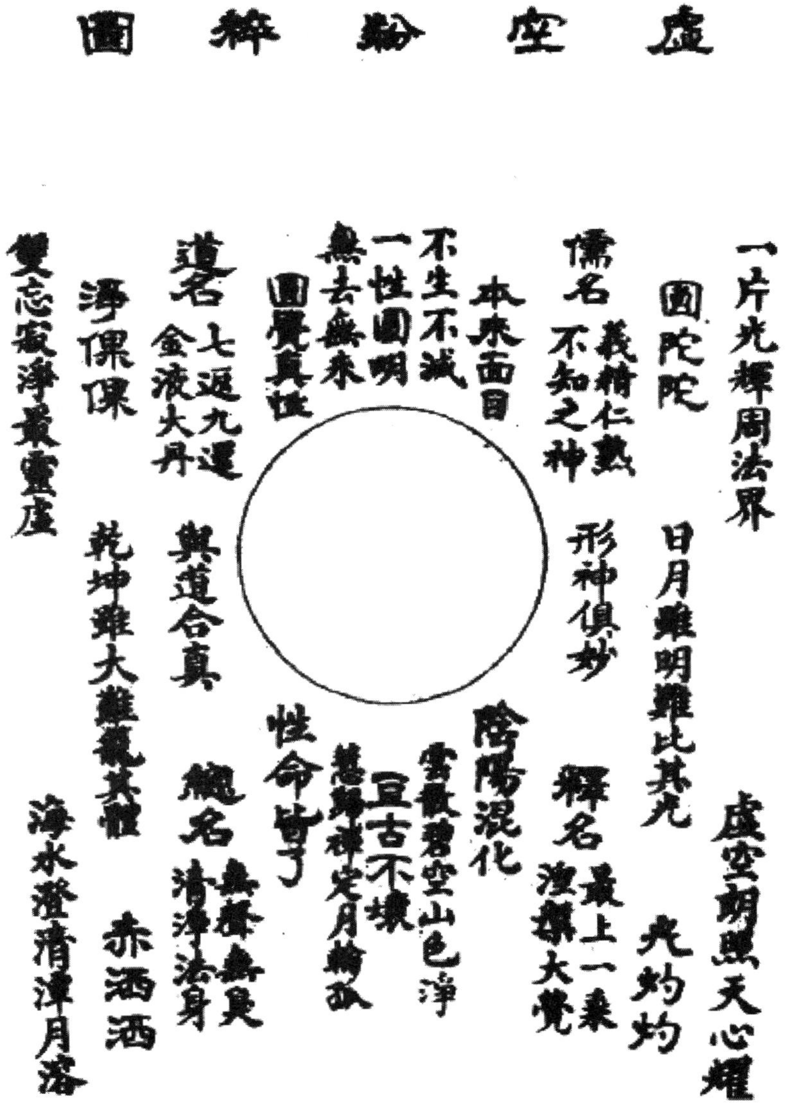

虚空粉粹圖

一片光輝周法界
圓陀陀　日月雖明難比其光　光灼灼
儒名　義精仁熟　不知之神　形神俱妙　釋名　最上一乘　涅槃大覺
本來面目
無去無來
一性圓明
不生不滅
圓覺真性
道名　七返九還　金液大丹　與道合真
淨倮倮
雙忘寂淨最靈虚
乾坤雖大難氣其體
颯名　無穢無臭　清淨法身
性命旨了
陰陽混化　雲散君空山色淨　亙古不壞　慈鄆禪定月輪孤
海水澄清潭月溶　赤洒洒
虚空朗照天心耀

图 6-9　虚空粉粹图

福地名山法器画

图 6-10　福地名山法器图

第七章　汪东亭的内丹思想

汪东亭是清末民初有影响的内丹家。据其著作来看，他的内丹思想前后期有较大的差异；他的前期内丹思想与伍柳派等基本相同，后期内丹思想被认作西派之"教外别传"，故民国时期他被认为是西派的内丹家。

第一节　汪东亭的生平、师承和著作

一　汪东亭的生平和师承

汪东亭（1839～1917），字东亭，名启濩，号体真山人，安徽省休宁县人。① 自幼爱好玄学，搜集丹经。二十二岁外出访友求师，跑遍五省，到四十三岁时在庐山遇吴天秩师。② 他"睹其丰神洒脱，必非常之人也，故请问玄旨，答曰：子虽有仙缘，诚恐始勤而终怠。继以弟子礼事之，复询其诀……，遂传七返九还，金液大丹之法，火候次序之妙"③。于是"心领神会，豁然贯通，乃知大道原在己身所得，决非向外求"④。嗣后到武汉，又遇到柯怀经、柯载书、李云岚、周俊夫等道友，同参切究，顿悟全旨。⑤ 后应弟子邀请，留居上海传道多年。其间，与广东许杰卿寓上海白云观读《道藏》。相传，汪东亭在晚年曾得到李西月祖师亲临沪上指示修道秘要及"投胎夺舍"的方法。汪东亭去世时曾嘱咐弟子十年后去武当山找他，因适逢战争期间，未能去寻找，故此事是否属实，不得而知。如徐海印说："因先师临化前，有十年后求我于武当，必有响应之语也。自民六迄今，三十

---

① （清）汪东亭著，盛克琦编校《性命要旨——道教西派汪东亭内丹典籍》（以下简称《性命要旨》），宗教文化出版社，2012，第48页。
② （清）汪东亭著，盛克琦编校《性命要旨》，第48页。
③ 《养性要旨合编》，《藏外道书》第25册，第556页。
④ 《养性要旨合编》，《藏外道书》第25册，第556页。
⑤ 《养性要旨合编》，《藏外道书》第25册，第556页。

余载，未知仙踪是否仍在武当，必亲去一探方知。"①

汪氏丹法由吴天秩所传。吴天秩受业于李涵虚，这是徐海印说的，而汪东亭自己没有说过吴天秩是李涵虚的弟子。据《李涵虚真人小传》称，李涵虚众多弟子中大丹炼成者唯有江西周道昌一人，"得玉液还丹者数人"②。此外，汪东亭认为孙教鸾、孙汝忠所著《金丹真传》是伪书，是有害的丹经；而孙派是李涵虚内丹思想的直接来源之一，可见汪氏自己并不认同西派。徐海印说汪氏属于西派一系内容详见下文。

汪氏的弟子有徐颂尧、魏尧、赵抱真、汪臻卿（誉遄）等。

二 汪东亭的著作

汪氏的著作有以下几部。

《性命要旨》，光绪十三年（1887）著并自序，光绪十五年（1889）新安程守一序。该书"彰明玄学，大开道门，亦不敢以为己作，引诸仙口诀，概而证之"③。《藏外道书》第25册收有《养性要旨合编》之《性命要旨》影印本，台湾新文丰出版公司《性命要旨、养性编合刊》之《性命要旨》影印本（1978），台湾自由出版社《道藏精华》第三集之六《性命双修要旨合编》之《性命要旨》影印本（1983），上海古籍出版社出版《性命要旨》影印本，均是北学草堂刻本。

《周子太极图说注解》，光绪二十一年（1895）著，该篇因赵抱真在武汉，适闻汪东亭抱道在躬，遂执弟子礼，叩以先天后天之奥旨。汪氏复出《周子太极图说注解》示之。该篇附录在北学草堂刻《性命要旨》书后。

《教外别传》上下篇，光绪二十五年（1899）著。版本仅见台湾自由出版社《道藏精华》第三集《性命双修要旨合编》之《教外别处》影印本。是年秋，在上海为广东三水曹贞洁作《女丹诀》相赠。

《体真心易》，1912年著，1913年宁波蔡复阳印行。该篇"尽是祖述只个'〇'太易含原始，切不可泥象执文，切不可强猜瞎摸"④。宗教文化出版社2012年出版盛克琦点校《性命要旨——道教西派汪东亭内丹典籍》收有该篇。

---

① 《中华仙学》，台湾真善美出版社，1978，第863页。
② （清）李西月：《三车秘旨》，《藏外道书》第26册，第627页。
③ 《养性要旨合编》，《藏外道书》第25册，第557页。
④ （清）汪东亭著，盛克琦编校《性命要旨》，第49页。

　　《三教一贯》，1915 年著，全篇 9 卷，现存残篇 5 卷。该篇"尽是祖述'道德'两字；尽是祖述此物'○'；尽是祖述此物'｜'；尽是教人和合成此一物'Φ'"[①]。与诸家著作不同，"该篇不但不取一象，凡是摘取印证，尽是前贤譬如比喻、象言筌蹄，悉皆剖出，解说明白"[②]。经过与《体真心易》比对，笔者发现，两者内容基本相同。盛克琦点校《性命要旨》收有该篇。

　　《体真山人丹诀语录》，汪东亭讲述，玄隐外史（徐颂尧）记录。该篇现有抄本，江西人民出版社 2011 年出版的陈毓照《天乐丹诀》及盛克琦点校《性命要旨》收有该篇。

　　此外，光绪二十六年（1900）汇编有丛书《道统大成》四集，收录了元明以来的十部主要丹经著作——《中和集》《规中指南》等；《藏外道书》第 6 册收有该书影印本。宣统二年（1910）辑较伍冲虚《仙佛合宗》并作序，中国图书公司代印。

第二节　汪东亭前期的内丹思想

　　汪东亭的内丹思想可分为前后两个时期：前期以《性命要旨》《周子太极图说注解》为代表，后期以《教外别传》《体真心易》等为代表。

　　汪氏前期内丹思想基本上是继承了伍柳派等思想，但他对内丹学之理论和方法有新阐述。

一　性命双修的纲领

（一）先天后天性命论

　　关于先天后天性命之内涵，汪东亭指出，河图虚其中是先天，即老子所说"无名天地之始"；这是先天性，即此物"○"。可见，先天性是天地交成一点灵光，即儒教的黄中之中，佛教的空中之中，道教的环中之中。洛书实其中，变成后天，即老子所说"有名万物之母"；这是先天命，即此物"｜"。可见，先天命是指父母交成一点真炁，即儒有精一之一，释有归一之一，道有得一之一。此先天性命自然配合"Φ"；性命双修亦复如是。

---

　　① （清）汪东亭著，盛克琦编校《性命要旨》，第 121 页。
　　② （清）汪东亭著，盛克琦编校《性命要旨》，第 122 页。

儒教的"一贯"就是贯此一于中；佛教的"归一"就是归此一于中；道教的"抱一"就是抱此一于中。有中必有一，有一必有中；中包于一，一主于中，即是性不离命，命不离性，性命合成此一物"Φ"。[①]

（二）性命双修的纲领

汪东亭指出，性命双修的纲领是：内丹下手功夫，首先明白玄关。先天一阳初动，神入炁穴；先天一阳又生，腹中觉有一物，如盘走珠，活活泼泼；神炁相交入定炁穴，仍然从窍内产生先天炁，称之小药。[②] 采小药归炉里，封固停息，以伏神炁。炁满督任，子时进阳火，聚于乾顶；卯时沐浴以益其炁；午时退阴符，降归坤宫；酉时沐浴以益元神。周天火候行满，铅气飞尽，煅成一块干水银，斯为丹矣。次用七日采功，神攒入鼎中，大药始萌生。炼到火珠呈象，采大药出炉；运行大周天，穿过后三关，降下重楼，落入黄庭。静养道胎，养到十月胎圆气足，迁至上田。寄居泥丸，百日冥目，始见天花乱坠，则出神之景至矣。调神出壳，初出顶门，等到金光如车轮之大，即收归于上田。次，一出一入，渐渐纯熟，能通天达地，遂以身化身，愈化愈多，不可胜数，古人称之千百亿化。万殊复归一本，炼神还虚，功行圆满。[③] 这与伍柳派性命双修纲领除了下手明玄关工夫（伍柳派下手是炼己）外基本上一致。

二 凡道与仙道

如前所述，道教内丹学主张，顺则成人，逆则成仙；故凡道（人道）与仙道是顺逆的关系。

汪东亭亦主张，性命双修之理，生人生仙，同出一源，即顺则成人，逆则成仙。人在没出生前，性命本来是合一的，到十月胎圆炁足，哇的一声出世，性命从此分为二。自此以后，性与命不能相见，人由少到壮，再由壮到老死。[④] 他又指出，一出母胎，一分为二，性命分开，破体后二又分为三，于是先天性命被遮蔽了，后天气下漏，后天神上出，水火不济，渐

---

① 《养性要旨合编》，《藏外道书》第 25 册，第 571~572 页。
② 《养性要旨合编》，《藏外道书》第 25 册，第 556 页。
③ 《养性要旨合编》，《藏外道书》第 25 册，第 556~557 页。
④ 《养性要旨合编》，《藏外道书》第 25 册，第 557 页。

至老死，都因为回不到先天了。① 因此古代仙人大发慈悲，教后世学道之人再入胞胎，重造性命，将神气入于玄窍内合而为一，称之为性命双修。②

汪东亭还提出，性命双修是仙道，男女交合是凡道；仙道和凡道之道是相同的。如他说："凡道以女嫁男，仙道以男嫁女。凡道汞去投铅，仙道铅来投汞。凡道未济，仙道既济。凡道是顺，仙道是逆；顺行有生有死，逆修万劫常存。"③ 凡道是女嫁男后，男女交媾，妇人怀孕而生人。仙道是先天心肾合一，即神炁合一，男儿怀胎而成仙。④

三　内丹道之四秘

汪东亭提出，内丹道有四秘：采取、药物、火候和玄关。⑤ 只知道采取，而不知道玄关，即张三丰所谓"不识玄关端的处，真铅采来何处安"⑥。只知道玄关，而不知道采取，即张伯端所谓"铅遇癸生须急采，金逢望远不堪尝"⑦。只知道采取，而不知道药物，即张伯端所谓"鼎内若无真种子，犹将水火煮空铛"⑧。只知道采取、药物、玄关，而不知道火候，即陈致虚所谓"外火虽动而行，内符闭息不应"⑨，枉费炼神工夫。逐节工夫、文武火候亦如算法，"其中细微，教人见子打子"⑩。

四　玄关与真意论

汪东亭认为，来自虚无的先天之炁变化真正迅速，若有大明觉，则变为后天；倘若稍迟，则转化为浊精而泄。每当活子时，阴茎勃起，"神入炁穴，用武火猛炼，少顷阳痿"；用文火温养一个月或一百天，身内的玄关自然呈现。⑪ 他说："吴天秩云：'人能知铅汞二物，合成一物，则玄关始立

① 《养性要旨合编》，《藏外道书》第 25 册，第 572 页。
② 《养性要旨合编》，《藏外道书》第 25 册，第 557 页。
③ 《养性要旨合编》，《藏外道书》第 25 册，第 557 页。
④ 《养性要旨合编》，《藏外道书》第 25 册，第 572 页。
⑤ 《养性要旨合编》，《藏外道书》第 25 册，第 558 页。
⑥ 《养性要旨合编》，《藏外道书》第 25 册，第 558 页。
⑦ 《养性要旨合编》，《藏外道书》第 25 册，第 558 页。
⑧ 《养性要旨合编》，《藏外道书》第 25 册，第 558 页。
⑨ 《养性要旨合编》，《藏外道书》第 25 册，第 558 页。
⑩ 《养性要旨合编》，《藏外道书》第 25 册，第 558~559 页。
⑪ 《养性要旨合编》，《藏外道书》第 25 册，第 560 页。

矣。'柯怀经云：'玄关本无，待神气交而后有。'"① 意谓：立玄关之法就是神气相交。玄关初立，一阳初生。玄关是六合内的一虚窍，天地交媾于虚窍之中，日月运行于虚窍之外。② 天地交感，日月运行，若无土为根基，万物不能发生；"五行无土则不全，五金无土则不生，五谷无土则不实，金丹无土则不成"③。金丹大道始终依赖真土（真意）而成功。丹经所称菩提子，又称舍利子，又称黍米玄珠，又称人参果，"异名极多，无非喻我身中之种子，无非喻我身中之玄关也，无非喻我身中之太极"④，可见，真种子产生就是玄关呈现。

五　先天一炁生论

汪东亭提出，炼到玄窍充溢，自有药物从炉内产生，此即真一之气，又称先天真铅。⑤ 张三丰云："只在家中取，何劳向外寻。"⑥《悟真篇》云："此般至宝家家有，自是愚人识不全。"⑦ 可见，先天一炁是在自身产生。上述家中、家家即是自家，不要听伪师的彼家谬解。

他还指出，修先天大道，妙在一阳生时下手。冬至是一年的一阳生。月出庚是一月的一阳生；子时是一昼夜的一阳生。学道之人必须明白身中的一阳生，即外肾举；无念而举，这是清炁；有念而举，这是浊炁。⑧

先天一炁产生之景象，汪东亭指出：先天真一之炁将要产生时，片刻痒生毫窍，肢体如绵，心觉恍惚，玉茎挺硬。⑨ 先天一炁产生时，不要大惊小怪；一起吃惊之念，则神驰炁散。务必思虑顿消，虚以待之，不要妄起武火，顺炁之动而行火候。阳炁未旺，不宜急进武火。阳炁已旺，是时速当下手采取。采取药物，要知药物不老不嫩，必须靠心传。⑩

此外，就老人养阳生法而言，汪东亭指出，必须先选择一静室，需要两三个知己同伴，"行住坐卧，俱随己意，毫不勉强。照此进功，积神生

---

① 《养性要旨合编》，《藏外道书》第 25 册，第 560 页。
② 《养性要旨合编》，《藏外道书》第 25 册，第 560 页。
③ 《养性要旨合编》，《藏外道书》第 25 册，第 560~561 页。
④ 《养性要旨合编》，《藏外道书》第 25 册，第 561 页。
⑤ 《养性要旨合编》，《藏外道书》第 25 册，第 561 页。
⑥ 《养性要旨合编》，《藏外道书》第 25 册，第 561 页。
⑦ 《养性要旨合编》，《藏外道书》第 25 册，第 561 页。
⑧ 《养性要旨合编》，《藏外道书》第 25 册，第 559 页。
⑨ 《养性要旨合编》，《藏外道书》第 25 册，第 561 页。
⑩ 《养性要旨合编》，《藏外道书》第 25 册，第 561~562 页。

气，积气生精，积之日久，饮食渐加，四体轻快，丹田温暖，外阳勃兴。从此一静，则生机发动，不期然而然"①。

六　真水火——真药物论

汪东亭指出，真火是水中之火，水不能熄。真水是火中之水，火不能灭。真火是真阳，可以开通脉络。真水是真阴，可以降伏熏蒸。《西游记》中"红孩儿之火，四海龙王之水不能救熄"；《后西游记》中"火云楼之火，四海龙王之水亦不能救，必要南海观音之水方能了事"②。南方是离卦，五行属火；海指水；南海之水是火中之水，是身中之真水。红孩儿之火与火云楼之火，是身中之真火。观音是指"观内之音信也，音信一至，水火自然既济"，即经云"两般灵物天然合"，故真水可灭真火。③《西游记》中人参果树，又名草还丹，是人身天地之根，是真阳，没有观音之甘露（真阴）不能栽接。④ 可见，用女鼎来栽接无用。

七　采取火候论

汪东亭指出，知道真药物，还需要知道采取火候。采取火候有分合内外。分是指采，采即采外；取指取内；火指神火；候指真息。合是指采取，就是火候。采取火候都听黄婆的命令。黄婆就是真意，是父母未生身以前的本来面目；只有黄婆认得药物清浊，识得药物老嫩。⑤

就下手调药法而言，分是指采真阳真火，此时黄婆即戊土；取真阴真水，此时黄婆即己土；合是指真火与真水和会。⑥

就小药产生来说，分是指要分清壬水和癸水。壬水属阳，癸水属阴；壬水清，癸水浊。壬水是真铅，是外药，是自外而来，故称"铅还向外求"；癸水是真汞，是内药，是自身所有，故称"汞在家中取"；合是指归炉烹炼。⑦

就火来说，文火是指"封固、沐浴、止火、温养"；武火是指"采先天之

① 《养性要旨合编》，《藏外道书》第 25 册，第 565~566 页。
② 《养性要旨合编》，《藏外道书》第 25 册，第 568 页。
③ 《养性要旨合编》，《藏外道书》第 25 册，第 568 页。
④ 《养性要旨合编》，《藏外道书》第 25 册，第 568 页。
⑤ 《养性要旨合编》，《藏外道书》第 25 册，第 568~569 页。
⑥ 《养性要旨合编》，《藏外道书》第 25 册，第 569 页。
⑦ 《养性要旨合编》，《藏外道书》第 25 册，第 569 页。

气，取真一之铅，采坎中之爻，取水中之虎，采黑中之白，取阴中之阳"①。

就周天来说，气到，即子时到。随后用文火温养而变成武火，比喻冬至复卦一阳从地底渐渐升到天顶，故称为进阳火；再从武火烹炼而变成文火，比喻夏至姤卦一阴从天顶降到地底，故称为退阴符。② 周天火候口诀为："念不起，意不散，含光默，真息绵，文武转换，调匀自然，暗合天度。"③ 故《参同契》以六十四卦消长来比喻周天火候，以一年节候来比喻周天火候，以一月盈虚来比喻周天火候。④

八　文武火论

汪东亭提出，武火能采取，又能炼铅；文火能温养，又能益汞，古人称之文烹武炼。⑤ 用风箱是武火，不用风箱是文火。巽风指后天呼吸之气，是母气；先天真一之炁是子气；"以母气伏子气，如猫捕鼠，见贼即擒"，即用风之法。⑥ 然而火候未得师授，终难自知。

他还指出，用武火锻炼五谷所化的阴精，使之化为炁。觅元子云："阴精者，五谷饮食之精，苟非巽风坤火猛烹极炼，此精必在身中思想淫欲，搅乱心君。务要凝神调息，使囊籥鼓风，而风吹火，烹炼阴精，化而为炁。"⑦ 这是说，人吃五谷所化的阴精，在身中产生淫欲，搅乱人心；用武火烹炼阴精，使之化为炁。

他又指出，采药归炉，属于武火；封固停息，属于文火。小周天有升降沐浴之四候，即子进阳火，午退阴符，卯酉沐浴。小周天有行几十周天而完工，有行百余周天才完工，甚至有行数百周天才能完工，这取决于年龄的大小。⑧

九　炼炁化神、炼神还虚之工夫

汪东亭指出，炼丹到阳纯阴尽之时，眉端自有阳光出现；到阳光三现

---

① 《养性要旨合编》，《藏外道书》第 25 册，第 569 页。
② 《养性要旨合编》，《藏外道书》第 25 册，第 569。
③ 《养性要旨合编》，《藏外道书》第 25 册，第 569 页。
④ 《养性要旨合编》，《藏外道书》第 25 册，第 569~570 页。
⑤ 《养性要旨合编》，《藏外道书》第 25 册，第 559 页。
⑥ 《养性要旨合编》，《藏外道书》第 25 册，第 559~560 页。
⑦ 《养性要旨合编》，《藏外道书》第 25 册，第 559 页。
⑧ 《养性要旨合编》，《藏外道书》第 25 册，第 562 页。

时候，立即止火；倘若不知止火，必定倾危。① 止火是指止后天武火，用天然文火。前已述及，小药是先生而后采；而此大药是先采而后生。采大药必须用七日采工，其采法：用双眸之光返视于鼎中，用两耳返听于鼎中，用心中之灵注定于鼎中；一昼夜或两三次，或四五次，其余时间混混沌沌；如此行持到第七天，则大药始生。② 丹经云"天女献花""龙女献珠"，即大药。大药炼到如火珠之形，六根猛然震动，丹田火炽，两肾汤煎，眼吐金光，耳闻风声，脑后鹫鸣，身有涌动，鼻有搐气；有此效验，当采大药出炉。③

他还指出，小周天以元炁为小药，大周天以元神为大药。采得大药后，就得立即行大周天之功。行大周天之功是"以静而照，以柔而用，待动而引，护持而行，切防歧路危险之患"④，即伍冲虚所说"五龙捧圣"，丹经所说"转神入定"。大周天过关之功法，具体来说就是：大药当此时自然流动活泼，必然上冲于心，心宫不能透，自转向下丹田，前进到阳关，阳关已闭，自转于后，冲向尾闾，尾闾不通，由尾闾而奔谷道，"如谷道开而未防，大药泄去"，前功尽废，这就是下鹊桥之危险。⑤ 是时，必须用真意帮助大药渡过谷道则无患。而大药冲尾闾不透，自然上升夹脊，而穿玉枕，直贯顶门，即佛云"一箭射透九重铁鼓"，遂向前下至印堂，印堂髓阻不通，恐妄驰鼻下虚窍而泄，泄则前功尽废，这就是上鹊桥之危险。是时，也必须用真意引大药过印堂，降下十二重楼，古人称之服食，又称"一粒金丹吞入腹，始知我命不由天"⑥。

他又指出，大药到了神室之中，点化阴神，称之取坎填离，再成乾坤定位。大药既然归于中宫，必须用抱元守一之法，"其法如龙养珠，如鸡抱卵"，古人称之养道胎。元神寂照于中下二丹田，"相与浑融，化一虚空境界，使元神静养道胎"；守到二三个月，"则元炁动机甚微，识性渐渐消磨，真性渐渐灵觉"；守到四五个月，则元炁因元神寂照而绝饮食，成为胎仙；守到六七个月，"昏睡全无，头目爽快"；守到八九个月，百脉停住，口鼻

① 《养性要旨合编》，《藏外道书》第 25 册，第 563 页。
② 《养性要旨合编》，《藏外道书》第 25 册，第 563 页。
③ 《养性要旨合编》，《藏外道书》第 25 册，第 563 页。
④ 《养性要旨合编》，《藏外道书》第 25 册，第 563 页。
⑤ 《养性要旨合编》，《藏外道书》第 25 册，第 563 页。
⑥ 《养性要旨合编》，《藏外道书》第 25 册，第 563 页。

绝无呼吸；守到十个月，元神大定，已变成纯阳；于是功夫到此时则能生智慧，自有六通之验：漏尽通、天眼通、天耳通、宿命通、他心通、神境通（以前炼精之时，精不走泄，则成漏尽通，此时方得五通）；"天眼通，能观天上之事。天耳通，能闻天上之言。宿命通，能晓前世之因。他心通，能知过去未来之事"；唯有神境通"须慧而不用，则能转识成智，始得性固而胎圆"。①

他又指出，胎已圆满，神已纯阳，是时只知有神，而不知有炁。此胎不可久留，恐有滞胎之患。要用迁徙法，自中下丹田迁到上丹田。胎神在上丹田静养百日，直至功纯。闭眼偶见"六出纷纷，遍弥六合"，此是出神之景。猛然霹雳一声，元神自天门而出，慎勿惊恐，惊恐则金光四散。如有奇怪之物，也不可认。等金光如车轮之态，即收归于上丹田。养到七天再出，又收回。一出一入，由近而远，切勿躐等，因为婴儿幼小恐迷失忘归。可能有天魔来试，乱我心君。故"出入必须谨慎，方可成太虚之体"。古人云："道高一尺，魔高一丈。"倘若炼己未纯之士多由此境而入魔道。如果乳哺三年，"阳神老成，自可达地通天，入水不溺，入火不焚，入金石无碍"。经历全部这些验证，方可行炼神还虚、九年面壁工夫。炼神还虚到形神俱妙，等待丹书下诏，方证天仙之果。即柯怀经云"万物归原只一圈"②。可见，汪氏上述炼炁化神、炼神还虚之工夫与伍柳派所说基本相同。

十 上德、下德之内丹修炼

汪东亭指出，上德之人是童真之体，下德之人是已破之体。天地为一太极，各物都有一太极。人是一太极，铅汞是太极之阴阳，玄关是太极中之无极。"伏羲河图，先天对待，上德可以学之。……大禹洛书，后天流行，下德可以学之。"③ 上德之人不必求师传授有为之学，只行无为之功。下德之人必要求师传授有为之学，早行栽接之功。④ 因为破体之人必有亏损，如果无栽接不能筑基。栽接是指从自己身中后天，返出先天真阴真阳两味药物，丹书所谓"九还七返金液大丹"，即张三丰云："万般渣质皆非类，真阴真阳正栽接。"又云："阴阳交，铅汞接。"要知道是用本身铅汞来

---

① 《养性要旨合编》，《藏外道书》第 25 册，第 563~564 页。
② 《养性要旨合编》，《藏外道书》第 25 册，第 564 页。
③ 《养性要旨合编》，《藏外道书》第 25 册，第 566 页。
④ 《养性要旨合编》，《藏外道书》第 25 册，第 567 页。

栽接，"切莫猜到女人身上"。① 上德之人与下德之人的炼法虽然不同，但其成功是一样的。

十一　男女丹之异同

汪东亭指出，男女内丹修炼，都在己身用事，无非初下手工夫有异。男子炼炁，在坎宫下手，坎宫即脐下丹田，医书称之内肾。女子炼形，从离位兴功，离位即两乳中间，古人称之乳房。须知炼炁是炼铅，炼形是炼汞。男子不知真汞，是有阳无阴。女子不知真铅，是有阴无阳。所以男子内丹修炼要降白虎，女子内丹修炼要斩赤龙。末后工夫，男女皆同。男子知真汞，则知末后炼形。女子知真铅，则知末后还丹。②

综上，汪东亭主张，先天性是天地交成一点灵光，先天命是指父母交成一点真炁；内丹修炼就是修此先天性命，这大略与前人相同。与伍柳派相比，汪氏的性命双修的纲领只是缺了炼己，其他工夫次第基本相同。汪东亭主张仙道与凡道是顺逆关系，这亦与前人同。他提出，内丹道有四秘：采取、药物、火候和玄关。"四秘"的阐述基本上与伍柳派等丹派相同，但他对采取、玄关等阐述较前人详细。汪氏的炼炁化神、炼神还虚之工夫与伍柳派所说基本相同。汪东亭主张童体之人不必求师传授有为之学，只行无为之功；破体之人必有亏损，如果无栽接不能筑基。栽接是指从自己身中后天，返出先天真阴真阳两味药物，不是用女鼎，这与伍柳派等清修派观点相同。汪东亭指出，男女内丹修炼，都在己身用事，无非初下手工夫有异；男子内丹修炼要降白虎，女子内丹修炼要斩赤龙，这与前人相同。

第三节　汪东亭后期的内丹思想

汪东亭后期的内丹思想与前期相比有较大差异，有的说法正好相反，自称"教外别传"，徐海印等人又称之为西派之"教外别传"。

一　读书求师

汪东亭指出，性命大事，首先读书，其次求师。初入门读的书为：《慧

---

① 《养性要旨合编》，《藏外道书》第 25 册，第 567 页。
② 《养性要旨合编》，《藏外道书》第 25 册，第 565 页。

命经》、《金仙证论》、《天仙正理》、《丹道九篇》、《仙佛合宗》（附金丹要诀）、《性命圭旨》。①

再要读的书：《陈上阳诗集》（要有其师赵缘督《金丹问难》《仙佛同原》，计二十本，名曰《金丹大全》），《张三丰全集》，《白紫清全集》，陈虚白《规中指南》，刘悟元《道书十二种》、《王重阳全真集》、《教化集》及《十化集》、《十五论》，邱长春《磻溪集》、《青天歌》（另有陆潜虚注解最好）；又《西游记》，刘长生《仙乐集》并《至真语录》，谭长真《云水集》，马丹阳《金玉集》、《渐悟集》、《神光灿》、《马丹阳语录》并《孙不二元君法语》，郝广宁《太古集》，王处一《云光集》，尹清和《葆光集》并《北游语录》，龙眉子《金液还丹诗》（另有陆潜虚注解最好），无名子《西游记》，悟一子注解名《西游记真诠》；又刘悟元注解《西游记原旨》，《后西游记》；陶素耜《道书五种》，仇几知《道书集注》，张虚静《天师语录》，陆潜虚《方壶外史》，姬志真《云山集》，白云子《草堂集》，马先生《自然集》、《鸣真集》和《西云集》；李清庵《中和集》、《晋真人语录》、《徐神公语录》并《盘山语录》；石杏林《还原篇》，薛紫贤《复命篇》，陈泥丸《翠虚篇》，谭紫宵《化书》，来子《周易注解》，黄石公《素书》，周子《太极图》《通书》，邵子《皇极经世》《击壤集》。②《体真心易》卷七增加的有：郑和阳《金丹正传》，朱元育《参同契阐幽》，王惟一《明道篇》，了真子《金丹大成集》，《书经》《诗经》《孟子》《大学》《中庸》《西升经》《冲虚经》《通玄经》《洞灵经》《玄真子》《天隐子》《刘子淮南鸿烈解》《抱朴子内外篇》。③

关于《道藏》丹书中的伪书，汪东亭提出，他与许杰卿同寓于上海白云观，参悟全部《道藏》，才知自古以来诸家留传遗下丹书共计有七千八百余卷。而其中伪书真实不少，今将书名略叙为：《先天道经》、《大洞玉清经》、《大乘妙林经》、《天生得道经》、《毗卢大洞经》、《本愿经》、《普济经》、《洞玄八仙经》、《灵宝行道经》、《修真佛玄经》、《福日经》、《宝元经》、《净供经》、《像名经》、《秘密藏经》、《真文要解》、《法烛经》、《道德经八仙合注》、《四子集解》、《道德宝章翼》、《常清静经》、《八仙解道元一气经》、《真定经》、《内丹经》、《妙始经》、《浩元经》、《元道真经》、

---

① （清）汪东亭著，盛克琦编校《性命要旨》，第 39 页。
② （清）汪东亭著，盛克琦编校《性命要旨》，第 40 页。
③ （清）汪东亭著，盛克琦编校《性命要旨》，第 102~103 页。

《大素经》、《黄庭内景诸真合注》、《黄庭中景经》、《混元圣记》、《本行集经》（上中下皆称诸上真名字注解）、《本行集经阐微》、《心印经》（八仙合注）、《演政心印集经》、《五斗经》、《九皇新经》、《北斗经注解》、《阴符经十真注解》、通玄先生解《阴符玄解》、《大霄琅书》、《紫书大法》、《三元流珠经》、《神用经》、《玉枢宝经》、《王母起居经》、《金根经》、《中天七元经》、《十六品经》、《同参经》、《五经合篇》、《纯阳易说》、《语录大观》、《三宝心灯》、《微言摘要》、《金丹心法》、《青华秘文》、《太玄宝典》、《悟玄篇》、《太虚心篇》、《橐龠子》、《阴丹篇》、《樵阳经》、《鹤鸣余音》、《金莲正宗记》、《洞天记》、《南岳集记》、《梅仙记》、《群仙会真记》、《甘水仙源录》、《三洞群仙录》、《上清三尊录》、《终南仙传》、《西川青羊记》、《玄元图记》、《玄妙镜》、《金丹真传》、《云笈七签》、《心传述证录》、《忏法大观》等八十余部。最万恶的，是目前行世的《玄宗正旨》《金华秘诀》《唱道真言》《坐忘论》《悟性穷原》《养真集》《金华宗旨》。①

他还指出，苦读数年再去寻师，以丹书印证；以上要读的丹经是试师之石；最要紧丹经是《阴符经》《道德经》《参同契》《入药镜》《悟真篇》。② 《参同契》又最最要紧，即总以《参同契》考实。若是真师，必能解说得明白，必能贯通诸家丹经。③《参同契》专言性命之书，而调药炼药，大小周天，文武火候，满盘托出。④ 故最贵重是真师，最要紧是口诀，故求师，是古来第一件大事。⑤

可见，汪氏所说伪丹经大多本来就不是丹经；其中有的丹经是真的，如《金丹真传》，是李西月丹法的直接源头。

二　仙道与凡道

汪东亭主张，仙道与凡道无有分别，共是一个三五一之理；两者的不同："凡道是有形有象之'三五一'；仙道是无形无象之'三五一'。"⑥ 他说："凡道必要有体○、有用｜，仙道亦必要有体○、有用｜；凡道必要请媒婆，先通两家之好，方可将两物和合而成一物⊕，方是'真中'，方是以

---

① （清）汪东亭著，盛克琦编校《性命要旨》，第 101 页。
② （清）汪东亭著，盛克琦编校《性命要旨》，第 40 页。
③ （清）汪东亭著，盛克琦编校《性命要旨》，第 103 页。
④ （清）汪东亭著，盛克琦编校《性命要旨》，第 103 页。
⑤ （清）汪东亭著，盛克琦编校《性命要旨》，第 106 页。
⑥ （清）汪东亭著，盛克琦编校《性命要旨》，第 88 页。

'一'贯之。仙道亦必要请黄婆以通两家之好,方可将两物和合而成一物Φ,方是'真中',方是以'一'贯之。"① 意谓:凡道和仙道都必要有体"○"、有用"丨",亦必要请黄婆才能将两物和合而成一物"Φ"。

此外,他还提出,仙道必须知节符(时节、符合),才能以此真一炁而成还丹;而凡道不知节符。如他说:"节者,时节也。符者,符合也……盖知节符者,则知'明德'……明德者,人之所得乎一,我即以此真一而成还丹也。凡道不知节符,可以瞎拼瞎撞,而明德自然来也;仙道不知节符,不但不能碰撞,而且无处下手。此仙凡之别也。"②

三 性命论

汪东亭提出,"性命"有"真性命"与"假性命"之分。"性命"两字都是强名,都是无有。假若性命是身中有的,则可以拿出来给人看,"既不能与人观看,即知是身中无有"③。这"性命"无非纸笔墨写出来的"性"字、"命"字。诸真所修之性必是一个"真性命",必是可以给人观看的,即经云"得见生前旧主人"④。《西游记》中孙悟空每遇妖精对敌,必大呼曰"认得孙外公么"? 孙,繁体为"孫",子系二字,子指儿男,系指婴细,正合婴儿之论。外指外药,真铅。公指金公。⑤ 孙外公,旧主人。外公指先天一点真阳,是自外来,丹书所谓外药。⑥

他亦指出,内丹修炼必在未生身之前求之,"方是先天,方是双修,此入门最要紧第一著"⑦。阴阳就是性命。顺行造化,分而为二是后天,叫性命。逆修造化,合而为一是先天,叫孙外公(旧主人)。⑧ 究竟人之本初,原本自虚空中来,"必要认得真虚空,方能修得真性命,养成乾元面目,露出一点真灵"⑨。勉强画图之"○",叫孙悟空,是体;再比喻为元神、元性。又勉强画图之"丨",叫金箍棒,是用;再比喻为元气、元命。再将两

① (清)汪东亭著,盛克琦编校《性命要旨》,第88页。
② (清)汪东亭著,盛克琦编校《性命要旨》,第88~89页。
③ (清)汪东亭著,盛克琦编校《性命要旨》,第51页。
④ (清)汪东亭著,盛克琦编校《性命要旨》,第57页。
⑤ (清)汪东亭著,盛克琦编校《性命要旨》,第63页。
⑥ (清)汪东亭著,盛克琦编校《性命要旨》,第64页。
⑦ (清)汪东亭著,盛克琦编校《性命要旨》,第55页。
⑧ (清)汪东亭著,盛克琦编校《性命要旨》,第63页。
⑨ (清)汪东亭著,盛克琦编校《性命要旨》,第66页。

图和合成为一图"Ⓣ"，此才是元神元气和合而为一，亦是元性、元命和合为一，即性命双修。若知"和合"两字，就完全明白金丹之道。①

他还指出，而今修道之人所说性命双修分上中下等，"上等者，执迷心肾神气为性命双修。中等者，执迷子午打坐、目光转运为性命双修。下等者，执迷女鼎过气，吞淡浊精浊血为性命双修"②。这全都不是性命双修，"都是泥象执文，强猜瞎摸，指鹿为马"。因为世人不能明白"此'○'一物，象曰太极，曰金丹，曰圆觉"③。目前西方国家制造的"无线电、留声机、水底雷、飞空船，种种精巧，不知者都可谓之怪诞多端乎?"然而它们全是有形有象，"可以审思，可以明辨。若要学之，尚且不易，况性命双修，是无形无象，不可审思，不可明辨"。历代丹家"通用强言强名，立图设象，百般的比喻，费尽心机，著作丹书传与后人"④。

他又指出，性有性理，命有命功。性理与命功之别是：性理是"有形有象，是有理可言，有象可说"，只要熟读丹书，自然明白，故曰"性由自悟"；命功是"无形无象，无有言说，活活泼泼，如盘中走珠一般，如算法见子打子一样"，但看见近似之物皆可取象，故说"命要师传"。⑤ 命功如果不求师传授，则不能知象而无处可以下手；不能见"玄玄上人"，则不知《易》象，即是不知命功。取象是指相似、比喻、譬如，无有其物，无有其事，无有其理，而有其象。⑥

就顿法与渐法而言，汪东亭提出，未破体者内丹修炼，不用修命，只悟性理，古人称之顿法；已破体者必先修命，后修性理，古人称之渐法。⑦他又指出，人自破体后，身中真阴、真阳两味药物耗散于色身之外、虚空之中。⑧ 故万卷丹经皆教人返本还原，返本就是返我身中之本；还原就是还我身中之原。返本还原就是炼九还七返金液大丹。"九"指先天真阳；"九还"就是在身外虚空中盗真阳，使之还原。"七"指先天真阴；"七返"就

① （清）汪东亭著，盛克琦编校《性命要旨》，第 83~84 页。
② （清）汪东亭著，盛克琦编校《性命要旨》，第 69 页。
③ （清）汪东亭著，盛克琦编校《性命要旨》，第 69 页。
④ （清）汪东亭著，盛克琦编校《性命要旨》，第 59 页。
⑤ （清）汪东亭著，盛克琦编校《性命要旨》，第 114 页。
⑥ （清）汪东亭著，盛克琦编校《性命要旨》，第 114 页。
⑦ （清）汪东亭著，盛克琦编校《性命要旨》，第 123 页。
⑧ （清）汪东亭著，盛克琦编校《性命要旨》，第 123 页。

是在身外虚空中夺真阴，使之返本。①

四　真一之炁论

汪东亭指出，教外别传的性命双修，最秘是先天一点真阳。"要知道这一点真阳，生于天地之先，长于万物之前，圆陀陀，光灼灼，净倮倮，赤洒洒，不挂一丝。"② 先天一点真阳是"无首无尾，不变不更，非无非有，非圆非方，无余无欠，不减不增，无来无去，不灭不生，不黄不赤，不白不青，无内无外，无将无迎，无声无臭，不低不昂，寥廓太虚，无象无光，若有若无，若存若亡，用之则行，卷之则藏，出入无时，莫知其乡，生于天地之先，寂然不见其有，寥然不见其边，亘古今独立而长存，不变不灭，流通于天地万物之中，无殆无危，为生生之本，化化之根，天地人物，赖之以生"③，人能知此一物，则是认得"父母未生身以前本来的真面目"④。

他还指出，先天一点真阳的异名有："先天真一之始炁""太乙含真炁""天地之根""混沌之蒂""至善之地""道义之门""众妙之门""不二法门""归根窍""复命关""玄牝门""祖气穴""太初""太始""太玄""太无""太虚""太空""太清""太乙""太素""太上""太真"，以及"白雪""黄芽""玄珠""黍米""交梨""火枣""真土""实地"。⑤

他又指出，先天一点真阳，即真一之炁，是先天中之先天，是自虚无中来。水中金，后天中之先天，是自身坎中一阳。先天一点真精，是自外来，而执定自身一己孤阴，盲修瞎炼，无益。⑥ 可见，汪东亭把先天真一之炁分为两种：一是后天中之先天，即自身坎中一阳——水中金；一是先天中之先天，即来自虚无的先天一点真阳——真一之炁。

此后天中之先天、先天中之先天的说法最早来自孙教鸾、李西月所说。李西月在《道窍谈·后天次序》中，将"后天"分为"后天"与"后天中之先天"，"先天"分为"先天"与"先天中之先天"。"后天"指初生的元精，"后天中之先天"指元精冲关归炉后再次发动。"先天"指原始祖炁，

① （清）汪东亭著，盛克琦编校《性命要旨》，第123页。
② （清）汪东亭著，盛克琦编校《性命要旨》，第31页。
③ （清）汪东亭著，盛克琦编校《性命要旨》，第55页。
④ （清）汪东亭著，盛克琦编校《性命要旨》，第55页。
⑤ （清）汪东亭著，盛克琦编校《性命要旨》，第56页。
⑥ （清）汪东亭著，盛克琦编校《性命要旨》，第33页。

"先天中之先天"指采取归炉后的原始祖炁。"后天"与"后天中之先天"是玉液炼己（筑基）阶段对元精的不同称呼。"先天"与"先天中之先天"是金液还丹阶段（炼精化炁）对先天炁的不同称呼。[①] 可见，李西月所讨论的"后天"与"先天"是在广义的"先天"范围内所做的。这与汪氏上述两分法不同。

他又提出，先天一点真阳就是明德；明德是象言、强言；"儒曰明德，道曰先天，释曰灵光"，三者其实是一物。[②] 再取象勉强画图之"｜"，圣人勉强称之为真一。此真一即是明德，又谓真一之炁，又谓先天之炁。又勉强取象画图之"○"，圣人勉强称之虚空。至善与虚空是一个。如能知明德与真一，即是知命；"能知至善与虚空，即是知性"。若不遇真师，不知和合。"在明明德，在至于至善，即是教人和合。"又取两象勉强为之画图"Φ"，圣人勉强称之为"致中和"。致中之下，又添一和字，也是教人和合。[③] 又，儒曰一贯，道曰守一，释曰归一，又是教人和合。因为一贯是以其一而贯乎其中，守一是以其一而守乎其中，归一是以其一而归乎其中。[④] 真一、虚空、致中和，要知道三者皆是纸上写得出的，概不是道，皆无有道，都是筌蹄。[⑤]

他还提出，先天一点真阳，必得真师指示玄关口诀，才可采取。[⑥] 玄关，是人身一大中级。此窍正在乾之下，坤之上，震之西，兑之东，八脉九窍经络联辏，虚闲一穴，空悬黍珠，是人一身天地之正中。务要知玄关不在色身求。[⑦] 凡是有形有象者，皆有阴阳造化。既有阴阳造化，则其中必有一太极。既有一太极，即必有一无极。玄关是太极中之无极。[⑧] 虚空则是人身中之无极，亦即人身中之玄关。故古人强图之如此"○"，是教人认父母未生身以前的本来面目，本来面目是一个虚空。[⑨]

他还提出，寻出先天一点真阳，方是双修。他主张，学者必要参悟父

① （清）李西月：《道窍谈》，《藏外道书》第 26 册，第 611~612 页。
② （清）汪东亭著，盛克琦点校《性命要旨》，第 91 页。
③ （清）汪东亭著，盛克琦编校《性命要旨》，第 92~93 页。
④ （清）汪东亭著，盛克琦编校《性命要旨》，第 93 页。
⑤ （清）汪东亭著，盛克琦编校《性命要旨》，第 93 页。
⑥ （清）汪东亭著，盛克琦编校《性命要旨》，第 97~98 页。
⑦ （清）汪东亭著，盛克琦编校《性命要旨》，第 98 页。
⑧ （清）汪东亭著，盛克琦编校《性命要旨》，第 98 页。
⑨ （清）汪东亭著，盛克琦编校《性命要旨》，第 98 页。

母未生身以前，寻出先天一点真阳，方是双修。如若不知先天一点真阳是自外来，而执定自身一己之孤阴，盲修瞎练，炼到老死终是无益。①

他还提出，先天真阳必得先天真阴，方能对敌；若是后天，不能见面。② 真阳，丹书所谓真铅、真药、真一之炁；真阴，丹书所谓真汞、真火、真一之精。真阴与真阳对敌，无分高下。③

五　筑基炼己

汪东亭提出，欲要筑基，必先炼己。炼己、筑基四字，能分能合。分言之，汞指内药，铅指外药。初下手必先通内药，后通外药。合言之，炼己就是筑基，筑基就是炼己。即"炼己不在筑基之外，筑基则在炼己之中"④。

他又指出，炼己筑基，就是养神安息。"能知神在何处养，即知炼己"；"能知息在何处安，即知筑基"。⑤

他还指出，炼己筑基在虚空中下手。《道德经》曰："谷神不死，是谓玄牝。玄牝之门，是谓天地根。"谷指虚空，神指灵通，不死指虚灵不昧；玄指天，牝指地。中间虚空是谷神，谷神称为玄牝，无极而太极。玄牝称为谷神，太极本无极。⑥ 虚空能生天地，是天地之根。"不得谷神主宰，则不能虚空；不能虚空，则不能灵通；不能灵通，则不能成造化。"⑦ 道是虚空。谷神，虚空，玄牝门，天地根皆是象言。然而必得真师逐节指示，"得虚空中真消息，则知炼己筑基，即在虚空中下手"⑧。

他还指出，元神随从元炁，就是炼己。元炁随从元神，就是筑基。《参同契》云："各得其和。"又云："和则随从。"诀曰："能知以元神去和元炁，元炁去和元神，则是各得其和。既知各得其和，即知和则随从。"随从就是元神随从元炁，元炁随从元神。又"元神随从元炁，即是炼己"，"元

①　（清）汪东亭著，盛克琦编校《性命要旨》，第 108 页。
②　（清）汪东亭著，盛克琦编校《性命要旨》，第 110 页。
③　（清）汪东亭著，盛克琦编校《性命要旨》，第 111 页。
④　（清）汪东亭著，盛克琦编校《性命要旨》，第 36 页。
⑤　（清）汪东亭著，盛克琦编校《性命要旨》，第 96 页。
⑥　（清）汪东亭著，盛克琦编校《性命要旨》，第 67 页。
⑦　（清）汪东亭著，盛克琦编校《性命要旨》，第 68 页。
⑧　（清）汪东亭著，盛克琦编校《性命要旨》，第 68 页。

炁随从元神，即是筑基"。① 假若炼己不纯，先天一炁来时必然不能招摄。
"欲要盗机，必先炼己。……欲要九还，必先七返。欲要铅至，必先汞迎。
欲要筑基，必先炼己。"②

他又指出，炼己筑基，不是清静闭精；清静闭精是炼心炼肾。③

六　活子时

汪东亭指出，先天一炁来时，此时有二义：正子时，是自身阳举；活
子时，是盗取阴阳造化机之时。④ 外肾欲举之时，是身中活子时。先天一
炁，固然是真。"不知炼己，来路不清，后天不及时，不知风火，必不凝
聚，此有铅无汞，有阳无阴。"又无黄婆匹配，先通两家之好，必不能追二
气于黄道，会三性于元宫。⑤ 天机在丁壬先后之间。壬水，阳；癸水，阴。
丙火，阳；丁火，阴。如何是丁壬先后？他指出，静已极而未至于动，阳
来复而未离乎阴，就是活子时。

他又指出，盗取阴阳造化机；炼己纯熟，然后方可盗之。《西游记》中
孙悟空盗桃、盗丹、盗酒、盗铃、盗葫芦、盗净瓶、盗芭蕉扇、盗人参果，
这就是盗取阴阳造化机。⑥ 盗取阴阳造化机必须知时，内丹修炼贵乎知时。

如何是盗？他提出，"采日月之精华，法乾坤之炉鼎，按周天之星象，
行卦气之符火，准日月之玄望，接阴阳之子午"⑦。《西游记》中孙悟空盗
桃、盗丹、盗酒、盗铃、盗葫芦、盗净瓶、盗芭蕉扇、盗人参果，悟空所
盗就是祖述《阴符经》天地人三才相盗。⑧

他还提出，调药是教人采取，是教人调和活子时、活午时。活子时到，
就是真铅真火到宫；活午时到，就是真汞真水到宫。⑨

七　法身和色身论

汪东亭提出，修身之人必须要知道有两个身，有个有形、有象的色身，

---

① （清）汪东亭著，盛克琦编校《性命要旨》，第 86 页。
② （清）汪东亭著，盛克琦编校《性命要旨》，第 95 页。
③ （清）汪东亭著，盛克琦编校《性命要旨》，第 36 页。
④ （清）汪东亭著，盛克琦编校《性命要旨》，第 35 页。
⑤ （清）汪东亭著，盛克琦编校《性命要旨》，第 37 页。
⑥ （清）汪东亭著，盛克琦编校《性命要旨》，第 34 页。
⑦ （清）汪东亭著，盛克琦编校《性命要旨》，第 93 页。
⑧ （清）汪东亭著，盛克琦编校《性命要旨》，第 94 页。
⑨ （清）汪东亭著，盛克琦编校《性命要旨》，第 99 页。

有个无形、无象的法身。《孟子》曰:"我善养吾浩然之气,则塞于天地之间。"第一个"我"字是指色身;第二个"吾"字是指法身。① 有的同志"或信广求起居,或信拣择饮食,或信清静无为,或信运动气血……尽是色身上活计",不知道法身。内丹修炼在法身上下手。②

他还提出,先修先天法身,再修后天色身;况且能知修法身,则使色身一点精不漏,色身自然坚固。修法身务要知"虚空一着",方可下手。经曰:"天地有坏,虚空不坏。"③ 要修这个不坏之身必须向这个不坏之处修之。法身是在身外修。故《道德经》云:"后其身而身先,外其身而身存。"

他又指出,诸真著作,"或借外物,或借色身,取象说法",唯有伍柳二真人尽是借色身说法。内丹修炼同志不知丹经无口诀,照书行事,执着在上丹田,则起火得疯癫之病;执着在中丹田,则凝结痞块,痛不可当;执着在下丹田,则海底起火,肾子红肿。各家丹书及伍柳真人之书中,"皆有言不可泥象执文、强猜瞎摸"。④ 当修法身事毕,则行"真空炼形法",以修色身,才是"形神俱妙""与道合真";"冲举飞升"根本重在修法身。⑤

他还指出,玄玄,指玄关;"上人者,庄子号曰'真人',又名'真一',即是人之法身";丹经所谓结胎、养胎、脱胎,三者皆是指这个法身,皆是玄关内之事。⑥

八 他家我家论

汪东亭提出,人自破体后一身内外都是阴。若不得他家外来之阳,不能成造化,也被能化凡胎而结圣胎。总要知铅汞合体,才是性命双修。⑦

他又指出,"他家""我家"是丹书以对待而言。"他家""我家",是一处,还是二处?是身内,还是身外?若分言之,"他家""我家"则有百千万处;若合言之,则是一处。"他家""我家"也不在身内,也不在身外。

① (清)汪东亭著,盛克琦编校《性命要旨》,第48页。
② (清)汪东亭著,盛克琦编校《性命要旨》,第49页。
③ (清)汪东亭著,盛克琦编校《性命要旨》,第50页。
④ (清)汪东亭著,盛克琦编校《性命要旨》,第50~51页。
⑤ (清)汪东亭著,盛克琦编校《性命要旨》,第50页。
⑥ (清)汪东亭著,盛克琦编校《性命要旨》,第115页。
⑦ (清)汪东亭著,盛克琦编校《性命要旨》,第64页。

若要求之，"他家""我家"在于五行不到之处。①

他还指出，今人读书，但见有"他家"两字便强猜在女人身上，殊不知，能悟空则是他家。悟空是真空；真空属阳，能生万物而不见其形迹。"玩空属阴，不但不能生万有，而且日夜贼万有。"② 悟空是灵明石猴，是元神，是天心；玩空是六耳猕猴，是识神，是人心。"悟空一去，玩空即来；元神一离，识神即入；天心一失，人心即得，顷刻之间性命危险。"③

九 金丹大道与心息相依

汪东亭指出，心息相依，一到静定，则一身内外都是先天真精、真炁、真神。假若有丝毫执着于色身，一刹那间，顷刻尽化为后天浊精、浊气、识神。故万卷丹经皆教人防危险；防危险，就是教人防执着色身；如不执着色身，就没有危险。④

他还指出，金丹大道有三部工夫，起首是炼精化气，第二部是炼气化神，第三部是炼神还虚，都是心息相依。心息相依完毕，即是丹道完毕；其中逐节变化就是火候。⑤ 丹道凡是一动一静，火候细微亦是自然而然；"如有一毫不知宗祖，不知自然，则是'差毫发，不成丹'"⑥。性命双修之学全在火候，火候逐节变化全在自然。⑦

他又指出，金丹大道，上古皆称之"学混沌"。混沌是天地未开辟之前。混沌可有景象？可有证验？可能明白？"假若一着景象、证验、明白，即是落在后天色身，即是以奴为主而不知，认贼为子而不觉。"⑧

他还指出，做到杳冥恍惚，就是采取；做到混沌，就是交媾；做到大定，呼吸断绝，就是真息、文火、沐浴、熏蒸、温养等事；做到周身酥软，就是进阳火、退阴符；做到周身麻木，就是行小周天。总之，没有一毫落在后天色身。⑨

---

① （清）汪东亭著，盛克琦编校《性命要旨》，第64~65页。
② （清）汪东亭著，盛克琦编校《性命要旨》，第78页。
③ （清）汪东亭著，盛克琦编校《性命要旨》，第78页。
④ （清）汪东亭著，盛克琦编校《性命要旨》，第224页。
⑤ （清）汪东亭著，盛克琦编校《性命要旨》，第226页。
⑥ （清）汪东亭著，盛克琦编校《性命要旨》，第70页。
⑦ （清）汪东亭著，盛克琦编校《性命要旨》，第71页。
⑧ （清）汪东亭著，盛克琦编校《性命要旨》，第228页。
⑨ （清）汪东亭著，盛克琦编校《性命要旨》，第229页。

十　三教合一论

汪东亭主张，三教就是一教，三家就是一家。"○"为中国三教鼻祖。"○"——太极是天地之始，是万物之母。释教称之为"真空""圆觉""灵光""涅槃妙心""如意宝珠"。[①] 此"○"一图，上古称之曰"玄玄上人"，其后又名"混沌"，又名"太极"。老子著《道德经》曰："吾不知其名，强为之名曰道，字之曰一。"自孔老至今日，"三教万卷，各家取象，异名叠出"，不计其数。"○"为中国三教鼻祖，就是耶稣、天主两教，亦不能越出此"○"一图之范围。[②] 此一圈既然为三教鼻祖，那么中国没有三教，只有"玄玄上人"一教。耶稣教中人曰："上帝能造作天地，能造作万物，凡是地球中人，皆是上帝造作出来，则地球中人，皆是上帝的子孙也。"[③] "玄玄上人"教中人曰："天地不能生万物，虚空能生天地。虚空无际，深得万物之性，故又能生万物，夫人亦万物中一物也，则地球中人，皆是虚空的子孙也。"[④] 又，天主教之"天主"指天地之主人；既为天地之主人，就是万物之主人。总之"天主"两字，是统天地万物一大主人。虚空"能生天地，况又无际，深得万物之性，故又能生万物"。总之"虚空"两字，是统天地万物一大主人。虚空是此一圈"○"，此一圈即是"玄玄上人"。[⑤] 由此可见，耶稣教、天主教、玄玄上人教三大教，是合一的。显然，上帝、天主与太极不能画等号。正如汪东亭说："弟因未得读耶稣、天主两教之书，盖此亦无非是强猜瞎摸、无稽的枉说而已矣！"[⑥]

他又指出，释家法轮，儒家行庭，道家周天，都是教人养气。[⑦] 孙悟空，就是此物"○"，是体、真空、神、性。金箍棒，就是此物"｜"，是用、妙有、气、命。悟空得金箍棒之后，就是此物"Φ"。悟空现出法象，身高万万丈，金箍棒上抵三十三天，下至十八层地狱，是与"吾善养吾浩然之气，充塞于天地之间"一样。佛经所谓"真空不碍妙有，妙有不碍真空"，即是神之所至，气亦至；性之所至，命亦至。此才是穷理尽性以至于

---

① （清）汪东亭著，盛克琦编校《性命要旨》，第49页。
② （清）汪东亭著，盛克琦编校《性命要旨》，第49页。
③ （清）汪东亭著，盛克琦编校《性命要旨》，第49页。
④ （清）汪东亭著，盛克琦编校《性命要旨》，第49~50页。
⑤ （清）汪东亭著，盛克琦编校《性命要旨》，第50页。
⑥ （清）汪东亭著，盛克琦编校《性命要旨》，第50页。
⑦ （清）汪东亭著，盛克琦编校《性命要旨》，第117页。

命；此才是"天命之谓性，率性之谓道，修道之谓教"。① 如意金箍棒，是教人知神，神既如人之意，则气未有不如人之意。孟子谈养气，取象乾卦，是讲理；《西游记》说养气，亦取象乾卦，是论事。②

他又指出，此物"Φ"，就是尧舜允执之中，是释迦空中之中，是老子守中之中。③

他又提出，《大学》《中庸》是双修性命之书。《中庸》曰："天命之谓性"，"谓"字是象；孔子曰："穷理尽性，以至于命。""以至于"三字是象。朱子曰："命犹令，性即理也。"皆不是象。又《大学》云"在明明德"，"明德"二字是象；"在止于至善"，"至善"二字是象。朱子曰："明德者，人之所得乎天。""天"字不是象；"止"指所当止之地，即至善之所在；"地"字不是象。《洞玄经》曰："丹书万卷，不如守一"，这是知命；《道德经》曰："多言数穷，不如守中"，这是知性。《紫清集》云："中包乎一，一主乎中"，这是知性命双修。《书》曰："仲尼祖述尧舜。"朱子不能祖述尧舜，就是不得师传。④ 而今注解《大学》《中庸》，而又不知《大学》《中庸》是性命双修之书，遂专以性理注解，误尽天下。⑤

综上，汪东亭主张，内丹入手前须先读丹经，他所列丹经主要是伍柳派等全真道一系的丹经，这基本与前人观点一致。但他所说的伪丹经中大多数丹经不属于内丹著作，而《金丹真传》《玄宗正旨》《唱道真言》《悟性穷原》《养真集》《金华宗旨》等又被看作伪丹经。他主张以《参同契》等丹经鉴别真假师，这与前人相同。他主张仙凡二道共是一个三五一之理；所不同为，凡道是有形有象之三五一，仙道是无形无象之三五一，这与他的前期所说相矛盾。他提出"性命"有"真性命"与"假性命"之分；真性命是先天一点真阳，这与其前期思想相抵牾。他指出先天真一之炁，是先天中之先天，乃自虚无中来；水中金，后天中之先天，是自身坎中一阳；先天一点真精，是自外来。前已述及，此后天中之先天、先天中之先天的说法与孙教鸾、李西月等所说的内涵不同。他指出，炼己筑基就是养神安息，炼己筑基在虚空中下手，这与前人所说不同：炼己筑基通常指去妄念，

① （清）汪东亭著，盛克琦编校《性命要旨》，第 118 页。
② （清）汪东亭著，盛克琦编校《性命要旨》，第 118 页。
③ （清）汪东亭著，盛克琦编校《性命要旨》，第 118~119 页。
④ （清）汪东亭著，盛克琦编校《性命要旨》，第 114 页。
⑤ （清）汪东亭著，盛克琦编校《性命要旨》，第 113 页。

补足已经亏损之精炁神，下手与虚空无关。汪氏指出，先天一炁来时，此时有二义：正子时，则自身阳举；活子时，盗取阴阳造化机之时。他提出，修身之人必须要知道有两个身：色身与法身；内丹修炼在法身上下手，这与前人不同：内丹学主张内丹修炼不执着色身，但又不离色身；无先修法身后修色身之说。他提出，他家我家是一家，能悟空则是他家，这与内丹双修派所说不同：双修派所说他家是指配合修炼的异性。他提出金丹大道都是心息相依，而以往丹经在炼炁化神、炼神还虚阶段无此说。他主张三教就是一教，皆讲性命双修之学；"○"为三教鼻祖，耶稣教、天主教亦然。可见他的三教合一论既继承前人，又打上了时代烙印。

结 语

综上可见，汪东亭前期内丹思想之先天性命论、性命双修次序、仙道与凡道、炼精化炁、炼炁化神、炼神还虚等基本继承了伍柳派等思想。

而汪氏后期内丹思想之仙道与凡道、真假性命论、先天真一之炁、炼己筑基、色身与法身等，不仅与其前期思想相矛盾，也与西派等传统内丹思想相抵牾；特别是他的"后天中之先天""先天中之先天"的说法与孙教鸾、李西月所说的内涵完全不同。他自称"教外别传"，只可能是来自民间宗教的内丹学传授，或是乩传。

第八章　徐海印的内丹思想

民国时期，徐海印在上海等地传播内丹学，在《仙道月报》刊发《论〈性命圭旨〉十二大错》等仙道文章，且与汪伯英就心息相依在外之旨及调和仙佛异同之说展开辩论，产生了一定的社会影响，被时人称为西派"翘楚"。

第一节　徐海印的生平与著作

一　徐海印的生平和师承[①]

徐海印（1896~?），名颂尧，号海印山人、玄静子、玄静居士等，浙江嘉兴桐乡人，1912~1917 年入清华中学读书，1918~1920 年在北京税专学习，1914~1917 年参师汪东亭四年，[②] 1920~1932 年先后在上海、扬州、杭州等地工作。1932 年辞职后，他曾遁迹浙江乌青镇，嗣后迁江苏吴县，专心从事佛道著述，尤以佛学文字发表最多。1939 年 7 月，《仙道月报》连续刊载徐氏《论〈性命圭旨〉十二大错》《大小周天》《外身易形》等文章；1939 年 8 月，《仙道月报》刊登"丹道刻经会征求附印《玄谈集》启示"，并刊登了《玄谈集》九卷全部目录。1940 年 12 月，汪伯英在《仙道月报》第 24 期上致函徐海印，对他的论著专尚心息相依在外之旨及调和仙佛异同之说表示不同看法，徐氏回函答复。1941 年 2 月，《仙道月报》第 26 期，刊载徐氏《复志真函》及汪氏《再与海印山人书》，双方争论之焦点仍在仙佛是否圆融合一。此后《仙道月报》未再继续刊登徐氏《玄谈集》内容。1943 年，徐氏及弟子集资在上海把《天乐集》十一卷印成节本一册，方便

---

① 本部分内容参见董沛文主编《天乐集：道教西派海印子内丹修炼典籍·前言》（上册），盛克琦、周全彬编校，宗教文化出版社，2013，第 5~12 页。

② 洪建林编《仙学解秘》，第 391 页。

门下讲习之用。1948 年 2 月，徐氏致函《觉有情》编辑陈无我，以《净密秘要》三卷、《天乐集》五十一卷，书成而无资印刷，商请陈无我能否集资印行。1948 年 6 月，徐氏给金弘恕函中介绍自己生平及所著《天乐集》事甚详。金弘恕《介绍仙佛兼通的海印居士》谓："徐先生原始即修仙宗，且得真传，所叙经过，仿如仙侠传奇，堪与陈撄宁先生相伯仲矣。弟在外道时，未遇高人，故无成就。他遇名师，且能守口廿五年，并多方参学，泯绝我见，亦可谓一奇人矣。徐之门风颇严峻，十余年前，弟向他询问密法，遭其拒绝。后鉴弟诚，感情渐洽，即顷筐相示，并以《净密辑要》原稿寄假。"① 1948 年 9 月，一百十五卷《天乐集》完成。新中国成立后，徐氏继续从事佛道著述等，大约于"文革"期间离世。

关于徐氏的"西派"师承，徐氏师承汪东亭，自称为西派"海"字辈，被世人称为"西派翘楚"。他自称，李涵虚传吴天秩，吴天秩传汪东亭。② 又说："昔我天秩师翁，往事汉皋，遇李祖涵虚于西安东岳庙也。时李祖方隐于卜筮，杂在测字队中，为人决休咎。"③ 但《李涵虚真人小传》称："门人甚众，而大丹成者，江西周道昌一人，得玉液还丹者数人。"④ 可见李涵虚的弟子中大丹炼成的唯有江西周道昌。此外，李涵虚生前没有离开四川（乐山），也没有从事卜筮的记载。再者，汪东亭自己没有说过吴天秩受李涵虚所传。东亭是他的字，不是西派法名。假使如徐氏所说，汪东亭西派字辈应是"通"，不是"东"；而徐氏的字辈应是"大"，不是"海"。因为"西派"的传承字辈为"西道通，大江东，海天空"⑤。所以笔者认为，徐氏的师承是自己建构的；他师承"西派"只能算是"私淑"而已，或是对西派身份的认同。

徐氏弟子众多，据说其弟子逾千人。⑥

二　徐海印的著作

徐氏著作主要有以下几部。

① 转引自董沛文主编《天乐集：道教西派海印子内丹修炼典籍·前言》（上册），盛克琦、周全彬编校，第 11~12 页。
② 陈毓照、张利民主编《丹道养生道家西派集成》，第 676 页。
③ 陈毓照、张利民主编《丹道养生道家西派集成》，第 696 页。
④ （清）李西月：《三车秘旨》，《藏外道书》第 26 册，第 627 页。
⑤ （清）李西月：《三车秘旨》，《藏外道书》第 26 册，第 636 页。
⑥ 胡美成：《道家气功南宗丹诀释义·跋》，浙江科学技术出版社，1991，第 554 页。

《玄谈集》，据《仙道月报》第 8 期（1939 年 8 月 1 日）"丹道刻经会征求附印《玄谈集》启事"云："《玄谈集》一书，全部共九卷，约十余万字，为浙西海印子巨著，内容材料颇丰富，且三教全通，学理甚为透彻。今著者极愿将该书流通行世，藉以广结善缘"，最后也是由于战争等各种原因，未能出版。《仙道月报》载《玄谈集》九卷目录：卷一《玄修抉微》，子目有道派、道源、外身易形等；卷二《玄修抉微》，子目为反流之妙、阳和之美等；卷三《玄修抉微》，子目为天行、圣行等；卷四《玄修抉微》，子目为卫生之经、木鸡之喻等；卷五《易学发隐》不分目；卷六《庄列阐幽》不分目；卷七《道室随笔》不分目；卷八《道室记余》《十种仙》《真我》等；卷九《道室记余》《洞宗参同契副墨》《记吴太师初传》《记汪师坐化事》等。[1]

《天乐集》，于 1938～1948 年著，共一百一十五卷。该书是在《玄谈集》基础上增写的，主要内容有《玄修抉微》《玄元道妙》《禅玄合参》《儒道会通》《易学发隐》《庄列阐幽》《道室随笔》《道室杂着》《仙真传考》《名彦诗释》《道化史略》等编，而以《服食考》五卷附之。该书版本有：陈毓照、张利民主编《丹道养生道家西派集成》中的《天乐集》是陈毓照从蔡潜谷处所得的一册八卷本；董沛文主编，盛克琦、周全彬编校《天乐集：道教西派海印子内丹修炼典籍》（上册）中的《天乐集》是根据 20 世纪 40 年代的三十二卷铅印本（共计八册，现仅见子丑寅卯四册十六卷）为底本整理的。

第二节　徐海印的内丹基本理论和工夫

徐海印自称其内丹思想师承"西派"，但从他的内丹学著作来看，他的内丹思想主要继承了汪东亭的后期内丹思想。

一　学道、修道程序大纲

关于学道程序大纲，徐海印指出，学道程序是信、解、行、证四步。"信心为第一步，解悟为第二步。信心要深，解悟要彻。信如发心至湖北武当朝山，信有太和仙境，有可到之理。解则理路分明，如至武当已洞悉水

---

[1]　陈毓照、张利民主编《丹道养生道家西派集成》，第 866～867 页。

陆路程，以及沿途食宿等情形，筹有充分之旅费。行则亲历其境界，依所定之路线前进。证则到目地后，自在逍遥，尽情受用。"① 证亦有深浅，总以解脱为目标。未到解脱，尚在行位，不能说到证位。解脱是指超三界。初学道以信、解为急务，等到行起，则以证为究竟。② 显然，徐氏在这里是以佛诠释丹道。

关于修道的程序大纲，徐氏指出，忘形以养气，忘气以养神，忘神以养虚。如他说："忘形以养气，忘气以养神，忘神以养虚，虚实相通，是谓大同。"③ 他认为，元明以来丹经所说的炼精化炁、炼炁化神、炼神还虚都不如谭真人所说的圆融；谭真人所说的适合上等根器之人，而中下根器之人修道还需按照元明以来的方法进行。④

二 修道必须以德为辅

徐海印指出，必须以德为辅来修道，德不足亦难成仙。"德不足者，每欲下功，魔难随至。"⑤ "君发愿欲了生死，离三界，历劫冤对，亦必与君总算帐一次，否则日后将无追索之机会。"⑥ 这就是《西游记》中唐僧一发愿到西天取经，即有八十一回魔难发生的缘故。

修道之人都是老子的法裔，当然必须遵守法祖训戒。老子三宝是以慈为首；修道之人既然欲求长生，"常愿物物各得长生，各正性命，方符大慈旨趣"；修道之人亟须清理宿业，减轻业障。⑦

三 玄宗三宝论

徐氏指出，玄宗以耳目口为外三宝，元精元炁元神为内三宝。老氏三宝是立身处世之方法，玄宗三宝是修炼成真之要素。合元精元炁元神三宝而成丹，称之金丹。他又指出，元神是混沌之神，不是忧思之神；元炁是先天之炁，非口鼻呼吸之气；元精先天炁之动，非交感淫泆之精。有元精

---

① 洪建林编《仙学解秘》，第 204 页。
② 洪建林编《仙学解秘》，第 204 页。
③ 洪建林编《仙学解秘》，第 204 页。
④ 洪建林编《仙学解秘》，第 204 页。
⑤ 洪建林编《仙学解秘》，第 205 页。
⑥ 洪建林编《仙学解秘》，第 205 页。
⑦ 洪建林编《仙学解秘》，第 205~206 页。

元炁元神就可以扶救老残、补续年命、回阳换骨，而成天仙。① 耳目口亦称三宝："口为呼吸出入之枢，依气出声，可以说法利生"，故亦称为宝。玄宗功夫，内外相应之际，更有"口对口，窍对窍""外口得中，内口得和"之说。更深的秘义，口是虚无之窟、真空之象；眼是"心眼洞开，十方普照"，即《庄子》所谓"大目视之"之象；耳是"心闻发明，无幽不知之之象"，所以知宝耳、宝目、宝口，"清净周遍，量等虚空，亦无内外身心之可分"，真一之体充乎法界。②

他还指出，下手工夫就是清心寡欲，先闭外三宝，养其内三宝，也就是凝神调息之旨。如他说："下手于初候求之，大抵清心寡欲，先闭外三宝，养其内三宝而已。"又说："死心以养气，息机以纯心。精气神为内三宝，耳目口为外三宝。常使内三宝不逐物而游，外三宝不透中而忧，呼吸绵绵，深入丹田，使呼吸为夫妻，神气为子母。子母夫妻，聚而不离，故心不外驰，意不外想，神不外游，精不妄动，常熏蒸于四肢，此金丹大道之正宗也。"③ 这就是揭示下手工夫、凝神调息之旨。他还提出，凝神调息口诀为："大江西派相承，入手调息用反闻法。反闻闻自息，心与息相依，独借耳根为用，最合此方之机"，即《庄子》所谓"无声闻和"。④

四　玄宗三化论

徐氏指出，玄宗三化为："一曰气化，二曰神化，三曰虚化。"综合此三化而为一，称之"道化"；犹如佛教天台宗的空假中三观，不出一心。⑤

气化就是指心息相依，"愈和愈细，直至神息两定，以我虚寂，外感先天真乙之炁，薰蒸营卫，周流灌溉，无处不通"，这就是古德所谓"常使气冲关节透，自然精满谷神存"，这就是小周天的功效，称为"气化"。⑥

神化就是指初步炼精化气之功毕，"精关已闭，复成童真，此后神息两定于虚空之中，先天真阳来时，在色身周流一匝后，因神定在外，随即至外面与我法身合而为一"⑦。先天元炁因神定而同定。元神、元炁融为一炉，

---

① 陈毓照、张利民主编《丹道养生道家西派集成》，第 644 页。
② 陈毓照、张利民主编《丹道养生道家西派集成》，第 644 页。
③ 陈毓照、张利民主编《丹道养生道家西派集成》，第 644 页。
④ 陈毓照、张利民主编《丹道养生道家西派集成》，第 644 页。
⑤ 陈毓照、张利民主编《丹道养生道家西派集成》，第 644 页。
⑥ 陈毓照、张利民主编《丹道养生道家西派集成》，第 644~645 页。
⑦ 陈毓照、张利民主编《丹道养生道家西派集成》，第 645 页。

打成一片，丹书称之"道胎"。元神因为元炁之培养，日益增长，定力愈久。及至十月胎圆，则为元神寂照，不知有气，大概气已融化，是时，灵光独耀，不食不睡，息住脉住，昼夜长明，渐入仙境，此是"神化"的妙用、神行周天的功效；佛教称之"意生身"，道家称为"神人"，此为"神化"。①

虚化就是指内丹修炼，"自始至终，不离于虚，悉在身外虚空行持。最初还虚与末后还虚，一贯进行"，故称"玄虚大道"。就末后还虚而论，初得"意生身"，如婴儿初出生，其神尚弱，故再入甚深禅定。是时，"以我虚空，通天地之虚空；以天地之虚空，通法界之虚空。虚空相通，入此大定三昧，寂定既久矣，神与虚俱化，六合皆心，六合皆身，融合无际，惟一圆明，周遍含容，能现无尽身相、无量神通，普入无边法界，无作无为，举念即成"。《楞伽经》谓之"种类俱无生，作得意生身"，道家称为"至人"，是"虚化"的功效。②

可见，徐氏的"气化"实质上是指内丹学之炼精化炁。他主张，以我虚寂，外感先天真一之炁，周流全身，即气化。"神化"实质上是指内丹学之炼炁化神。他主张炼精化炁之功毕，神息定于虚空之中，先天真阳来时，在色身周流一遍后，因神定在外，随即到外面与我法身合而为一，结成"道胎"，等到十月胎圆，佛教称为"意生身"，道家称为"神人"。"虚化"实质上是指内丹学的炼神还虚。他主张，内丹修炼自始至终不离于虚，都在身外虚空行功。最初还虚与末后还虚是一贯进行的。就末后还虚而论，初得"意生身"，如婴儿初出世，其神尚弱，故复入甚深禅定。寂定既久，神与虚俱化，能现无尽身相、无量神通，佛教称之"意生身"，道家称为"至人"。此三化论是受到其师汪东亭的影响，未见于前人之丹经。

五 "小大周天"论

徐氏主张，小周天、大周天之名，唐代以前没有。崔公《入药镜》和魏伯阳《参同契》皆无此名。元明以后，始见于书。人身本来就是一小天地，"气血周流，一昼夜一周，即是一周天"。丹法取象天地，要"以我身之小天地，混融而入于乾坤之大天地"，然后可以"与天地合其德，日月合

---

① 陈毓照、张利民主编《丹道养生道家西派集成》，第645页。
② 陈毓照、张利民主编《丹道养生道家西派集成》，第645页。

其明，四时合其序，鬼神合其吉凶"，而得"超凡入圣"之机用。①

他提出，小大周天之名有三种解释。其一，小周天是炁行周天，大周天是神行周天。然而此炁行、神行皆在定中行之，故功夫深浅不同。当炼精化炁时，"以我虚寂，感召外来真阳，入我身中。当真阳来时，浑身上下，俱感酥软而转麻木，由麻木而入混沌，不识不知，如活死人一般"。是时，"我身与虚等，心与空等，天地之虚空，即我之虚空。我之小天地，融化而入于乾坤之大天地。以尽虚空遍法界之真阳，养我一身，彻内彻外，透顶透底"。吕祖所谓"白云朝上阙，甘露洒须弥"，这正是炁行周天之景象。三丰翁《道情歌》云："待他一点自归伏，身中化作四时春；一片白云香一阵，一番雨过一番新；终日绵绵如醉汉，悠悠只守洞中春；遍体阳精都剥尽，化作纯阳一块金；此时气绝如小死，打成一片是全真。"龙眉子《金丹印证诗》曰："朝朝金鼎起飞烟，气足河车运上天；甘露遍空滋万汇，灵泉一脉泛长川。"这都是炁行周天之法验。②

当炼炁化神之时，神息全都定于虚空之中。"先天真阳，入我色身，周流一匝毕后，因主人翁定在外面，色身已如空屋，随即出色身而来至虚空，抱我主人翁，因神定而气随定。神气同定，久则气尽化神。唯一威光，煊赫虚空，是即胎圆之证也。"③ "入此大圆寂照之门，以性空三昧，圆融六大。六大法性，与我性平等无二，自他不隔，物我一如。于是能入水火、透金石、起种种不可思议神用"，这都是神行周天之法验。④ 可见，炁行神行而有小大周天之别。小周天是炼精化炁之三昧，大周天是炼炁化神之三昧。

其二，以小还丹、大还丹而分小、周天、大周天。小还丹、大还丹是同一炁行，又有小大周天之别。当小还丹之时，身内是坎离，"功夫到虚极静笃，外感先天纯阳真炁，入我色身，补足我破体后之损耗，是以我纯阴，感彼纯阳。纯阳真炁到时，浑身俱感酥软麻木跳动。能周身酥麻一次，即真炁熏蒸一次，即行一次小周天。如是渐采渐集，炁足止火，复成童体。是时离宫填满，身内已成干象，纯乎先天"。如是渐采渐集，炁足止火，再成童体。"再以我乾阳，感彼虚空中乾阳，身内先天与身外先天，彼此凝

---

① 洪建林编《仙学解秘》，第373页。
② 洪建林编《仙学解秘》，第373~374页。
③ 洪建林编《仙学解秘》，第374页。
④ 洪建林编《仙学解秘》，第374页。

集，是合内外两重真阳而成大还丹。"功夫到此，定力已达两三小时以上。"能寂定一次，感召身外乾阳，与我身中乾阳相会合"，即是行一次大周天，直至大丹告成。此小大周天以小还丹、大还丹而得名。①

可见，此小周天是从后天返先天时所用，大周天是从先天返出先天之先天时所用。小大周天"同一寂定，同一气行，功夫浅深不同，色身效验亦有区别。小周天仅能易发，大周天能易齿易血，乃至易骨易髓易瞳，崭然一新"。小周天是安乐延年之法，大周天是超凡入圣之功。小周天仅是息住而脉未必住，大周天是息住兼脉住。这都是功夫深浅不同之点。②

其三，以小、大天地而分小、大周天。人身是一小天地，身外虚空是大天地。内丹修炼之人修到"恍惚杳冥，虚无混沌，定久阳生。阳炁冲开百脉，元和内运，上至顶而下至踵，一炁周流，始卒若环"。此就人身之小天地来说，所以叫小周天。如果"恍惚杳冥，虚而又虚，浑身酥软麻木跳跃，即浑身八万四千毛孔，俱受外面乾阳钻入"，是时，"虚极静笃，妙合太虚，色身已成真空，一任太虚中乾阳真炁，横冲直撞，彻内彻外，透顶透底，通行无碍"，此就合乎太虚之大天地而言，故称为大周天。③

以上三种解释都属于说理，其实功夫一到大定，"外则乾坤会合，内则坎离交媾"，小周天、大周天同时进行，即所谓"内药还同外药，内通外亦须通"。④

他还提出，小大周天之口诀为："心息妙合，抱德炀和，真气薰蒸，养性延命，重立胞胎，再造乾坤，玄宗修证，唯斯为胜！"⑤

可见，与前人相比，徐氏把小大周天分为三种解释，唯有第一种解释——小周天是指炼精化炁，大周天是指炼炁化神——划分与前人相同，但其内涵与前人不同；其他两种解释前人没有提及。

六 "小还丹与大还丹"论

徐氏提出，丹法中所得之药为小药，称之小还丹；所得之药为大药，称之大还丹。近代内丹家才有小还丹与大还丹之分。"小还与大还"区别之

---

① 洪建林编《仙学解秘》，第 374 页。
② 洪建林编《仙学解秘》，第 374~375 页。
③ 洪建林编《仙学解秘》，第 375 页。
④ 洪建林编《仙学解秘》，第 375 页。
⑤ 洪建林编《仙学解秘》，第 375 页。

点，诸家立说，亦莫衷一是。就"小还与大还"的内涵来说，他认为，人自破体以来，是后天坎离用事，"学者由心息相依，做到凡息断绝，身心大定，内外虚寂，感彼'先天一气，自虚无中来'，而行采取之功"。此功"是以我纯阴，感彼乾阳，由后天反到先天"，功夫做一次，先天真阳进来一次，由外而还到我身，"功夫愈进，真阳愈集，直至气足止火，结成还丹"①，称之小还丹。小还丹是指初还，即以阴而感阳。此段功夫丹书称之"取坎填离"，等到离宫填满，复成乾体，丹书称之"还童"。还童之后，再入正定，"以我乾阳，感彼先天乾阳真乙之炁，合内外两重先天而成丹"，称之大还丹，即七日过大周天采得的大药。②

因此丹法初以后天感先天，所得之药，称为小药；所结之丹，称小还丹；所行周天，称为小周天。再以我先天纯阳，合内外两重先天，所得之药，称为大药；所结之丹，称为大还丹；所行周天，称为大周天。虽有大小还丹之分，功夫进行都是心息相依，做到真空大定。③

可见，徐氏所说小药、大药与前人不同。

七　先天养生与后天养生

徐氏指出，内丹学属于先天养生，西方人的卫生学属于后天养生。西方人讲求卫生者，只知道光、热、水、空气、饮食、运动等养生六原则。"光线要充足，空气要流通，水要清洁，食物资养要丰富，人体要多运动"，这是后天养生。④

而内丹学先天养生之旨是："以我神气，放到外边虚空中去涵养。由后天返到先天，真火薰蒸，热莫甚焉；慧光内发，虚室生白，光莫大焉；元和内运，三田润泽，气莫充焉；禅悦为食，食莫珍焉；醍醐充饮，饮莫净焉；不动之动，动不离寂，通微无碍，动莫妙焉。"⑤ 意谓：内丹学先天养生之旨是把神气放到外边虚空中去涵养，使它们由后天返到先天。

---

① 洪建林编《仙学解秘》，第 376 页。
② 洪建林编《仙学解秘》，第 376 页。
③ 洪建林编《仙学解秘》，第 377 页。
④ 洪建林编《仙学解秘》，第 379 页。
⑤ 洪建林编《仙学解秘》，第 379 页。

八　心息相依之法

徐氏指出，心息相依法有直接法和间接法。间接相依法是："空灵寂妙，不易着相，初学较宜，即用耳去听出入息，呼吸出入往来于外面虚空之中（鼻孔外虚空）也。我能听到，知而不着色身。"① 这是"寄心于耳，寄耳于息，反闻闻自息，使心与息相依"②。直接相依法是指直接把神放在鼻外虚空之中，自然知道息的出入，丹书称为"安神祖窍"，又称为"凝神入气穴"。《参同契》曰："真人潜深渊，浮游守规中。"这就是"直接相依"之法。《西游记》中孙悟空的金箍棒只放在耳内，不藏在别处，用即取出，亦表示"反闻闻自息"的真谛，这是间接相依之法。③

他还指出，心息相依是内丹修炼的不二法门。心息相依就是将心息放到外面虚空中去相依。虚空是大天地，是先天乾坤之象；心息是小天地，是后天坎离之象；将心息安放在虚空之中而使它们相依，是合"二重天地，四个阴阳"，所谓"天人合发"。④ 由心息相依而达到身心一如之境。丹家以"心息妙合"为炉鼎，其妙合之处即外面虚空，称之"玄窍"⑤。

他又指出，儒佛亦有心息相依法。天台宗《六妙门》是讲调息。六妙门：数息、随息、止、观、还、净。此数息与道教不同，因为道教心息相依不用数。除了数息之外，"心随于息，即是相依。依极入定是止。定中慧觉，寂照不离，即是观。金来归性，返本还元，即是还。六根清净，境智妙空，即是净"⑥。《易经》随卦象辞曰："泽中有雷，随，君子以向晦入宴息。"⑦ 这是孔子的调息法。《中庸》云："至诚无息，不息则久，久则征。"⑧ 这是子思的调息法。

可见，徐氏的心息相依法与前人不同，前人所说的"安神祖窍""凝神入炁穴"不是指鼻孔外方寸地，而是指先天炁产生之地（真炁穴）。他称其法传自汪师，这确实是汪氏首创。

---

① 陈毓照、张利民主编《丹道养生道家西派集成》，第 677 页。
② 陈毓照、张利民主编《丹道养生道家西派集成》，第 677 页。
③ 陈毓照、张利民主编《丹道养生道家西派集成》，第 677~678 页。
④ 陈毓照、张利民主编《丹道养生道家西派集成》，第 678 页。
⑤ 陈毓照、张利民主编《丹道养生道家西派集成》，第 679~680 页。
⑥ 陈毓照、张利民主编《丹道养生道家西派集成》，第 680 页。
⑦ 陈毓照、张利民主编《丹道养生道家西派集成》，第 681 页。
⑧ 陈毓照、张利民主编《丹道养生道家西派集成》，第 681 页。

九　睡功——心息相依工夫

徐氏指出，行、住、坐、卧四威仪，唯有睡眠最为安适。内丹修炼之人，因心息相依而睡着。凡是初做心息相依，如果"能勿忘勿助，绵绵若存，片刻之久，即能睡着。一觉醒来，百骸舒适，精神和煦，其妙有难以形容者"[①]。这正如黄帝神游华胥，庄子逍遥于"无何有之乡"。如果功夫稍进，自然由睡着而转为入定。初学之人"有睡无定，久习有定无睡"，所以初下手之人能睡着就是功夫效验。[②]

他还指出，"蛰龙法"就是心息相依之工夫。陈希夷睡诀共三十二字，名"蛰龙法"，即心息相依之工夫，不过在睡中修之。蛰龙法："龙归元海，阳潜于阴。人曰蛰龙，我却蛰心。默藏其用，息之深深。白云高卧，世无知音。"[③] 这就是《华严经》十种卧中的"禅定卧"与"三昧卧"。"禅定卧"是指睡中身心不动，如入禅定。如果"禅定之中，天地真阳入我体躯，如甘露遍空，醍醐灌顶，周身酥软美快，和畅如春，酣融如醉"，称之"三昧卧"。[④]

他认为，丹法之要在一"和"字。"和"指心息相依，"以我身之和，合天地之和。我与天地合一，天地之和，即我之和"。"心息一依则神气两静。由静而定，定久湛寂"，这叫复命。老子曰"复命曰常"，此称性定。"定极生明，根尘交彻，境智融通"，所以说"知常曰明"。"和"是常、明，即三而一。然而工夫自有次第，不可躐等。[⑤]

他又指出，"和"是日月和合之象，故始终以和为用。心息合一，即"和"；坎离交并，即"和"。如陈翠虚云："精神冥合气归时，骨肉融和都不知"。《心印经》云："太和充溢，骨散寒琼"。这是和之妙用。[⑥]

可见，徐氏认为，睡功——"蛰龙法"就是心息相依之工夫。而"蛰龙法"是以陈抟为代表的隐仙派丹法，心息相依之工夫只是其中一部分内容，即炼精化炁，而不是全部。

---

① 洪建林编《仙学解秘》，第 380 页。
② 洪建林编《仙学解秘》，第 380 页。
③ 洪建林编《仙学解秘》，第 382 页。
④ 洪建林编《仙学解秘》，第 381 页。
⑤ 洪建林编《仙学解秘》，第 383 页。
⑥ 洪建林编《仙学解秘》，第 383 页。

十 养己与炼己论

徐氏指出，己是性。养己就是存心养性，炼己就是修心炼性。功夫虽同，然而其义有差别，养己如培栽花木，日益增长；炼己如同用火锻金，愈炼愈净。他还说，"片尘不染，万虑皆空，常静而常应，处动而恒寂"，这是炼己之功；"气满神全，早复早积"；这是养己之效；如果会通之，功夫总是"心息相依，依到大定，养己在此，炼己亦在此"。①

他还指出，以定养己，指神息两定之际，是时内外皆空。由于内外空寂，感空中先天真阳，"到达我身，真气薰蒸营卫，一如草木之得甘霖，使我身心日健"，此所谓养己。以定炼己，指我虽以空寂感空中真阳到身，"浑身酥软麻木，起种种色阴变化，而我仍寂然不动，与不觉一般，即感而遂通。如火炼金，金不变色，愈益精明"，此即炼己。又，由于大定，"识神渐伏，元神渐显，习气渐销，尘劳渐歇"，古人所谓"心死则神活"，此所谓炼己。其实炼己之要只在动而无动，静极而动。动是气动，"气一动，神即一觉。觉而外驰，则神气分离，先天立变后天；觉而不外驰，依然定在外面，则神气不分"②。可见，养己炼己，不离一"定"字。古人虽有"静中养""动中炼"之说，这大约是指动定对立而言。"若动定合一，则寂而常感，感而常寂，即炼即养，功夫一贯进行，实无可分，亦不必分"，所以说不离一"定"字。③

他又指出，养己炼己，实质上互相资益，虽无先后，亦不妨说有先后。养己之要，固然依赖先天真阳培育，使我元炁日益充足，元神日益旺盛。然而"先天真阳进来一分，后天阴气即消减一分；阴气消减一分，则妄想欲念减少一分"，故"真阳愈充足，心地愈纯净，功夫愈进，习气知见愈化，妄想愈少"，直至"对境如如，一尘不染，万虑皆空"，这都是由先天真阳消减欲念妄想所致，可见炼己有资于养己。④ 妄想既然日消月化，身心愈寂，定力愈增，外来真阳，愈感愈多，直至炁足止火，结还丹，可见养己有资于炼己。⑤ 故"炼己"与"养己"是互相助益的。

---

① 洪建林编《仙学解秘》，第384页。
② 洪建林编《仙学解秘》，第384~385页。
③ 洪建林编《仙学解秘》，第385页。
④ 洪建林编《仙学解秘》，第385页。
⑤ 参见洪建林编《仙学解秘》，第385页。

就养己与炼己的历史而言，他指出，金丹之道，古代称之学混沌。老子云"守中抱一"，庄子云"守一处和"，没有养己与炼己之说。东汉时才有养己之名。魏伯阳著《参同契》有云："内以养己，安静虚无；原本隐明，内照形躯"，此养己之名的由来。炼己之名唐宋以后方见于书。吕纯阳《沁园春》云："七返还丹，在人先须炼己待时"；张三丰《一枝花》云："时时降意马，刻刻锁心猿；昼夜不眠，炼己功无间"；陆潜虚著《金丹就正篇》才确切指明炼己之要。①

十一 内药与外药论

徐氏提出，内外药之名来自《悟真篇》。《悟真篇》云："内药还同外药，内通外亦须通。"内药与外药的含义，历来注家说法不一。他却主张：内药内通，是七返之事，"色身之内，一阳来复，所谓坎离龙虎交"。因为身心全静，"又感外来真阳之炁，发生冬至一阳生，时觉阳炁上冲（坎中真阳上翻），心液下降（离中真阴下降）"。"水火金木四象会合，五行攒簇，三家身心意也相见。"②

而外药外通是指"虚极静笃之际，先天一炁，自虚无中来，以我真空，感彼妙有"，此即乾坤子午交，是九还之事。③

内药内通、外药外通的工夫只是"心息相依，一到大定真空之境，内外二药俱通。外则九还，先天一炁自来；内则七返，五行四象自合。三家自然相见，水火自然既济。一切法验，不召而自来，不求而自至，有水到渠成之妙"④；其口诀为"内药内通，无作无为之自然；外药外通，有作有为之自然"⑤。

可见，徐氏主张，内药是指色身之内所产生的先天一炁，外药是指自虚无中入身之先天一炁。这是袭取汪东亭的，与以前的内丹家所说不同。双修派内丹家主张，外药是指从女鼎得来之药，或指金丹（外丹），内药即金液还丹（大药）；清修派内丹家主张，内外药本质上都是自己身中的先天一炁；外药指元精，内药指大药。

---

① 参见洪建林编《仙学解秘》，第386页。
② 参见洪建林编《仙学解秘》，第387页。
③ 参见洪建林编《仙学解秘》，第387页。
④ 参见洪建林编《仙学解秘》，第387~388页。
⑤ 参见洪建林编《仙学解秘》，第388页。

十二 戊土与己土论

关于戊土己土之说，徐氏指出，炼戊土，得坎月之铅；炼己土，得离日之汞，"戊己合而成刀圭，则坎离龙虎四象交加而结丹"，这是就理而论。就功夫上来说，他指出，戊土与己土的区别为：丹道最重要的是得真空一着。果然到大定真空境界，戊己二土自然和合。如果分别来说，证内空时得己土，"中央虚静，一念不起，一意不动，五行四象自合"。这是内药，为七返。证外空时得戊土，"先天一炁自来，是为外药，为九还"。① "先天一炁"号称真种。种子必须得真土方能发育，丹道亦然。"必到真空〇现前时，我有此真土，方能纳受外来真种，而得重立胞胎，再造乾坤之妙。"此戊己二土是内外玄关、内外炉鼎、内外黄婆，而成七返九还之功；"须知一到真空，则内外两药皆通，一切丹法自然成就，故称至简至易之妙道"②。

他还提出，古仙丹法参吕祖名号法象，已能窥其梗概。"吕祖名岩，字洞宾，号纯阳，自称回翁，又称吾山道人。纯阳指先天法身，身外虚空一著。洞宾指后天色身，四大假合，乃空洞中之宾人"；虚空纯乾是主人，所谓他为主、我为宾；但功夫一到大定，内外皆空，因此内外冥合；"色身法身，涉入交参，非一非异，成◎如是之象"，此吕祖所以自号回翁。③ 三字诀云："口对口，窍对窍"，此正是指内空外空"🔘"，吕字之象。如果"内外合一，戊己交融，呈'◎'，回字之象"。《易》象，艮为山，山即止，身心寂然不动。"功夫一到大定，身心不动，则东三南二，北一西四，交加于戊己之宫"，这就是五口一山之秘意；岩字之象，其意思是身心意屹然如山之不动，三家相见而结胎。④ 身心意归一在于虚静。然而精化为炁，是由于身之不动；炁化为神，是由于心之不动；神化为虚，是由于意之不动。这亦正好诠释岩字法象。总之，西派丹诀是"以大定真空为基"。未到此境，"则内药外药皆不能通，戊土己土皆不能现，而水火金木，五行四象，亦无从而攒簇"⑤。

---

① 参见洪建林编《仙学解秘》，第389页。
② 参见洪建林编《仙学解秘》，第389页。
③ 洪建林编《仙学解秘》，第389页。
④ 洪建林编《仙学解秘》，第390页。
⑤ 洪建林编《仙学解秘》，第390页。

十三　起火与止火论

徐氏提出，丹法以"心息相依"为起火，"心息两忘，泰然入定"为止火。此是普通口诀，西派相承，另有三种止火秘诀。

一是炼精时之止火：不知此诀，往往执着色身，得泄精之变故。凡是"做到阳生而至外阳勃举，随即泄精"，皆由于不知止火之故。①

二是炼炁时之止火：不知此诀，往往得泄气之变，称之走丹，前功尽弃；又"不知初步止火要诀，虽气足而不能结丹"；结丹后，"不能养丹而使丹足行大周天，即不能重安炉，再立鼎，跨虎乘龙而离凡境"。②

三是炼神时之止火：不知此诀，"定不能纯，心光不圆，不免有渗漏之患"，必然导致退滞小果；"渗漏"是指见渗漏、情渗漏、语渗漏，为勘验性定神全之要旨；此止火是最为紧要，"否则不能炼性入微，事事无碍"。③

他自称，上述三种止火秘诀得自汪东亭师。四年辛勤，自己得来不易，不便直书，愿秘而宝之。"学者只须知西派相承，实有三部止火要诀，防危虑险，圆证圆超。"④

可见，徐氏的起火与止火论与前人不同：内丹家主张药生即火生；丹熟必须止火，止火是止小周天之火；大周天、炼神都无止火之说。

十四　庚月与满月——采药时候论

徐氏指出，庚月是初三之月，满月是十五之月。丹家说初三，又说十五；初三是象征金水之气新，十五是象征金水之气足。气不足则水不生。初三、十五，必须在一时看。口诀："学者功夫，一到大定，忘形忘象，则先天之炁，产生必旺，犹如满月，所谓源清则炁必足"；"定中一觉阳生，合自然之符节，而送归土釜，则阳炁清新，不老而嫩，犹如初三之月"，故知庚月与满月的意义实质一样，相互不违背。⑤

按理说，药嫩不可采。他却认为，嫩药如酿酒时三日之酵，生机勃然，故可采取。⑥

---

① 洪建林编《仙学解秘》，第 391 页。
② 洪建林编《仙学解秘》，第 391 页。
③ 洪建林编《仙学解秘》，第 391 页。
④ 洪建林编《仙学解秘》，第 391 页。
⑤ 洪建林编《仙学解秘》，第 392 页。
⑥ 洪建林编《仙学解秘》，第 393 页。

十五　癸前与癸后——采药真机论

采药真机，徐氏指出，《悟真篇》主张癸前采。如《悟真篇》云："铅遇癸生须急采，金逢望远不堪尝。"三丰派主张癸后采。如三丰《玄要篇》云："太上道，复重宣，抉破先天与后天。只论铅生于癸后，不言阳产于癸先。"又云："铅花现，癸尽时，依旧西园花满枝。"又云："铅生癸后阴阳分，正值一弦金水满，恰似莺花二月春。"① 可见少阳与文始两派丹诀完全相反。

他又提出，铅属阳，癸属阴。"阴极而后阳生，静极而后复动"，故只论铅生于癸后；然而"真阳始生之时，其气迅速如电，不能久居于先天。霎时而生癸水，则阳而又阴"，故云："铅遇癸生须急采，金逢望远不堪尝"；"遇癸生而急采，正是于癸水未生时急下手"。② 可见，癸前癸后各有妙义，都是明采取之真机，其意义是一贯的。

十六　真空与顽空论

徐氏指出，真空与顽空，一个有造化，一个无造化；一是圆空，一是断空。就功夫而论，真空是指"外呼吸断绝，神气同定，息念双销，性命合一。至静极而动，一阳来复之际"，则妙有显现。③ 此中有无一体，妙窍同玄。故真空中有无尽生机，无穷造化。《西游记》中"悟空"就是教人体会此真空不空之旨。顽空是指"偏静沉空之类，冥冥昏昏，只遏止念头不起，心如止水而已"④，古人比喻为"死水不藏龙"，因此没有造化。

他还指出，丹法以真空为最贵，此是吕祖门下西派相传之枢要。如他说："由无呼吸之定，功夫深入，身心寂然不动，人法双遣，境智冥合，内外浑忘，成〇如此之象。功夫到此，内则己土现前，五行四象自合，坎离自交，而成七返之妙。外则戊土成立，先天一炁，不召而自来。抱我法身，培养我色身。色法兼得利益而成九还之功。外还内返，同时进行，沐浴封固，不待安排。"⑤ 意谓：大定功夫深入，身心寂然不动，我法二执双遣，

① 洪建林编《仙学解秘》，第394页。
② 洪建林编《仙学解秘》，第394页。
③ 洪建林编《仙学解秘》，第395页。
④ 洪建林编《仙学解秘》，第395页。
⑤ 洪建林编《仙学解秘》，第395页。

内外浑忘，成"○"之象，功夫到此七返九还自成。

他又指出，文始派丹诀亦注重真空。如张三丰说："俺只待搬火炼真空，寻光破鸿蒙。"又说："直到真空地位，大用现前，龙女献一宝珠，金光发现，至此方为一得永得。"又说："金丹炼就了真空，千年万载身不动。"[①] 少阳派北宗也以真空为重。如王重阳说："虚空返照虚空景，照出真空空不空"；又云："墓中常有真空景，悟得空空不作尘"；伍冲虚说："空而不空，不空而空。而犹不见空，不见不空，方是空而真空。悟得真空实性者，方能调此真息"；于清风说："来至真空，阳神难出"。[②] 少阳派南宗亦以真空为重。如张紫阳说："然金丹之生于无也，又不可为顽空。当知此空，乃是真空，无中不无，乃真虚无。"[③] 陆潜虚著《南华副墨》，纯示真空妙谛。[④]

真空与顽空论基本上是继承了三丰等派的思想。

十七 "外身易形"之道

徐氏提出，外身易形之道，是道教所修。外身易形之道是指必先舍弃色身，到外边虚空中去凝神调息，方能无中生有，尽九还七返之妙。因此，道教丹法"最初从身外虚空下手，最后即在身外虚空了手。自始至终，步步不离虚空，尽在外边运用，而一切法验"，则尽在色身上显示，"如易发、易齿、易血、易瞳，乃至易粗重色身为微妙法身"；"根身世界，一一密转、密移，泊乎脱胎神化，则飞升冲举，神通自在。故能外其身，即能易其形"。[⑤]

他还指出，仙宗是"从身外'心息相依'发轫，借彼'先天一炁'锻炼凡躯，身心渐化渐纯，累积长久，化形为仙"[⑥]，这是从外而外身易形。禅宗是"以一个话头，斩断心思意识，直至人法双忘，境智俱泯，有无不立，能所皆销。忽然如桶底脱落，虚空粉碎，大地平沉，悟修功纯，便证无生法忍"[⑦]，这是从内而外身易形。

---

① 洪建林编《仙学解秘》，第 395～396 页。
② 洪建林编《仙学解秘》，第 396 页。
③ 洪建林编《仙学解秘》，第 396 页。
④ 洪建林编《仙学解秘》，第 396 页。
⑤ 董沛文主编《天乐集：道教西派海印子内丹修炼典籍》（上册），盛克琦、周全彬编校，第 21 页。
⑥ 洪建林编《仙学解秘》，第 614 页。
⑦ 洪建林编《仙学解秘》，第 614 页。

可见，徐氏的身外虚空工夫袭取汪东亭师。但他又结合藏密来诠释外身易形之道，因为"易粗重色身为微妙法身"说显然受到藏密影响，内丹学从来没有此论。

十八　长生与无生论

徐氏指出，佛法固高，然而谈理的多，实证的尚无其人。道教只贵现前，"现前能安神和息，得真实受用，将来可不问自知"；所以说，道教"如商人办贷，要现款现购，不用期票，不贵赊账"；而今学佛者，"求将来获益，死后往生，类似使用期票"，然而"期票到期，能否兑现，实无把握"。①

关于"仙贵长生，佛贵无生"，徐氏提出真无生即得真长生。无生只是不着生相。如他说："须知无生，只是不著生相，非谓如枯木寒灰，毫无生气"；假若果如枯木寒灰，即落空亡之外道，不是佛教不生不灭的主旨。②如来示得真解脱者，"不生不灭，不破不坏，不老不死，无有发白面皱等丑态。无有疾病，与仙长生无二无别"③。长生是不自生，不自生即不执着生。如老子说："天地之所以长且久者，以其不自生，故能长生。"这是说，不自生即不执着生，真生而无生。能证无生之理则亦无死，是无生无不生。可见，道教的长生不落常见，佛教的无生亦不落断见。无生而生是佛，生而无生是仙。无佛而不是仙，无仙而不是佛，"真无生即得真长生，真长生即妙契真无生"④。

他还提出，无生、长生不过是折摄门庭不同。而今佛教徒一闻长生，则斥为外道，非佛本旨，不知佛为执着命元、情见未破之人示以无生。如果情见已破，正好示以长生。《法华经》开权显实；《华严经》情量破尽；最后说涅槃，则以"入大涅盘，不老不死，与东土黄老，心心相印"。可见，不可执着一边，"以无生归佛，长生归老，尊重无生而藐视长生"⑤。

① 洪建林编《仙学解秘》，第 535 页。
② 洪建林编《仙学解秘》，第 539 页。
③ 洪建林编《仙学解秘》，第 540 页。
④ 洪建林编《仙学解秘》，第 539 页。
⑤ 洪建林编《仙学解秘》，第 539~540 页。

结　语

综上可见，徐海印的"西派"传承是其自己虚构的，无可靠证据，故师承"西派"只能算是"私淑"。

徐海印的修道程序大纲与前人相同。他主张修道以修德为辅助，这亦与前人同。徐氏玄宗三宝论是对三丰、西派等的继承，其入手调息用反闻法未见西派之丹经。他的玄宗三化论是受到其师汪东亭的影响，未见于前人之丹经。他的"小大周天"论对小周天、大周天的内涵的三种诠释，未见于前人之丹经。他的"小还丹与大还丹"论是继承了汪东亭的，但又比汪氏说得详细。他用先天养生与后天养生来诠释内丹学与西方卫生学之异同，发前人之未发。他的心息相依法与前人不同，自称传自汪东亭；他还认为睡功就是心息相依工夫，这未见前人之丹经。他的养己与炼己关系论发前人之未发。他的内药与外药论袭取于汪东亭，与以前的内丹家所说不同。他的戊土与己土论是在内药与外药论基础上对七返九还之功的新诠释，这是汪东亭没有论及的。他的起火与止火论，特别是三种止火秘诀得自汪东亭师，与前人所说内涵迥异。他的真空与顽空论基本上是继承了三丰等派的思想。他的"外身易形"之道袭取于汪东亭。他的长生与无生论是对前人仙佛合宗思想的继承，但他提出无生长生不过是折摄门庭不同，是其创新之论。可见，他的内丹思想主要是继承和发展了汪东亭后期的内丹思想。

第九章　魏尧的内丹思想

民国时期，与陈撄宁一样，魏尧以振兴内丹学为己任，公开集会讲道，弘扬内丹学，产生了一定的社会影响。

第一节　魏尧的生平和著作

魏尧，字则之，号后觉道人，生卒年不详，四川省华阳县（今成都市）人。毕业于成都中学（今成都七中），后入北京法律学校，毕业后被分配到奉天（今辽宁）司法界；1920 年 4 月辞职前曾任滨江（今哈尔滨）地方检察厅厅长、特别法院刑庭长等职。[①] 他自辞职后，四处访师求道；于 1922 年 7 月 25 日夜，在滨江至诚社与南阳张君等设乩坛，按吕祖乩示设坛 100 次，目的是普度众生。如他说："因道为大公之物，我汪师亦以普渡为心，所以上继其志，且道不可私，既受此道，应以宏道为己责，譬如吕祖普渡之心，至今未了，所以到处开鸾宣化。"[②] 他自称扶乩期间遇汪东亭师而悟道，而汪东亭已于 1917 年羽化，所以不可能是亲炙，可能是乩传。

1923 年正月，魏尧与涵青、碧云道人在滨江至诚社乩坛录得张三丰降笔《大道真传》，计九篇。该篇"扫数千年丹书积习，尽去龙虎、坎离种种象言，而直演性命根宗，揭其妙窍，发前人之所未敢发"[③]。

1924 年 12 月 22 日，魏尧在北京召集同道，传道讲学，拨迷指悟，直至 1926 年 1 月 21 日讲完，共讲课 49 次。如他说："去年开讲为冬至之日，今日讲毕，为释迦佛成道日，皆由人事天时，因缘会合而成。"[④] 魏尧所讲内容，经浙江陈威公孟根据听课笔记整理，编印成讲义，名《一贯天机直

---

① 参见魏则之著，盛克琦编校《大道真传·前言》，宗教文化出版社，2012，第 6 页。
② 魏则之著，盛克琦编校《大道真传·前言》，第 6~7 页。
③ 魏则之著，盛克琦编校《大道真传》，第 292 页。
④ 魏则之著，盛克琦编校《大道真传》，第 244 页。

讲》，共 4 卷，计 21 讲，现存高恩洪[①]刊印本，书前有 1941 年 12 月 21 日高恩洪的序，叶一盒序和魏尧于 1924 年冬至的自序。该书对于三教精华、诸经奥义，详加注释，发泄无余。此外，还有经陈孟记录整理的《大道真传（口诀）》一书，共 6 讲，现存手抄本，系上海姚劲松抄录自胡美成藏本。该书对大小周天火候、温养和炼神还虚等皆有通俗的讲解。2012 年宗教文化出版社出版了魏尧著、盛克琦编校的《大道真传》，书中所收《一贯天机直讲》《大道真传（口诀）》是以高恩洪刊印本、姚劲松手抄本为底本的。

第二节　魏尧的内丹基本理论

魏尧虽自称遇汪东亭师而悟道，但他的性命论等内丹基本理论与汪师不同，是对伍柳派等的继承和创新。

一　"无极而太极"之性命生成论

如前所述，元代内丹家提出人道为：无极而太极→阴阳动静→五行四时→万物化生（人）；仙道为：万物→五行→阴阳→太极本无极。

魏尧亦主张，无极→太极→阴阳→五行→万物化生。他指出，八卦有先后天之分，故乾、坤二卦亦应分先天、后天。先天为体，后天为用。所谓"乾""坤"，乃一阴、一阳，生于太极。太极生于无极，无极实质上是无。由无极生太极，其体仍然无物，其象为"○"。太极动，而生一炁，其象为"⊙"，仍无形象，视之不可见，听之不可闻，即一阳之炁。迨无形炁足，而生有形之气，是为静而生阴。于是，无形之炁，清轻而上浮为天，为乾；有形之气，重浊而下凝为地，为坤。于是两仪立。天上地下，而其中真空。真空之处，仍然为一太极。太极合无形之炁之天与有形之气之地，而为三。三即一。天地相距八万四千里。当二万四千里之间，正为真空，而成一太极，名为"大中极"，又谓之"天地之心"，简言之曰"天心"，亦曰"道心"。两仪既分，阴阳相荡，炁气相交，又分而为四象。阳包阴，无形之炁在外，有形之气在内，为日；阴包阳，有形之气在外，无形炁在内，为月。天地日月之间，仍有一中，而为真空之太极。合天地日月而成

---

① 高恩洪（1875~1943），字定安，亦作定庵，山东蓬莱县（今蓬莱市）人，曾任民国交通总长、教育总长等职务。

五，五即三，三即一。这就是广成子告黄帝的三一之道，亦即《悟真篇》所谓"三五一都三个字，古今明者实然稀"。一为天地未分之太极，三为天地已分之太极，五为四象成立后之太极，太极包天地，天地又包太极。譬如鸡蛋中间有一小空，其色淡黄，外以黄色包之，又以白色包之，而鸡蛋之两尖皆有空隙。其中空即内含之太极，白黄即天地，而两尖之孔隙，即外包之太极；可以说，天地间万物之化生，其象无不同乎此；动物胞胎、植物种子都是如此。①

就阴阳化生五行来说，魏氏指出，乾属阳，阳炁无形，画"－"以象之；坤属阴，阴气有形，画"一"以象之。积三画而成乾"☰"，乾为天；积六画而成坤"☷"，坤为地。三生万物，三字又有终字义，成始成终，故积三画以为卦。乾坤交，而成离坎，天地交而成日月。乾坤以离坎为用，天地以日月为用。天地之用，由日月以显之，积其升降往来而成寒暑，分四时。万物之化生，皆经四时而成功。东方为木气，时为春季，木有生生之德，而万物生；南方为火气，时为夏季，火有炎上之德，而万物长；西方为金气，时为秋季，金有杀物之力，万物遇之而凋伤；北方为水气，时为冬季，水为收藏之气，万物潜藏，此先天五行之气。这可以《河图》证之。②

图 9-1 万物化生图

由图 9-1 可知，《河图》是二七在前，一六在后，三八在左，四九在右，五十居中。一六象北方壬癸水，二七象南方丙丁火，三八象东方甲乙木，四九象西方庚辛金，五十象中央戊己土。中五象太极，含四象中空，无形而内蕴妙有，又象太极之含一炁。从其始化来说，天一之阳炁，其性

---

① 魏则之著，盛克琦编校《大道真传》，第 7~8 页。
② 魏则之著，盛克琦编校《大道真传》，第 8~9 页。

润湿主静，名之为水，而藏于北。北，成始成终之坤方，故象为冬。冬主归藏，而为万物资生之本；地二之阴气，其性上炎主动，名之为火，而丽于南。南，至尊无上之乾方也，故象为夏。夏主长养，而为万象交明之时也；东三则合天一地二而成其性，主生，其气则温，故象之春，和煦有仁慈之德；西四则合二水一火，而其性主杀，其气则凉，故象之秋，严肃有义毅之德。气之激而荡者为风，故东、南、西、北之风各顺其性，而生、长、杀、藏适符其德。金、木、水、火居四方之位，中间之空间，名之为五，即土气。土旺四季，藏在金、木、水、火之中。万物生于空间，由空而立，即无不有空在其间，故土气周流四象，而无不在，此先天五行之气。① 由此可见，万物之化生，由于五行；五行之消长，由于日月。

魏氏又指出，人生之初，亦与宇宙之造化同功，即由无而生有，由太极而生五行，再而结胞胎、备肢体。当人未生之前，一物无有，空之至，即无极；道书、释典均言"父母未生前之本来面目"即此"无极"。而父母生人时之"本来面目"，则为太极。这是因为人之初生，由父母男女二体之媾精，感动先天之炁，从虚无中来，而结胞胎。当其将媾之际，情欲一动，而为肉体结合，渐臻精神结合。因肢体作用而生快乐，追快乐之极，男女二心，皆空洞无一物，即快乐亦不自知，而成真空。以有形交合之事，化纯坤无形之象；坤为真阴，唯真阴可召真阳。于是，遂能感动先天太极中之一炁，周流六虚，无中生有。一点真阳乘空而来，投入母胞，始成胎孕。此点真阳，即天命之性。在天为性，在人受之以始胎，则谓之命。这大概是由于男女因快乐而空其身心，初成无极；继而二人神炁合一，又为混沌之太极，真空因之生出一点理炁之妙有。就太极而言，则为无中生有；就人身而言，则为感召而应。此炁本空，遂为人最初感受之炁，故称为先天之乾元真性。然当此炁由虚无中生出之时，男女二体之精神，已合在无形中打成一片。此点阳炁，即投其中，如甲"〇"之象。内虚圈中空，为此炁外虚圈，为精神结合之象。又精神既合，则男女呼吸之气亦混合，而产一团有形之气，如乙"〇"之象，隐于阴蹻之间。甲象因乙象所招摄，遂入合其中，如丙之象，随呼吸投入子宫。此气即为坤元之真命，故称后天中之先天。既合为丙，则性命合一，然后父精母血，包裹于外，乃成胎原，

---

① 魏则之著，盛克琦编校《大道真传》，第 9 页。

如丁之象。共五重造化，分之即太极、太始、太初、太易、太素。[①]

甲为先天一炁——乾元真性——先天之先天；

乙为父母精神和合之情——气质之性——先天；

丙为父母坎离凝结而生之气——坤元真命——后天中之先天；

丁为父精——后天；

戊为母血——后天。

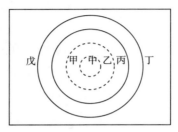

图 9-2　人之受形结胎图

注：虚线皆空，故为三层包罗，而数合五行。

由图 9-2 可见，顺道生人，亦合天地之造化。甲、乙均为先天，有其象而已，故均得之于天；丙、丁均为后天，有形有质，故均得之于地。胎原既立，是受之于天；主宰动静，是受之于地，留恋先天以化形体。形上形下之道全，乃日新月异，而五脏、六腑、百骸、九宫，渐以积成全身。迨胞胎成后，由脐带通母之呼吸，而吸收外来之气，是为后天气。此后天气入腹，留恋先天炁及后天之先天炁，而在天成象；长养后天之先天炁，及后天气，而在地成形，潜滋暗长，而发育其胞胎，此人生在母腹受形结胎之次第。[②]

及至后天气足，十月胎圆，动已极。极则穷，穷灵变，变则化，忽然遽生知觉，踏破胞胎而出生，因中阴入主，神炁已全。何为中阴？俗谓"灵魂"，道家称之"元精"，谓夹带情识，又谓识性；佛家称之"中阴"，谓带无始劫来之业根；儒家名之"人心"，谓含食、色之性。感附人体，则为神魂；混合尘情，则为识神；飘荡空中，则为中阴。《楞严经》译为"中阴"二字，可能是由于其为纯阴无形之空体。俗总称为魂，义实不当。

---

① 魏则之著，盛克琦编校《大道真传》，第 15 页。

② 魏则之著，盛克琦编校《大道真传》，第 16~17 页。

"魂"是对"魄"言，此时无魄，不可能为魂。[1]

就乾、坤、离、坎之在人身而言，魏尧认为，乾天为性，坤地为命；性即性根，命即命蒂。离为后天之性，坎为后天之命。《黄庭经》首章云：上有魂灵下关元，左为少阳右太阴。后有密户前生门，出月入日呼吸存。意谓：上、下、前、后、左、右六者暗藏一中字在内，中即虚空。太虚以天地为真胎，日月为真息。日月之升降，即太虚之呼吸。而吾人身中之呼吸，亦正有似乎太虚，其所出入而锻炼之，亦为一日一月，亦名之为坎、离。所谓坎离，即后天之性命。吾人身上之乾坤门户，即上下。丹道亦指乾为鼎，而坤为炉，以太虚为乾鼎，以太极为坤炉。人身之虚空即太虚，人身之虚窍即太极。故八门九窍，皆为人身之门户，皆太极。《道德经》曰："常无欲以观其妙，常有欲以观其窍。"妙即太虚，窍即太极。而观妙、窍之法，则在一念不生以观妙，一意不散以观窍。吾人妙窍，即是玄关；玄关者，天地间至玄至妙之机关也。天地之大虚空，与吾身之小虚空，借门户而息息相通。[2]　其象如图9-3所列：

图9-3　天地、人身虚空图

来源：魏则之著，盛克琦编校《大道真传》，第11页。

由此可见，人身一小天地，受炁之初，感太虚而赋性，在天成象；因太极以立命，在地成形。体质既备，出日入月，以为呼吸。出入之息，且时时与天地太虚通，乾坤坎离，已备于人身。

他又指出，童体之八卦为乾南坤北、离东坎西；生黄道时之八卦，为离南坎北，乾东坤西。破体（漏精）之后，离坎居上、下之位，震兑列东、西之门，父母之乾、坤，退入西南、西北虚空之处，深藏而不可睹。故水火未济，金木间隔。神漏于上，而精炁随之；精漏于下，而神炁随之；炁

---

① 魏则之著，盛克琦编校《大道真传》，第17页。
② 魏则之著，盛克琦编校《大道真传》，第10~11页。

漏于中，而精、神亦随之。受之于先天者，漏之不已；而后天之物欲，蔽之不已。阳消一分，阴长一分，至女子七七四十九，男子八八六十四，而真阳耗尽。[1]

此外，他注《道德经》"一生二，二生三，三生万物"曰："人生之初，先天一炁一也，父母呼吸之气，二也。合一、二而成三，合先天炁，及后天之先天炁，遂无中生有，生出一物，而为三，三即中阴也。因受胎以后，由脐带通母体，以母之呼吸为呼吸，而吸入外间之后天气。此后天气留恋先天及后天之先天炁，使日形盛旺。及其既足，凭同类相感之理，感召中阴外来，非由一、二而生三乎！以三才之理论之，先天一炁为天，父母呼吸混合之气为地，此中阴即人也，是为三才。加以父精母血，则为五形。"[2]意谓：人生之初，先天一炁是一，父母呼吸之气是二。合先天炁（一），及后天之先天炁（二），遂无中生有，生出一物，而为三，三即中阴。以三才之理论之，先天一炁为天，父母呼吸混合之气为地，中阴即人，是为三才。再加以父精母血，则为五行。

内丹学主张，顺则成人，逆则成仙，即仙道与人道之间是顺逆之关系。魏尧亦持此观点。他说："修道者，仰观大造，执之以为法，由四而返二，由二而返一，由实而返虚，由后天而返先天，皆于此虚空之中下手，而返乎太极之本来。"[3] 意谓：由后天性命返先天性命，由先天性命返先天之先天乾元真性，再由乾元真性返回无极。

二　"先后天五行"之性命内涵论

前已述及，内丹学主张，性即是神，命即是精炁。精炁神又有先天、后天之分。先天精炁神称之为元精、元炁、元神。精炁神三者之间又是相互作用、相互依存的。

而魏尧亦主张，性命有先后天之分，乾坤为先天性命，乾为先天之性，坤为先天之命；坎离为后天性命，离为后天之性，坎为后天之命。他指出，乾天为性，坤地为命；性即性根，命即命蒂。他说："盖真空一炁，即金之精华，金白而出于乾，亦即乾元祖性，所谓'性根'是也；妙有一气，即

[1]　魏则之著，盛克琦编校《大道真传》，第28页。
[2]　魏则之著，盛克琦编校《大道真传》，第26页。
[3]　魏则之著，盛克琦编校《大道真传》，第8页。

水之精华，水黑而出于坤，所谓坤元命蒂是也。"① 意谓：先天一炁，即乾元祖性，所谓"性根"；后天之先天炁，即命；命蒂为坤，坤地。

就先后性命内涵而言，魏尧主张，先天性命是元性、元神、元情、元精、元炁，即人身的先天五行；后天性命是精、神、魂、魄、意，即人身的后天五行。他指出，人自受生，"先天乾元之炁为性，而后天中之先天坤元之炁为命"②。当"中阴入居中宫，灵而能觉，为我主人，而身中之先天五行于是成立"③，其象图9-4：

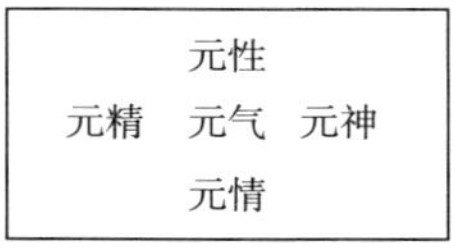

```
              元性
      元精   元气   元神
              元情
```

图9-4　先天性命图

此元性、元神、元情、元精、元炁五者皆无形象，故为先天；其区别则在动静之间。元性是先天祖性，"静时本为空体，动而能灵，则为元神"；元情本受胎时得之父母，"而化合中阴以成之"，故其静即为本体，动则称为元精。元炁是人立命之根，元性、元神、元情、元精都必须因元炁而后动。可见，元炁实质上为先天之主，而居中运用。④

他又指出，当识神用事，先天之五行又变为后天之精、神、魂、魄、意。精是交感之精；神是思虑之神；意是妄动之意，纯是后天情欲之主；魂是神炁之影，静无形而动有象；魄是精炁之余，静有形而动有质。魂魄有阳魂阴魄之分，同为识神所役使。⑤

前已述及，当中阴入居胎中，胞胎即灵而能觉；这是因为中阴非入胎不神，而胞胎非结合中阴不动。后天之造化，有赖于中阴；中阴与后天之气相结合而能动，是即胎儿之元情，动而哇然一声下地，鸿蒙辟破，悲啼不止，此即《中和集》所谓"一剑凿开混沌，两手劈破鸿蒙"。此后识神用事，先天之五行又变为后天之精、神、魂、魄、意。其象如图9-5：

此分为精、神、魂、魄、意五者，而不说气，这是由于气入意中，意

---

① 魏则之著，盛克琦编校《大道真传》，第25页。
② 魏则之著，盛克琦编校《大道真传》，第18页。
③ 魏则之著，盛克琦编校《大道真传》，第19页。
④ 魏则之著，盛克琦编校《大道真传》，第19~20页。
⑤ 魏则之著，盛克琦编校《大道真传》，第20~21页。

图 9-5 后天性命图

即气，故不说气而只说意。其实，精、神、魂、魄、意五者都因气而动，故舍意称为精神魂魄气亦可。[1] 而"气为成始成终之物，养性必先养气，养气方能保命，气为五种之源"；当一无所有之时，惟气先生，而了道之时，实有赖于气；气即金，"惟乾金能全始而全终，故丹经皆以金为言"。[2]

就先后天性命关系来说，魏氏指出，元神是乾元祖性，就是谷神，其体本空；识神是由元神、元情而出。性情混合，元神变为识神。这是由于当先天乾坤变成后天坎离，"情变为性，上占元神之地位；性陷为情，下混于元情之所"。情识夺元神之混沌而为开明，才成识神，故称识神为元情、元神化合的变体。元神生思虑神，思虑神是识神的一部分；思虑之神，即识神动于内，是后天人心之主，故说后天神即以"思虑之神"代之。[3] 后天完全由识神主事，识神是六识之主。"眼、耳、鼻、舌、身、意为六根，色、声、香、味、触、法为六尘，根尘相接，而六识生。"六识实质上是一识，因为神藏在意根，能灭此意根，则如文殊所云"一根既返源，六根成解脱"。泯灭此意识界，则六根自然清净，识神返为元神。[4]

他还指出，识神是愈用而愈灵；后天的智慧都出自识神，故愈灵而愈堕落。"作奸犯科，奸盗诈伪"，都是识神主使的。元神则无知无识，按照道的规律，遵循造化的自然而通灵。[5] 元炁是指父母交时两精两气相合而生之气，即后天之先天炁，"先天炁自外来，为我主人；后天气亦自外来，亦为我身主人"[6]。有外必有内，内即神，外即气。元神与乾元祖性同体，后变为识神，亦为我主人。凡一切动作行为都是识神主使的，但没有气则不能感通而役使有形之体。[7] 故神作为主人，是无形的主人，即心的主人；而

---

① 魏则之著，盛克琦编校《大道真传》，第20页。
② 魏则之著，盛克琦编校《大道真传》，第20页。
③ 魏则之著，盛克琦编校《大道真传》，第135页。
④ 魏则之著，盛克琦编校《大道真传》，第35页。
⑤ 魏则之著，盛克琦编校《大道真传》，第37~38页。
⑥ 魏则之著，盛克琦编校《大道真传》，第38页。
⑦ 魏则之著，盛克琦编校《大道真传》，第38页。

气作为主人，是有形的主人，即身的主人；"神可为法身之主人，而和合元气，以成阳神。此元炁并能将识神返为元神，以成胎仙"①。

元精是混元至精；交感之精是男女交媾之精，即淫精。未交媾以前，元精藏命门；淫欲心动，"由脑冲下一气至命门，化精而出"。这是由于心动而情动，"情动而神动，神动而气随之；神、气相合而化精"②。

他又指出，先后天精气神之间是母子之关系。就元神与识神来说，元神为母，识神为子。他说："人之最先，只有元神，识神后来者也。识神挟有情根、智蒂而来，入我中宫，为我主人，涂附习染而加劣。后天劣性，皆由其智识牵引而来。倘智识不加污浊，识神仍空洞如元神也。由此观之，则识神实生于空，由空体感七情六欲，而成识神。空即元神也，故以元神为母，识神为子，丹经、佛典名之为贼，曰：'不可认贼为子。'因劣性而名之为'贼'，贼实子也。丹经于识神元神，谓之'子藏母胞'。若识神归元神，则识神自不动矣。"③ 意谓：人最先只有元神，识神是后来才有的；识神挟有情根、智蒂而来，为我主人，涂附习染而为后天劣性。但识神实生于空，由空体感七情六欲，而成识神。空即元神也，故以元神为母，识神为子。

呼吸气与先天炁，亦有母子之关系。只是先、后天相反，呼吸气为母气，而先天炁为子气。先天炁无形，呼吸气有形。以有返无，即在后天呼吸气中提取先天无形的炁。"道在阴阳相交，熏蒸四体，即可提出先天炁。譬之蒸气水然，经火锻炼蒸发，而极清之蒸气水出焉，故呼吸气为母气，而先天炁为子气。"④ 丹经所谓"母陷子胎"，就是指先天炁在后天气之胎中。

而元精与交感精又不同，元精作为物，名虽为精，其实是元炁，亦即为情。元神和元炁相合，而感生元精，此属于先天。以后天之精神与呼吸之气感情而动，化成有形之精，为交感精，此属于后天。识神、呼吸气、元精合而化成交感精。又"交感精因动而生，别有淫根，为出入门户"，"不去淫根，不能断淫"，"欲断淫根，须先将交感精化为元精"。此交感精是由神炁交感而生，情欲一动，神下行而与炁合，化为精而外泄。故情动

---

① 魏则之著，盛克琦编校《大道真传》，第38页。
② 魏则之著，盛克琦编校《大道真传》，第35页。
③ 魏则之著，盛克琦编校《大道真传》，第136页。
④ 魏则之著，盛克琦编校《大道真传》，第136页。

一次，精气神损失一次，损尽则死。唯得"漏尽通"则不漏，可断淫根。①

　　他还指出，内丹修炼就是以身心为体，神炁为用；以意为体，真意为用。如他说：

　　　　修道者，以身心为体，神气为用；以意为体，真意为用。身者，命门之阳气也，在命门与阴跷之间，故不言"命门"而言"身"；"心"者，非血肉之心，乃虚灵不昧之元神，居不内不外之间，其体本空者也。

　　　　坎为气　　身坎一阳（身中真气）
　　　　　　意　　中
　　　　离为神　　心离一阴（心中元神）

　　　　至身内主事，则皆为识神。何以不曰"识"而曰"心"？因情识泯时，天心即见，元神即复，故仍曰"心"。化有归无，便是道心；尘情不断，便是人心。皆取象而言，非有形之身心也。意者，戊、己二土也。二土合而成中宫真意，为神、气相合而生之第三者。当混混沌沌，有意无意之时，心息相依，神气相合，一念不生，一意不散，和合凝结，二土成圭，而真意见矣。②

　　这是说，"身"是指命门之阳炁，"心"是指虚灵不昧之元神。意，即戊、己二土；戊、己二土合而成中宫真意，亦为神、气相合而生之第三者。

　　总言之，魏尧主张，性命有先后天之分，乾坤为先天性命，坎离为后天性命；先天性命为元性、元神、元情、元精、元炁，即人身之先天五行；后天性命为精、神、魂、魄、意，即人身之后天五行。元性即先天祖性（乾元之炁），动则称为元神。元情本受胎时得之父母之阴阳二炁，而化合中阴以成之，动则称为元精。元炁是指父母交时两精两气相合而生之气，即后天之先天炁。元炁是先天性命之主，元性、元神、元情、元精都因元炁而后动。而后天精即交感之精，后天神即思虑之神。意即妄动之意，是后天情欲之主。魂是神炁之影，静无形而动有象。魄是精气之余，静有形而动有质。阳魂阴魄同为识神所役使。精、神、魂、魄、意亦都因气而动，但识神为后天性命之主，亦是六识之主。识神为元情、元神化合之变体，

① 魏则之著，盛克琦编校《大道真传》，第136~137页。
② 魏则之著，盛克琦编校《大道真传》，第33~34页。

思虑神是识神的一部分。

可见，魏尧用先天炁和佛教的"中阴"来诠释先天性命，用佛教"中阴"诠释内丹学之元神、识神，用乾坤坎离、先后天五行来解释先后天性命及其关系。可以说，魏氏的性命论是道儒佛三教合一的。

第三节 魏尧的丹法

魏尧的丹法非常有特色，主要有：

一 "内以养己"之炼己论

前已述及，内丹学主张，炼己是筑基的入手工夫。炼己的内涵主要有：炼己即止妄念；炼己就是炼心，即降伏妄心；炼己即制伏元神；炼己就是禁欲，绝恩爱，轻财物，慎德行。汪东亭提出，炼己筑基，就是养神安息。能知神在何处养，即知炼己；能知息在何处安，即知筑基。元神随从元炁，即是炼己。元炁随从元神，即是筑基。炼己筑基在虚空中下手。

魏尧却主张，内以养己，即炼己，是养性之初功。养己在我小虚空之中，必先"安静虚无"，以通彼大虚空之中，方能混沌，而招来真我，即乾性（元神）；元神原本妙明，至虚至实。[①] 元神之隐，一方面是由于其静寂，一方面是由于识神所遮掩，故视之不见。然而元神之灵觉仍时时内照形躯，譬如人熟睡之时，识神已泯，而元神之灵觉因以呈现，倘有人从旁呼唤，即能觉醒；人遇灾变事前自身有得先兆，亦是由于元神之灵觉。

他还指出，炼己即炼识神。炼己之"己"即为己土；己土由离生而为识神，炼己即炼识神。识神时常动而外驰，炼识神的目的就是使其不外驰。锻炼识神必须用戊土，戊土即元神，以戊加己，刚来克柔，一阴一阳，二土成圭，方能凝而不动。唯有戊土方可筑己土基，故称"炼己筑基"。取坎中之戊，炼离中之己，为"流戊就己用"；就象来说，谓之"还精补脑"；就功夫而言，叫"积精累炁"，亦称"炼精化炁"。[②]

他又指出，元神乾性作为本体，自生虚无；虚极静笃，则心自明而性自现。要使元神自生虚无，首先，"闭塞其兑"。兑即口，不是饮食的口，

---

① 魏则之著，盛克琦编校《大道真传》，第42页。

② 魏则之著，盛克琦编校《大道真传》，第70~71页。

是六根的门户。"蔽塞六根，使之内念不出，外念不入，收视返听，不相接触"，即"克己复礼"之道。① 其次，"三光陆沉"。三光在天为日、月、星，在人为耳、目、口。此"口"不仅指口舌言，亦指出入门户。三光陆沉是指将耳、目、口三光的外漏者，收而沉之大渊之中，也就是使"目不视而神凝，耳不听而精固，口鼻不动而气聚"，通常指凝神入炁穴。沉之于渊，方能"温养子珠"。子珠即性珠。"安静虚无，而后复性"，故称之"子"。珠即圆明之意，是指其本来圆明。②

他还指出，就识神而言，念之刚起为思；刚动之时本无邪，一转即邪。思易于收回，而不流于外，所以儒家以思为正，故曰"君子有九思"。《西游记》中唐僧遇九头狮子，是太乙救苦天尊的坐骑，狮名"九灵元圣"，比喻"君子有九思"。思即狮，灵即思之灵。灵思为人成圣之资，一转则堕落为奸邪。九灵元圣，本已归正，变为真意，而私下凡尘，即为魔、为怪。这是由思而私，"九思变为凡私，则道心消失而妄意起"；"九思归一，即返圣成真"。③

他亦指出，炼己作为内养之道，重在"安静"。下手炼己之时，六识外驰，必不能静，通过勉强习定，损之又损，以至于无为。久而久之，则身心大定，自然无为，谓之"安静虚无"。可见内养之道重在"安"字。④

综上，伍柳派主张炼己即制伏元神。汪氏主张，炼己筑基，就是养神安息。元神随从元炁，即是炼己。元炁随从元神，即是筑基。炼己筑基在虚空中下手。炼己筑基，不是清静闭精；清静闭精是炼心炼肾。而魏氏主张，内以养己，即炼己，是养性之初功。炼己亦即炼识神；元神可筑识神基，故曰"炼己筑基"。元神自生虚无，要使元神自生虚无的方法，一是"闭塞其兑"，二是"三光陆沉"。显然，汪、魏的炼己筑基论内涵不同，汪、魏的炼己论与伍柳派亦不同。

二 "忘身无心"之还虚论

前已述及，伍柳派主张，除了最后还虚，最初亦要还虚。还虚之"虚"，即无极之初，就是本来之性体；还虚就是复归无极之初，使本来性

---

① 魏则之著，盛克琦编校《大道真传》，第42页。
② 魏则之著，盛克琦编校《大道真传》，第42~43页。
③ 魏则之著，盛克琦编校《大道真传》，第70页。
④ 魏则之著，盛克琦编校《大道真传》，第44页。

体圆满。

　　而魏尧却提出，还虚即还于虚空。还虚为成始成终的功夫，修道者始终在此还虚一事。童体已破之人欲做炼精化炁工夫，最初先须还虚，即性功的顿法。修道之人若有大根器，即此还虚而已足，不必再用其他功夫。末后还虚工夫亦如是。炼神还虚实质上就是"以我之虚空，通天地之虚空"①。

　　他还指出，"还虚"即还坤，因为坤卦周流六虚。修道者始终在还虚，应始终以坤为法。然而何以能成纯坤之体？他主张，身心俱忘。"外其身"即忘身，以天地之精气、父母之精血所化生之肉身本来就是躯壳，即佛教所谓"臭皮囊"，肉身对元神来说就是借以暂住之房屋。人身既然如同宅舍，应视为无足重轻而外之，方能修"还虚"之道；做到纯坤而身空，即还虚。② 忘形去心，心将有形者忘去，即眼睛所见、耳朵所听之形形色色，能视若无睹，听而不闻，这才合于道。所以说，达观无物，忘心而心修，忘形而形存。③

　　他又指出，欲达到还虚地步，必须是身静心净。人生在世，所感者全是七情六欲。欲达到还虚地步，须是身静心净。身心静净，内外皆空，即此"○"相，两者合而真意生，从而到达最初还虚的目的。④

　　他亦指出，身心两静是修道之要务。其功夫为：含目光，凝耳韵，缄舌气，调鼻息。⑤ "含目光"就是指眼睛轻轻合着，似乎闭而并未全闭，如睡着时，即自然含光之意。⑥ "凝耳韵"就是外声不入，耳内的天然音韵不出，使所发之音凝而不散。⑦ "缄舌气"中"缄舌"即"塞兑"之意，并非永远不说话，特指少说话而已；人生睡时或平时，多有张口现象，需要闭口；然而用意强闭口，即吃力而着相，亦不相宜，需要顺其自然地闭口。⑧ "调鼻息"指呼吸之息，必须用不调之调。"不调之调"是指十二时中，需要于鼻外微微听息，亦即"返听"，所以耳生音韵，由息调而来。耳调息有一诀为"六字真言"，即"唵、嘛、呢、叭、咪、吽"。"唵"字到"咪"

　　① 魏则之著，盛克琦编校《大道真传》，第 285 页。
　　② 魏则之著，盛克琦编校《大道真传》，第 95～96 页。
　　③ 魏则之著，盛克琦编校《大道真传》，第 96 页。
　　④ 魏则之著，盛克琦编校《大道真传》，第 97 页。
　　⑤ 魏则之著，盛克琦编校《大道真传》，第 97 页。
　　⑥ 魏则之著，盛克琦编校《大道真传》，第 97～98 页。
　　⑦ 魏则之著，盛克琦编校《大道真传》，第 98 页。
　　⑧ 魏则之著，盛克琦编校《大道真传》，第 98～99 页。

字，为入；"吽"字为出，此为梵音。"'唵'到'咪'字，入而到脐下，'吽'字由下回上至喉"，此六字梵音是呼吸的自然景象。"息能调，即自然得此六音。如心不静，而不易睡着，亦可念此六字。能静而息调，即安睡。"六字五音皆全，可用默念，而不必出声。道家亦有七字调息诀："呬、嘘、呵、吸、嘻、吹、呼"；"呬"到"呵"为吸，而"嘻、吹"为呼，与上述六字同，亦取其音。①

要言之，上述四种功夫，即《周易参同契》所谓"耳目口三宝，闭塞勿发通。兑合不以谈，希言顺鸿蒙"。能做到时，自然"真人潜深渊，浮游守规中"，真意出来而可以还虚。②

此外，最初还虚，尚有一种权法，即"睡功"。上述四种功夫为"经法"，此可为"权法"。当修道之人身上阴太重而阳少，用睡即能身、心两静。久而久之，睡中生阳退阴，心自易静，故可先用睡法。倘能头到枕便睡，"心中干净，自然最好。倘若不能，可先画一圈○，以有意无意视之，自能睡熟，而身心两静"。必须要身心两静，而"睡"法方为合法。唯此等静睡，不过片刻必醒，如逢有事，即可做事；若当无事，亦可再睡。这是静中生阳的最好方法。③

综上，魏尧主张还虚即还坤，还虚为成始成终之功夫；修道者始终在此还虚一事。身心两静是修道之要务，其功夫为：含目光，凝耳韵，缄舌气，调鼻息。这未见于前人之丹经。

三 小周天工夫

（一）调药

前已述及，伍柳派主张，调药是未采药前的工夫，即调外药。调药是调外药当生之时，调外药适采之时机。调药时要分辨"水源清浊"，即分辨精是先天还是后天。药生之时要辨别药之老嫩，因为过早炁嫩，过迟炁散。汪东亭指出，就调药法来说，分则采真阳真火，黄婆即戊土；取真阴真水，黄婆即己土。合则阴阳和，水火交，戊己叠，而成刀圭。④ 就药生而言，分

---

① 魏则之著，盛克琦编校《大道真传》，第98页。
② 魏则之著，盛克琦编校《大道真传》，第99页。
③ 魏则之著，盛克琦编校《大道真传》，第99页。
④ 《养性要旨合编》，《藏外道书》第25册，第569页。

则要明白如何是壬水、是癸水。壬水属阳，癸水属阴。壬水清，癸水浊。壬水是真铅，是外药，是自外而来，故云"铅还向外求"。癸水是真汞，是内药，是自身所有，故云"汞在家中取"。合则归炉烹炼之。①

魏尧却主张，当药生时，用武火来止念以保证水源的清，从而采得真药。当药生时，修炼者觉知之时，念头欲动。是时，用听息之工夫：就是略用长呼吸，以心听之，以此来止住念头。②

此外，魏尧还指出，可用睡功止念。因睡时身心两静，神炁自然相抱，一阳来复时自然神觉，阳生即醒，醒即可坐起采药。初习者要先炼睡魔。人欲睡觉时，因杂念多而不能睡着。是时，即画一圈〇，以有意无意之意看之；或设想鼻外似有一圆圈，以有意无意看之或存之，自然能止念而睡着。初睡之时，必须心无杂念，先于有意无意之间，将神合炁于鼻外虚空之中，自能神炁相抱，直到一阳来复，神自然觉知其动，此时应醒来而坐起采药。若仍是昏睡而不起，容易生乱动，则阳炁又化为后天，泄掉。③

魏尧指出，调药是要调其当采之时。真阳之炁初来时较为微弱，是为药嫩而不可采，必须养足阳炁，药方可采取。当阳炁初生较微弱时，必须用"定"字工夫来养足。"定"字工夫就是以心中之神定于内外虚空之处，神定于外，完全离身，身更虚空，方能生足阳炁。当觉周身舒适而酥软，此即阳炁生足之时。④ 这里值得注意的是凝神于鼻外虚空，这是魏氏丹法的独特之处。此法应该是受汪东亭"教外别传"的影响。

（二）行小周天工夫

前已述及，当药生之时，就要立即采药归炉行火。伍柳派主张，采药之工就是炁动神动，以元神主宰元炁，不令其出阳关，返归于体内之炁根。采到小药后，将其封固在下丹田，同时行小周天之火。行小周天火候的要点有二。一是以真息定子午卯酉四时并且以真息数定时数，子进阳火，午退阴符，卯酉沐浴，子午卯酉为身中活子时。沐浴是正功，进火、退符是助功。⑤ 二是以吸升呼降为行火之机。当在阳之时，顺吸机而至乾，乾为

---

① 《养性要旨合编》，《藏外道书》第 25 册，第 569 页。
② 魏则之著，盛克琦编校《大道真传》，第 242 页。
③ 魏则之著，盛克琦编校《大道真传》，第 243 页。
④ 魏则之著，盛克琦编校《大道真传》，第 187 页。
⑤ （明）伍守阳：《天仙正理直论》，《藏外道书》第 5 册，第 798～799 页。

天，为首位，在上，故曰升不降。当在阴之时，则顺呼机而至坤，坤为地，为腹位，在下，故曰降不升。此即吸呼机之妙用。① 汪东亭指出，就周天火候而言，炁到，即子时至。随后用文火浸浸，变成武火，比喻冬至复卦一阳从地底渐渐升到天顶，故谓之进阳火；再从武火浸浸，化成文火，比喻夏至姤卦一阴从天顶降到地底，故谓之退阴符。周天火候口诀：念不起，意不散，含光默，真意绵，文武转换，调匀自然，暗合天度，方可谓之周天火候。故《参同契》以六十四卦消长比喻之，以一年节候比喻之，以一月盈虚比喻之。②

而魏尧指出，当阳炁足，即小药生，是时，定即采取，忘为封固。当阳炁充足，冲动命门，外肾即举，就得行一周天。当阳炁由冲脉上行，此时应仍然神定于鼻外虚空之中，少时阳物缩回，阳炁自降到下丹田。是时，遍体清凉，心中快乐，难以言喻。此中火候，神觉自然调和，毛孔先酥麻，而后舒适，凉液下来，其痒亦止，至此一周天完成。③

魏尧还指出，小周天真阳之炁以冲脉作为升降的路径，不用任督二脉后升前降。小周天真阳之炁则由冲脉而升降，可不由任督脉升降；因为此时真息尚未成立，任督脉还是闭着；大周天要用任督脉来阳升阴降。④ 这未见于前人之论。

魏尧这里所说的小周天先天真阳之炁沿着冲脉直升直降；冲脉为人体奇经八脉之一，与任脉联络于人身躯壳之前，偏于肌肉之间。这与"中黄直透法"极为相似。"中"表示位置，"黄"表示颜色。此种丹法的特点是：真阳之炁贯通中黄即中脉，不用任督二脉之开合，便可结丹采药。南怀瑾、胡孚琛两位先生认为，冲脉即中脉，真炁直接由冲脉上行，直透中黄，是丹道最上一乘的顿法，其结丹的速度比一般的要快速许多。闵一得的"中黄直透法"阐释最详，闵一得《泄天机》说："丹家理气，原有三道，曰赤，曰黑，曰黄。赤乃任脉，道在前，心气所由之路。心色赤，故曰赤道。而赤性炎上，法必制之使降，则心凉而肾暖。黑乃督脉，道在后，肾气所由之路。肾色黑，故曰黑道。而黑性润下，法必制之使升，则髓运而神安。原斯二道，精气所由出，人物类以生存者，法故标曰人道。丹家、医家详

---

① （明）伍守阳：《天仙正理直论》，《藏外道书》第 5 册，第 788~789 页。
② 《养性要旨合编》，《藏外道书》第 25 册，第 569~570 页。
③ 魏则之著，盛克琦编校《大道真传》，第 211 页。
④ 魏则之著，盛克琦编校《大道真传》，第 209 页。

述如此。黄乃黄中，道介于赤黑中缝，位在脊前心后，而德统二气，为阖辟中主，境则极虚而寂……凡夫仙胎之结之圆皆在斯境。虽有三田之别，实则一贯，法故标曰仙道。"① 意谓：真阴真阳二炁沿任督二脉升降运转，此是人道。黄道中脉统真阴真阳二炁（心肾二气），为阖辟中主；虽有上中下三丹田之别，实则一贯，此是仙道。可见，与闵氏相比，魏尧的小周天冲脉论更为清晰通俗。

魏尧还指出，做小周天工夫时，以阳举到缩回为周天一度。初做功时，可能需要一刻钟，后渐渐缩短时间，由一刻钟缩短为十分钟，十分钟缩短为五分钟。由子时到亥时，周天一度仅需要一分钟时间，即工夫熟习。然后接连不断地做功，即"自在河车几百遭"。一分钟，即一动一静，动静连接不断，到三百次，即小周天工夫完毕，丹原结。丹原在脐下一寸三分之处。丹原初结时跳跃浮动于命门与心府之间，即应该用目注视于脐下一寸三分之处以封固之。三五日后使丹原入定，此时"在脐下一寸三分之处，其跳动成一圆圈，真息成立"，自然一开一阖如婴儿初在母胎中一般。到此即可返还成童真之体，筑基工夫成功。②

此外，魏氏还提出，"三家相见"就是小周天。九还七返，正是三家相见。此"三家"不是精炁神三品，三指一内、一外、一中。"在内水火相交为一家，在外金木相并为一家，在中二土成圭为一家。"此三家中有六物，即水、火、金、木、二土。水火是阴阳相配，金木亦是阴阳相配，戊己亦是一阴一阳而相交合。以《河图》之理来看，"东三南二为五、为一家，东三为性，南二为神，性静神动，中有分别，是为一家；西四北一为五、为一家，西四为情，北一元精，情静精动，是为一家；中央戊己，各为五数，自成一家"，这就是三家。③ 南二，即火、离，"而离中真汞属木，为东方之木"，这是火中木，即《西游记》中的猪悟能；东三南二为一藏。北一，即水、坎，"而坎中真铅属金，为西方之金"，这是水中金，即孙悟空；北一西四为一藏。戊己为真土，即沙悟净；中央二五为一藏。"三五相合，方完全成一唐三藏。"北一西四，是先天之真铅，铅自外来；东三南二，是真汞，汞自内出；戊己为中宫，真意调和二者，使真铅真汞相合于中宫，故为黄婆、为媒妁。东三为阳，南二为阴；北一为阳，西四为阴；戊为阳土，

① 闵一得：《泄天机》，《藏外道书》第 10 册，第 403 页。
② 魏则之著，盛克琦编校《大道真传》，第 213 页。
③ 魏则之著，盛克琦编校《大道真传》，第 220～221 页。

己为阴土；分别为性、情、神、精、意。"性与神相合成配偶，情与精相合成配偶，戊己自为配偶，是为三对夫妻。夫妻配合为一家，是为三家，三家各有一夫一妇。""既已配合，返成三家，三家相见，由三返于一。返三为一，全凭真意之作用。""使在外之真铅，与在内之真汞，和合于中宫，再结夫妻，方能成丹"，故称真铅为"白面郎君"，称真汞为"青衣女子"，称真意为"黄婆"。"由黄婆为媒，勾引内外之真汞、真铅，而配合夫妇，此为合内外之道，此为三家相见"，三家既然相见于中宫黄庭之中，"则内之精气神之三品，自然和合为一，此为三家相见，亦即九还七返"。① 这是童体之小周天工夫。

综上，伍柳派主张，调药即调外药。调药是调外药当生之时，调外药适采之时机。调药时要分辨"水源清浊"，即分辨精是先天还是后天。汪东亭主张，神炁合一是调药；身外先天炁是先天，身内所产炁是后天。而魏尧主张，用武火止念调息及针对初学者可用睡功止念的调药方法，凝神于鼻外虚空的调药法，这与伍柳派、汪东亭所说不同。就周天火候而言，汪东亭与伍柳派所说基本相同，而魏尧主张小周天真气以冲脉为升降路径，这与汪东亭、伍柳派所说不同。

四　大周天工夫

前已述及，炼炁化神工夫，又称为大周天工夫。伍柳派主张，炼炁化神的步骤为：采大药，过关服食、封固，行大周天之火至神胎全。阳光三现为采大药之景。采大药有七日采工。采得大药后，用迁移之法，把大药从下丹田迁至中丹田，即叫过关服食。在此过程中，大药转尾闾、夹脊、玉枕三关，通九窍，直灌顶门，过上鹊桥，下重楼，而入中丹田神室之中。大药过尾闾、夹脊、玉枕三关，有五龙捧圣法。此时有上、下鹊桥的危险。下鹊桥危险之内、外防法，一是外固之有具。预用状如馒首之木座，覆棉取软，坐抵谷道，不使大药下奔。同防身根不漏法。二是内固之法。大药冲尾闾不透，自转动而有下奔谷道之势。刚见其下奔，即微微轻撮谷道以禁之，这为内固之法。上鹊桥危险之防法即用木夹牢封鼻窍，使大药不从鼻窍泄出；同鼻根防法。大药被封固于中丹田，是时就得行大周天之火。汪东亭亦指出，炼丹到阳光三现，速当止火。小药先生而后采，此大药先

---

① 魏则之著，盛克琦编校《大道真传》，第 221 页。

采而后生。采大药必须用七日采工；采得大药后，就得立即行大周天之功。行大周天之功以静而照，以柔而用，待动而引，护持而行，切防歧路危险之患，则得过关之法，即伍冲虚所说"五龙捧圣"。大药既然归于中宫，须用抱元守一之法点化阴神；其法如龙养珠，如鸡抱卵，古人谓之养道胎。元神寂照于中下二丹田，相与浑融，化一虚空境界，使元神静养道胎。

魏尧却主张，大药生是在一年温养工夫之后，故行大周天工夫前有温养功夫。

（一）温养工夫

魏尧主张，小周天所结的丹原为内丹，又称为阴丹，在脐下一寸三分之处，设法封固于此，得行一年温养工夫。从小周天工夫到大周天工夫之间不是连续的，中间需要一年温养的工夫。过此一年温养工夫之后大药生，方可行大周天之工夫。如他说："小周天与大周天工夫，不相连续，中间有一年温养也。小周天生而后采，从虚空中生，阳到身而采取之。大周天则采而后生，必须有所积蓄，方可采而能生。此一年中温养所积者，即以预备大周天之采取也。过此一年后，方可行七日口授天机而采大药，行大周天之之工夫。从古上真于此一年工夫，皆不提明而颠倒其时序，谓为大周天后有此温养工夫。其实不然，皆缘不愿泄漏而秘密之之故也。"[①] 意谓：小周天到大周天工夫之间有一年温养的工夫。因为小周天生而后采，从虚空中生，真阳气到身而采取之。大周天则采而后生，必须有所积蓄，方可采而能生。温养所积累的真阳炁就是为了预备大周天之采取。一年温养工夫完成，方可行七日口授天机而采大药，行大周天之工夫。以前内丹家为了保密，都不明说而颠倒其时序，称大周天后有此温养工夫。

魏尧又指出，温养就是使内丹（丹原）充满于一身，化为金液，即金液还丹。然后能生外药，即大药。[②] 一年温养工夫实质是做到"定忘平均"。"定"即《大学》中定而后能静、能安、能虑之定，"忘"即《老子》所说"忘其形而形存"之忘。"定忘平均"是指做工时，不能定多忘少，或忘多定少，亦不能定中夹忘，忘中夹定。[③] 就火候而言，必须水火两平，朝暮（屯蒙二卦）不寒不燥。因在实际丹道修炼时朝恐其火燥，故须用水以益

① 魏则之著，盛克琦编校《大道真传》，第 263 页。
② 魏则之著，盛克琦编校《大道真传》，第 271 页。
③ 魏则之著，盛克琦编校《大道真传》，第 264 页。

铅，这即是"忘"字工夫；暮恐其寒，故必须以火益汞，这就是"定"字工夫。①

（二）大周天工夫

魏尧提出，经一年温养工夫，大药已生，就得行大周天工夫。大周天就是炼去情识而使之化去，炼成即元神变为阳神，无阴气。大周天后升前降就是炼炁化神工夫。② 升上之时，其热似火球从督脉而上，到顶稍住，由昆仑而下明堂入口，称之"服食还丹"，即"白云朝顶上"；前降即"甘露洒须弥"。服食到口之时，仅仅三数滴，少时仅仅一滴而已，由重楼而下，物少而其效果甚为显著，有声如雷。大药到腹中时，称之"得丹"。③ 一日数次，积累到三百次之数足，"眼前之火球化为红紫之光而罩身。初时只能罩至半身，渐渐罩尽全身。其人迷离恍惚，似在云烟之中，其光红色"④。经七天之后，红光遍体，此光即阳神。

他还提出，大周天有吸、闭、撮、舔四诀。吸指"炁上行而走……有时力薄，到命门等处，开窍稍停不行时，须用微微呼吸以通之"。还不能过关，即需要微微用定。这是真阳之炁不足之时可用之法，然而温养已熟，真阳之炁足，就不必用之。此情况只有在三百周天头两次会遇见，以后则无。闭指闭谷道。撮指上鹊桥必须塞鼻孔。舔指舔上腭。⑤

他还指出，大周天有上下鹊桥与阴魔潮涌的危险。过上下鹊桥的危险是丹药运行至上下鹊桥处初容易走丹，故必须用法以防止走丹。大药过下鹊桥用一木塞，上裹以棉，塞住谷道，以防因炁下冲而走丹。过上鹊桥时候亦用木塞塞住鼻孔，同时用舌头抵住上腭，面稍仰而甘露自下，用此方法大药能无危险地顺利过关。过上下鹊桥的危险只要首次运药时慎防自能避免，以后自可无妨。⑥

阴魔潮涌的危险：行大周天，做到功熟时眼前即发生魔难，阴魔潮涌而来。历劫以来的中阴业根、父母遗传的气质食色等如万魔齐来，平日所有的贪、嗔、痴、爱及历劫夙业等皆现于眼前，所有曾入眼帘的人物，亦

---

① 魏则之著，盛克琦编校《大道真传》，第 264 页。
② 魏则之著，盛克琦编校《大道真传》，第 282 页。
③ 魏则之著，盛克琦编校《大道真传》，第 284 页。
④ 魏则之著，盛克琦编校《大道真传》，第 284 页。
⑤ 魏则之著，盛克琦编校《大道真传》，第 276 页。
⑥ 魏则之著，盛克琦编校《大道真传》，第 276、281 页。

皆出现于眼前，平生所交朋友及已故亲属朋友亦皆出现于眼前。此现象大多发生在七天中的第二天。是时，不管出现何种情景，皆不可着相，亟须明心见性，真意归空。到第七天则安然无事。[①]

他还指出，炼大周天时"法、财、侣、地"都不能少。地，因为炼大周天时需选择清静山林，或必须看过地势风水，修炼之地不遇凶煞，应该选择环境清幽的地方。侣，即同伴，必须有三人轮流照顾，一人则应付不来。法，即行大周天之口诀。财，即指衣食之资。又已做大周天之工夫，然而丹药不来，或是已见红球，行功而氘不至，内丹家认为这是因为修道之人德性不足，必须舍弃财富来积德，丹为天宝，而财为世宝，应舍财祀天，发誓再做功夫。[②]

要言之，汪东亭与伍柳派的大周天工夫论基本相同。而魏尧主张，需要一年温养工夫大药才能生；温养工夫为定忘平均；炼大周天时法财侣地皆不能少，这是汪东亭、伍柳派[③]所未论及的。大周天有过上下鹊桥与阴魔潮涌之危险，防上下鹊桥危险的方法是：大药过下鹊桥时用一木塞塞住谷道，过上鹊桥时用木塞塞住鼻孔。这与伍柳派相同。大周天有吸、闭、撮、舔四诀，其中闭谷道、塞鼻孔与伍柳派同，吸、舔未见前人之丹经。

五　炼神还虚

前已述及，大周天之功完成，应用"迁法"把阳神从中丹田迁至上丹田，这就进入炼神还虚阶段。伍柳派主张，炼神还虚的程序为：先三年乳哺，次九年大定（面壁还虚），最后炼虚合道。汪东亭主张，胎已满足，神以纯全，是时，再用迁徙法，自中下二丹田，迁徙至上丹田。胎神在上丹田静养百日，直至功纯。垂帘偶见六出纷纷，遍弥六合，则出神之景至。猛然霹雳一声，元神自天门而出。等金光如车轮之态，即收归于上丹田。养至七日再出，又收回。一出一入，由近而远，切勿躐等，婴儿幼小恐迷失忘归。如果乳哺三年，阳神老成，自可达地通天。历遍此验，方行炼神还虚、九年面壁工夫。炼神还虚到形神俱妙，等待丹书下诏，方证天仙之果。

魏尧亦主张，炼神还虚前有温养工夫。炼神还虚分为：出神之时，是

---

① 魏则之著，盛克琦编校《大道真传》，第281页。
② 魏则之著，盛克琦编校《大道真传》，第282页。
③ 伍柳派主张，"法、财、侣、地"是内丹修炼的前行工夫。

为炼神还虚；化身之时，为炼虚合道。

就温养而言，魏氏指出，炼炁化神后，阳神出现。是时，应用温养工夫，丹法称之为沐浴工夫、乳哺工夫。大周天是无定而纯忘，此时更适宜用"忘"。阳丹既得，神移至上丹田，"即以我之虚空通天地之虚空，放之则弥六合"[①]，"此时身心仍用大忘，而微微用我神觉，觉我之小虚空，通入于天地之大虚空中"[②]。将天地的虚空作为我的虚空；而我的虚空亦是天地的虚空，"则我神居天地之中，炁包天地之外"[③]。这实是炼炁化神后、炼神还虚前的温养工夫。

就炼神还虚来说，魏尧指出，经过小周天后，精满不思色；又经过大周天，"则炁满不思食，神满不思睡，终日大定，不食不息"，"以我虚空之中，合于天地虚空之中，少则百日，多则三百日，如慧根之人，亦可顿即贯通，而身上照体之紫红色，渐渐变为紫金色，由紫金色再变金光罩身"；到红光罩身之时，仙佛皆可用肉眼看见；到变为金光之时候，即可与神佛往还。炼神还虚、光大阳神的口诀为："以我之虚空，通天地之虚空。"[④]

他还指出，金光罩身之后，再过数日，或数十日，遍身金光，照而覆于顶上；刚开始小，渐渐变大，最后大如车轮，这为出神之景。到阳神完全可以出，守护伴侣见金光大如车轮的时候，应该告之出神，使之觉而速出。觉一动而神即出。[⑤]

他亦指出，阳神初出时，尚为幼稚，"其胆甚小，不可远出，一出即须收回"。觉知动而出阳神，亦觉知动而收回阳神。阳神初出时"仅可五步十步，或三四十步"，然后渐放渐远，至五里十里。时时练习，到纯熟之时，想要出到何处，即到何处。这要等放到五百里、一千里方可用之。用神之初，"到其地若住若干时或一刻钟或半点钟"，而再收回。"能放到千里以上，住一点钟之久，则万里亦同之。"能放神越远，神住时也越久，神也越灵。炼到随时放而又能随时收时，方为完全，此时阳神皆能入地通天。阳神"聚而成形，散则成气"，聚时为人，散时则化而为气，可以随心所欲而为之。然而此时只有一神，"不能化多身，再进则可化多身"[⑥]。

---

① 魏则之著，盛克琦编校《大道真传》，第 284 页。
② 魏则之著，盛克琦编校《大道真传》，第 284 页。
③ 魏则之著，盛克琦编校《大道真传》，第 284 页。
④ 魏则之著，盛克琦编校《大道真传》，第 284~285 页。
⑤ 魏则之著，盛克琦编校《大道真传》，第 285 页。
⑥ 魏则之著，盛克琦编校《大道真传》，第 285 页。

他还指出，炼虚合道就是把阳神归于虚空，化于虚空之中。道本是空，无名无相，而炼虚以合之，道家称之为"粉碎虚空"，佛家称之为"千百亿万化身"，儒家称之为"放之则弥六合，卷之则退藏于密"。①此时已能随心所欲，若想要解脱，可脱离躯壳而去；若想留形度世，亦可带躯壳而修炼。②

他又指出，带躯壳做功，就是佛教所谓"九年面壁"之功。九年也只是虚指，实际修炼当中不在乎年月。修炼时间越年久，则化身越多，"由一到三，由三到九，由九到八十一"。修到九年，则可以化到无数化身。修炼时间的长短，取决于每个修炼者之根器利钝。根器利者，一日亦可成功；根器钝者，必须要有较长时日。然而此功无止境，用力愈久，神通愈大。化千百亿万法身，充满于宇宙，此是大觉金仙，亦即佛。③炼虚合道之功，在道教方面带躯壳做功者甚少，因为已出神之后，大多视躯壳如赘瘤，不愿意留之；大多脱去躯壳，以阳神入世度人。而佛教则大多带躯壳而修，济世度人。④

要言之，汪东亭与伍柳派所说的炼神还虚工夫基本相同。而魏尧的炼神还虚论除了炼神还虚、光大阳神的口诀外，基本上也与伍柳派相同。

六　天元、人元丹法论

前已述及，元明间又有将全真道北宗清净丹法称作天元丹法、将全真道南宗同类阴阳丹法称作人元丹法的。

魏尧却指出，人元丹法由后天返于先天，天元丹法纯是先天。上上根器之人可直接修天元丹法；根器稍下者先修人元丹法，再修天元丹法。天元丹法是最上一乘，是上品；人元丹法是中品。修天元丹法从还虚入手，以炼己为先。天元丹法实质上仅一步炼己之功；其余各种功夫"皆自然而修，自然而得，不必作意于其间"。修人元丹法先筑基，首事生药得药。炼己之工放在筑基之后。⑤他还指出，《西游记》自首回至第七回，是孙悟空修道，即修天元之道。自两界山起，到末后止，为唐三藏修道，是先修人元进而修天元之道，比孙悟空更难。"必须过火焰山后，方能妄意返为真

① 魏则之著，盛克琦编校《大道真传》，第285页。
② 魏则之著，盛克琦编校《大道真传》，第285页。
③ 魏则之著，盛克琦编校《大道真传》，第286页。
④ 魏则之著，盛克琦编校《大道真传》，第286页。
⑤ 魏则之著，盛克琦编校《大道真传》，第246页。

意"；收服牛魔王之后，方能了性。"其九九难关，皆因火候错误而生。" 所以 "修天元为圆顿兼修，修人元为渐法"，此又是天元、人元丹法的不同之点。①

他还指出，修天元丹法，首要在于虚其性，即二性空。二性指善性、非善性。佛说 "性亦相同"，是后天之性。先天之性是元始祖性，"空其后天之性，方得先天之性"。元始祖性就是正觉。修人元丹法，"先去非善之性，尚存善性"，必须等九年面壁之后，"方去善性，而二性空，以成正觉"。②

可见，魏氏的天元、人元丹法论是指内丹学所说的顿法与渐法，这显然与前人不同，与陈撄宁等人亦不同。

结　语

综上，魏尧自称 1922~1923 年扶乩期间遇汪东亭师而悟道；而汪氏已于 1917 年羽化，所以不可能是亲炙，可能是乩坛降笔传授的。

魏尧坚持以道融摄儒佛的传统，融合道儒佛三教的性命思想来诠释内丹性命论。他用先天炁和佛教中阴来诠释先天性命，用佛教中阴诠释内丹学之元神、识神，用乾坤坎离、先后天五行来解释先后天性命及其关系。可以说，魏尧的内丹性命论是道儒佛三教合一的，实质上是元炁与中阴论；而内丹学的性命论实质上是元炁与元神论。魏尧的道儒佛三教合一的性命论虽说是 "创新"，但实质上已经背离内丹学的性命思想。

魏尧在丹道的阐释上多有创新。如前所述，就性命的内涵而言，他用先天炁和佛教中阴来诠释先天性命，用佛教中阴诠释内丹学之元神、识神，发前人之未发。就丹法来说，魏尧提出，炼己即内以养己、道在安静虚无；还虚即还坤；小周天炼精化炁，运行真阳之炁的路径是由冲脉上升，可不由任督以行，他指出了在大周天工夫之前，必须有一年温养工夫温养丹原以期调生大药；炼神还虚光大阳神的口诀为 "以我之虚空，通天地之虚空"。

魏尧用《西游记》的故事来诠释丹道，使隐晦的内丹丹法变得通俗易

---

① 魏则之著，盛克琦编校《大道真传》，第 247 页。
② 魏则之著，盛克琦编校《大道真传》，第 247 页。

懂。如他指出，南二，即火、离，而离中真汞属木，为东方之木，是火中木，即《西游记》中的猪悟能；东三南二为一藏。北一，即水、坎，而坎中真铅属金，为西方之金，是水中金，即孙悟空；北一西四为一藏。戊己为真土，即沙悟净；中央二五为一藏。三五相合，完全成一唐三藏。《西游记》自首回至第七回是孙悟空修道，即修天元之道。自两界山起，到末后止，为唐三藏之修道，是修人元而进天元之道。过火焰山后，才能妄意返为真意；收服牛魔王之后，才能了性。唐僧的九九八十一难皆因火候错误而生，如此等等。

可见，魏尧虽然自称得道于汪东亭，其内丹思想被认为属于"西派"，但他的内丹思想中除继承了西派之"先天之先天""后天之先天"思想外，基本上与西派内丹思想无关，亦与汪东亭不同。故魏与汪之间无师承关系。魏尧丹法除了炼神还虚论、大周天危险论外，与伍柳派的丹法亦不同，可以说魏尧的丹法是自成一家。

第十章　冉道源、洗心子的内丹思想

民国时期，冉道源和洗心子是有影响的内丹家，与一批同道在四川铜梁县（今重庆市铜梁区）组成了一个修道团体，通过书信答各方的问道，并印赠内丹书籍，希望通过传播内丹道来强种强国，以期救国救世。

第一节　冉道源的生平和著作

一　冉道源的生平

冉道源，龙门派法名合宗，西派法名道源，生卒年不详，四川铜梁县首府人。

冉氏少时因病得内丹术而痊愈。自此以后矢志仙道，壮年寻师访侣，"蒙师授固多，得友助不少，继以力行慈善事，感应仙师，获授《三车秘旨》，参悟《九层炼心》"，性命双修全旨豁然贯通。①

民国年间，冉道源与洗心子、荣道周（合时）、荣道本（合真）、江道敏（合灵）、周道成、密密子等在铜梁县组成修道团体，常养静于铜梁县如意寺中，通过书信答各方的问道，并印赠内丹著作《伍柳仙宗》《仙佛合宗语录》《道窍谈》《三车秘旨》《合宗明道集》《明道语录》等，扶持道风。1940 年 10 月，《合宗明道集》出版并赠送问道者之时，冉氏遁迹山林，自此不知所终。

关于冉氏的师承，冉氏先得全真龙门派授受，法名合宗。后冉氏声称遇到李涵虚祖师亲授《三车秘旨》于他，自此悟性命双修之道。关于冉氏遇到"仙师"李涵虚的经过，洗心子如是说："民国十七年，戊辰，二月初旬中，有道人飘然来寺，相貌清奇，延寺中坐，请问姓氏住所，答，姓李，

---

① 王卡、汪桂平主编《三洞拾遗》第 10 册，黄山书社，2005，第 499 页。

道号真一，挂丹于三官堂，由此而来，留住寺中四日。相与谈玄论道。无所不通。心焉钦佩。请执弟子礼，慨然允，乃曰，三车秘旨。为行功之要法，初学舍此，悟入不易，即令焚香，跪书秘旨，其文由真人口中，句句说出，书毕，令读，经三日始熟记，乃为指明要领。并字句错讹处。当令焚稿，至嘱宝之秘之，非人勿示，言毕而去，从此渺然，细思其名，得先天之真而合一者，仙也，非涵虚祖师而何。凡传授大道，须三官记名，故曰三官堂挂丹也。"[①] 这是说，1928 年 2 月，冉氏与洗心子等人在如意寺中遇到挂单于该县三官堂的道士李真一，李氏授冉氏等人《三车秘旨》，言毕而去，从此杳无音信。从其名和挂丹三官堂推出其应为李涵虚祖师。可见，冉氏遇到的仙师是李真一，不是李涵虚，因为李涵虚于 1856 年已羽化。但在冉氏眼中，李真一就是李涵虚；为感师恩，承道字辈，法名道源。这就是冉氏西派传承的真相。

冉氏的弟子，据现有资料来看主要有：一是为《合宗明道集》作序的刘教礼或刘明通，"教礼"是刘的龙门派法名，"明通"应是刘的西派法名，但"通"是其辈；二是为《合宗明道集》撰写凡例说明的刘教义或刘圆通，"教义"是刘的龙门派法名，"圆通"应是刘的西派法名；三是为教一，上集前作序。

二　冉道源的著作

《合宗明道集》是冉氏编著，1939 年由金艮山人端阳捐资刻板，1940 年亦由端阳捐资印行于世。该书共九卷，分初中上三集，每集三卷；有弟子教礼刘明通、教一、痴道人、黄道坤（合中）作的序言，周道成、胡燮阳、银公铨镜台作的跋，弟子教义刘圆通撰写的凡例说明。该说明指出《合宗明道集》每卷集录用意。初集卷一录先哲治家处世格言，因为修仙道必须先修人道；初集卷二列三教合论等文，指明三教一源本体妙用，以维世教，正人心；初集卷三录《女丹秘旨》，为破体中年人修行下手说法，因为强国必先强种。中集卷一，《白仙语录》直论修持事理；中集卷二，集录《三字经》《百句章》等，传吕祖、涵虚一派真传之简要次序丹诀；中集卷三，浅解《三字经》《百句章》，阐释丹诀之奥妙。上集卷一录《玄机直讲》，指点玉液金液之大丹。上集卷二录《道言浅近说》直示修道真言，印

① 洗心子：《明道语录》，台湾真善美出版社，1981，第 64~65 页。

证师父之真伪。上集卷三录《仙佛合宗语录》九章，补足《三字经》浅解未能详解丹旨。①

《合宗明道集》版本有：王卡、汪桂平主编《三洞拾遗》，黄山书社2005年版，第十册收《合宗明道集九卷》，该书共九卷，分初中上三集，每集三卷。书前有周道成作的跋（录中华道教会宣言），有弟子教礼刘明通作的序言，弟子教义刘圆通撰写的凡例说明。陈毓照、张利民主编《丹道养生道家西派集成》第二卷收《合宗明道集九卷》，书前没有周道成作的跋，其他与《三洞拾遗》本相同。宗教文化出版社2013年出版由蔡聪哲点校的《合宗明道集与语录》，与《三洞拾遗》本相同。

该书虽说是冉氏编著，且著的较少，但体现了冉氏的内丹思想，可谓"述而不作"之作。此外，笔者发现冉氏引内丹家所说，一些内容实质上是他自己说的，因为查原著根本没有此内容，如他引柳华阳、伍守阳等所说。冉氏虽称大江西派后学，但该书内丹思想主要来源于伍柳派、三丰派、涵虚派等。下文对冉氏内丹思想的阐释就是据此书，版本为《三洞拾遗》本。

第二节　冉道源的内丹思想

前已述及，内丹性命双修功夫的基本次第，陈抟《无极图》界定为炼精化炁、炼炁化神、炼神还虚三个步骤。后来的内丹家在三关修炼之前增加炼己筑基为入手工夫，又加上炼虚合道为最后一段工夫。冉道源的内丹思想亦继承之。

一　炼精化炁

（一）炼己还虚

前已述及，炼己是丹道的入手工夫，是童体已破者恢复已损身体，补充人体精、炁、神的功法。历来诸多内丹家对炼己多有阐述，其间虽有细微差异，但均主张炼己就是炼心、炼识神，炼元神、修心、养性。

冉道源却主张，丹道入手是炼己还虚。炼己就是炼元神，还虚就是复还无极鸿蒙未判之初。他说：

<hr/>

① 王卡、汪桂平主编《三洞拾遗》第10册，第500~501页。

伍冲虚曰：炼者苦行其当行之事曰炼。精进励志而求其必成曰炼。禁止其不当为之事曰炼。割绝贪爱而不留余爱亦曰炼。凡富贵功名、妻子、珍财、田宅，及一切事之已知者、已行者、已能者，皆属贪爱，唯割舍尽绝，不留丝毫，方名万缘不挂。若有一件挂心，便入此一件不入于道，故必割而又割，绝而又绝。事与念割绝尽净，而后可称真炼。己者元神也，真意也，即我本来虚空性体也。静者为性，动者为意，妙用则为神也。四者未发之前，浑然如太虚。因机前而言，故有己、意、性、神之分。还虚者，复还无极鸿蒙未判之初。其功惟在对境无心而已。所谓万象皆空，一尘不染，一念不起，六根大定，此即本来之性体完全也。①

这是说，炼己之"己"即元神，是我之本来虚空性体；静为真性，动为真意，妙用为元神。炼己之炼法就是苦炼，精进励志而求其必成，绝禁其不当为之事是为炼。炼己要割绝贪爱：富贵功名、妻子、珍财、田宅等，割舍尽绝，不留丝毫，万缘不挂。若是有一件挂心，便不能入道，因此必须割舍，做到事与念隔绝尽净。还虚就是复还无极鸿蒙未判之初。还虚之功就是对境无心，一念不起，一尘不染，六根即耳、目、鼻、舌、身、意大定万象皆空，就是本来之性体。如若不炼己还虚，神炁驰散，就不能得金丹生发之玄机。可见，冉道源袭取了伍守阳的炼己还虚思想。

（二）调药

前已述及，调药是伍柳派首先提出的；它是指药未采、未炼之前的工夫。调药有时、有地、有法。

冉道源亦主张，调药有时、有地、有法。当外肾要举之时，就是活子时。药生或快或慢，都是由活动之机而定。在修炼中，若是有念而外肾举，所炼之即成幻丹。若是熟睡之时，不觉外肾自举，及偶然觉察外肾举，是修炼者身心大定不觉，无念而生，其理在于虽是在睡之时，然神不寐。精生之时，神亦觉之，此就是调药之时。② 调药之地，在肚脐后肾前稍下，前七后三，中空一穴，名内肾，又名炁穴，这正是调药炼精之所，即元炁融

---

① 王卡、汪桂平主编《三洞拾遗》第 10 册，第 515 页。
② 王卡、汪桂平主编《三洞拾遗》第 10 册，第 516 页。

动处；其真实所在又要学者临机审察。① 调药之法，微阳初动，凝神入炁穴，息息归根，风火同用。②

此外，冉氏主张，"凝神调息、调息凝神"八个字就是下手工夫。③ 凝神是收已清之心而入炁穴。心未清时，眼勿乱闭，先要自己劝勉自己，始行收入炁穴，这才叫凝神。然后如坐高山视众山水，如燃天灯照九幽九昧一般，就是凝神于虚。调息是调度阴跷之息，与心中之神，相会于炁穴中。神息相依，忽忘忽助，即用钻字诀，藏心于虚空，息神于昏昏默默，忽然神息相忘，神炁融合，恍然一阳生，有如醉之感，即真消息、玄关发现之时。④ 这是袭取李涵虚的思想。

（三）火候次序论

前已述及，火候在内丹修炼中极为重要，分为小周天和大周天火候。冉道源指出小周天的火候次序。炼己完成后，一阳生时，即回光返照，凝神入炁穴。是时，神炁欲交未交之时，当存神用息，绵绵若存，此即谓之武火。当神炁既交，阳炁已定之时，当用文火以养之，忘息忘意，不息而嘘，不存而照，方得药产。但忘息，既不能以火熏之。用息即是不忘，息无不漏称嘘，欲嘘不觉称忘。但用意即是不忘，但忘即不能用意照之。当忘之时，其心湛然，未尝不照。当照之时，纤毫不立，未尝不忘。文火足，药产生元神觉知，即当采药归炉。采药之时，当用武火，此时所用武火当存神用息，逆吹气穴。封固沐浴归根，即用上文文火之法，照顾温养之。不论是否一阳生，有炁动的即为一候。用神驾驭炁又为一候，合此两者才是神炁会合的二候。故又称"二候采牟尼"。当药已生，采药归炉为一候，在炉中封固，又是为一候。合此两者亦称之为"二候采牟尼"。两个"二候采牟尼"加上升降沐浴四候，总共称之为六候。此亦是周天功法所用的六候。⑤

可见，冉道源所说的小周天武火、文火使用的次序与伍柳派等所说不同。伍柳派主张，小周天火候中，神驾驭炁进退为武火，沐浴时为文火；

---

① 王卡、汪桂平主编《三洞拾遗》第 10 册，第 516 页。
② 王卡、汪桂平主编《三洞拾遗》第 10 册，第 516~517 页。
③ 王卡、汪桂平主编《三洞拾遗》第 10 册，第 536 页。
④ 王卡、汪桂平主编《三洞拾遗》第 10 册，第 536 页。
⑤ 王卡、汪桂平主编《三洞拾遗》第 10 册，第 517 页。

凝神入气穴无武火之说。

（四）小周天论

冉氏指出，小周天工夫是先调药，后当明其药产老嫩；当不老不嫩之药产，即当采封运行周天。首先，炼己之后，性能虚静，则尘念不生，真机自动。炁机发动，以静应之，动静之间，不失时机叫调药，亦称神炁交媾。假如专守清静而不识动机，或专取动机而不复清静，皆非正理。其次，当明其药产老嫩，老则炁散不升，嫩则炁微不升，务必在静候元炁动且旺时采；药产景到，即采取封固运行周天；运而复静，动而复运，循环不已，就是进退行火、采取周天。① 这是破体之人的小周天。

（五）行火炼药

小周天之炼药是指元神驭真阳之炁运行于任督二脉。内丹学把任督两脉往复运行真气的过程称之为运转河车。关于行火炼药之法，冉道源指出，小周天河车运行，即炼药，当用真意为主镇守中丹田，用元神驾驭炁于任督二脉升降。当机在吸，则顺吸机而升乾；当机在呼，则顺呼机而降坤，此是小周天先后二炁消息之机。如是，行则神炁同行，住则神炁同住。行火之时，心若不诚则神不灵，或昏迷十二之时，或迷失刻漏之数，或忘沐浴之候，或不知周天之数，或周天完了犹不停止，这都是失于火而药亦消。火能炼药，是因为火药是在一起的。行小周天火候愈久而愈密，愈密而愈精，那么大药必成。②

冉氏认为，法轮六候图（图10-1）已经将玄关一窍的内涵都诠释清楚了。玄关一窍是阳生、调药、鼓巽风、药产、采取、归炉、驾河车、还本复位在此，金丹造化之全功在此。然其穴本无形，炁发则成窍，机息则渺茫。其炁之行，后通督脉，前通任脉；中通冲脉，横通带脉；上通心，下通阳关；上后通肾，上前通脐。每于活子时二候之许，其窍立即产生立即消失，所以说玄关难言。③

---

① 王卡、汪桂平主编《三洞拾遗》第10册，第517~518页。
② 王卡、汪桂平主编《三洞拾遗》第10册，第519~520页。
③ 王卡、汪桂平主编《三洞拾遗》第10册，第520页。

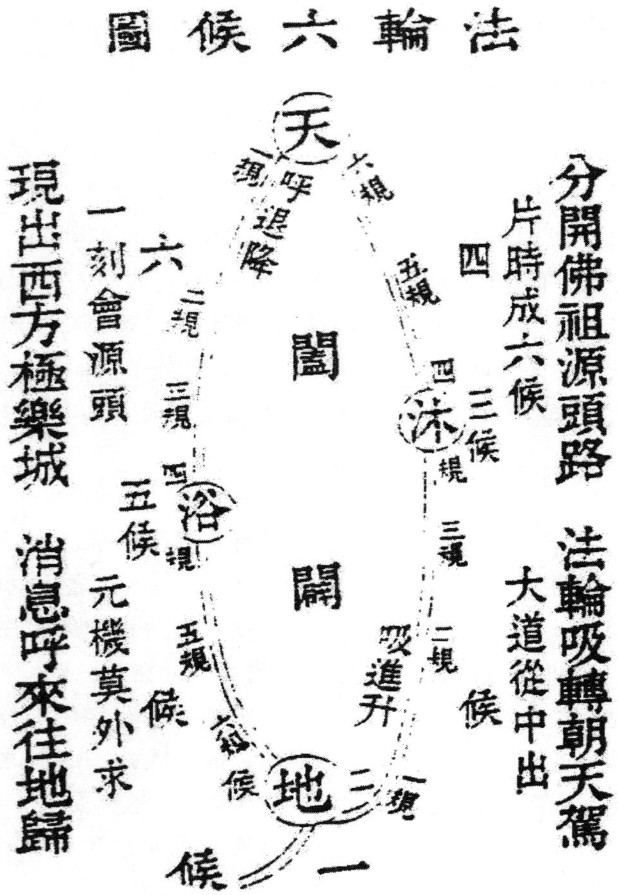

法 輪 六 候 圖

現出西方極樂城 消息呼來往地歸

一刻會源頭 元機莫外求

六候 二規 三規 四規 五規

天 呼視退降

六視

五視

四視 三視 二視 一視

閶闔闔

天 呼視退降

沐浴

浴

吸進升

地一候

二候 三候 四候 五候 六候

分開佛祖源頭路 片時成六候

法輪吸轉朝天駕 大道從中出

图 10-1　法轮六候图

关于子时进火说，冉氏指出，起火之初，阳炁弱，不能自己升起，炉中药物未动，不可即行武火，必须用温柔之火逼之；此时当以元神之灵觉为用，凭心神领炁渡过尾闾关，此关又称之为下鹊桥；上鹊桥亦然。[1] 火是呼吸之气，这未见于前人丹经。

　　关于午时退符说，冉氏指出，印堂到鼻窍之间名上鹊桥，是神炁交会之地。于此，神炁流畅融洽，降为新的津液，自重楼而下，由绛宫入；此过程亦可谓之为午时退符说。[2]

---

① 王卡、汪桂平主编《三洞拾遗》第 10 册，第 522 页。
② 王卡、汪桂平主编《三洞拾遗》第 10 册，第 523 页。

关于卯酉沐浴，冉氏指出，息火停符均称之为沐浴，是停后天之武火，以真炁熏蒸是为沐浴。子时进火，熄火称为沐浴；午退阴符，停符称为沐浴；息火停符是停止后天武火，不是停住先天而不行，是停住有作而行自然之妙运；卯酉不进火，以真炁熏蒸为沐浴。①

（六）丹熟止火论

内丹学主张，丹熟必须止火。冉亦持此论。他指出，丹熟必须止火。止火，是不行升降，不运转河车。但仍然必须时刻不离火，一旦离火，则导致泄丹。此时应用温火熏蒸。止火有止火之景。止火之景是当龟缩不举之景，有阳光二现之景。若是还未出现此二景，有阳关一现之景，是火候未全。阳炁生，即当采炼运周天，炼至精尽成炁。无精可炼，阳关已闭，无窍可通，方得淫根如龟之缩。所积阳炁，尽伏炁根，方得阳光二现。有阳光二现后，纵有动机，亦去其火更宜入定，以培养其真阳，静听阳光之三现。阳光三现，大药纯阳可采。若行火至于四现，则大药溢出而化为有形之精。② 这是袭取伍柳派的止火思想。

二 炼炁化神

伍柳派丹法主张炼炁化神的步骤为：采大药，过关服食，行周天之火。冉道源亦承袭之。

（一）采大药之功

冉道源认为当小周天工夫做到阳光三现时纯阳之炁已足，是采大药之候。是时须七日采工采得大药。大药为何采于七日，冉道源指出，阳光三现之时，纯阳真炁已凝于鼎中，但隐而不出，必用七日采工，始见鼎中火珠呈象，只内动内主，不再外驰。③

采大药要知采大药之功，即大药得生而采之理。冉氏继承伍守阳的丹法，认为大药采之所得生之理有四种说法，分别是：交媾而后生，勾引而后生，静定而后生，息定而后生。④ 交媾而后生是指元神与元炁相交媾，长

① 王卡、汪桂平主编《三洞拾遗》第 10 册，第 522~523 页。
② 王卡、汪桂平主编《三洞拾遗》第 10 册，第 523~524 页。
③ 王卡、汪桂平主编《三洞拾遗》第 10 册，第 546 页。
④ 王卡、汪桂平主编《三洞拾遗》第 10 册，第 546~547 页。

久积累的纯阳之炁自然团成大药。勾引而后生是指由于双眸之光是神中真意所寄宿，所以眸光所至就是真意所至；真意属土，土是中宫黄婆；黄婆勾引于上，大药自相随而生于下。静定而后生是指元神定而元炁亦定，神气都得定，于是元炁成形，因定而生。息定而后生是指元神元炁因眸光专视而定，后天自运之火自然伏定于炁根；真息一定，大药自生。

（二）大药过关服食之法

采得大药，须把大药从下丹田迁移至上丹田，即通常所谓的"通关服食"或"服食还丹"，此过程之工夫亦称为过大周天工夫。通常过大周天即大药从迁移到服食得丹的过程中要通关：尾闾、夹脊、玉枕，通九窍，过门顶，过上鹊桥，下重楼，入上丹田。

冉氏指出，大药过关服食有多种危险。有助工或正工来预防其危险。行过关服食之工，需先知大药过关服食的关窍。关窍有：尾闾、谷道，是一实一虚，名下鹊桥。尾闾关上夹脊三窍，至玉枕三窍与鼻上印堂，皆髓实填塞。鼻下二窍，虚且通。印堂、鼻窍乃一实一虚，名上鹊桥。① 可见必须防上下鹊桥之危险。

行过关服食之工，冉道源指出，大药过关服食之功法②：六根不外漏法，防上、下鹊桥危险之法，"善引之正功"过关之法。六根不外漏法：用木座抵住谷道，使身根不漏；上用木夹牢封鼻窍，使鼻根不漏；含两眼之光，勿令外视，使眼根不漏；凝两耳之韵，勿令外视，使眼根不漏；凝两耳之韵，勿令外听，使耳根不漏；唇齿相合，舌抵上腭，使舌根不漏。防上、下鹊桥危险之法又有内外防法。外防法：预用木座，状如馒首，覆棉取软，坐抵谷道，其势上笔，不使大药下奔。内防法：大药冲尾闾，不透自转动，而有下奔谷道之势，才见其下奔，即以微微轻撮谷道以禁之。过上鹊桥，以木夹锁住鼻窍，使大药不从鼻窍驰泄。"善引之正功"过关之法：用五龙捧圣，乘大药自然冲关向上之机，以相知之微意，轻轻引上，过尾闾、夹脊、玉枕三关，再引而自然度过印堂，降下十二重楼，犹如服食而入于中丹田神室之中，点化阴神，为乾坤交媾。

---

① 王卡、汪桂平主编《三洞拾遗》第 10 册，第 548 页。
② 王卡、汪桂平主编《三洞拾遗》第 10 册，第 548~550 页。

三　炼神还虚

与初关、中关修炼不同，炼神还虚是行无为之法，入大定之功。伍守阳主张，炼神还虚步骤：三年乳哺，九年大定。

冉道源亦主张，神足胎全必须出胎，不可久留。此时用迁移之法将阳神自中丹田迁于上丹田。上丹田名泥丸宫，此时上丹田就是存养之所。阳神虽归伏泥丸宫，但未健壮，如婴儿般弱小，因此须凭乳哺而养大。乳哺之法的首务是存养。存养之功是不着意于上丹田，唯一阳神寂照于上丹田，相与浑融化成一片虚空之境。①

存养功纯，自有出神之景。有出神之景，神可出。出神之景是"忽于定中，见空中六出纷纷，即出神之景也"②。

调神出壳有出神收神之法：出神宜暂而不宜久，宜近而不宜远。始则出一步而即收；或出多步而即收。久之，或出一里而即收，或出多里而即收；乃至百千里，以渐次而至，不可躐等而至。③

上关炼神九年大定就是末后还虚。九年大定之功，无神可凝，无神可炼，没有乳哺之元神寂照的工夫，此时已是神不自神，归复无极，体证虚空，心法俱忘，寂至无所寂，无大道可修，无仙佛可证。④

四　女丹论

冉氏主张，女丹入室下手，先守五戒，再摒除六欲，去七情。守五戒为：不杀生、不偷盗、不邪淫、不吃酒肉、不妄言；摒除六欲，即眼不妄视，耳不妄听，鼻不妄嗅，舌不妄言，身不妄动。⑤ 六欲既然摒除，"喜、怒、哀、惧、爱、恶、欲"七情也就自然去掉。⑥

冉氏还提出，女丹与男丹的入手工夫都是炼己。而男丹下手，以炼炁为要，名太阳炼炁。炼炁炁回而白虎降，则变为童体。而后天之精自不泄漏，可以延年，可以结丹。女丹下手，以炼形为要，名太阴炼形，即斩赤龙。炼形形灭而斩赤龙，则变为男体。阴浊之血不下行，即月经永不再来。

---

① 王卡、汪桂平主编《三洞拾遗》第 10 册，第 552~553 页。
② 王卡、汪桂平主编《三洞拾遗》第 10 册，第 553 页。
③ 王卡、汪桂平主编《三洞拾遗》第 10 册，第 553 页。
④ 王卡、汪桂平主编《三洞拾遗》第 10 册，第 553~554 页。
⑤ 王卡、汪桂平主编《三洞拾遗》第 10 册，第 525 页。
⑥ 王卡、汪桂平主编《三洞拾遗》第 10 册，第 525 页。

斩赤龙后用男丹之功修之。①

关于斩赤龙之法，冉氏指出，男子之命在丹田，女子之命在乳房。乳房是血元，在两乳中一寸二分，即膻中穴，不是两乳房。血元生血，丹田生丹。工夫在子午二时，存心看乳房之空窍，呼吸绵绵，出少入多。候月信至。月信至之日，或腰腿疼痛，或乳房作胀，或头目不安，不思欲食，此信乃炁将化血之征兆。当月信至时，从丹田运上乳房，收回此炁。若月经已行，须待其经后两天半，以白绫试之，其色黄金，乃照前用功，运上以斩之；如此数月，则经变黄，黄变白，白化而无，这就是斩赤龙。② 赤龙既斩，以后七日大还到大周天，与男丹无别。

关于女丹的活子时，冉氏指出，女丹与男丹下手的活子时是不同的。因为女子月经净后，必有乐育之候，其中经脉微动，有欲交媾之情；此时生机勃发，顺而用之，可作生育种子，逆而用之，故称活子时。③

就女丹下手的活子时而言，冉氏指出，修炼者仰观月轮盈虚之象，静定以为功，则翕聚先天真炁，不令真炁化为血，即斩赤龙下手时。④

五 三教合一论

前已述及，内丹学自唐末五代兴起发展以来，内丹家多提倡三教合一的思想。冉道源亦主张儒释道三家同源于道。先有大道而后才有天地万物。学者不知道之大，而笼统以道名之，才有儒释道之分。而道之名亦多，有天道、人道、君道、臣道、父子之道，不可胜举。儒家主张得一叫中，佛家主张得一叫空。道家主张得一叫一。一就是中，中就是空。一、中、空就是道。⑤ 可见，儒释道三家同源于大道。

冉氏还指出，儒释道三家同源于大道，此大道是先天大道，三家是大道之流。世人见学仙佛，流弊无穷，于是入儒；虽然穿儒服，言仁义诗书，却贻害国家，为万世所骂。而今世人只有从源头上做起，达到无物不空，无事不中，无理不一。仙佛不要否定儒，儒亦不要否定仙佛，儒释道三教

---

① 王卡、汪桂平主编《三洞拾遗》第 10 册，第 525 页。
② 王卡、汪桂平主编《三洞拾遗》第 10 册，第 525~526 页。
③ 王卡、汪桂平主编《三洞拾遗》第 10 册，第 526 页。
④ 王卡、汪桂平主编《三洞拾遗》第 10 册，第 526 页。
⑤ 王卡、汪桂平主编《三洞拾遗》第 10 册，第 508 页。

只是字面上相配，渊源都是先天大道。①

冉氏还主张，三教性命功夫同宗于大道。大道生天、生地、生人、生万物，含阴阳动静之机，具造化玄微之理，统无极，生太极；"无极为无名，无名者，天地之始；太极为有名，有名者，万物之母。因无名而有名，则天生、地生、人生、物生矣"②。

关于道化生人的性命过程，冉道源指出，男女交媾之初，男精女血，混成一物，此即是人身之本。③ 嗣后而父精藏于肾，母血藏于心。心肾脉连，随母呼吸。十月形全，脱离母腹。是时，性浑于无识之中，又以无极伏其神；命得益于有生，再以太极育其炁。元神是真性，元炁是真命。孩子之体是先天性命。④ 可见，人之性命由道所化生。人出生后，七情六欲使人神疲、精耗、炁惫，又无滋补，则疾病频生，致人病死。这是袭取张三丰《大道论》的思想。

内丹学主张人道与仙道是顺逆之关系，冉氏亦持此主张。他说："人由天地而育，亦由父母而生，含阴阳动静之机，具造物玄微之理。人能体生身之道，顺而用之，则鼻祖儿孙，嗣续而成；逆而用之，则真仙上圣，亦接踵而出，同其理也。"⑤ 意谓：人能体会生身之道，顺而用之，则儿孙嗣续而成；逆而用之，则真仙亦接踵而出。

冉氏又指出，儒释道三教性命功夫同宗大道，此道就是穷理尽性以至于命。儒家存心养性以合天，佛家明心见性以大觉，仙家清心炼性以了道，都不外乎身心性命。仙佛之道，即是儒家圣贤之道。⑥

综上，冉道源主张，炼己就是炼元神。炼己要割绝贪，舍弃珍财、功名，万缘不挂。还虚之功在于对境无心，大定万象皆空。调药当从静入手，调药之时机是外肾要举之时。调药的场所在内肾。调药的方法在以先后天之气兼用，先用后天呼吸之气以炼之，凝神入炁穴。西派下手是凝神调息。小周天武火、文火功法的次序是：阳炁初起微弱，用武火，凝神入炁穴。阳炁已定时，文火以养之。小周天采药河车运行，以真意为主镇守中宫，

---

① 王卡、汪桂平主编《三洞拾遗》第 10 册，第 509 页。
② 王卡、汪桂平主编《三洞拾遗》第 10 册，第 509 页。
③ 王卡、汪桂平主编《三洞拾遗》第 10 册，第 509~510 页。
④ 王卡、汪桂平主编《三洞拾遗》第 10 册，第 510 页。
⑤ 王卡、汪桂平主编《三洞拾遗》第 10 册，第 512 页。
⑥ 王卡、汪桂平主编《三洞拾遗》第 10 册，第 540 页。

以神领炁循环，采二气之升降，运转药物。止火，是不行任督二脉升降，不运转河车，以温火熏蒸。止火之机是当有龟缩不举之景，及阳光二现之景出现时。大药过关服食需要防范危险。方法：六根不外漏；以软木堵住谷道以防过下鹊桥之险，以木夹封鼻窍以防过上鹊桥之险。引善引之正功，过关服食。乳哺之法的首务是存养，不着意于上丹田。唯以阳神寂照于上丹田，相与浑融化成一片虚空之境。是为存养之全体。出神宜暂而不宜久，宜近而不宜远。

就女丹而言，冉氏主张，女丹入室下手，先守五戒，再摒除六欲，去七情；男丹与女丹下手的活子时是不一样的，发前人之未发。与前人相同，他主张儒释道三教同出一源，都源于先天大道；功夫都是穷理尽性以至于命。

第三节　洗心子的生平和著作

一　洗心子的生平和师承

洗心子，姓名不详，洗心子是其道号，生卒年不详，四川省铜梁县人。民国年间，他与冉道源、周道成、密密子等人在铜梁县组成修道团体。他说："敝同人非集团性质，既无会社组织，亦无地址所在，再无名利贪图，更无招生希望，各友散处各山，注重实践，不履廛市，印赠道书一举，原因每见刊载同志种情，颇有造就，肫诚之心可嘉。惜不闻正道，恐无良好结果，是以不揣冒昧，特为介绍，然亦听其因缘之如何耳。"[1] "敝同人因鉴世衰道微，旁左流毒日深，而嗣玄门者，徒哺啜一生，既不于身心下功，又不在教门尽力，内而修持不求，外而玄规未振，颓败难堪，任人呵斥，敝同人忝列教中，目击心伤，兼见大道隐晦，有志者苦于入门，特印赠明道集一书，使同志于道之邪正，稍有辨别，于教门略尽匡救之力耳，并无会社组织，亦无主任与若何名称，不沽名，不招生，不立派别，本拟将书赠完则已。"[2]

可见，洗心子等人组成的修道团体不属于社会组织，也不立派别；印赠道书亦不是沽名钓誉，借道敛财，希图招生，而是使道友于道之邪正，

---

[1]　洗心子：《明道语录》，第 3 页。
[2]　洗心子：《明道语录》，第 71 页。

稍有辨别，扶持道风。他约于 1941 年后遁迹山林。

关于洗心子的师承，他自称遇到明师而悟道。[①] 他遇真师的经过，前已述及，1928 年 2 月初旬中，他遇到的真师是李真一，但他把李真一当作了李涵虚。

关于洗心子的弟子，他自称向他问道之人不是其弟子，故其徒情况不明。如他说："敝处诸师，非普通教门可比，陈致虚真人之道有三戒三去等，尤为注重，先生意以语录中人为门徒，非是，均普通慕道者，无非因机指引，使明正法之概而已。"[②]

但《明道语录》中来函问道之人计有：郑梦骞、曹昌祺、张道初、张义上、邓雨苍、李诚志、蔡宪（女）、杨凤起、缪俊德、应治平（沙市）、燮阳子、张晴麓、何维民、廖炳文、董天元、廖锦云、郭缘生、廖诚一、周志诚、冯荣芳、左超然、周昌茂、苏逢春、许伯翔、范云湖、罗白瑶、何益恭、祝存照、李群、周永安、王汇九、苏生、朱振声、施友苏、黄蕉明、袁学人、刘重权、张英、谌志猛以及闽中李告熊、冯荣芳、周志诚（刘止唐道门）等。其中曹昌祺、张道初（江苏苏州）、邓雨苍（福建连城）等是陈撄宁的弟子。

二　洗心子的著作

《明道语录》是洗心子答各方问道函汇集而成的，该书将初乘筑基玉液还丹功法泄尽无余。他自称将《明道语录》印赠各同志，易于了解邪正。[③]该书的版本目前有：宗教文化出版社 2013 年出版由黄信阳编、蔡聪哲点校的《合宗明道集与语录》，台湾真善美出版社 1981 年出版的《明道语录》。下文论及洗心子的内丹思想是据台湾真善美出版社版本。

第四节　洗心子的内丹基本理论

从洗心子答各方道友问道函来看，他最推崇伍柳派、李西月西派丹经。他认为，《三车秘旨》《道窍谈》"已将先天大道全旨，自起手以至了手，行

---

① 洗心子：《明道语录》，第 9 页。
② 洗心子：《明道语录》，第 118~119 页。
③ 洗心子：《明道语录》，第 22 页。

功次序，逐节细目，详尽无遗，惟在诚心人，求诀中诀以了之"①。他认为，那种认为伍柳之功着相不是先天大道的，是谬谈。他对汪东亭、徐海印丹法持批评态度。他认为，《黄元吉语录》《道德经注释》《道门语要》的作者黄元吉有修有证，但这些书是旁左伪造。② 他认为，傅金铨顶批、注释的《金丹真传》《悟真篇》，贻误后人。③ 可见，他的内丹思想深受伍柳派、西派影响，但他又有新阐述；他的内丹基本理论亦然。

一 顺则生人，逆则成仙

如前所述，元代的内丹家提出，人道为：无极而太极→阴阳动静→五行四时→万物化生（人）；丹道为：万物→五行→阴阳→太极本无极。

洗心子亦指出，道为生天、生地、生人之理；其过程是：无极而太极，由太极而生天、地、人三才。《周易》是道书中最古老的，自龙马负图、伏羲氏仿而画卦，是易之创始。后文王、周公、孔子"始尽其义，则天地人生成之道，阴阳变化之理"，都明白了。伏羲所画河图是源始于无极。无极指"无有穷极，无边无际，空虚浑噩一团，名之曰无极〇，虽云空虚无物，中伏有虚灵之神，其神一凝，中成一点，名曰太极⊙"。"由此中一点，动而生阳为天，天主生，静而生阴为地，地主成，天地既立，人受天地中灵秀之气而生，则三才定位。"④

他又指出，三才定位亦是出于天地生成之数。数为：奇数一、三、五、七、九，为天生；偶数二、四、六、八、十，为地成。天地生成之数既定，则五方分而五行别。因为天一生水，地二生火，天三生木，地四生金，天五生土；地六成水，天七成火，地八成木，天九成金，地十成土。这就是说：一六属水，正北；二七属火，正南；三八属木，正东；四九属金，正西；五十属土，正中，统摄四方，即河图完备——天地生成之数。⑤

他还指出，成卦亦有义，二仪生四象，四象生八卦；卦图分先后天，"先天卦图，乾正南，坤正北，离正东，坎正西，震居东北，兑居东南，巽居西南，艮居西北；而后天卦图，则易位，以离正南，坎正北，震正东，

---

① 洗心子：《明道语录》，第 27 页。
② 洗心子：《明道语录》，第 74 页。
③ 洗心子：《明道语录》，第 138~139 页。
④ 洗心子：《明道语录》，第 82~83 页。
⑤ 洗心子：《明道语录》，第 83 页。

兑正西，艮居东北，巽居东南，坤居西南，乾居西北"；八卦已全，变化
出；由八卦而变为八八六十四卦；六十四卦"图中自左至临卦，到乾卦，
为阳升，为进，自姤由右至遁卦，到坤卦，为阴降，为退，即周天"①。

他还主张，人身中阴阳运行与天地同，故顺则生人，逆则成仙。逆修
指取坎中阳，填离中阴，还成乾坤，即以后天神气返还先天神炁，再从先
天神炁返还太虚，如是大道功成。②

他还主张，道是"夺天地之造化，握生死之权衡，大无不包，小无不
载"③。这是由于道始于无极。④ 但成仙大道必须躬行实践。如他说："升天
大道，独一无二，虽说简易，又岂能如汽车飞艇之便捷乎。一定要躬行实
践，不畏艰辛，一步一步走去不可。"⑤

可见，洗心子"顺则生人、逆则成仙"论是袭取陈抟《无极图》的
思想。

二　阴阳双修、清净两派论

内丹性命双修，通常分为阴阳双修、清净两派。民国时期大多数内丹
家认为全真道南派主阴阳，北派主清静。洗心子却主张，"阴阳""清静"
为道中之两名词，无派别之分。南派主阴阳，北派主清静，这是邪师之瞎
说妄分。他认为，"大道独一无二，千真万圣，皆凭此修证"。道即一阴一
阳，修道者就是修此阴阳。"道"是天地万物生生化化之根源。人类无论男
女，都有阴阳二气，即《易》曰"各正性命"，不需要外求。"不过一落后
天，性在天边，命沉海底"，性命各宿一处。修道者将各宿一处之阴阳二
气，"以清静功夫，合和凝集以复其初，故有栽接之喻"，犹果木之栽根接
枝。"虽说栽接为命功，清静为性功，但是无清静不足以成栽接，无栽接不
足以了清静，即以神宰炁，以性制命，二者相需而行，故为性命双修。"旁
门外道不明白此奥义，一闻阴阳栽接之名，便用丹经之炉鼎、牝牡、彼我、
内外等名词，证明的是男女采补。旁门外道声称男子河车路通，女子斩赤
龙后，方可行此一时半刻之功，才无铅走汞飞之危险。他却认为，"行功既

① 洗心子：《明道语录》，第 83~84 页。
② 洗心子：《明道语录》，第 84 页。
③ 洗心子：《明道语录》，第 8 页。
④ 洗心子：《明道语录》，第 9 页。
⑤ 洗心子：《明道语录》，第 9 页。

到河车路通，已得初基人仙之果矣，由此渐进，功到大还丹，始有'猛火内栽莲，逆水滩头撑船'之喻"，这不是邪说之所谓"一时半刻"。况且"一人身内自运，尚有危险，何况男女交接"。如果念头稍动，先天淳朴既散，于身心无益；假如漏泄春光，敢说仙胎无望，凡胎定成。因此，他强调指出，研究学说，首先要对种种名词意义进行彻底辨真，"方有结果，否则弄得自己糊糊涂涂，莫名其妙，以致受人欺骗，罔此一身，倘坠沉沦，无有出期"①。

三 五等仙、三乘丹法论

关于五等仙、三乘丹法，他指出，仙有五等：鬼仙，是阴神之类；天、地、神、人仙，是阳神之类；略分为上中下三乘，又名三元。下层炼精化炁为人元，中层炼炁化神为地元，上层炼神还虚为天元。又有童壮老三种体质之分。童子精炁神三宝全，清静无为法；壮年补筑之功还元，然后养性完成；老年，比壮年多调药一段工夫，有敲竹鼓琴之权法；壮年、老年的补筑之功就是"栽接"。②可见，他的五等仙是袭取伍守阳的；其三元论不同于前人。

洗心子还提出，内丹修炼的程序为：先初乘炼精，再中乘炼炁，最后上乘炼神。③他又指出，李涵虚祖师又把中乘名上乘、上乘名大乘。三乘丹法都采铅华，皆称还丹，但有大小先后的不同。他提出，初乘丹法名叫结丹，又名玉液还丹，是后天中返先天，取真阳圆成内丹，成就人仙。上乘丹法称还丹，又称七返，是以后天所返的先天，炼出先天，立为丹母，成就地仙。大乘丹法名为九转大还丹，是以先天中先天大药来使性命归虚，成就天仙。④

四 玄关论

洗心子提出，"一"就是太极、玄关、先天一炁；"先天一炁从虚无中来，来时，炁发则成窍"⑤。得此玄关一窍是成仙的不二法门。如他说："借

---

① 洗心子：《明道语录》，第4~5页。
② 洗心子：《明道语录》，第19~20页。
③ 洗心子：《明道语录》，第34页。
④ 洗心子：《明道语录》，第34页。
⑤ 洗心子：《明道语录》，第39页。

一之形，炼一之炁，即得一矣，盗天地，夺造化，无限仙阶，从此拾级而登，故曰得一而万事毕。"①"'不二法门'……法门是窍，不二即一，古今千真万圣，皆得此一窍而证道果。女士除斩赤龙外，亦不出此工法。"②

他又指出，神炁交融，"静时腹中似有交媾，此真息发现时"，不是玄关；神炁必须交融很久，"从杳冥中神息相忘，于无知无识间，不觉恍然阳生，而人如醉，方是玄关发现，交媾景象；因心中之神，与肾中之气，融和而有，名曰心肾交"③。

可见，洗心子与陈撄宁的玄关思想相同。

五 活子时

洗心子指出，一天中子时，是钟表上有定之子时。活子时是人身中阳炁生，为活动无定之子时。④ 他说："活子时，即是身中阳炁发动时，为活动之子时，非日夜钟表不移之子时。"⑤

他还指出，时至神知，药产神知。这是说，"微阳与小药生时，如自心清净，元神即知"，所以谓"时至神知，药产神知"。阳光一现二现，光透帘帷，是大药产生时之景象，不是微阳生时所有的景象。⑥

六 任督脉、绛宫、阴跷位置

洗心子指出，任督脉的位置是督脉外附脊骨，任脉外附胸骨，不经心脏，不连胸部任何穴。绛宫是心，与紫庭相近。风府不是玉枕。黄庭有上中下，中丹田在心，炁穴是下丹田。这便是确切的位置，如再要确实，唯有剖开一看。就炁穴一窍而论，系虚悬一穴，假使剖视，亦难辨别。如苏逢春说，身中实验已到，静极知下丹田，有二寸五一圆洞，内见丹田一窍两口。阴跷指阴精出去之路，在下丹田下，阴囊后、谷道前之间。⑦

可见，他借用了当时医学知识来诠释任督脉等位置。

① 洗心子：《明道语录》，第 39 页。
② 洗心子：《明道语录》，第 37 页。
③ 洗心子：《明道语录》，第 116 页。
④ 洗心子：《明道语录》，第 74 页。
⑤ 洗心子：《明道语录》，第 60 页。
⑥ 洗心子：《明道语录》，第 74 页。
⑦ 洗心子：《明道语录》，第 131~132 页。

七　炼精化炁、炼炁化神和炼神还虚的次序

洗心子认为，炼精化炁，炼炁化神，炼神还虚，是分层次的，不是一齐做起。他指出，静功在一刻，"一刻之中，亦有炼精化炁、炼炁化神、炼神还虚，三层工夫在内，即一时一日一月一年皆然"①。但并不是不分次序，例如"坐下闭目存神，使心静息调，即是炼精化炁之功，回光返照，凝神丹穴，使真息来往，内中静极而动，动极而静，无限天机，即是炼炁化神之，如此真炁朝元，阴阳反复交媾一番，自然风恬浪静，我于此时，正念止于丹田，即是封固火候，亦即是炼神还虚之功"②，"年月日时，久久行此三部工夫，以至真空真静，十年百年，打破虚空，与太虚同体，乃无次序之可言"③。与此相反，恐怕是真师未传真诀。

八　童壮老三种修法

洗心子提出，大道原本独一无二，但下手修炼，有童壮老三种体质之分，用功稍不同。童体不需要补筑，"破体与衰老，必须补筑，始有成就"④。童年精炁神三宝全，不需要用补筑之功，一直用清静无为法，养性到底，但古今稀罕。壮年体破，必要用补漏筑基之功，还成童体，到大丹以后，纯用性功了手。年老精炁枯，必须用凝神调息，橐龠真工，使阴极阳生，待生机速而旺，则采炼还成童体，至大丹成后，仍用性功了手，这是内丹修炼固定的程序。⑤ 但最初还虚之着手工夫细节，需要力行实验才能悟入。如果不了解下手功法，可照《三车秘旨》"收心法"及"百句章"第一段、《九层炼心》第一层去做即可。⑥

他还指出，丹书说童真成道易，但成功者千百年来只有一二人。究其原因，是因为童真虽精、炁、神充足，但性不坚定，经受不住魔的考验，而入魔境。⑦

---

① 洗心子：《明道语录》，第 41 页。
② 洗心子：《明道语录》，第 41 页。
③ 洗心子：《明道语录》，第 41 页。
④ 洗心子：《明道语录》，第 41 页。
⑤ 洗心子：《明道语录》，第 43 页。
⑥ 洗心子：《明道语录》，第 43 页。
⑦ 洗心子：《明道语录》，第 58 页。

九　周天火候论

洗心子认为，运周天时，意守中宫，神驭二炁。① 他指出，运周天实质是以真意驭炁，亦即以神为先导而运炁；其中卯酉沐浴，不拘时刻。②

他又指出，火候与止火，是两个意思。"火候"二字，"火是火，候是候，一候二候，是阳生药产之功法，四候六候，是小周天之功法"。止火是指大丹成时当止火；否则损丹，除此以外，不得称止火。③

十　内丹修炼成功者少的原因

洗心子认为，内丹修炼成功者少的原因有十四个方面：有的人品德好，但行道不正；有的人虽有志为仙，但品德不足；有的人始勤终怠；有的人喜于问道，但不力行实悟；有的人自作聪明，不尽心领教；有的人名利心重；有的人心性偏执，未入门而妄加诋毁得道之人；有的人初一遇师，便问如何成道；有的人好高骛远，想得异闻胜于别人；有的人不论邪正是非，希望以博闻而为人师；有的人借修道之芳名，而暗地里干坏事；有的人资质属于下愚，学不了；有的人恩爱难割；有的人福报优裕，怕不能久享。④

此外，内丹修炼难成还有两大问题。一、学道先以变化气质为主，有浑厚气相才是载道之器。很多人没有在变化气质上用功，这是难成的一大问题。二、真师难遇。真师难遇，所以得真传者少，"以仙师择贤而授，非泛常可比，纵得缘遇，见其骄满之气，贪妄之心，早已避于千里之外"。这不是仙师无慈悲之心，不度之怜之，"以习性障道，终无成就，则轻泄之罪难免"，这亦是难成的一大问题。⑤

十一　道学与科学

洗心子认为，道学（内丹学）作为我国固有国粹，是研究空间造化之至精至微至神至妙之一种哲学，科学眼光不能窥测它。他指出，在科学方面，当今人人注重科学，因为科学有飞空行陆入海种种之神妙。"试思机械

---

① 洗心子：《明道语录》，第 45 页。
② 洗心子：《明道语录》，第 46 页。
③ 洗心子：《明道语录》，第 98 页。
④ 洗心子：《明道语录》，第 39~40 页。
⑤ 洗心子：《明道语录》，第 40 页。

神妙，果系自有乎？查一切机械，不离铜铁等构成。本为笨重之死物，有何能力之可言，惟借电火之力量鼓动之。但徒有电火亦不灵动，必须以人为司机搬运其中各机关，则神妙始见。"例如飞机空战之胜负，全凭借飞行员之技能。于此可以想见人本身真是天然的一部神妙活机，"又可以说是部母机。有母始有子。一切子机，皆自人心里无中生有，妙想出来，可见人心真是万能"。据查"科学家之心理最灵，思想最精，如以此种智慧，容易造作人自己真机，但世界未见一人"。道学有精微高深难明之理，人容易以虚渺迷信来看待它，称之不可眼见。常人眼见日常之吃饭、解便、睡眠等事所具有的浅近之理，尚且不解，而道学作为空间造化之学，精微神妙之理，常人更不能明白。①

他还提出，道学就是声光电化学之祖宗；科学愈进步，愈证明道学之至高。他说："今亦感谢科学愈进步，愈证明道学之至高。科学讲声光电化，而道学即是声光电化之祖宗，吾人一部真活机，以科学所造之假机比之，假机不离电火与司机生，人之身躯，欲使行动神妙，亦不离电火与司机生两大要件，修士初下手，第一工作，即是训练机生，真机之成败，全在机生之贤否；训练之法，须切实教导，戒其浮躁贪妄虚假怠忽之习气，而归于诚静端肃恒勤朴慎之行动，始可经理机中电务之造电，收电，炼电，藏电等事，盖电之煅炼，必经三次鼎炉，始有无穷之动力，其初次工作之处在海底，收积水中电气，积累煅炼，久之电盈，有冲突之象，全仗机生护持转运到原鼎炉，和合凝集，精华团聚，以至电光透露，一而再，再而三，发生震动，此初次工作移炉换鼎之时也。机生小心照顾，如猫捕鼠，经七日夜，运至南宫大鼎炉中，为第二次制炼处工作之时也，又于火中取电，和合凝集，期满十月，则电之精华飞空，直冲霄汉，有此现象，正是迁运至昆仑造化炉中，为第三次制炼工作之时也，再加精炼。工作圆满，电精之光。充塞天地，真机得此最精最美之电，有变化莫测之妙，机生从而旋转，随心所欲，或飞天外，或入水火，透金贯石，横遍十方，竖穷三际，毫无阻碍，岂区区小术飞空行陆入海，所可同日而语哉。"② 可见，洗心子这里用操作员来喻内丹修炼之神，用电来喻气；内丹修炼的过程被喻为操作员造电、收电、炼电、藏电等事。

---

① 洗心子：《明道语录》，第53～54页。
② 洗心子：《明道语录》，第54～55页。

综上，洗心子的人道与丹道顺逆之关系论、五等仙论、玄关论、活子时论、任督脉等位置论、童壮老三种修法、周天火候论，都是对前人（特别是对伍柳派）的继承。

洗心子主张，"阴阳""清静"为道中之两名词，无派别之可分，都是把各宿一处的阴阳二气合一而已。这与前人的观点不同。以前的丹家主张，"阴阳""清静"两派是不同的，两派虽都主张阴阳性命双修，但阴阳派需要有女性配合，而清静派是一己孤修。他的三乘丹法论与前人不同：他主张，上中下三乘，又名三元。由下层炼精化炁为人元始，至中层炼炁化神为地元，到上层炼神还虚为天元。而以前的丹家主张，人元丹法是指内丹学，地元丹法是指外丹黄白术，天元丹法是指服食灵丹；元明以来又称清修派内丹道为天元。他指出静功在一刻，一刻之中，亦有炼精化炁、炼炁化神、炼神还虚，这与前人不同，也与事实相悖。他提出内丹修炼成功者少的十四个原因，基本上袭取了伍守阳择侣难的十四个原因。[1] 他提出道学即声光电化之祖宗。人体是一部活机器，内丹修炼之神就如操作员，炁就如电，内丹修炼的过程就如操作员造电、收电、炼电、藏电等事，这是发前人之未发。

第五节　洗心子的内丹工夫论

如前所述，洗心子的内丹思想继承了伍柳派、西派等，但他又有新阐述，他的内丹工夫论亦然。

一　内丹修炼的前行工夫

洗心子提出，内丹修炼之前要去贪欲，除习气。这样更能博学、审问、慎思、明辨、笃行。还要尽人事，之后始下手行道。是时，"首当明辨邪正，知其纲要"；其次，"笃实行去，猛勇精进，方能有成"。[2]

他还提出，发心修德以消夙业，立愿扶道以结道缘。[3] 他又提出，内丹修炼之人必须是本性贤良、行善、道心坚定，亦得祖师认可的。[4]

---

① （明）伍守阳：《天仙正理浅说》，《藏外道书》第 5 册，第 851~853 页。
② 洗心子：《明道语录》，第 1 页。
③ 洗心子：《明道语录》，第 21 页。
④ 洗心子：《明道语录》，第 10 页。

他还提出，内丹修炼者必须早晚焚香礼拜祖师后，默念八神咒（净心、身、口等），次念祖师宝诰、灵祖宝诰。平常未静坐时，须读《感应篇》，体察身心，务期有善无过；至于《明道集》《伍柳仙宗》《三车秘旨》等书，又当熟读熟记，以此为日常功课。[①] 每入坐，即默念灵祖咒与李涵虚诰各三遍，这是收心净念之法。

可见，洗心子的内丹前行工夫强调修德及日常功课，而不是前人强调的"法、财、侣、地"等。

二　内丹入手工夫

（一）炼己

前已述及，伍守阳主张，炼己即制伏元神。洗心子亦指出，内丹修炼必须先炼己，炼己即炼性。[②] 炼性是大道彻始彻终的功夫，炼性的方法有：禁止旧习，绝不做不当为之事，割绝贪爱，苦做当做之事，励志精进必求修道成功。[③]

（二）去妄念之法

洗心子指出，在初下手行功之先，有妄念则要扫除净尽。如前所述，洗心子主张，内丹修炼首先是训练操作员，此操作员是身中神。神有元神、识神。元神指无念中有灵觉，又名先天之神。识神指思虑妄想，即后天愚痴之神。内丹修炼只用先天之元神，忌用后天之识神。识神与元神是二是一，可分可合。如何能合，将心中妄念除尽，即返识神为元神。去妄念之法主要有如下两点。

其一，人欲之最大最厉害的是色欲，男女皆贪恋以为乐事。好色是消耗精神之第一件事。人行道至身中阴阳交媾时，快乐无穷，神清气爽，并且长久，即经云"身中自有真夫妇"。唯有上智之人明白此中原委，心境顿空，没有妄念。如果事事体察究竟，都是到头为一场空，与本人毫不相干，则诸念皆释然。[④]

---

① 洗心子：《明道语录》，第 22 页。
② 洗心子：《明道语录》，第 139 页。
③ 洗心子：《明道语录》，第 139~140 页。
④ 洗心子：《明道语录》，第 56 页。

其二，在行功上苦干，认定行道为自己最大的一件事业，是美满的享受，其他身外种种行动皆属义务，是水月镜花。行、住、坐、卧必须"常常觉照放心，心走即收回，住在腔子里，不许乱动，如是持久专一，生出兴趣，则心未有不静，而妄未有不除者"。如有人除妄念之行持已久，心难清静，入坐时神昏嗜卧，因为他白天心里被富贵色财、恩爱贪嗔种种欲妄缠扰，无一分钟闲着，"神气劳伤过甚，当然昏迷，及入坐时，始行收心，犹捉野鹊入笼，拼命碰出，莫可收拾，不知自己习性未除，道心轻而人心重"，即经云"人心生而道心灭，道心生而人心绝"。①

（三）调息凝神、心息相依

前已述及，内丹学主张，调息是初关的重要工夫；调息就是使凡人之息转为真息。洗心子亦指出，内丹修炼入手之法，就是调息凝神，心息相依。"心止于脐下曰凝神，气归于脐下曰调息。"② 心止于下丹田，犹如系马有桩，"如系稳到神息相依时，则守其清静自然名勿忘，顺其清静自然名勿助"③。脐下丹田，又名炁穴，"此穴为古今修炼者一定不移之处，修道初乘，行炼精化炁之功，自起首以至大丹从中采取烹炼运行，种种行功，皆在此间"，此间即中。④ 凝神是收已清之心入炁穴。⑤

他又指出，坐到无念则神凝，鼻息细微则息调，"无念息调，即神息相依时"⑥。神息相依，"勿忘勿助，以默以柔，息活泼而心自在，即用钻字诀，以虚空为藏心之所，以昏默为息神之乡是也，三番两次，澄之又澄，忽然神息相忘，神炁融合，不觉恍然阳生，而人如醉矣"⑦。

他还指出，玄关抱一不是初下手事。这"犹小子入幼稚园，初学识字，便谈作文"。内丹入手，调息凝神，"此时心尚未平，气尚未和，隔玄关远"，神气合一亦远。调息要用口鼻，即丹经谓"以后天呼吸寻真人呼吸处"。可见先后天亦有兼用之时。凝神要用下丹田与阴跷二穴。⑧

---

① 洗心子：《明道语录》，第 57 页。
② 洗心子：《明道语录》，第 15 页。
③ 洗心子：《明道语录》，第 16 页。
④ 洗心子：《明道语录》，第 17 页。
⑤ 洗心子：《明道语录》，第 18 页。
⑥ 洗心子：《明道语录》，第 16 页。
⑦ 洗心子：《明道语录》，第 19 页。
⑧ 洗心子：《明道语录》，第 10 页。

他还指出，《三车秘旨》所说下手工夫是钻杳冥。钻杳冥：自静心，缄口，调息，至静之又静，清而又清，一切放下，全体皆忘，心神气息，皆入于杳冥之中；钻杳冥中唯神独觉，这是真息。[①]

他还提出，初下手工夫，一念不生，静入恍惚杳冥，以至钻杳冥；钻杳冥，即虚空藏心，真息发现，即是最初还虚工夫。[②]

他还指出，凝神入炁穴就是回光返照。他指出，坐下合眼后，将目光内观下丹田，即回光返照；是时，两耳亦内听，与目光同住，鼻息不要达到下丹田，内息调至似有似无，心便静了，须听其自然，勿助勿忘。[③]

可见，洗心子的调息凝神论与前人基本相同。

三　调息收心止漏法

洗心子指出，炼精有时，有地，有法，必须先知元神为化精的主宰。炼精不得元神灵觉，"则精难化炁，仍顺行熟路而泄"。遗精一事本来是行道人的大患，其根在心神。除此患的方法是：心神是人身的主宰，"人每于成童时，阳关一破，思想淫欲，扰乱心主，主即昏庸，欲炽不遂，想念更重，则深入神经，含藏久之，必形于梦交，从此精关不固，久而成滑，不可收拾，非药饵所能奏效，欲除此患，唯有自医。自医之法，以心治心，时时内省，觉照神识脑海中深含之淫机，扫除净尽；外则戒慎恐惧，非礼勿视、勿听、勿言、勿动，日间既不劳心，又不劳形，以静坐为常行"。静坐不是坐时始静，行住坐卧以至吃饭解便，都要心定念止。果能如是恒行，则心清神明。刚静坐，心尚未清，眼勿乱闭，"急将心系于气息上，理会息之精粗，调得气息不疾不徐，待心平气和后，始合眼返照下田，呼吸绵绵，深入丹田，常人之呼吸上浮，修士宜下沉，在平常即当注意"。初学静坐，要从内呼吸下手。内呼吸指婴儿在母腹中之呼吸。不知此，则精难化炼成炁。所以调息之关系最大。调息法度，"有收摄之息，有采取之息，有交媾之息，有进火之息，有退符之息，有沐浴之息"[④]。

他还指出，凡初学静坐，要从内呼吸下手，不知内呼吸是真息，则精难化炁；还不要太劳身心，因为劳心则伤神，劳身则摇精。修道人心要至

---

① 洗心子：《明道语录》，第 62~63 页。
② 洗心子：《明道语录》，第 122~123 页。
③ 洗心子：《明道语录》，第 59~60 页。
④ 洗心子：《明道语录》，第 68~69 页。

诚，"诚上加一至字，至即极也，心须真诚到至极处，始能尽性，尽性即见性"；"能尽性，则可以赞天地之化育。初工如要化精，非要见性，即《三车秘旨》钻杳冥中之气，为真息，始可化精"。①

他又指出，调息要调内呼吸，不是口鼻之呼吸。内呼吸如在母腹中的胎息。② 调息之法："凡调息以引息者，只在凝神入炁穴，神在炁穴中，默注阴跷，不交而自交，不接而自接，即是神与气交。"③

四　小周天之工夫

洗心子指出任督二脉为运转之路。任督即一阴一阳。"督脉属阳，在背脊后，主升，任脉属阴，在胸前，主降，亦即易卦，从冬至一阳生复，由复卦至临卦，到乾卦为阳升，为进；由姤卦至遁卦，到坤卦，为阴降，为退。但此法，非初入手之功，必积累久之，阳旺而炁动时，则运转一次"，即小周天，又名得小药。但只能一转而停，不是运转不息。任督运用法于生理上无妨害。内丹道是强身强种之唯生学，有益无损。④

关于运转小周天之法，他指出，动则施功，静则眠。如他说："阳气发生，外形动了，即采回炁穴，施武火烹炼之功，过后便静了，则睡眠，凡动一次，则施采炼功一次，时间长短，以炁之旺微为准，在临机省察适当为要。"⑤ 运转小周天的过程为：当行功到精化炁足时，则活子时发动，炁穴即为子位；一阳升为进阳火，在督脉中运转，其中有六时（爻度位）。运转时，以神引炁，由督脉上升，经过之处为：自尾闾，到夹脊，上玉枕，入泥丸，泥丸宫为午位；是时，一阴生为阴降，为退阴符，在任脉中运转，其中亦有六时；当阳炁自泥丸入任脉下降，经过气管绛宫，仍然回到炁穴，复还本位。⑥ 运行之要法：一为内外呼吸，即"外面气息降，则里面气息升，外面气息升，则里面气息降"；一为运行时，必须真意坐守炁穴，又必须"以神引炁，随之升降行住"。任督二脉图，即运小周天之道路；法轮六候图，是将运行道路上之规矩详细表明，二图皆指运小周天一事，可以说是一图。⑦

---

① 洗心子：《明道语录》，第70～71页。
② 洗心子：《明道语录》，第75页。
③ 洗心子：《明道语录》，第76页。
④ 洗心子：《明道语录》，第81～82页。
⑤ 洗心子：《明道语录》，第88页。
⑥ 洗心子：《明道语录》，第92页。
⑦ 洗心子：《明道语录》，第92页。

可见，洗心子的小周天工夫论与前人相同，但他说"当行功到精化炁足时"行小周天，这与前人不同，因为此时是行大周天。

五　女丹论

洗心子认为，女子内丹修炼的成效通常快于男子。但内丹修炼下手功法，男子固然要分童壮老三种体质，女子亦然。女子童贞精气神三宝全，"一直用清静无为法，做到性命合一了手"。壮年女子体破，亦必须筑基，等斩赤龙完成，丹基凝结，再养性了手。老年女子身体衰朽，赤龙绝，必须返到有赤龙，再斩之则还元；仍然炼到性命合一了手。虽说女子内丹修炼速度快于男子，但成功者很少，即吕祖云"仙才难得，真师难遇"。仙才是指于人道中先修纯德，有"恒诚勤"三字毅力，始能有缘遇到真师，抉破细微天机。①

综上，洗心子内丹修炼的前行工夫基本继承前人，但他说内丹修炼者必须早晚焚香礼拜祖师后，默念八神咒（净心、身、口等），次念祖师宝诰、灵祖宝诰，这是把昨晚功课经作为内丹修炼的前行工夫，发前人之未发。内丹修炼必须先炼己，去妄念，然后调息凝神，心息相依，钻杳冥，即最初还虚，这亦基本上袭取了伍柳派和西派；但他对调息论述之详，未见前人之丹经。他的小周天之工也基本继承伍柳派，但他说"当行功到精化炁足时"行小周天则与前人不同；他指出任督运用法于生理上无妨害；内丹道是强身强种之唯生学，这体现了鲜明的时代特色。他的女丹论基本上与陈撄宁的相同。

第六节　洗心子的三教合一论

前已述及，宋元以来的内丹学，深深打上了三教合一的思想烙印。洗心子亦继承了这一传统。

一　佛道修行都是性命双修

就佛道关系而言，洗心子主张，佛道修行都是性命双修；不过佛教详

---

① 洗心子：《明道语录》，第37～38页。

于性而隐于命。① 他还指出，《坛经》的淫性本是净性因。《报恩经》的善
友太子入海求牟尼宝珠，"南郭仙人命女往北郭仙人取火。《莲花经》之鹿
羊牛三车，诱小儿出火宅。《显密圆通》之记载，有携鹊笼者，一人求入笼
中住，许之至食时，张口吐妇人出，同食，食已，男寐，妇亦张口吐一男
出，同食毕，男入女腹，女复入男腹，合成一人"，这些都是暗示阴阳互为
其根、性命合一之理。浅见的佛教徒不能明白喻义，固执地认为佛不言命，
殊不知性与命本相连不离，可分可合，是一是二，性属阴，命属阳。有的
人由于才智小，眼见低，认为命功不是成仙成佛之道，而其实这正是成仙
成佛之阶梯。人除了童真外，"自阳关一破后，情欲用事，精神渐损，不以
贱下修补还元，则色身不固，欲了向上之功"，不可得。②

　　他还指出，佛教徒总认为佛门唯有见性成佛，主张做到真空妙有，即
是见性。而他提出，玄关一窍现，即真见性。③ 他主张，如来即如我生来之
时，"试思如生来之初，是否气伏息住，混沌杳冥，浑然一团，中含一点，
名曰太极。虽云一点，实空虚无形。虽云空虚，其中有灵觉之神炁在内，
此便是真空，以其中空而有灵觉，静而生阴，动而生阳，即性根命蒂"。丹
经又名真土，又名真意，"动而生出一阳，从神妙中生出有来，此便是妙
有。从此生生不已，则起朽生枯，七返九还，成仙成佛，皆基于此"。亦有
自作聪明、偏执修性者，"果能谢绝世事，持戒谨严，行功恒勤，亦可以得
五通灵鬼之小果，即鬼仙"。④

　　他又指出，鬼仙是指不取身中真阳去合真阴，即不行命功，只是修一
阴性。但必须不起念作轮回种子，"不随境入轮回窠臼，尘妄净尽，空寂大
定。出得阴神，亦有五种灵通，但不能动物；其果有四，佛名须陀洹，斯
陀含，阿那含，阿罗汉；道亦有四，曰投胎，夺舍，移居，旧住，此四果
为阴神之最上"⑤。此外，无神通者还不能称为鬼仙。

　　他还指出，佛陀即自性。妄念除尽，自性一现即佛陀；唯人必须是童
体。佛门念佛，为净土宗，持咒为密宗。净土指自心，佛陀指自性。人欲
成佛，先将自身中妄念除尽则净，意念属土，故曰净土，"果能断绝尘念，

---

　　① 洗心子：《明道语录》，第 48 页。
　　② 洗心子：《明道语录》，第 48~50 页。
　　③ 洗心子：《明道语录》，第 50 页。
　　④ 洗心子：《明道语录》，第 50~51 页。
　　⑤ 洗心子：《明道语录》，第 51~52 页。

专念弥陀，自一日至七日，一心不乱，自性一见，即弥陀"。但是必须是童男女才能达到究竟。破体者做到极点，不过下等灵鬼。密宗指秘密之法，不言意义，以免增加人的知见，唯教人持咒，"亦须清净身心，三密相应，始有效果"；"其它佛门各宗，殊途同归，言性最详，而于立命之说，则含藏于借喻中，非上智难悟。小佛徒一闻命字，则斥为守尸鬼"。真正通晓佛法之人只知道教人心法，统统无门户之见。[①]

二　成道是孝之终极

就儒道关系来说，洗心子认为，成道是孝之终极。他指出，"亲恩当报"，世俗所说的报亲恩，不过是口体之养，不足为孝，假如"行道果能达到成功，方是真报亲恩，即九玄七祖，俱能超度"。《孝经》云"身体发肤受之父母，不敢毁伤，孝之始也"，"立身行道，扬名于后世，以显父母"，是孝之终极。不毁伤身体就是行道；扬名显亲者，"即道成后，护国佑民有功，世人立庙祀之，则双亲为启圣矣，后人之多，祭祀之久，馨香万代"，这显然比家庭更大更长。[②]

此外，就儒道释差异而言，洗心子指出，儒释道三教于国虽有鼎立互维之妙，但儒是讲人道，道是讲天道，佛是讲性道。[③]

就儒道与佛耶回的关系而言，他指出，而今中国人中信仰佛耶回三教的人多，而信仰儒道的人少，特别是道教，这是由于"教义不宣，宗风不振，正道不明，旁门颇多"[④]。五大宗教中，儒道属于本国自有的，佛、耶、回三教都是外国人所创，"自外教传入中国，由汉迄今，国人崇拜者不少，对于本国自盘古以来，固有之大道，至高无上之家学，挥诸门外，真舍其田而耘人田"；更有叛逆祖宗之人，"寻得无稽小说，以守尸鬼为口实，辱骂柳华阳为魔民，其它捏词讥毁者颇多"，"奈何当今之世，偏偏多数人加入外教，亦岂无故"，因为道教教徒，"无一身体力行者，以作模范，遂致教义不宣，宗风不振，正道不明，旁门颇多，泾渭难分。苦于门径，不知依违，往往有望洋之叹，以致误入歧途"。[⑤]

---

① 洗心子：《明道语录》，第 66~67 页。
② 洗心子：《明道语录》，第 59 页。
③ 洗心子：《明道语录》，第 38 页。
④ 洗心子：《明道语录》，第 32 页。
⑤ 洗心子：《明道语录》，第 32~33 页。

总言之，洗心子指出，儒释道三教，于国有鼎立互维之妙，即都有各自的社会教化功能。佛道修行都是性命双修。佛道两教，立名虽异，其功行究竟，殊途同归。成道是孝之终极。可见，洗心子的三教合一论基本上继承了伍柳派等前人的思想，但他主张成道是孝之终极，发前人之未发。他指出当时道教衰落的原因是由于教义不宣，宗风不振，正道不明，旁门颇多，此观点颇为中肯。

结　语

综上，冉道源、洗心子受到李真一西派的传授，不是李涵虚本人。冉道源的内丹思想主要受伍柳派内丹思想的影响，但他又并不仅仅囿于一派之说，而是广泛地阅读各派之经典著作，集思广益，以充实自己的内丹思想。除了伍柳派之外，他也善于从钟吕派、李涵虚西派等诸派别的典籍著作中，汲取各家营养并结合自己实际的丹道实践经验，融会贯通为己所用。他通过注解《吕祖百句章》《三字经》《九层炼心》等丹道经典著作来阐释自己的丹道思想，这说明了其内丹思想来源的多样化。

洗心子的内丹思想基本上袭取了伍柳派、西派等的思想，其中也出现了不少错误，如"清净""阴阳"双修两派论、三乘丹法论等。但他与时俱进地提出，道学就是声光电化之祖宗。人体是一部活机器；内丹修炼之神就如操作员，炁就如电，内丹修炼的过程就如操作员造电、收电、炼电、藏电等事。任督运用法，于生理上无妨害；内丹道是强身强种之唯生学，这体现了鲜明的时代特色。洗心子的三教合一论基本上继承了伍柳派等前人的思想，但他主张成道是孝之终极，发前人之未发。

可见冉道源、洗心子的"西派"内丹是集伍柳派、钟吕派、西派等之大成。

第十一章　赵避尘千峰先天派的内丹思想

清末民国时期，赵避尘先后参师三十余位学习内丹学；于 1928 年开始在北京等地广开教门，公开传播内丹学，且与兄嫂一起创立千峰先天派，在社会上产生了较大影响。

第一节　赵避尘的生平和著作

一　赵避尘的生平和师承

赵避尘（1860~1942），名顺一，龙门派法名一子，道号大悟、顺一子，晚年称千峰老人，北京昌平人。父赵永宽，母孟生贞，兄弟三人，排行老三，二位兄长为赵兴一、赵魁一。光绪年间赵避尘曾随师刘云普走镖北京至乌兰巴托一线；还担任过清朝盐税官员。

赵氏自称于光绪初年曾因得便血之病随祖母至千峰山桃源观拜刘名瑞为师，得南无派丹法真传。如他说："忆余幼时，在光绪初年曾得便血之病。祖母带余至千峰山桃园观，又名昚旵庵，其庙距阳坊镇十里，求庙内刘名瑞老师看病。因病痊愈，认为道师，赐名赵大悟。师是南无派，行辈列第二十代。"① 自此与道结缘，先后拜师三十余位，学习内丹学。主要师父还有以下几位。

光绪九年（1883），赵氏"得受天津北门外河北堤头村刘云普老师武术、道法，后至民国 7 年三月初三日在千峰山庆乐高贤馆，得受闭阳关法诀"②。

光绪十九年（1893），赵氏"在江北淮安关板闸村小会经堂，遇悟蟾老

① 赵避尘：《性命法诀明指》，《藏外道书》第 26 册，巴蜀书社，1994，第 10 页。
② 赵避尘：《性命法诀明指》，《藏外道书》第 26 册，第 11 页。

师传授性功‘观空而不空，无他无我’之妙法"①。

光绪二十年（1894），赵氏"在淮安关，清江浦江淮四舟上遇师朱宝祥（住淮关税楼后）"②。

清光绪二十一年（1895）农历三月十三日，赵氏由淮安关"水路过瓜州金山寺，幸遇了然、了空禅师"③，赐名上一下子，为龙门派第十一代。④"致心苦求，传我至道，决破周身关窍。三日夜，授余全诀。"⑤

光绪二十四年（1898）农历十月二十四日，赵氏"在北平三宫庙内得理教（理门）广四爷真理"⑥。

光绪三十二年（1906），赵氏"遇大连湾小平岛彭茂昌老师，传授采药法诀、性功回光近照之法"⑦。

民国 9 年（1920）农历二月，赵氏"在北平文昌阁受谭至明老师诀法，传金山派，赐名赵一子"⑧。五月，了空师赐天命证书和法卷让他广开教门，传法度人，又蒙众位公推千峰衍派，胞兄赵魁一⑨为开荒师，赵避尘自己为普度师，苑清姑（苑清一，魁一妻）为帮衬师。⑩

鉴于赵魁一度人艰难，赵氏于民国 17 年（1928）农历四月十七日才初次传法，创立千峰先天派，即"法继龙门，派演千峰"。在北京度弟子八百余人，留传四十字派如下：

> 玄妙先天道，自然性体空。悟真圆光现，慧命上昆仑。
>
> 金丹乾坤大，礼义善养功。虚灵清静意，留名万古春。⑪

民国 17～20 年（1928～1931），辛亥革命元老朱子桥为其向国民政府申

---

① 赵避尘：《性命法诀明指》，《藏外道书》第 26 册，第 11 页。
② 赵避尘：《性命法诀明指》，《藏外道书》第 26 册，第 12 页。
③ 赵避尘：《性命法诀明指》，《藏外道书》第 26 册，第 11 页。
④ 赵避尘：《性命法诀明指》，《藏外道书》第 26 册，第 12 页。
⑤ 赵避尘：《性命法诀明指》，《藏外道书》第 26 册，第 8、11 页。
⑥ 赵避尘：《性命法诀明指》，《藏外道书》第 26 册，第 12～13 页。
⑦ 赵避尘：《性命法诀明指》，《藏外道书》第 26 册，第 13 页。
⑧ 赵避尘：《性命法诀明指》，《藏外道书》第 26 册，第 13 页。
⑨ 赵魁一（1855～?），字子元，拜龙门彭茂昌（后入理门）、金山派谭至明、临济派真元、理教广四爷等为师，前后拜师三十余位，民国 5 年（1916）得受彭茂昌师亲赐天命，著《三字法诀经》；曾任理教领众，也是赵避尘的老师；在东北传千峰先天派金仙道，弟子两千余人。
⑩ 赵避尘：《性命法诀明指》，《藏外道书》第 26 册，第 12 页。
⑪ 赵避尘：《性命法诀明指》，《藏外道书》第 26 册，第 13 页。

请，颁发给赵氏"传授卫生性理学"的证书。①

了空师父要求赵氏收徒弟八百人，他实际授徒两千余。弟子中有社会名流，也有庶民百姓。社会名流有：中华民国原总统黎元洪，直系军阀吴佩孚，奉系军阀张作霖、张学良，辛亥革命元老朱子桥、杜心五，著名京剧表演艺术家程砚秋，等等。② 但赵氏自称，众弟子中得全诀全法或天命全诀的（1933 年以前）唯有以下弟子：

> 初度：涿县慈善堂开荒师吴文焕（玄阳子）、度师、帮衬谢玉顺（玄升子）。二度：北平西直门外本善堂开荒师徐秀峰（玄正子）、度师李显（玄逢子）帮衬。三度：北平西单牌楼乐善坤堂开荒师刘蔼仲芳（玄润姑）。四度：北平平则门普善堂开荒师徐忠山（玄法子）。五度：昌平县城东南二十五里留芳卷村修善堂开荒师戴文宣（玄举子）。六度：北平北新桥至善堂开荒师马元良（玄诚子）。七度：河北省大名府南乐县城南楼家营村从善堂开荒师李从贤（玄从子）。八度：北平南横街路善堂开荒师万庆华（玄路子）。九度：北平后门外守善堂开荒师赵潜虚（玄朕子）。十度：北平香厂悟善堂开荒师李国升（玄先子）、度师徐庆森（玄今子）。十一度：天津河北三马路东兴里宏善堂开荒师朱锡堂（玄宏子）、度师孙骏昌（玄仁子）、帮衬樊氏（玄清姑）、金氏（玄静姑）。十二度：天津德国界牛庄路乾善堂胡志忠（玄乾子）。十三度：平南长辛店街积善堂开荒师梁珍（玄拂子）。十四度：丰台孙家庄一善堂孙照元（玄清子）。十五度：北平西城中沈箆子胡同宁善堂开荒师张执中（玄宁子）。十六度：季辅臣（玄信子）住河北满城县两渔村，开荒师。③

赵氏称，此十六位开荒师"皆得全诀、全法，与丹经道书无不相符"。他把诸位老师给他的全诀，通传十六位大弟子接度，"使天下人人，得有性命双修之份，有所皈依，不致再误入歧途"。自此十六位以下，"有得天命全诀者，逐一列后。但未得天命者，不许其传，以免有误后学"④。得天命

---

① 席春生执行主编《千峰老人全集》上册之"千峰老人传略"，宗教文化出版社，2013，第 3 页。
② 席春生执行主编《千峰老人全集》上册之"导读"，第 5 页。
③ 赵避尘：《性命法诀明指》，《藏外道书》第 26 册，第 13~14 页。
④ 赵避尘：《性命法诀明指》，《藏外道书》第 26 册，第 14 页。

全诀的弟子有：

> 十七度：博善堂玄道子汪维振、外度师玄谭子刘子元、玄妙子孙
> 金昆、玄通子唐凤莲、玄清子阿山。十八度：心善堂玄极子王玉琮，
> 住平谷县后罗庄。十九度：法善堂玄盛子许其和，住平谷县城内。二
> 十度：宝善堂玄法子阎月亭，理门领众。二十一度：同善堂玄德子谢德
> 新，理门领众。二十二度：忠善堂玄摘子葛永春，天津陈家沟人。二
> 十三度：明善堂玄功子龙占鳌。二十四度：孝善堂玄虚子李文龙，住
> 阡儿胡同庙内。二十五度：灵善党玄致子扈大中，住铁匠胡同。二十
> 六度：提善堂玄宴子谢福仙，住通县马驹桥镇。二十七度：武善堂玄
> 礼子孙锡坤、玄敬子曲礼和、玄微子杨灌楚、妙静子田洪。二十八度：
> 瑞善党玄瑞子郑瑞生、玄贤姑王淑贤。二十九度：正善堂玄一子王克
> 宽，四川成都人。三十度：润善堂玄培子杨培兰，住山西文水县。三
> 十一度：思善堂玄睿子郝睿，住山西浑源县。三十二度：童女众善堂
> 玄湘子果仲莲、妙清姑果葵英、玄素姑余素霞、妙筠姑果文英。三十三
> 度：广善堂玄浩子雷振声。①

此外，玄宴子，河北平谷县城内人，民国 17 年（1928）农历十一月十
六日得千峰老人全诀全法，民国 19 年（1930）九月初一日得授天命亲领法
善堂度师；他于民国 24 年（1935）八月印《卫生性命法诀全图》。但赵氏
称得全诀全法的十六位弟子没有玄宴子；在"十九度"中法善党只有玄盛
子许其和（住平谷县城内）；"二十六度"中提善堂玄宴子谢福仙，住通县
马驹桥镇，显然两个玄宴子不是一个人，这也违背常理，即同一个师父不
可能有两个相同道号的弟子。有鉴于此，笔者认为，河北平谷县城内人玄
宴子得全诀全法应是假的。牛金宝（1915～1988），赵避尘赐号玄金子，后
又赐号普恩居士。牛氏自称，1933～1938 年师从千峰老人，其间得授全诀全
法，得师亲赐天命、法卷，且是最后一位领法卷的弟子。②

赵氏自称，度坤生一百一十位，其中有炼成大功者："乐善坤佛堂度师
刘葛仲芳，帮度师刘凤章"，"瑞善坤佛堂度师郑王淑贤，帮度师郑瑞生"。③

---

① 赵避尘：《性命法诀明指》，《藏外道书》第 26 册，第 14 页。
② 牛金宝：《性命双修养生延寿法》，中国广播电视出版社，1989，第 1 页。
③ 席春生执行主编《千峰老人全集》下册，第 723 页。

二 赵避尘的著作

赵氏著有《性命法诀明指》《卫生生理学明指》《三字法诀经注》。

《性命法诀明指》，十六卷，民国 22 年（1933）刻板。该书是赵氏数十年内丹修炼经验的总结，语言是浅近通俗的白话，使人容易理解。扫除了丹道的各种纷繁名相，博采儒教、道教、佛教、耶稣教、回教等各个教派经典中的精华；还能够用哲学、心理学、生理学、医学等科学理论来补证其丹道学说。[①]

该书版本：席春生执行主编《千锋老人全集》（宗教文化出版社 2013年出版）中《性命法诀明指》版本为龙华斋板，十六卷，书前有千锋老人、七位老师、千锋老人与了空合影、赵魁一及四十位弟子像，除了弟子外，其他人都有生平简介；其中了空禅师像后有了空禅师内修心诀，民国 9 年师生受天命像后有千锋老人序语；又有郭继平、李绍清于民国 22 年（1933）正月十五日所作序，余占扬、魏锡彩、顾洪秦于民国 23 年（1934）正月十五日所作序；果文德绘制的四张解剖图并书释文；赵潜虚于民国 22 年所作序，扈大中于民国 22 年正月一日所作序。第十六卷后附众门人问答及名词解释。

徐兆仁主编《先天派诀》，中国人民大学出版社 1990 年出版，所收《性命法诀明指》共十七卷，与上述相比，把"实修术语问答"单独列为第十七卷；书前有了空禅师内修心诀、千锋老人序语、赵潜虚于民国 22 年所作序、扈大中于民国 22 年正月一日所作序、果仲莲于民国 22 年正月所作序、李子欣于民国 22 所作序。

1963 年台湾真善美出版社影印出版《性命法诀明指》，慈善会（北平石驸马大街八十八号）版。

1988 年学术期刊出版社出版《性命法诀明指》，十六卷，书前有了空禅师像，像后有了空禅师内修心诀，民国 9 年师生受天命像后有千锋老人序语；又有千锋老人像及生平简介、果文德绘制的四张解剖图并书释文、赵潜虚于民国 22 年所作序。

1994 年巴蜀书社出版的《藏外道书》第二十六册所收《性命法诀明指》，十六卷，书前有了空禅师内修心诀、千锋老人序语、千锋老人生平简

[①] 席春生执行主编《千峰老人全集》上册，第 55~56 页。

介、果文德绘制的四张解剖图并书释文、赵潜虚于民国 22 年所作序。

邱陵编注《千峰老人丹功法诀注释》，高等教育出版社 1992 年出版。中国医药科技出版社 1993 年出版《性命法诀全书》，文白对照本。

《卫生生理学明指》，又称《卫生性命生理学》或《性命卫生精炁神真理学》，民国 9 年（1920）至民国 18 年（1929）著，民国 22 年（1933）刻板。该书共一卷，三章，十八节。第一章炼精总论，第二章炼气总论，第三章炼神总论；精分为后天五谷之精、真阳之精和真阳舍利之精；气分为后天呼吸之气、内外呼吸之气和先天不息之炁；神分为后天身体之神、先后天精神之神和先天不神之神。该书从生理学视角来诠释内丹学，是一部融科学和内丹学为一炉的著作。该书于 1979 年由法国卡特琳·戴斯博（Catherine Despeux）教授翻译为法文（Zhao Bichen，Traite d'Al chimie et de Physiologie Taoiste，Publisher：LES DEUX OCEANS；LES DEUX OCEANS edition，1979）。

《三字法诀经注》，《三字法诀经》，又称《再生延年录》，是赵魁一于民国 7 年（1918）所著（范新园作序）；民国 22 年（1933）赵避尘用浅显之白话将《三字法诀经》注明，即《三字法诀经注》，其版本有：席春生执行主编《千锋老人全集》中《三字法诀经》慈善会版，书前有赵避尘证因果述记、范序，书后有赞《三字法诀经》诗一首以及编辑刻板等说明；《藏外道书》版，书前有赵魁一照片及赵避尘序，赵避尘证因果述记、范序，书后没有赞《三字法诀经》诗一首以及编辑刻板等说明，内容只有慈善会版的三分之一。

徐兆仁主编《先天派诀》（中国人民大学出版社 1990 年出版）所收《三字法诀经注》书前有赵魁一照片及赵避尘序，赵避尘证因果述记、范序，书后没有赞《三字法诀经》诗一首以及编辑刻板等说明，内容与慈善会版相同。

第二节　赵避尘内丹思想的南无派思想渊源

刘名瑞（1839～1933），字秀峰，号盼蟾子，别号敲跷道人，顺天府宛平县（今北京丰台区）人，为全真南无派第二十代宗师，是近代道教史上有影响的内丹家。曾住千峰山桃园观，1900 年隐修。弟子众多，其中以赵避尘最为著名。著有《敲跷洞章》（又名《盐铁录》）、《盘燉易考》、《道源精微歌》，后人集为《盼蟾子道书三种》。

刘氏内丹思想是继承了南无派、龙门派的丹道思想。如他说："予皈依北七真谭祖长真真人南无派门下。……予演法于龙门，受法于南无，所为二门之嫡指。"① 但他又结合自己的修炼实践而进行了创新，遂成为南无派的一代宗师。他把丹道次第分为筑基调药、筑基炼己、二五妙合、周天火候、大药玄机、温养圣胎、出定演神、回室安神和忘神合虚九个步骤；其中筑基调药和筑基炼己为入手工夫，二五妙合、周天火候和大药玄机为炼精化炁阶段工夫，温养圣胎为炼炁化神工夫，出定演神和回室安神为炼神还虚阶段工夫，忘神合虚为粉碎虚空工夫。下文对刘名瑞的内丹思想概述之，以此窥见赵氏内丹思想的南无派思想渊源。

一 "筑基调药与筑基炼己"论

（一）筑基调药

前已述及，筑基炼己被称为丹道之入手工夫。刘名瑞却把它分为"筑基调药"与"筑基炼己"两段工夫。他主张，筑基是内丹修炼入门之捷径，又是至关重要的步骤，但必须调息；筑基之诀法是收神养气；筑基就是元精凭借元神之力化而为元气。② 调息就是将真息"栖寂在玄牝之内，自然识性遁避，而元神显为之清静自在"③。

他强调指出，筑基的关键就是使元神驾驭先天元精，即所谓"水火既济"。通过逐日忘情涤欲、扫除幻化，而万缘、万念悉归于一，是时元神驾驭先天元精（阳刚之肾水），此所谓"水火既济"。④

他又指出，调药就是指使先天元精产生，即小药产生。调药之法："调"即戏；调药非守死禅定，枯坐无为，亦非强止念，而是时刻省觉，将真意入元炁发动之处所。⑤

（二）筑基炼己

就筑基炼己而言，刘名瑞主张，筑基不坚固，真药不能得，炼己不纯

---

① 刘名瑞：《道源精微歌》，《藏外道书》第 23 册，第 397 页。
② 刘名瑞：《敲蹻洞章》，《藏外道书》第 23 册，第 262 页。
③ 刘名瑞：《道源精微歌》，《藏外道书》第 23 册，第 399 页。
④ 刘名瑞：《敲蹻洞章》，《藏外道书》第 23 册，第 262 页。
⑤ 刘名瑞：《敲蹻洞章》，《藏外道书》第 23 册，第 266 页。

必然着于魔道。丹道是先筑基而后炼己，炼己不纯必然会着于魔道；炼己之工夫贯穿调药、种药、采药、炼药、得药、载药、孕药。①

前已述及，炼己的内涵主要有：炼己即止妄念，炼己即炼心，炼己即道德、行为方面的修养，炼己即制伏元神。

而刘氏主张，炼己即使身心自然泰定。"己"是指身心；"炼"是指神炁合，使身心自然安定，七情无妄动，即所谓"六根清净"。②

他还指出，炼己起手之要务就是扫净五贼。五贼分为三类：一是天下之五贼：眼、耳、鼻、舌、意；二是世之五贼：色、声、香、味、触；三是内五贼：爱、欲、贪、嗔、痴。五贼使元神散、元精耗。若五贼被扫净，神归炁穴，回光返照，小药必然产生。扫净五贼，元精、元神就不会外游，因为两眼见色情而使神追不离，贼精而暗耗；两耳闻远近之音，神随音而急去，故听声则爱起，精亦外摇；鼻闻香则贪起，而精自耗；口尝味，神亦随之思美食，而精自走。忘于眼，则神归丹田，含光止在其中；忘于耳，则神归丹田，听在其中；忘于鼻，则神归丹田，息住在其中。所以说，五贼俱藏，神归炁穴而小药生。③

综上，刘名瑞主张，筑基就是元精承元神之力化而为元炁。收神养炁是筑基之诀法。调药就是指补足后天以前所失掉的精炁，使小药产生。可见，刘名瑞所说的筑基之功，即调息、种药。炼己之"己"是指身心；"炼"是指神炁合，使身心自然泰定，七情无妄动，即所谓"六根清净"。炼己起手之要务就是扫净五贼。显然，刘氏所说的炼己与前人不同。

二　"二五妙合、周天火候和大药玄机"论

（一）二五妙合

刘名瑞认为，小周天炼精化炁的起手工夫就是二五妙合，即"水火既济"。人身是一小天地，修身之道要效法天道。修道者根据天地阴阳造化之机，遇时逆摄，先天之精不会化为后天之精。④

他还指出，采取先天之精，需要静静等待一阳来复之机，采取而补已

① 刘名瑞：《敲蹻洞章》，《藏外道书》第 23 册，第 270 页。
② 刘名瑞：《敲蹻洞章》，《藏外道书》第 23 册，第 270 页。
③ 刘名瑞：《敲蹻洞章》，《藏外道书》第 23 册，第 270 页。
④ 刘名瑞：《敲蹻洞章》，《藏外道书》第 23 册，第 278 页。

亏之元炁。而此先天之精发生之征候，是当喜怒哀乐发而皆中节之时。那种利欲等尘心未除之时就来采取先天之精，是属于旁门左道，害人害己，修道者必须慎之。唯有知道先天精产生的真正时机，采取此先天精以弥补已亏之元炁，才是仙法。喜怒哀乐发而皆中节之时，即先天精产生之时；凡所说与此不符的，属于旁门，不但误人，而且误己，凡学道者必须慎之。①

（二）周天火候

刘名瑞指出，行小周天火候，贵在知时机，合乎天道，且不可被尘念所缚而着相。行火有动有静，当先天元精发生，就以元神主宰元炁（元精），由外而返内，即不使其出阳关，复归于炁穴。如果不当升降，切勿搬运，须将真意常住于气穴，所谓"凝神驭炁"，等到元精再次发生，再摄之归源，直至大药生。

前已述及，内丹学主张，由于身中造化与天地相同，所以炼丹时的火候进退与天地间的阴阳消息暗合，故称为"周天火候"。刘氏袭取此观点，亦认为元神驭炁一升一降，就如太阳行一周天，即三百六十度。关于炼丹时的火符进退与天地间的阴阳消息如何暗合，他指出，小周天火候运行一周，进阳火是自复卦上升，经临、大壮、夬、乾至姤卦；退阴符自姤卦下降经遁、否、观、剥至坤卦。其中，自复卦升姤卦，共三十六爻，则进阳火三十六；自姤卦降于坤卦，共二十四爻，即退阴符二十四；一周总需十二时，进阳火与退阴符所需时间共九十六刻，外加中途之子午卯酉沐浴时，共成一百刻。显然，刘氏是用十二辟卦法来诠释一天中炼丹的火符进退之方法。② 这与前人所说相同。

（三）大药玄机

刘名瑞主张，炼精化炁必须用聚火之法。聚火之法就是达摩、海蟾二祖师所说的"吸、舐、撮、闭"四字诀。"吸"就是指鼻中之息以接先天之炁。"舐"是指舌舐上腭以迎甘露。"撮"是指紧撮谷道。"闭"是指使鼻根、眼根、耳根、舌根和意根不漏，久而神炁入丹田。此法是烹炼之要务，

---

① 刘名瑞：《敲跷洞章》，《藏外道书》第 23 册，第 278~279 页。
② 刘名瑞：《敲跷洞章》，《藏外道书》第 23 册，第 281 页。

也是烹炼之嫡旨。[①]

他还指出，小药产生之景，就是杳冥之际，电光闪烁之处，恍惚之间乃一阳爻初动之时，如珠落华池。炼精化炁，采小药之时机非常重要；采取时间不可太早，太早则药嫩，而易升；亦不可太迟，太迟则药老成质；"必待铅华吐白，玄珠成象"，此是采取之时。他主张采小药就如《西游记》中猪悟能在高老庄寻妻。小周天第一节火候，小药始生而炁弱，这如《西游记》第十六回中所述玄奘在观音院丢失袈裟，后被熊罴怪偷去；第二节火候，如《西游记》第十七回中所述孙悟空请观音擒熊罴怪，"复回法宝魔归真"，此时是采药之时候。他亦指出，小周天火候有文火，有武火，有文武兼用之时，不可一律用文火或用武火。这与前人主张小周天火候只有武火不同。但刘的小周天文火武火论被赵避尘袭取。

总言之，刘名瑞主张，二五妙合是小周天炼精化炁的起手工夫，即"水火既济"。先天之精发生之征候，就是当喜怒哀乐发而皆中节之时。此说未见前人之丹经。刘氏主张行小周天火候贵在知时机，合乎天道，且不可为尘念所缚而着相。炼丹时的火候进退与天地间的阴阳消息暗合；进阳火与退阴符所需时间共九十六刻，外加中途之子午卯酉沐浴时，共成一百刻。刘氏主张，炼精化炁必须用聚火之法，其口诀为"吸、舐、撮、闭"四字，此说未见前人之丹经。小药产生之景，就是杳冥之际，电光闪烁之处，恍惚之间乃一阳爻初动之时。

三 "温养圣胎"论

刘名瑞主张，温养圣胎的步骤为结胎和孕药，其中结胎又包括采大药、通关、服食。

（一）结胎

刘氏主张，温养圣胎，炼炁化神，先须结胎。存神以摄炁，存炁以留神，乃可得神住在胎中。结胎的具体方法是：采大药、通关、服食。他指出，采大药要用七日采工。七日采工是指除了一、二、三日之前，四、五、六、七日之间，其中或有一日见丹田火炽，两肾如汤煎，就可采大药。"火炽"是内景，"汤煎"是外景。得大药之景为：耳后风声似鹫鸣，眼底金光

---

① 刘名瑞：《敲跷洞章》，《藏外道书》第 23 册，第 283 页。

圆满，丹田有火珠。①

他又指出，采得大药后，把大药从下丹田迁移至中丹田，即所谓"通关服食"。"通关"具体是指大药在迁移的过程中，要通过尾闾、夹脊、玉枕三关。其中有通处，亦有不通之处；通处即危险，上下共有三处危险，即鼻窍、精门、大便。"服食"是指当大药迁移至中丹田，当百脉冲和，畅达于四肢，急将双目左旋右转三十六而定住，再右旋左转二十四而定住，方有神炁盘聚翕坐于中丹田，圣胎遂结。

（二）孕药

刘名瑞指出，结胎与孕药（温养圣胎）的道理是相同的。采得大药后，神与气凝聚一团，此谓之胎，实非真有胎，只是借此怀胎之理，喻温养进功之节务。温养圣胎与妇人怀孕相似，炼炁化神之时，似胎中原本无呼吸，而又不能无呼吸。始则呼吸，渐渐越来越少，至道胎将要产生时，似凡胎十月满足，是时，呼吸全无而入大定。②

综上，刘名瑞主张，温养圣胎，炼炁化神，先须结胎。结胎的具体方法：采大药、通关、服食。采大药要用七日采工，这是袭取伍柳派的思想。采到大药后，把大药从下丹田迁移至中丹田，途经尾闾、夹脊、玉枕三关。孕药的道理实质上就是使神与炁凝聚一团而入定。

四 "出定演神、回室安神和忘神合虚"论

（一）出定演神

刘名瑞认为，道胎圆满，即神足胎全，出神之景至，阳神应当脱胎离形。此阳神是太极之全体，本来之真面目。关于神足胎全之应验，他指出，神足胎全，其光灿烂，似一颗朱橘；斯时有三迁三现之景象，这就如《西游记》中"三调芭蕉扇"所喻之火熄灭而灵种子丰满。③

他指出，阳神出时，"须当静室神安默坐，待元神并机"④，自炉中上升于头顶之上。元神初出时，必须只能离自身肉体三五尺距离，不可远离，

---

① 刘名瑞：《敲跷洞章》，《藏外道书》第 23 册，第 286 页。
② 刘名瑞：《敲跷洞章》，《藏外道书》第 23 册，第 287 页。
③ 刘名瑞：《敲跷洞章》，《藏外道书》第 23 册，第 291 页。
④ 刘名瑞：《敲跷洞章》，《藏外道书》第 23 册，第 289 页。

这就如放风筝；也慎勿受惊恐。① 是时，若出现诸种怪象以及一切魔境，都不可相认，也不能与魔交谈，只等待空中忽然现出一轮如车轮似的金光，急用正念将元神射入光中；顷刻之间，其光渐小，稍后用真意收回元神。② 自此以后，如调养婴儿一般，每次出时不能突然走远，走远会有迷路之危险，所以先要从一步到十步地演炼，如此久炼，当"神童"（纯阳之神）出时无诸种怪象以及魔境出现了，方可远行百千万里，速去速来，不留恋任何一处。③ 如是久久演炼，出入纯熟，聚则成形，散则成炁，神仙成就。

他又指出，出神太早有危险。出神有出神之景和出神的时机，其为：有一道热气上行，"熏蒸胎络"，而纯阳之神独现之际，"丙火坐于午宫"，其光焰所照之处无不燃，是时必须柔伏耐守，不可移念上升，待到热极之际，当一点真阴如甘露降入心田，心地顿感清凉，出神之景至；当此景象出现到二三次之间时，方可出神。④ 他主张，出神之初不可远游，要防魔引诱而不能回，就如《中庸》所说"在彼无恶，在此无射。庶几夙夜，以永终誉。君子未有不如此，而蚤有誉于天下者也"⑤。阳神初出时，七天出一次，渐渐至四十九天出一次，然后再百日、千日出一次。

（二）回室安神

刘名瑞主张，出神之法可以有相出，亦可以无相出。他的出神之口诀为"仰嘱翻江拨海金蟾寄信一封，五老归顺南极跨鹤弃舍皇宫"⑥。他指出，阳神由头顶而出，最喜天地清朗，最忌云雾、怪风、天黑地暗。元神出身之际，必须左右盘旋，回顾神室，只提正念，遂出遂入，"不可贪视圣景，贪则乐极而远游"⑦，必落入迷失之后患。

他又指出，出神演炼，必须用"收光聚神"之法，否则必失养胎之寓所。关于"收光聚神"之法，他说："若当出者则离凡躯二三尺，只见一轮金光，乃我本有之灵物，取而收藏，以为化形之要妙，再候身中一轮金光，现至于空中，急将法身进于光前，以法聚光，取光于法身之内，遂急将法

---

① 刘名瑞：《敲跷洞章》，《藏外道书》第 23 册，第 289 页。
② 刘名瑞：《敲跷洞章》，《藏外道书》第 23 册，第 289~290 页。
③ 刘名瑞：《敲跷洞章》，《藏外道书》第 23 册，第 290 页。
④ 刘名瑞：《敲跷洞章》，《藏外道书》第 23 册，第 291 页。
⑤ 刘名瑞：《敲跷洞章》，《藏外道书》第 23 册，第 295 页。
⑥ 刘名瑞：《敲跷洞章》，《藏外道书》第 23 册，第 296 页。
⑦ 刘名瑞：《敲跷洞章》，《藏外道书》第 23 册，第 296 页。

身入在凡躯之中，尔久久乳汁沥之，则凡身立化为气。亦恐不得金光，则凡身亦不能化而为炁矣。故有留身之说。斯时亦在己之德行耳。"① 就是说，阳神出身只需要离凡躯二三尺距离；当看见一轮金光，此乃我本有之灵物，取而收藏，作为化形之用；再候身中一轮金光现于空中，急将法身进于光中，如前以法聚光，取光于法身之内，遂急将法身入在凡躯之中，尔后久久乳哺育之，则凡身立化为气。如果德行不备就不得金光，则凡身亦不能化而为炁，所以有留肉身之说。

他还指出，德行不备就会产生各种魔障，故必须防魔。他以《西游记》证解云："危险错认小雷音，悟空金钹受难侵。幸遇亢宿阴阳透，弥勒降伏识魔因。陀罗庄上七绝术，朱紫国中医王身。救回金圣乘龙至，继险盘丝防七情。"② 这就是说，德行不备就会出现魔，就如《西游记》第三十九回至四十三回中玄奘等人在"小雷音寺"、"朱紫国"、"波月洞"和"盘丝洞"等地所遭遇的魔。

（三）忘神合虚

刘名瑞认为，九载面壁工夫，即"忘神合虚"。忘神合虚，就是使元神与太虚同体。此时的工夫就是使之前的静养之功更加精进一分，要将平日的希仙、学道等一切之心念，尽皆放下，随阳神出入，任其自然而然。即使今日得登仙果之乐，亦不可生欢喜之念；必须要心如止水，身似槁木，意如莲花，清而又清，静而又静，一尘不染，如是九载，法身与灵光合而为一，与太虚同体，遂成天仙。③

总言之，刘名瑞主张，道胎圆满，出神之景至，阳神应当脱胎出去。初出神时，七天出一次，渐渐至四十九天出一次，然后再百日、千日出一次，如是称为出定演神。出神演炼，必须用"收光聚神"之法，否则必失养胎之寓所，故称回室安神。九载面壁工夫即"忘神合虚"，就是使元神与太虚同体。可见，刘氏的出神之法与伍柳派大略相同，但"收光聚神"之法未见于前人之丹经，是他的独创，这也为赵避尘袭取。

---

① 刘名瑞：《敲蹻洞章》，《藏外道书》第23册，第296页。
② 刘名瑞：《敲蹻洞章》，《藏外道书》第23册，第296页。
③ 刘名瑞：《敲蹻洞章》，《藏外道书》第23册，第300页。

第三节　赵避尘的内丹"下手""转手"工夫论

赵避尘的内丹思想虽继承北宗南无派和了然了空所传的伍柳派等，但又有创新，故能自成一家。关于内丹的修炼步骤，他主张，炼精化炁是下手之法，炼炁化神是转手之法，炼神还虚是了手之法，炼虚合道为粉碎虚空，是撒手之法。内丹修炼的程序就是由渐法而入顿法，由有为而入无为，由不空而入真空。下文对赵避尘的内丹"下手""转手"思想概述如下。

一　"安神祖窍"入手工夫论

全真道北宗主张入手工夫为炼性。赵避尘亦认为，内丹修炼之初先得炼性，"安神祖窍"。首先，扫除一切杂念。静坐之前，衣带放宽，身体不受束缚，自然血脉流通无阻。等入坐时，身如槁木，心似寒灰。两眼下观鼻准，不可太闭，太闭则神炁昏暗；亦不可过开，过开则元神外驰。当以垂帘看鼻准，意念在两眼中间齐平处为最佳。久而久之，元神自然现出。这是收拾念头之法。①

其次，调鼻息。如果息不调，恐有闭塞喘急之患；息调，身心全忘。②

再次，性命和合。真性（元神）是心中灵气，发于脑仁之两个小管。当眼视正中，元神出现；炼之日久，即与命接，合而为二，此为性命和合之理。③

最后，"安神祖窍"。两眼的中心内即祖窍，藏元始祖炁（先天真一之炁）之窍，即老子所谓"玄牝之门"。用功之时，两眼归中守一，养于祖窍之内，勿勤勿怠，谓之"安神祖窍"，此为炼性之所，立命之根。④

关于守祖窍之法，他还主张，不可以有心守，亦不可以无心求。以有心守之，则着相；以无心求之，则落空。倘能一念不起，久久澄清，虚极静笃之时，则虚室生白，复见天地之心。⑤

---

① 赵避尘：《性命法诀明指》，《藏外道书》第 26 册，第 5 页。
② 赵避尘：《性命法诀明指》，《藏外道书》第 26 册，第 5 页。
③ 赵避尘：《性命法诀明指》，《藏外道书》第 26 册，第 6 页。
④ 赵避尘：《性命法诀明指》，《藏外道书》第 26 册，第 6~7 页。
⑤ 赵避尘：《性命法诀明指》，《藏外道书》第 26 册，第 7 页。

二 "玉鼎金炉"论

辨清人身何处是"鼎炉",是内丹修炼的关键之一。如前所述,清修派诸家关于"鼎器"之论主要有:心为炉,肾为鼎;黄庭为鼎,炁穴为炉;玄牝为鼎器;神气为鼎器等。赵氏继承了伍柳派"神气为鼎器"的鼎器观。他主张,玉鼎在两耳尖上之中心,方寸玉枕之中心,是元神所居住之处;但鼎原无鼎,只有当先天真一之炁产生时,与性合一,此处方为玉鼎之名。而金炉在肾前脐后,两胯上之中心;但炉原无炉,元精产生则为炉。① 这就是说人身中没有固定的鼎炉,身中之鼎炉是随神炁升降而定,有神炁即有鼎炉,无神炁即无鼎炉。②

关于辨别真精、邪精之法,他主张,真意守窍,静极元神自然发现,久之真阳自举,乃是无念自举,此时为真精;如果不知静中无念,一阳产生,采取时想起邪淫之念,必变为后天邪精。③

三 "筑基练己"论

前已述及,"筑基练己"是丹道入手工夫。筑基通常指补足已经亏耗之精炁神,使之达到童体之水准。补亏原则就是以精补精,以炁补炁,以神补神。赵避尘继承伍柳派的筑基观,主张在未筑基之前,元神逐境外驰,从而导致元炁散、元精败,此谓"基坏"。所以必须用精气神三宝合炼,精补其精,炁补其炁,神补其神,三者合一则"基成";"基成"指证得人仙之果,即炼精化气之工夫完成。如他说:"在未筑基之先,元神逐境外驰,元炁散,元精败,而基坏。必用三宝合炼,精补其精,炁补其炁,神补其神。三者合一则基成矣。基成而人仙之果证矣。"④ 筑基成功之后,炼炁而炁即定,炼神而神即虚,出欲界、升色界之基即为此基。

前已述及,炼己的内涵主要有:炼己是止妄念,或是炼心,或是制伏元神等。

赵避尘认为,精、炁、神三宝合一为炼己。身、心、意被称为三家,精、炁、神被称为三宝,又被称为三元。以身、心、意为主,以精、炁、

---

① 赵避尘:《性命法诀明指》,《藏外道书》第 26 册,第 15 页。
② 赵避尘:《性命法诀明指》,《藏外道书》第 26 册,第 15 页。
③ 赵避尘:《性命法诀明指》,《藏外道书》第 26 册,第 21 页。
④ 赵避尘:《性命法诀明指》,《藏外道书》第 26 册,第 27 页。

神为用，三元合一而丹成。摄三归一在于虚静。虚其心则神与性合，静其身则精与情寂，意大定则三元混一。情合性，谓之金木并，精合神，谓之水火交，意大定谓之五行全。身、心、意俱不动，"三家相见结婴儿"①。

他还提出，"五气朝元"为炼己。运用还元之理，身不动则精固而水朝元，心不动则气固而火朝元，真性寂则魂藏而木朝元，妄情忘则魄伏而金朝元，四大安和则意定而土朝元，此谓"五气朝元"，又谓"三花聚顶"，即精、炁、神三宝合一为炼己。②

四 "采外药"论

如前所述，药物有内药、外药之分。伍守阳主张外药、内药本质上都是自己身中一点真阳之精气；外药即元精，元炁将要外驰时而不使之发向外，返回先天本源，虽从内生，却从外来，谓之外药，即小药；内药是炼外药而成的大药。外药、内药之采法是不同的。外药生而后采，内药则采而后生。采外药必须先调外药。

而赵避尘继承了伍柳派的"采外药"论，但又有创新。关于调外药，他主张勒阳关就是调外药。精若不调，则元炁不生；调到药产神知，精气要撞出之时，身微斜卧，中指点住生死窍，精来多少度，收回多少度。③

如何判断外药是否产生、是当采取之时候？他认为，药有老嫩之别，药老指元精已化为后天之精，不能作真精用；药嫩则元精不足阳，亦不可用；必须确知其根本之气（先天炁）真足，方可采取。④

他还主张，调外药之法必须按其年龄，根据其亏损程度不同，用不同的方法，不能胡乱采炼。"有亏损多者，有亏损少者，有先天足与不足者，有先后二天未受亏者，有先后二天大亏者，故不能一律传之耳。"⑤

五 小周天功法

前已述及，内丹学主张，炼精化炁用小周天火候。神炁并行，一升一降，就如太阳之一升一降；太阳行一周天为三百六十度，而火候亦然。周

① 赵避尘：《性命法诀明指》，《藏外道书》第 26 册，第 27 页。
② 赵避尘：《性命法诀明指》，《藏外道书》第 26 册，第 27~28 页。
③ 赵避尘：《性命法诀明指》，《藏外道书》第 26 册，第 28 页。
④ 赵避尘：《性命法诀明指》，《藏外道书》第 26 册，第 28~29 页。
⑤ 赵避尘：《性命法诀明指》，《藏外道书》第 26 册，第 29 页。

天火候只是一种取喻，故不可拘泥。

赵避尘亦指出，进阳三十六，合乾爻二百一十六；退阴二十四，合坤爻一百四十四，总合三百六十周天，又不是数息三百六十回，都是譬喻之辞。小周天之炼法，赵氏指出，一时的功法的：一吸一呼前后一转为进阳火退阴符，即炼一周天。鼻一吸气，心、神、意由尾闾关起，子、丑、寅到卯，卯入定为沐浴，又上至午，循督脉之六阳上行，此为进阳火。鼻一呼气，心、神、意由泥丸宫下降，午、未、申到酉，酉入定为沐浴，又下降至子，循任脉使元气归根，此为退阴符。进阳退阴，只是呼吸升降之消息。①

他还指出："六候又有定位，若无定位，不能作丹。亦由生死窍起，子至卯至午为一、二、三曰进，再由午酉子，一、二、三曰退，此为六候法。诀曰：采药下手，精炁如动时，用中指点住生死窍。精炁机动，鼻内一吸一呼气为巽风，引动先天真精炁后升前降转一回，此时手足头目上下左右照顾接送。"② 意谓：六候有定位，由生死窍起，子至卯、午为一、二、三，叫进，再由午、酉、子，亦为一、二、三，叫退，此为六候法。六候口诀是：下手采药，如果精炁动时，用中指点住生死窍。精气天机动，鼻内一吸一呼气为巽风，引动先天真精气后升前降转一回，此时手足头目上下左右照顾接送。

他又指出，按上述小周天之炼法，精来多少，收回多少；完成后，立刻封固精炁，再行周天火候，将采到的真精都化为炁，再分给脑炁筋用，补足脑髓。③

六　外文武火之法

赵避尘指出，外文武火之法是后天之火，是却病延年、日月合并之法，能引出先天之火；先后天火相交，能变五谷食之精为阴精，是炼精之法。行外文火，两眼闭，心意空，不息而虚，不存而照，勿忘勿助，是时，三分用外武火，七分文火炼之。④

他还指出，外武火是移火，外文火是以火；它们是专门为提取出五脏

---

① 席春生执行主编《千峰老人全集》上册，第 151~152 页。
② 席春生执行主编《千峰老人全集》上册，第 152~153 页。
③ 席春生执行主编《千峰老人全集》上册，第 169 页。
④ 席春生执行主编《千峰老人全集》上册，第 170 页。

内的渣滓，把渣滓变为泪流出的；它们还是炼四相和合、五行攒簇归根、回光返照、日月合并之法。①

关于外文武火炼五脏内渣滓之法，赵氏指出，将神火注于炉中，作为火中火引子，引动内里真火。两种火相磨相激，阳火必胜阴精，精融而渣滓亦出尽。② 外武火一经炼毕，立即行外文火之功，以防眼睛受伤。行外文火，将通身气息回归原位之法。是时，两眼紧闭，意在正中，气降真炁穴。舌头顶在天池穴，时间久了，甘露必然降下。吞下甘露从十二重楼降至炁穴，变成阴精，由春弦入睾丸宫。用四十倍显微镜观察阴精，阴精都化为小棒形，名叫精虫。阴精从输精管出，上到膀胱顶，再分两边到尿道口，这是阳精。③

可见，赵氏的外文武火之法论未见前人丹经。

七　卯酉周天之法

采内药之法，赵避尘指出，眼睛左旋右转，"一起一伏，用目光下照，从左上照乾顶，从右下照坤脐，至中心为一度"，"如此三十六转，是为进阳火。开关，从午、卯、子、酉转一回，如此二十四转，为退阴符"。④

他又指出，炼内药之法，就是行卯酉周天之火。如他说："乃是卯酉周天之火，炼内药之法也，亦为内交媾，系汝已采充足之外药，彼时因风火相激，真炁上升于脑，眼睛左旋右转，一起一伏，脑气筋与神经系和合，斯时脑髓充满发胀，顿觉荣光发现。有形无相采内药，俗名炼丹是也。"⑤意谓：修炼之人已采外药，是时，因风火相激，真炁上升到脑，眼睛左旋右转，一起一伏，脑气筋与神经系统和合，此时脑髓充满发胀，顿觉容光焕发。

可见，赵氏卯酉周天论未见前人丹经。

八　翕聚祖炁

赵避尘指出，翕聚祖炁，就是守中抱一、日月合并工夫。他说："守中

① 席春生执行主编《千峰老人全集》上册，第 171 页。
② 席春生执行主编《千峰老人全集》上册，第 173 页。
③ 席春生执行主编《千峰老人全集》上册，第 174~175 页。
④ 席春生执行主编《千峰老人全集》上册，第 206 页。
⑤ 席春生执行主编《千峰老人全集》上册，第 207 页。

抱一，日月合并之功也。离已是日光，坎戊是月精，此龙虎二炁也。天地之交精，日月之交光，盘旋于祖窍之前，为混元真一之精，为大药也。此即是精炁神聚在一处，三家相见，四相和合归一，心空意空，无他无我，祖窍之前真炁似这个'〇'，曰太极，曰金丹，曰元觉。"① 意谓：翕聚祖炁，就是守中抱一、日月合并之功；也是指龙虎二炁合成混元真一之精，即大药，在祖窍前盘旋。这是精气神聚在一处，即三家相见，四相和合归一。祖窍前的真炁像这个"〇"，叫太极，又叫金丹，又叫元觉。

他还指出，祖窍前的真炁像这个"〇"，即玄关。玄关是人身中太极。"此玄关是前六步采的精、炁、神和合归祖窍一处，才现出这玄关，乃是先天真一之炁成为这个'〇'。"② 这是先天真性，是精气神所聚真性光。

翕聚祖炁之法，赵氏指出，采得大药而送归土釜。他说："翕聚者见性光发散，得日月合并口诀，从前炼就精炁神之炁则上升于祖窍之前，久之性光发散，不知所之。复次又见性光，仍与前同，洁白无滓。不得翕聚之法，任其飞散，当面错过，坐失造化真机，而使前功尽弃，未免可惜。若得金公木母和合，日月归并一处，两眼似这个⊙⊙，此为回光返照、照见真炁之光，盘旋于祖窍之前，自然翕聚此炁不散。愈聚光愈圆，翕聚此光圆圆陀陀时，是戊己二土、龙虎二气合并，而刀圭成矣。坎离交而天地泰，龙虎交而戊己合。戊己合为一体，则四象会合中宫，大药生矣。《易》：天地氤氲，万物化生。男女媾精，化为人道；天地以阴阳交媾而生万物；丹道以阴阳交媾而产大药。大药生出，药嫩准飞走，无法制止。得师真诀者，收归我有，化成金液大丹，送归土釜。"③ 意谓：大药上升到祖窍前，时间一久，性光发散而去。再看见性光，仍然发散而去。不得翕聚之法，任其飞散，坐失造化真机。要用回光返照，照见盘旋于祖窍前的真炁之光，自然聚集此炁不散。光愈聚愈圆，聚集此光圆圆陀陀时，大药产生。如果药嫩会飞走，无法制止。得师真口诀之人能收归己有，把其变成金液大丹送归鼎炉。

关于翕聚祖炁之法，他又指出，大药是内外二药生的真一之光。真炁发于外为光。真炁入定静极则光现，由小变大，复归于无，或自大变小，又变为三光，这都是精气不甚充足的证验。忽然光要向上或向下走，眼睛

---

① 席春生执行主编《千峰老人全集》上册，第 238 页。
② 席春生执行主编《千峰老人全集》上册，第 240~241 页。
③ 席春生执行主编《千峰老人全集》上册，第 243~245 页。

不可随光去看，赶紧聚集收回。将心意定住，眼睛按上左下右转，转完把眼一闭，此时口内金液充满，心神意将先天真一之炁向下一送，金液随真炁送入真炁穴，此即"送归土釜牢封固"。如果金液送入下丹田，会腹响如雷，即将两眼久视真炁穴，前天已失的光会再来，这是翕聚祖炁之法。[①]

可见，赵氏翕聚祖炁之法未见于前人丹经。

九　蛰藏炁穴

赵避尘指出，蛰藏之法，是将翕聚祖窍前的那一点阳神炁收归于炁穴内，称为凝神入炁穴；也就是将祖炁收入安神祖窍内，送入下丹田。[②]

他还提出，心死则性明，心生则性被欲尘遮蔽。这就"使修士醒悟收摄放心，归为一处，注意集中，务令清静，勿使牵挂旧虑，心不散乱，自然识神熔化，五蕴皆空，不为物诱于外，全体神炁，悉聚于内，方无涣散"[③]。

蛰藏炁穴之口诀，赵氏说："其口诀无他，将祖窍中炼出先天阳神之炁光，已经收入腹中，立觉咕噜之响，即系已到海底之证。再以目光久视丹田，有股热力，漱漱动荡，只是用意运之于心位。及至心位，复用意运之于肾位。如此往来不已，忽落炁穴内，名曰入窍中窍，是为重入胞胎，再造乾坤之起始，实乃心肾相交真功。"[④] 意谓：口诀是将祖窍中炼出先天阳神之炁光，已经收入腹中，再用目光久视下丹田，有股热力，只是用真意运它到心，再用真意运它到肾，如此往来不停，忽然降入炁穴内，此叫入窍中窍，这是重入胞胎、再造乾坤的开始，实质上是心肾相交的真功夫。

可见，赵氏蛰藏之法与前人不同。

十　法轮自转——大周天功法

赵避尘指出，大药入中窍，大定得，能定四十九日不食；再炼大周天功法，大周天功法就是法轮自转。蛰藏之法将祖炁收入，安神祖窍内，送入下丹田。此时二眼下照下丹田，心意无他无我，混沌不分。时间久了，则窍中发动真息，真息在心肾之间久动而定，自然内气不出，外气反进，此是胎息还元之初。大定得，即胎息妙凝之时，得阴阳交感真景象。此是

---

① 席春生执行主编《千峰老人全集》上册，第 245~246 页。
② 席春生执行主编《千峰老人全集》上册，第 270 页。
③ 席春生执行主编《千峰老人全集》上册，第 271 页。
④ 席春生执行主编《千峰老人全集》上册，第 272 页。

重开混沌，再入胞胎，开后天胎息之气。而后天吸呼气是指从踵吸，从蒂呼。从踵一吸，由后面督脉上升至巳；从蒂一呼，由任脉下降至亥。后天吸呼一上一下，引动先天炁穴内真炁发动，自然而然，先天真炁由后督脉一步一步上升到泥丸宫，再由泥丸宫一步一步下降到生死窍。此是内外先天炁后天气的四个往来。四个呼吸是指先天炁升，后天气降，后天气升，先天炁降；是自然而然之功。此真炁转动是炼大药之法，是借后天之息来吹嘘，逼运炁穴内真炁相兼相连同动。此真炁与后天之息的转动是无时无刻、没有间断的，真息自然而然转动，此为法轮自转，即大周天功法。① 可见，赵氏大周天工夫与前人不同。

十一　灵丹入鼎，温养灵丹

关于灵丹（大药）入鼎，赵避尘指出，上述将精、炁、神炼足，聚于顶内，总得以真炁真神炼之。炼之既久，"灵丹脱落，吞入口中，化为津液，腹响如雷，滋养舍利子。后由炁穴生出舍利之光，能虚室生白，圆圆陀陀"②，这就是大药炼成。这段工夫全以至静为主，"如龙养珠，如幼女怀孕。要自知静心养之，舍利子方足"③。

他还指出，"空以不空"是指温养大药，"四相合"是指收归大药。大药不足，还得用文烹武炼来补足，"淫根自缩，光射目前，龙吟虎啸于顶，虚室生白。自知舍利子足，有止火之法止之"④。止火就是停止吸呼。

他还指出，前段工夫"炼到六景现前，金机飞电，淫根缩如童子，忽然正子时至而不能采取，因精与炁合为舍利，当再以温养之功使舍利孕育长大"⑤。用两眼合并真意双眸下照下丹田，"将气质之性，化为天命之性，则无时而非太和之炁，将通身混元气炁，合而为一，胸中一片太和之炁现放目前，色似月光，内外一体，天地同春，真息绵绵若存，元神得见，则炁源源而生"⑥。"切忌意动炁不生，而神亦不续。"⑦ 亟须遵守勿忘勿助之戒，"若稍存念虑，即失去虚灵之体，这便是忘；一心不二，须臾不离，就

---

① 席春生执行主编《千峰老人全集》上册，第 327~330 页。
② 席春生执行主编《千峰老人全集》下册，第 380 页。
③ 席春生执行主编《千峰老人全集》下册，第 380 页。
④ 席春生执行主编《千峰老人全集》下册，第 407 页。
⑤ 席春生执行主编《千峰老人全集》下册，第 408 页。
⑥ 席春生执行主编《千峰老人全集》下册，第 408 页。
⑦ 席春生执行主编《千峰老人全集》下册，第 408 页。

是不忘。又稍有固执，即滞其活泼之圆机，这便是助；活活泼泼毫不执意，就是勿助。忘必神昏，助必散乱，皆为学道人之大忌"①。

可见，赵氏温养大药论未见于前人丹经。

十二　采大药过关之法

赵避尘指出，采大药过关之法，是静坐使神炁归丹田。静坐入定，使神炁归入下丹田，用木底座抵住生死窍，用木来年塞住鼻子，防大药在上下窍走失。静则大药升，动则真意引。用五龙捧圣和"吸、舐、撮、闭"真口诀，大药得。虽说是七天采大药，实其在六天。大药景现才能采，无法财侣地不能采。② 赵氏的七日采大药是袭取伍守阳的。

关于得大药之景，他指出，大药炼足，有六景现前，不是一天六景齐现，"先有丹田发热，两肾汤煎，眼生金机，左耳虎啸，右耳龙吟，脑后鹫鸣，身涌鼻搐之类"③，都是得药之景。这与前人所说相同。

关于"法财侣地"，他指出，大药的金光由内发出于眼前为金光一现，此时当预备法财侣地。"法"是指全部的诀法，"财"是指钱财，"侣"是指道友，"地"是指仙山古庙。具体而言，"法"除了诀法之外，还有法器："木底座、木来年、桃木剑、古铜镜、雄黄辟邪之物。"④ "财"是指"每日饮食之用，道侣多少，预算三年九载用度。每一天，每人食用多少，算至九年足用"⑤。"侣"是指得同心道侣，与他"发下誓愿，助我道成，方敢入室用大功"⑥。"地"是指"名山静地，不近人之往来，亦不近坟丘。坟丘阴气侵害，山要古人成道之所，则无外魔，即有正神护佑"⑦。"法财侣地"中唯有财不易得。⑧ 可见，他的法财侣地论与前人略有不同。

十三　婴儿显形法

婴儿显形法，赵避尘指出，以前十三步大关已过，"服食结二炁助神结

① 席春生执行主编《千峰老人全集》下册，第408~409页。
② 席春生执行主编《千峰老人全集》下册，第432页。
③ 席春生执行主编《千峰老人全集》下册，第433页。
④ 席春生执行主编《千峰老人全集》下册，第434页。
⑤ 席春生执行主编《千峰老人全集》下册，第434页。
⑥ 席春生执行主编《千峰老人全集》下册，第434页。
⑦ 席春生执行主编《千峰老人全集》下册，第435页。
⑧ 席春生执行主编《千峰老人全集》下册，第435页。

胎，忘二炁运行，是炼胎神，终归大定，故为真胎息"①。炼胎神，归大定，成真胎息，结道胎。如他说："采大药，过三关，服食之后，关窍俱已开通，此后二炁勤生，自能运转三关已通之路。一升一降，循环不已，自然而然转动，是为二炁助神结胎。久久炼之，将二炁运行，忘却自转，此为炼胎神。久久忘形转之，用双目内照丹田，十月之后，二炁转机甚微。但微动脐轮之内，虚境而已。炼之一年后，脐轮真炁不动，饮食不能吃盐，独存一寂照之元神，此为真胎息。至此鼻无出气，手无六脉，则大定得矣。真胎息在内，久静，而心神意又动，胎息内如猬翁虫传情之意，即是心神意内，有一灵胎之意，停于真炁穴内。由过大关至此，总得二年之久，才有真胎息。将真胎息，用三迁之法，迁升到中宫。中宫即是肝的根，为绛宫。胎息升到绛宫，才能养得了灵胎。下丹田是炼精化炁之所，中丹田是炼炁化神之所，上丹田是炼神飞升之所。灵胎现形，当用迁行中宫之法诀。法诀者，初禅念住，二禅息住。胎息住者，是由下丹田胎炁，用两眼交并，合一内照，自然胎息，一点一点，上升中宫，此为神入炁中。待升中宫，然后炁包乎其神，是绛宫之炁包乎胎神。昏昏、默默、浑浑、沦沦，如在母胎一般，此为息住。教中宫真炁包住，名曰道胎。道胎一结，胎炁发于目前，此是真慧光发现。"② 意谓：服食大药后，二炁助神结胎；久久炼之，脐轮真炁不动，独存一寂照的元神，此是真胎息。将真胎息升到绛宫，养灵胎。灵胎现形，当用迁行中宫之法诀，教中丹田真炁包住灵胎，名叫道胎。道胎形成后，胎炁在眼前发出，此是真慧光。

他还指出，道胎养于绛宫，"心似莲叶不着水，光光净净空空如如"，一个无事无为、自在逍遥的散汉。"将道胎养足，炁发于目前，此为纯阳之神能生慧，自有六通之验。"六通指漏尽通、天眼通、天耳通、宿命通、他心通、神境通。以前下手炼精时已有漏尽通，到此才有五通之验。"天眼通，则慧光内能见天上之事；天耳通，则能闻天上之言；宿命通，则能晓前世之因；他心通，则能知未来之事。惟有神境通，乃是识神用事。若不能保护心君，为识神所缚"，由此邪魔生出种种之事。学者应速求明师指点退魔之法诀，"将魔磨化为元神"，称之神境通。③

他还指出，道胎在绛宫，用先天炁养足，迁升上丹田，也有景。其景

---

① 席春生执行主编《千峰老人全集》下册，第461页。
② 席春生执行主编《千峰老人全集》下册，第462~464页。
③ 席春生执行主编《千峰老人全集》下册，第465~466页。

是"目前之白月光，内有金光，此是上迁之景到"①。是时，"速当移念，将此金光入于性内，合璧阴阳神养之"。阳神未壮，比如婴儿幼小，必用乳哺之法哺育他。②

综上所述，赵避尘主张，元神是心中灵气，发于脑仁之二小管。二目之中心内即祖窍，藏元始祖炁之窍，即老子所谓"玄牝之门"，安神祖窍为入手工夫。未见之于以前丹经；这是了然、了空所传，受佛教的影响。算是千峰先天派的独特功夫。他虽继承了伍柳派"神炁为鼎器"的鼎器观，但他指出了鼎炉的具体位置，即玉鼎在两耳尖上之中心，是元神的住所；金炉在肾前脐后、两胯上之中心。他继承伍柳派的筑基观，筑基就是指精尽化炁；而"三家相见结婴儿""五气朝元"为炼己是对炼己的新诠释。赵避尘虽继承了伍柳派的"采外药"论，认为勒阳关就是调外药，调外药之法须按其年龄、根据其亏损程度不同用不同的方法，这些又是对伍柳派"采外药"论的丰富；但他把阴精称为阳精，与伍柳派不同。小周天功法论除文武火外与伍柳派基本相同。卯酉周天之法与伍柳派等传统内丹学不同；因为赵避尘认为神发于目，眼睛左旋右转即进阳火退阴符。翕聚祖炁，未见于前人之丹经。蛰藏炁穴说与伍柳派略异。大周天功法，与伍柳派不同。灵丹入鼎，温养灵丹与伍柳派不同；采大药过关法与伍柳派基本相同。婴儿显形（养道胎）法与伍柳派基本上不同，但六通之验说相同。

赵氏援引解剖学、生理学知识对"真性""祖窍""鼎炉"等进行阐述，这体现了赵氏把科学融入内丹学。

第四节　赵避尘的内丹"了手""撒手"工夫论

前已述及，炼神还虚是内丹修炼的末后工夫，其步骤为：先三年乳哺，后九年大定。三年乳哺为成就神仙；九年大定，还虚合道，遂成天仙。赵避尘却主张，三年乳哺是炼神还虚工夫，是了手之法；九年大定是炼虚合道工夫，是撒手之法。

一　"了手"工夫论

三年乳哺之工夫，赵避尘称之为炼神还虚，是了手之法。其口诀为：

---

① 席春生执行主编《千峰老人全集》下册，第 467 页。
② 席春生执行主编《千峰老人全集》下册，第 467 页。

"神妙莫测内眼开，慧光照彻宇宙间。万法归一躯不坏，作个法身不死人。"①

其诀法：当阳神迁升至上丹田，此时阳神未健壮，如初出母腹的婴儿，必凭乳哺而成人。乳哺之法，他主张存养是乳哺之首务。存养之功就是阳神寂照于上丹田，化成一虚空之境界。如他说："阳神未壮，比如婴儿幼小，必用乳哺之法哺之。其法曰：空而不空，内实有金光，为不空。又由祖窍内，生出月华之光。二光合一，惟阳神寂照于上丹田，相与混融，化成一虚空之大境，斯为存养之全体，乃为乳哺之首务也。"② 这是对伍守阳"存养为乳哺之首务"③ 主张的继承；但阳神与元炁所发之金光以及祖窍内生出的月华之光相与混融，是赵氏的创新之论。

存养功纯，自有出神之景现。他主张，当眼见雪花飘空，天花乱坠，就是出神之景。④ 出胎的口诀是："念动向太空，日月庙门开。推情合性转，二光相遇献。"⑤ 此口诀之法为：当眼见雪花纷飞，速用"念动向太空"口诀，以心、肝、脾、肺、肾五气聚于顶上，冲出祖窍，上撞百会穴，此时二眼速一睁，往上一看，吽字念撞出顶，即心意念动，"五气若足，自有一金光由下而升上，遇性光一合，二光合一，即是天上真阳之光气，遇地下真阴之光气合一，由中生出道胎。二目慢慢望下一闭，心意轻轻望下一跳，如梦初醒，而身外有身矣。此为出阳神诀法"⑥。

而"念动向太空"口诀是"唵、嘛、呢、叭、咪、吽"。"唵、嘛、呢、叭、咪"对应于"心、脾、肺、肝、肾"，"唵字是聚心中正炁，嘛字是聚脾中养炁，呢字是聚肺中金炁，叭字是聚肝中青炁，咪字是聚肾生炁"⑦。此五炁合一，"由后尾闾关过夹脊、玉枕至泥丸宫，出祖窍，上撞百会穴，是一吽字"。急将两眼一睁，往上一看，"吽字念撞出顶，是心意念动，不可用口念出气"⑧。

出胎时，如果遇到阴气化的天魔外道、百般景象引诱阳神，必须用真

---

① 赵避尘：《性命法诀明指》，《藏外道书》第 26 册，第 114 页。
② 赵避尘：《性命法诀明指》，《藏外道书》第 26 册，第 111 页。
③ （明）伍守阳：《伍真人丹道九篇》，《藏外道书》第 5 册，第 873 页。
④ 赵避尘：《性命法诀明指》，《藏外道书》第 26 册，第 112 页。
⑤ 赵避尘：《性命法诀明指》，《藏外道书》第 26 册，第 115 页。
⑥ 赵避尘：《性命法诀明指》，《藏外道书》第 26 册，第 118~119 页。
⑦ 赵避尘：《性命法诀明指》，《藏外道书》第 26 册，第 119 页。
⑧ 赵避尘：《性命法诀明指》，《藏外道书》第 26 册，第 118 页。

意守定金光，死心不动。阴魔一生，即用第七步功"翕聚法"将阴魔磨化为阳炁以助阳神。将一切魔境化尽，阳神就可复出。①

调神出壳之法，他指出：首先，要选择风和日丽的天气，方可调阳神出壳，大雾、大雨、大风、大雷、电光的天气，万不可出胎；刚开始夜里也不可出胎。其次，初调阳神出壳，应急速收回，且七天出一次。炼至三月后，"知觉稍开，宜防惊恐"，此时阳神出入全按前期之法。半年以后，三天可出一次；一年之后，一天可出一次，但都只是在色身旁运动，不可离开色身。二年以后，"不拘日夜次数，洞内洞外，可以离开色身，还得乳哺"。三年以后，可以调神出门半里、一里；如果看见人与物，速可收回。当色身出门自己看，与法身见的一样，此是调养之工夫勤，乳哺工夫不快。② 总言之，"炼阳神出胎之法，调出旋入，演习纯熟，圣体老炼，总以在内者多，在外者少为事"③。炼至三年，乳哺成功，意味着初证神仙。

二　"撒手"工夫论

九年面壁还虚之工夫，赵避尘称为"炼虚合道"，亦称"粉碎虚空"，是撒手之法。但他自称"我功未至此，我师传授口诀，今传于后"④。其口诀曰："打破虚空消息路，我登彼岸不用舟。炼神还虚千变化，撒手虚空是金身。炼就这个不坏体，十方世界归化身。撒手道遥是这个，这个虚空是不空。"⑤ 又云："身外有身未为奇特，虚空粉碎方露全真。撒手虚空回归空空，聚者显形空而不空。"⑥

关于其诀法，首先，据了空禅师所传，他指出：九年面壁还虚的工夫，是将此前三年乳哺养成的通天达地的阳神再收入祖窍，归于性海之内，勿使其出色身。复将阳神封闭在色身内炼化，且"浑入法身之中，此是先天中之先天性命"。而阳神退藏在法身祖窍之内，是要"将色身炼得不有不无、非色非空、无内无外、不出不入、无始无终"，如鸡抱卵安眠而不起。再运用蛰龙之法把前所修所证的百千万亿化身，依灭尽定而寂灭之。如此久而久之，将阳神真火养足，窍窍皆有神光，从而使天地万物莫不照耀于

---

① 赵避尘：《性命法诀明指》，《藏外道书》第 26 册，第 116 页。
② 赵避尘：《性命法诀明指》，《藏外道书》第 26 册，第 116 页。
③ 赵避尘：《性命法诀明指》，《藏外道书》第 26 册，第 116 页。
④ 赵避尘：《性命法诀明指》，《藏外道书》第 26 册，第 120 页。
⑤ 赵避尘：《性命法诀明指》，《藏外道书》第 26 册，第 120 页。
⑥ 赵避尘：《性命法诀明指》，《藏外道书》第 26 册，第 120 页。

神光之中，"炼至三年、九载、百年、千年、千劫、万劫，直待四大崩散，虚空粉碎，无形无迹。此乃是带肉大觉金仙，万劫不坏金刚之体"。① 可以说，法诀至此，永无秘诀了。

其次，又据了然禅师所传，他指出：将阳神收藏在祖窍之内，韬光依灭尽定而寂灭之。阳神寂灭日久，直至三年九载，"灭尽无余之际，神光周足，法相圆满，色空俱泯，形神俱妙"；"其敛也，至精至彻，纳入芥子而无间。其放也，至大至刚，包罗须弥而无外"。②

再次，又据其兄赵魁一所传，他指出：阳神出胎之后，正要脚踏实地坐功，虚空粉碎，方为了当。其诀法为："再敛神韬光，依灭尽定，而寂灭之。""不记年月，直至虚空粉碎与道合真，才见无量之宝光，直充塞于四大，得与贤圣仙佛相会"，是时，"彼此交光，合并一体，成为虚无一个圈子○"，此九年面壁功夫已返到大觉金仙之位。当功圆行满时，"天书下诏，十六位大觉金仙合一，上朝金阙，封以真诰，授以天爵，封为十六合一大觉金仙之位"。③

最后，他强调指出，虚空粉碎工夫是相当的难炼，自全真七祖之后，炼之者很少。有的人是因为没有得到虚空粉碎的口诀，如刘名瑞因无口诀炼了三十年而未能粉碎虚空；有的人即使会虚空粉碎的口诀也未必炼成，如赵魁一已经炼了十二年还没有成功，这些人最终尸解而去，即所谓"尸解仙"。④

综上，赵避尘主张，三年乳哺是炼神还虚工夫，是了手之法；九年大定是炼虚合道工夫，是撒手之法。该"了手"与"撒手"之称算是千峰派的独创。他将"了手"与"撒手"工夫的秘传之口诀传出，诀法亦有详细的阐述，如出神之景、调神出壳之法、出胎口诀等，特别是对炼虚合道的诀法悉数传出，均是发前人之未发。这既体现了千峰先天派丹法的特点，又体现了民国内丹学的一大特色——诀法双明。

此外，出胎的"念动向太空"口诀为"唵、嘛、呢、叭、咪、吽"，其用虽与藏传佛教大相径庭，但这种把六字大明咒作为出胎口诀，显然是企图将藏密融入内丹学。此亦未见于以前丹经，这是千峰先天派丹法的又一特点。

① 赵避尘：《性命法诀明指》，《藏外道书》第 26 册，第 120~121 页。
② 赵避尘：《性命法诀明指》，《藏外道书》第 26 册，第 121 页。
③ 赵避尘：《性命法诀明指》，《藏外道书》第 26 册，第 122 页。
④ 赵避尘：《性命法诀明指》，《藏外道书》第 26 册，第 122 页。

第五节　《卫生生理学明指》的内丹思想

赵避尘认为，外国生理学、卫生学、精神哲学等书，都是讲卫生性命延年真理，而毫无实功法诀；而道教内丹学之精炁神论是精炁神生理学，真卫生真理。与《性命法诀明指》对内丹精炁神的解释略有不同，赵氏在《卫生生理学明指》中指出，精分为后天五谷之精、真阳之精和真阳舍利之精，炁分为后天呼吸之气、内外呼吸之气和先天不息之炁，神分为后天身体之神、先后天精神之神和先天不神之神；每种精炁神都有各自的炼法。

一　精论

前已述及，内丹学主张，精分先天元精与后天精。元精实质是元炁，而后天精即交媾精——阴精。内丹学主张炼精就是炼元精，不用后天精。而赵氏把精分为后天五谷之精、真阳之精和真阳舍利之精，各有其炼法。

（一）后天五谷之精及炼法论

赵氏主张，后天五谷之精为变化精，即阴精。它是由人每天吃的五谷经过消化而化为阴精。变化精，即每日食的五谷百味，进入食管过横膈膜，与胃相连，至贲门到胃中，受胃壁之鼓动，食物混合，而后消化，变为糜粥，进幽门到十二指肠，内有括约筋移动，收缩而闭，缓张而开，名为共同管，上面有吸收精液一小管，又分为两小管名叫经胸管，入静脉以循环周身。口内津液由舌下生，左右有两个小管，左为金井，右为石泉。从舌根上，吞下腹中落在丹田，名为玉液。若是有真精补脑，名为金液；其液由舌尖上面，舌尖倒顶住上腭，吞下入于任脉管内，化为阴精。若津液在身者，能润周身，进左心耳，即化为血，出心脏上行大静脉，下行大动脉，血液周流全身，一昼夜可行三千六百余次。其血又进身前任脉管，下行末端处，脐下一寸三分，前七后三，正中空悬一血管，其血渐隐，精液渐现，变化灰白色，名为阴精，俗名淫水。① 这是从科学角度对后天精的诠释，未见前人丹经。

关于炼后天五谷之精法，赵氏指出，静坐时，真阳无念自举，两手捏

① 席春生执行主编《千峰老人全集》下册，第 565~567 页。

住龙虎二穴，即左手中指点住右手心，右手中指点住左手心，再接任督二脉，舌尖顶住上边唇内齿外，心中为督脉，鼻内之气，向里一吸叫进，内里真意炁，由子时升，为第一步，到卯时为第二步，到巳时为第三步，入定叫进阳火。鼻内之炁，向外一呼叫退，由午时为第一步，到酉时为第二步，再到亥时为第三步，入定叫退阴符；由子至丑时为九数，寅至卯时为沐浴；卯至辰时为九数，辰至巳时为九数，巳至午时皆无数，谓之四九三十六进阳火，四攒六乘，共合二百一十六；午至未时为六数，未至申时为六数，申至酉时一定为沐浴；酉至戌时六数，戌至亥时为六数，亥至子时皆无数，谓之四六二十四退阴符，四攒六乘，共为一百四十四；二共合为三百六十数，此是进阳火退阴符之数。① 赵氏所说的进阳火退阴符之数与以前内丹家所说基本相同。但内丹学亦不采炼五谷之阴精，而是炼先天元精。

（二）真阳之精及炼法论

赵氏指出，真阳之精是指有精虫之阳精，内有真阳之炁；阳精在内肾。此精虫用四十倍显微镜考察，皆化为小棒形状。男子自幼至十六岁，真阳之精满足，智识渐开而遂破身。真阳之精亏欠将致使脑髓耗空。人之性命存在与否，全以脑髓为主，脑髓虚空，身体无有强健。② "人之脑髓全体，可分三个重要部分：首曰大脑、次曰小脑、三曰脑蒂。大脑在前，居于头盖之下，约为全脑髓，小脑在大脑后部之下，脑蒂在连接脊髓之中间。"③大脑、小脑和脑蒂三者各有种种作用，且其功用亦各不同。④ 赵氏从科学角度诠释真阳之精，但这不是内丹学所说的先天元炁。

关于炼真阳之精法，赵氏指出，无有色心之阳物自举，身中活子时。就在此时下手，心意不可有邪念，调动真精发动，即精炁由内肾发出，行至生死窍，一路皆是元炁。若过生死窍，必出阳关，变为精气，内有精虫能生育小孩。故精炁行至生死窍，用中指点住生死窍，不使精炁撞出一点来，精炁来多少度，便收回多少度。中指点住生死窍，竭力按稳，不可放开。立用后天呼吸之气自鼻内起，目光上视，舌接任督二脉，使精炁在精炁之路循环不已。最好身体歪斜卧之，任督二脉无有隔碍，此是上走真炁

① 席春生执行主编《千峰老人全集》下册，第569~570页。
② 席春生执行主编《千峰老人全集》下册，第573页。
③ 席春生执行主编《千峰老人全集》下册，第575页。
④ 席春生执行主编《千峰老人全集》下册，第576~577页。

之路。下边用中指点住生死窍，下边任督两脉连接，此是下走真炁之路。两脉接通，全身前三田后三关八脉九窍百脉皆通，再加上内里暗藏四个呼吸往来，内用口鼻，才是真道。[①] 这未见于前人之丹经，因为内丹学不主张炼真阳之精。

（三）真阳舍利之精及炼法论

赵氏指出，真阳舍利之精就是大药。还精补脑炼足，达到童身之体，方是真阳舍利之精。真阳之精炼足，六景现前：光射两眼，虚室生白，淫根自断，耳后生风，呼吸自断，龙吟虎啸于头顶，自知舍利子要足，正当止火采药。止火是不行呼吸。金光三现，正是采大药之时。大药产生之景象：六根震动，两肾煎汤，丹田火炽，眼有金光，耳后生风，脑后鸠鸣，身涌鼻搐。[②] 赵氏所说的大药不是内丹学所说的纯阳先天炁，但他提出大药产生的景象袭取了伍守阳所说。[③]

关于炼真阳舍利之精法，赵氏指出，炼七日采大药、服食过关之法如下。处一静室，必须道侣誓为同心，方敢入室坐功。初用功时，先得六根震动；少顷心神意定，久之恍然之间，顿觉身在云端，恍恍惚惚、杳杳冥冥之时；没有口诀之人，六根不震动，六景亦不能现。六景：两肾煎汤，丹田火炽，眼有金光，耳后生风，脑后鸠鸣，身涌鼻搐。等到三四天后，真定未定之时候，全身融和酥麻，快乐不能自禁；先从两肘空起，渐至通身快乐难当，痒生毫窍，无法制止；道侣用木座，顶住生死窍，六根再震动，吸升呼降，督脉有升无降，任脉有降无升，真阳舍利之精足，而大周天转动，炁满任督自开；大药出窍，下有谷道阳关；由于有木底座顶住生死窍，则大药不能撞出谷道阳关，遂往上冲心脐肾；是时身根不动，向上不能通，大药无处可走，督脉自开，任脉自闭，大药只可直冲督脉尾闾关。斯时道侣轻撮谷道，心意不动，单等大药自动，过尾骶骨，进尾闾关，心意真炁随揉而过；大药又至夹脊关，关前三窍，随阻不通；心意亦不动，大药动而后引，不可引而后动；忽又自动冲关，即随其动，而有两相知之微意，轻轻引过夹脊双关；又至玉枕关，关前三窍，随阻不通，心意不动，随其自动冲关，两相知之，轻轻引上，自然度过玉枕关，直贯顶门之中心，

---

①　席春生执行主编《千峰老人全集》，第578~579页。
②　席春生执行主编《千峰老人全集》，第587~589页。
③　（明）伍守阳：《伍真人丹道九篇》，《藏外道书》第5册，第870页。

与脑蒂之仁合一；又向前引下，用口诀：自转动真性命，由脑蒂中心，而下于鼻窍，若无木夹年关锁，大药则出鼻窍，而前功废；由上鹊桥玄膺穴，降下至口内，其甜如蜜，吞下十二重楼，即是气嗓管，如服食降至心下一寸二分为绛宫，稍停再降至下丹田，肚脐下一寸三分，真炁穴，温养于中。此为采大药大周天。① 赵氏在此处所论"炼七日采大药、服食过关之法"基本上袭取伍守阳所说；② 不过文中所说口诀是他自己提出的。

此时精炁神、身心意，聚在真炁穴内，再逆运河车，入上中丹田，温养于中，养的炁足胎圆，百脉俱停，自有六通之验。③ 自前至此，阴精行到外肾，化为阳精，再升到内肾，阳精内有精虫。七返九转精虫化为舍利子，舍利子由阳火、阴符，炼为胎炁，胎炁用口传真法出顶，是为这个"○"。复用三昧真火炼之，化为阳神，就是先天之我，是为真我。④ 这与内丹学所说的炼炁化神已相去甚远。炼炁化神是指元炁助元神变为纯阳，而不是元炁化为元神。

总言之，赵氏把精分为后天五谷之精、真阳之精和真阳舍利之精，其内涵与前人已不同。炼真阳之精与真阳舍利之精法，基本上是袭取伍守阳内丹学之炼精化炁论。但伍氏的炼精化炁是指使元精返还为元炁，不变为后天阴精；⑤ 赵氏在此指出，阳精的精虫化为舍利子，再炼为胎炁，再化为阳神。

二 炁论

内丹学主张，炁分先天炁和后天气，后天气即呼吸气，炼气是炼先天炁。而赵氏把炁分为后天呼吸之气、内外呼吸之气和先天不息之炁，且各有其炼法。

（一）后天呼吸之气及炼法论

关于后天呼吸之气，赵氏指出，人呼吸在母腹时，胎儿随母亲呼吸而呼吸，此乃先天呼吸。离开母腹后，性命分开，即由口鼻呼吸后天之气，气入腹内，则性归于心发于二目，命归于肾，发于淫，相距八寸四分，自

---

① 席春生执行主编《千峰老人全集》下册，第 590~595 页。

② （明）伍守阳：《伍真人丹道九篇》，《藏外道书》第 5 册，第 869~870 页。

③ 席春生执行主编《千峰老人全集》下册，第 595 页。

④ 席春生执行主编《千峰老人全集》下册，第 596~597 页。

⑤ （明）伍守阳：《仙佛合宗语录》，《藏外道书》第 5 册，第 747 页。

生至死，终不能合并一处。① 后天呼吸气，吸的是空中氧气，呼的是体内二氧化碳。这是赵氏用科学知识对后天气的解析，未见前人之丹经。

关于炼后天呼吸之气法，赵氏指出，面向东南，两脚分开，气要平和，不可心急；闭口鼻内一吸右手掌向上过顶，单手托天势，右脚向外一大丁字步，站定，眼向上看；鼻内向里一吸气，吸到小腹下一定，鼻内一呼，急将右脚收回，与肩同宽，右手放下至胃前，由胃前，右单手掌，向外平行一甩，由丹田向外一呼出，一定，眼随右手掌走看；如此一吸一呼七回。再左边单手，照右边行吸呼气同样之法，行七回，此为左右吸呼气法；炼完，口内自有津液，存在舌根后，润润吞下，入于前任脉管内，化为阴精，此为炼后天呼吸之气法。② 内丹学不炼后天呼吸之气。

（二）内外呼吸之气及炼法论

赵氏主张，内外呼吸之气指先天之炁、后天之气，二者大不相同。后天气系由母腹降生，空气由口鼻进内，与后天性命接连。先天炁即先天祖炁、先天真阳之炁。先天炁由父母之身旧有，父母精血中一点真炁，落在子宫，因此有真炁精，才得成胎。真阳精乃有形之物，真阳炁是无形之物。真阳之精内有精虫；无有真阳之炁，精虫不能生动。好比鸡蛋，若无雄鸡真炁，绝不成小鸡。若果验看鸡蛋内真炁，将鸡蛋煮熟，剖开皮内里有圆圈空，正在鸡蛋顶上，无有鸡清，乃是雄鸡之真炁；若无此炁，小鸡不能生动。③ 显然，赵氏所说先天炁与真阳之精的内涵不同于内丹学所说的先天元炁与先天元精，因为内丹学认为元精是元炁欲化后天精之时的变化，元炁与元精本质上是一。

关于炼内外呼吸之气法，赵氏指出，炼真阳舍利之精，即还精补脑，此是采外药。采一回外药，当炼一次进阳火、退阴符；进阳火指眼睛由子时起左转至卯时到午时落酉时，此转一回，如此四个九回，是为三十六进阳火；退阴符指开关两只眼睛定住，由午时起，右转至卯时到子时落酉时，此为转一回；如此转六回，一定中，要转四个六回，是为二十四退阴符；进阳火退阴符若是有这个"○"，即是先天炁；由祖窍前，收归于我真炁穴内藏命之中心，二炁和合，名为凝神入炁穴，此是长胎入定住息之所；外

---

① 席春生执行主编《千峰老人全集》下册，第 597~598 页。
② 席春生执行主编《千峰老人全集》下册，第 605~606 页。
③ 席春生执行主编《千峰老人全集》下册，第 606~607 页。

边口鼻吸呼有轻微出入，不可闭气，则内里真息一上一下；外面口鼻吸呼之气少一分，内里真息炁多一分；如此久之，外面口鼻吸呼全无；真吸呼入于真炁穴内，忽然得大定，此即炼内外呼吸之气炁。① 可见，赵氏论及炼内外吸呼之息法，不同于以前内丹家所说的胎息与伏气，因为"胎息与伏气"是指元炁入定而成胎息，再以胎息养胎神，如是使呼吸之气复归于胎息之所。②

（三）先天不息之气及炼法论

赵氏认为，先天不息之炁，即先天真一之炁，是父母未生前的那点真炁。未交之前，先有此真阳之炁。既交之后，精血相抱先天真一之炁，撞入母腹，纯阴之内，变化为这个"○"（内有波浪形），儒称之仁，亦叫无极；释叫珠，又称之圆明；道称之为丹，亦叫灵光。三教定名虽有不同，皆指先天真一之炁。先天真一之炁在祖窍内；祖窍就在身上，天之下，地之上，日之西，月之东，玄关之后，谷神之前，正居当中，伏藏元神祖炁；先天真一之炁居大脑正中之真炁胞；先天祖炁，皆由于是后天精炁神所产。③ 先天真一之炁就是先天祖炁，这与前人所说相同；但先天祖炁由于后天精炁神所产，未见于前人之丹经。

关于炼先天不息之炁法，赵氏指出，每日静坐，先由鼻内一吸气，内里真息，由尾骶骨一升至头顶；鼻内一呼气，由腹内向下一降，内里真息，由尾骶骨又升至头顶；如此由尾骶骨至头顶为督脉，由头顶至生死窍为任脉。如此久炼，鼻内后天吸呼无气，不出不入，内里真息一上一下，自呼自吸，自升自降；此时要垂帘明心，守住祖窍，手脚和合扣连环，闭口藏舌，舌顶上腭，四门紧闭，守正中。④ 此炼先天不息之气法未见前人之丹经。

总之，赵氏把炁分为后天呼吸之气、内外呼吸之气和先天不息之炁，其内涵与前人基本相同；但他说先天祖炁是由于后天精炁神所产，这与前人所说不同。赵氏主张三气各有其炼法，这不同于内丹学所主张的炼炁化

---

① 席春生执行主编《千峰老人全集》下册，第609~612页。
② （明）伍守阳：《天仙正理直论》，《藏外道书》第5册，第823~824页。
③ 席春生执行主编《千峰老人全集》下册，第612~613页。
④ 席春生执行主编《千峰老人全集》下册，第614~616页。

神；因为炼炁化神是指用纯阳元炁助元神变为纯阳之神。①

三　神论

前已述及，内丹学主张，神分先天元神和后天识神；元神即性，炼神是指炼元神，不用炼识神；炼神还虚是指纯阳元神与道合一。② 而赵氏把神分为后天身体之神、先后天精神之神和先天不神之神，且各有其炼法。

（一）后天身体之神及炼法论

就后天身体之神来说，赵氏指出，后天身体之神就是精神之神。人的身体之神在两眼。人初结胎时，先生两眼，等到第七天用显微镜看，内有黑睛。此后天之神，就有眼珠。生理学说，泪管在上部，为平葡萄状，内有排泄泪管十四条，此是润眼珠之泪管。③ 这是赵氏用科学知识对后天神的诠释，未见前人之丹经。

关于炼后天身体之神法，赵氏指出，白天炼外武火，取一玻璃假珠子，如小樱桃大，装置小笔管上；炼时参禅坐定，心气下沉，再双手托定珠笔，珠光正在两眼中心，两目直看珠光，久视不可闭眼。少顷，五脏内里之病，由泪管提出，名叫渣滓；病既化为液水流出，其液水味鼻而咸酸，流至口中涩咸难闻；夜晚炼时，照白天的功法，唯用一炷香代替珠管；病液既流出后，速用外文火之功；宜闭目养神，心气下降，吸呼随意出入，任其自然，此为外文火；外武火炼三成，外文火炼七成。④ 内丹学不炼后天神，故未见前人之丹经。

（二）先后天精神之神及炼法论

赵氏指出，先天之神是性命真神，即真性；其在脑蒂中心，与精合并归一，才是性命真神；后天之神在两眼，非进阳火退阴符，不能现出先天真神。此真神名叫玄关，就是这个"○"；后天之神炼足，才能养我先天不死之神；不死之神养足，即是真阳之神；真阳之神炼足，可以出胎。⑤ 这种

---

① （明）伍守阳：《天仙正理直论》，《藏外道书》第5册，第792页。
② （明）尹真人弟子撰《性命圭旨》，第342页。
③ 席春生执行主编《千峰老人全集》下册，第618～619页。
④ 席春生执行主编《千峰老人全集》下册，第619～622页。
⑤ 席春生执行主编《千峰老人全集》下册，第622～623页。

主张用后天之神养先天不死之神的观点，与内丹学（钟吕系）相悖。

关于炼先天后天精神之神法，赵氏指出，人要炼精神之神，每天净口端坐，眼观鼻，鼻观心；心莫起一念，万虑皆空，存神定意；耳不听声，一心内守；调息绵绵，渐渐呼出，似有似无，自然心火下降，肾水上升，舌尖倒顶上腭天池穴，舌下生出津液，吞下味甜如蜜，腹响如雷，恍惚之间，心空意定，先由两腿两肘空起，斯时无他无我之时，不知身在何处，忽然元炁自动，阳物勃举，此即是先天真炁发动；急用两眼炼神行炁之法：由子时左转为第一步，卯午酉时为二、三、四步，两眼转一圈；如此左转九回归中，两眼定看内里之光，定久光无；再转九回，如此四个九回，为进阳火；又午时向右转为第一步，卯子酉时为二、三、四步，两眼转一圈；如此右转六回归中，两眼合并看光，恍惚内里有个光，此光站不住，速如电光快；转四个六回，为退阴符，此为一周天，即炼神合炁之法。① 采药之后，精炁与神合一之时，故叫炼先天后天精神之神。② 赵氏在这里所说的用两眼炼神行炁之法，内丹学没有这种炼神合炁之法。

（三）先天不神之神及炼法论

赵氏指出，先天不神之神是由元精元炁元神和合归并而成，为这个"○"，即先天真一之炁。③ 这就是柏拉图所谓"世界之大精神"。他又指出，元神之府在人脑蒂中心，元炁之府在心下一寸二分之绛宫，元精之府在脐下一寸三分之炁穴。元精元炁元神合在一处，称之为先天不神之神，就是这个"○"。④ 可见此"先天不神之神"论与内丹学所说元神的内涵不同。

赵氏指出，炼不神之神的方法为：静坐，将肾中精炁提上中宫，温养于内，将脑中神炁与精炁合归一处，当时六景出现，目有金光，耳有龙吟虎啸之声，六脉不动，吸呼不出入，马阴藏相，虚室生白；此六景出现，神通广大，白雪纷纷满室，意转六字真言，庙门开，不神之阳神，从祖窍上天谷而出顶门；真卫生家，不得真师出胎，绝不能出；胎一出速收回，等到七天后再出。此阳神与我一样，此即是先天不神之神出现，方可称为

① 席春生执行主编《千峰老人全集》下册，第625~627页。
② 席春生执行主编《千峰老人全集》下册，第627页。
③ 席春生执行主编《千峰老人全集》下册，第627页。
④ 席春生执行主编《千峰老人全集》下册，第630页。

真卫生，留身之实功。① 此处所说"六景"是内丹学所说炼精化炁完成之时出现的景象，而不是炼神阶段。

要言之，赵氏把神分为后天身体之神、先后天精神之神和先天不神之神，其内涵与元神和识神不完全相同。赵氏主张先天不神之神是由元精元炁元神和合归并而成，即先天真一之炁，这亦未见于前人之丹经。与前人相比，赵氏的炼神论已不同于炼神还虚论。

结　语

综上可见，赵避尘师承南无派、伍柳派、金山派、理教和佛教高僧等，故他的内丹思想集上述诸派之大成，而创立千峰先天派。他的内丹思想诀法双明，还有配图。但赵氏主张，元神即先天真之一炁，后天精气神可化为先天精炁神，胎炁可化为阳神，这实质上亦消解了内丹学元神的观念。他援引生理学等科学知识对精炁神、祖窍、鼎炉等进行阐述，这种从生理学的角度对内丹学精炁神、祖窍、鼎炉等的诠释虽说符合科学，是"创新"之论，可是背离了内丹学思想。因为内丹学的先天精炁神本、祖窍、鼎炉等是无形的，在人体的位置实质上都是虚指。

赵氏在《卫生生理学明指》中是从生理学的角度对内丹学进行诠释的，所论精炁神内涵，与以前内丹学所说有较大差异；有鉴于此，所论精炁神炼法与以前内丹学之炼先天精炁神法也基本不同。后天五谷之精、真阳之精、后天呼吸气、后天身体之神等的上述诠释实质上与内丹修炼无关，特别是内丹学主张炼先天神炁，而不炼后天精气神。可见，这种从生理学的角度对内丹学精炁神的诠释虽说是"创新"，但与以前内丹学思想相悖。

显然，赵氏从生理学的角度对内丹学进行的诠释，虽符合了当时的科学，却背离了传统内丹学的思想。可见，新时代道教文化的创造性转化和创新性发展，需要进行现代性诠释；这种现代性诠释应与现代科学相调适，但不能像赵氏这样简单地用科学知识来诠释道教文化，否则就会出现把对道教文化的误释当作"创造性转化和创新性发展"。这是赵氏内丹学给予我们的重要启示。

---

① 席春生执行主编《千峰老人全集》下册，第 630~631 页。

第十二章　张松谷的内丹思想

张松谷是民国时期有影响的内丹家。他于弱冠就皈依龙门第十九代法派，但自称在华山遇沈太虚而悟道，后在上海、江浙等地传道，从学者众。

第一节　张松谷的生平和著作

一　张松谷的生平和师承

张松谷，字午樵，道号三阳道人，生卒年不详，河南钧州（今禹州市）人。张"弱冠好道，皈依龙门十九代法派"；壮岁入仕，后辞官访道，在华山郝祖洞遇沈太虚得授真诀。① 修持数年后外出云游；在南京与道友一起修行，明白了火候层次。后访道侣来上海，先住白云观。光绪二十七年（1901）冬，在上海半泾园五老峰旁，习静筑基。② 张松谷自辞官后以看相等为生；他精通卜筮风水阴阳之道，醇贤亲王奕譞称其为"相仙"。晚年主要在上海、江浙等地传道。

关于其师承，他自称参学诸多师父，但影响最大者只有两人。一是天台储道人。张氏于光绪年间曾问道于储道人，发现"其旨与钟吕邱马无不吻合"。二是吴兴沈太虚。光绪十六年（1890），张氏在西安当差，游西岳面谒吴兴沈太虚真人于华山郝祖洞，"承蒙处处指点明晰，口授心领"，更加豁然。后到金陵（今南京），与诸道友朝夕研究，"火候层次，确能洞然"。③ 可见，张氏内丹思想继承全真道北宗、南宗。但沈太虚于乾隆五十一年（1786）羽化，故张氏不可能"亲炙"。其受业弟子众多，有名为余锦章、汤东晖、朱明庚等。

---

① 张松谷：《丹经指南》，《藏外道书》第 25 册，第 358 页。
② 张松谷：《丹经指南》，《藏外道书》第 25 册，第 358 页。
③ 张松谷：《丹经指南》，《藏外道书》第 25 册，第 339~340 页。

二　张松谷的著作

张松谷的内丹著作有《丹经指南》上下卷，上卷共有六十问答，是门人问答的汇集，由弟子余锦章录而成册；下卷为《坐诀》《口诀》《丹法二十四诀》《学人二十四要》《家祖紫阳真人〈四百字〉真义歌》等。该书成于光绪二十七年（1901）；书前有弟子汤东晖于光绪二十七年（1901）九月作的序。该书于1918年初版，有疆恕子方硕辅作的序；1925年再版时，有黄龙子范昶梅作的序。还有抱仁子席锡蕃于1918年会晤张氏所作的序；1916年，张松谷自序。书后有陆君略于1918年作的跋，还附录有《补亏正法》。

《丹经指南》版本：《藏外道书》第25册及《道藏精华》第四集之二所收《丹经指南》（后附《补亏正法》）版本基本相同；不过《藏外道书》本在陆君略跋前附录有九层炼心诀。董沛文主编、盛克琦编校《仙道口诀》（宗教文化出版社2012年出版）中的《丹经指南》是据《道藏精华》校勘的。

作为清末民初的内丹家，张松谷的内丹思想直接秉承全真道北宗、南宗内丹思想。但与前人相比，他有新的阐述。

第二节　张松谷的内丹基本理论

张松谷的内丹基本理论之阴阳之道论、性命论、火候论等是既继承了前人，又做了新阐述。

一　阴阳之道即性命之道

张松谷主张，理即道，道即理。阴阳之道就是性命之道，即穷理尽性以至于命。此理此道化育天地万物；知此理此道，则成圣、成仙、成佛。[1]

他还认为，三教圣人皆同一源。儒家尽性至命、存心养性直指养气，与道教无异。内丹修炼在人伦之内，如他说："三教圣人，皆同一源。孔子言尽性至命，孟子言存心养性，而直指养气，与道教无异。夫出彝伦之外者为异端，而道养又在彝伦之内。自君臣、父子、夫妇、兄弟、朋友皆可行之，岂有在彝伦之内而反为异端也哉？虽旁门亦有不同。而大道之要，

---

① 张松谷：《丹经指南》，《藏外道书》第25册，第339页。

总在调和气血，流通经络，养未发之中，为位育之本。黄帝得之以修身治天下，世臻上寿，人物蕃衍。传至尧舜以来，皆有修真之人，以弘助化育。汉文帝行之而亦以大治，使天下五伦之人，俱悟性命大旨。家家相传，世世相习，延寿绵绵，无夭折疵厉之患。"① 意谓：三教圣人皆同一源。大道之要，是调和气血，流通经络，养未发之中。孔子的尽性至命和孟子的存心养性，都是养气，这与道教是一样的。出五伦之外是为异端，道教内丹修炼等在五伦之内，君臣、父子、夫妇、兄弟、朋友都可悟性命大旨。

二 性命论

内丹学主张，性即神，命即炁。张氏亦认为，神即是性，炁就是命。他说："灵光一点，浩炁常存，本来面目，性也。玄关一窍，先天至精真一之炁，命也。性即神也，命即炁也。神凝则炁固，炁聚则神灵。性无命不立，命无性不存。真人云：'神是性兮炁是命，神不外驰炁渐定。本来二物互相亲，失却将何为把柄？'"② 意谓：性（神）是炁之灵光一点、人的本来面目，命是先天至精真一之炁。神凝则炁固，炁聚则神灵。性无命不立，命无性不存。可见，张氏的性命论是炁一元论；他主张性（神）是炁之灵光一点，实质上取消了神，这显然与以前内丹学所说不同。

他还指出，儒道两家所说的性是相同的。元始真如谓之性，这就是孟子所说"知其性，则知天矣"。性原理无二，儒道所论的性是相同的。养性之法就是静坐时，存想眉攒来养神。如他说："人之元神，日居二目，藏于泥丸；夜居二肾，蓄于丹鼎。乳养其五脏，气冲乎六腑。……存想眉攒，即用目养神之一法也。盖人之一身皆属阴，惟有二目属阳。目之所到，气即周焉。静坐之间，用目处处照管，则遍体纯阳矣。"③ 意谓：白天人的元神居住两眼，眼所到即气全，静坐时存想眉攒即养神。

他亦指出，儒道两家所说的命也是相同的。人禀天地之气而生，此气就是天给予人的命；气之灵光就是人的性，即《中庸》所说"天命之谓性"。就性根命蒂而言，三百天人体形成之时，灵光入人体，出生后，剪断脐带，天命真元（气）藏于祖窍，此窍即玄关一窍，不在口鼻、心肾、脐轮、肺肝、尾闾、脾胃、膀胱、谷道、脐下一寸三分、两肾中间一穴、明

---

① 张松谷：《丹经指南》，《藏外道书》第 25 册，第 345~346 页。
② 张松谷：《丹经指南》，《藏外道书》第 25 册，第 347 页。
③ 张松谷：《丹经指南》，《藏外道书》第 25 册，第 347~348 页。

堂泥丸、关元气海，而是在人生身受气之初。①

关于精炁神之关系，他还指出，精是元精，不是交感精；炁是元炁，不是呼吸气；神是元神，不是思虑神。神是炁的灵觉，是性，性属阳。炁是命，命属阴；炁为母，神为子；神炁名虽不同，但实质上是一体的。精能生炁，炁能生神。精因炁而盈，神因炁而充满，炁凭借精而用。② 炼元神之所是上丹田，炼元炁之所是中丹田，炼元精之所是下丹田。③

要言之，张松谷的性命论多继承了前人的思想，主张神是性，炁是命；性与命是相互依存的关系。不同的是他认为神是炁的灵觉者，这是以前的内丹家所未言的。

三 入室事宜

前已述及，入室事宜是炼丹之必要准备工作，丹家历来都比较重视。而张松谷指出，凡是经营坐室，不必拘泥于山林，"或在市廛，或在家，或居山乡，但得静爽"，都可以。室不要太明，"太明则伤魂；不欲太暗，太暗则伤魄；亦不必太宽"。室中不放他物，但要安祖师像，"一香一灯、一几一榻"就行了。④ 打坐，"须厚铺坐褥，使身不痛苦；宽衣解带，使气不滞留。半跏趺坐。以左足压右足，坐久则左右转换亦可"。再次，"两手掐子纹握固，炎夏掐午纹，或以纯阳诀，右掌压左掌上，名地天泰。徐徐举身，左右摇振，使缓急得所。然后正身，端坐，令腰脊头顶骨节若柱。目与肩对，鼻与脐对，舌拄上腭，唇齿相著，目须微开，不可令全闭"。⑤ "身须平直，状如浮图，不得左倾右侧，前躬后仰，亦不得依靠几榻，使生懈怠。"这是因为，"人之五脏，皆附于背"，"人每端坐，则五脏各得其宜，各施其功，如官府坐堂，六房办事，官府退入后宅，而六房俱散逸"。人之坐如果是一偏一倚，则脏腑必有偏滞。"坐要安舒，任其自然。肩不得太耸，肩太耸则难久。操不得太急，太急则易断。大要在于得中。气从鼻通，息不可粗，不可促，不可闭，不可仰；出入往来，务要绵软，亦不可着意

---

① 张松谷：《丹经指南》，《藏外道书》第 25 册，第 348 页。
② 张松谷：《丹经指南》，《藏外道书》第 25 册，第 348 页。
③ 张松谷：《丹经指南》，《藏外道书》第 25 册，第 348 页。
④ 张松谷：《丹经指南》，《藏外道书》第 25 册，第 359 页。
⑤ 张松谷：《丹经指南》，《藏外道书》第 25 册，第 359~360 页。

为之。"① "身相既定，气息既调，宽放脐腹。一切善恶，都莫思量。念起即觉，觉之既无，久之忘缘，自成一片。若得此意，自然四大轻爽"，所谓"安乐法门"。"出定之时，徐徐动身，安详动身而起。一切时中，护持定力，如护婴儿"，如此定力易成。②

他还指出，有公务缠身的儒家士大夫虽不能长久密室静坐，亦可学道。初学之时，可选择一间密室，与同学之人共坐。得到口诀后，每天有闲暇之时，即可做功，行一周天。③ 他又说："崔公《入药镜》曰：一日内，十二时，意所到，皆可为。丹经曰：一年之中，尚有一月；一月之中，尚有一日；一日之中，尚有一时。故圣人于年中用月，月中用日，日中用时，时中用刻。此欲坐功，不过一刻炷香耳。人一日之内虽忙，自昼至夜，岂无一刻之暇哉？若坐得一刻，即是周天矣。夫天地一年一周天，我此刻周天，即有天地一年之造化。若坐得二次，又有天地二年之造化矣。人定胜天。如此，若行之无间断，岂有不长生久视也哉！诗曰：一刻之功夫，自有一年之节候。又曰：不刻时中分子午，无卦爻内定乾坤。皆古圣人深叹用功之妙也，岂有闲与忙之分哉？"④ 意谓：人欲行功，不过是一刻的时间。人在一天之内虽忙碌，但抽出一刻闲暇的时间即可坐功，坐的一刻就可行一周天工夫，即有天地一年的造化，如是做第二次，又有天地二年的造化，如此行功无间断，岂能有不长生的。古人用功之妙，年中用月，月中用日，日中用时，时中用刻，不刻时中分子午，无卦爻内定乾坤。

可见，张松谷入室事宜论既继承前人，又有新的补充，如儒家士大夫学道论等。

四　耳目口鼻的作用

张松谷指出，耳目口鼻在丹道修炼中有重要的作用。两眼观察事物，是役神之舍；两耳听百里之音，是送神之地；鼻随感辨熏味，是劳神之位。这些感官都是劳神伤神的原因。因此内丹修炼就是要眼不看任何事物，使神归于炉鼎内入定，绵绵若存之时，眼向下看。耳不听任何声音，使神归于炉鼎而吸于内，耳内听下面。鼻不闻任何气味，使神归于炉鼎而吸于内，

---

① 张松谷：《丹经指南》，《藏外道书》第 25 册，第 360 页。
② 张松谷：《丹经指南》，《藏外道书》第 25 册，第 360 页。
③ 张松谷：《丹经指南》，《藏外道书》第 25 册，第 347 页。
④ 张松谷：《丹经指南》，《藏外道书》第 25 册，第 344～345 页。

等真息大定之时，炁归元海。耳目口鼻皆忘，而神炁俱归于鼎。①

他还指出，跏趺坐要做到耳不听、目不视、口不言。跏趺坐时，牙齿相合，舌抵住上腭，使其任督二脉交；耳不听，则坎水内澄；目不视，则离火内莹；口不言，则兑金不鸣。三者既闭，身中之炁不散；心中之神不昧，神炁相交而不外驰。②

可见，张松谷对耳目口鼻在丹道修炼中有重要作用的上述阐述，未见于前人之丹经。

五　火候妙用

前已述及，火候，是指以人身之"神火"来烹炼鼎器中的"真药物"，炼成内丹。火候通常又称"周天火候"。伍守阳亦认为火候本指神驭炁进退之节。

而张主张，元神妙用就是真火候，如烹茶，文火武火要均匀得宜。这必须要真师授口诀，不可任意杜撰。元神是"行炁主"，这就是元神的妙用：首先是坎离交媾，即小周天；随后是乾坤交媾，即大周天；又再进阳火，退阴符，金木交，即卯酉周天；又再通过命桥，开中宫；其中宫里一阳动，静极而嘘，动极而翕，这就得到祖窍。③

六　活午时

张氏主张，内丹修炼有活子时，也有活午时。中年人行功重在活午时，童年行功重在活子时。活午时工夫由陈泥丸所传。他说："余蒙沈太虚真人授至道于华山郝祖洞。功法之余，尝曰：世人则知活子，而活午少能知之。夫天是一大天，人为一小天。天有南北，人有心肾。一年之子午冬至夏至，一月之子午在朔望，一日之子午属子午二时。此是一定不易之子午也。人身之活子时，恒有知之者，而活午在何时？是何景象？……余敛神屏息至前，叩求真人明白指示，以惠后世。真人云：几百事皆有配偶。有活子即有活午。活子乃阳生，活午即阴生。譬如初阳一生，十六阴生，此乃运年月日时，天地之定子午也。即人而论，人身有活子午也，所谓一阳初动活子是也。究其真正之活子午，犹有辨焉。其真正者，须于无形无象中求之。

①　张松谷：《丹经指南》，《藏外道书》第 25 册，第 351 页。
②　张松谷：《丹经指南》，《藏外道书》第 25 册，第 355 页。
③　张松谷：《丹经指南》，《藏外道书》第 25 册，第 346 页。

其说惟何？乃行功法，寂无所寂，忽觉内机有微动，乃是活子之初。继知勃然机现，此是活子，正象油然内兴，此是活子内炁充盈，外势举直时机，可采小周天，宜进阳火三十六。进火将完，周身舒畅，万象齐放，心荡肾热，此即活午之机动。此时亟须行退阴符二十四。如若不退符，其害大也。何故？子时阳生，午时阴生，即退符以养此真阴，可助此真阳不泄。真人又曰：中岁行功重在活午，童年行功重于活子。盖活午乃上上真境，功须采取真阴，以资生真阳。究其采诀，彼时急用《清静经》三观功法。其最上者，从事无无，而又不住于定寂。大凡功从活午入手者，乾宫为至要之地。淘此炁机，下注华池，灌夫绛阙。待活子到来，但凭神宰，子午会交，醍醐灌顶也。真人曰：我辈修持，固贵一合天时。所言活午者，高真古仙，秘而不传。余得于陈泥丸真人，今余又得传于汝，故宣之。所以活午不明，则真阴坐失。纵得活子，苟无真阴以涵之，功足化神，真阳使其不飞不可得也。夫古书所言清凉金玉诸名，寄在活子功法之后，即是活午产真阴之的时。又云：炼阳得阴，而与炼阴得阳，功法前后相符。"[1] 意谓：人身有活子时，也有活午时。活子是阳生，活午是阴生。譬如初一阳生，十六阴生，此是运年月日时，天地定子午。就人来说，人身有活子午，一阳初动是活子时。进阳火将完，周身舒畅，万象齐放，心荡肾热，此即活午之机动。此时亟须行退阴符二十四。如若不退符，其害大。因为子时阳生，午时阴生，即退符以养此真阴，可助此真阳不泄。中年人行功重在活午时，童年行功重在活子时。活午时是上上真境，从活午时行功须采取真阴，以滋生真阳。活午时的采诀，用《清静经》三观功法。凡是从活午入手，乾宫为至要之地。待活子时到来，但凭神宰，子午会交，醍醐灌顶。

可见，张氏自称，活午时之景、活午时的采诀，由陈泥丸传授给沈太虚，沈再传授给他。但这确实未见于前人丹经，是张氏的首创。

综上，张松谷认为，理即道，道即理。儒道性命之道就是阴阳之道，性命功夫就是穷理尽性以至于命。张氏亦主张神是性，炁是命；性与命是相互依存的关系。儒道的性命内涵是相同的。但他认为神是炁的灵觉者，这是以前的内丹家所未言。张松谷所说的入室事宜与前人大略相同。他还主张在职的儒家士大夫亦可进行内丹修炼，因为初学之时选择一间密室，与同学之人共坐；得到口诀后，每日有闲暇之时即可做功，行一周天。这

---

[1]　张松谷：《丹经指南》，《藏外道书》第 25 册，第 377~378 页。

不仅反映出他儒道合一的思想，也说明了民国时期内丹的发展走向趋向于市井。张氏认为，两眼是役神之舍，两耳是送神之地，鼻是劳神之位。因此内丹修炼就是耳目口鼻俱忘，而神炁俱归于鼎。张氏主张，元神妙用就是真火候，如烹茶，文火武火要均匀得宜。这必须得师授口诀，不可任意杜撰。元神是"行炁主"，这就是元神的妙用。张氏认为，内丹修炼有活子时，也有活午时。中年人行功重在活午时，童年行功重于活子时。他虽自称活午时之景、活午时的采诀是由陈泥丸传下来的，但这确实未见于前人丹经，是张氏的首创。

第三节　张松谷的丹法

前已述及，内丹学主张，性命双修工夫的基本次第为炼己筑基、炼精化炁、炼炁化神、炼神还虚；而炼精化炁称为初关，炼炁化神称为中关，炼神还虚称为上关。张松谷亦认为，炼己筑基，后行上中下三乘工夫，下乘是炼精化炁，中乘是炼炁化神，上乘是炼神还虚。

一　炼己筑基

前已述及，炼己筑基是丹道的入手工夫。张松谷亦指出，炼己筑基是入手工夫。炼己筑基是指"惩忿窒欲，克己复礼"[1]。他还提出，炼己就是炼心，即筑基。他说："持心炼己是筑基，尘情妄念尽抛弃。果然炼到己无处，不动不摇物怎迷。"[2] 这就是说，炼己就是筑基；持心炼己就是彻底抛弃尘情妄念，也就是炼到无己，自然任何事物都不能使心动摇。可见，张氏的炼己筑基论与前人相同。

二　五气朝元、攒簇五行

张松谷指出，初下手，必须要五气朝元、攒簇五行。他说："莹蟾子云：初下手之际，凝耳韵，含眼光，缄舌气，调鼻息，四大不动，使精、神、魂、魄、意，各安其位，谓之五气朝元。运入中宫，谓之攒簇五行。心不动龙吟，身不动虎啸。身心不动，谓之降龙伏虎。龙吟则炁固，虎啸

---

[1]　张松谷：《丹经指南》，《藏外道书》第 25 册，第 368 页。
[2]　张松谷：《丹经指南》，《藏外道书》第 25 册，第 368 页。

则精固。盖握固灵根也。"① 意谓：初下手，凝耳韵，含眼光，闭舌气，调鼻息，四大不动，使精、神、魂、魄、意，各安其位，这称之为五气朝元。运入中宫，称之攒簇五行。心不动龙吟，身不动虎啸。龙吟则汞固，虎啸则精固。身心不动，称之降龙伏虎，即握固灵根。

可见，张氏的五气朝元、攒簇五行与前人不同。以前丹经所说的五气朝元，是指心肝脾肺肾之五元汞化为一而聚于上丹田；攒簇五行，是指金木并，水火交，二者合于中央土，即"三五一"。

三 小大周天论

前已述及，内丹学主张，炼精化汞，即坎离交媾，就是小周天，又名子午周天；炼汞化神，即乾坤交媾，就是大周天，又名卯酉周天。张松谷却主张，小大周天是炼精化汞的两个阶段，小周天是下乘（初乘）工夫。

关于小周天之法，张松谷指出，垂帘塞兑，存想山根，昏昏而坐，万虑俱空。自然阴中有一点阳，阳中有一点阴，交媾在下丹田之内，有说不出的一番畅快光景，这为汞归元海，即坎离交媾。此时即一呼一吸，吹动下丹田真火，猛烹急炼，产出先天药物。先天药物从太玄关升起，上肾堂，过夹脊，历二十四骨节，升玉枕，到天谷穴，与神交合，任其旋绕顶门。后下名堂，度雀桥，历十二重楼，过绛宫，直抵下丹田；如是循环往复，行之到纯熟地位，便要立即行卯酉周天之法。② 此小周天之法未见于前人之丹经。

关于小周天火候，张松谷指出，人的左右足分别是太阳和太阴，足中有涌泉穴，是体内真汞之源。体内的三个穴位：尾闾穴、肾堂穴、大椎穴是发动真汞拨动三车的关键穴位，而任督二脉是运行真气循环旋转后升前降的通道。用口诀拨动三车，推起二脉，顷刻之间，自见两足筋肉震动奋发之形。等三五时间，真汞稍稍上升，后升前降，上上下下，流行很快，日夜旋转，毫无休歇；不用心思，亦不用引意工夫助长。③ 此小周天火候未见于前人之丹经。

关于小周天工夫之证验，即炼小周天工夫时出现的生理反应，张松谷指出，当真阳之汞初转之时，先是在腹中充盛，后可用口诀过关；此时身

---

① 张松谷：《丹经指南》，《藏外道书》第 25 册，第 355 页。
② 张松谷：《丹经指南》，《藏外道书》第 25 册，第 360 页。
③ 张松谷：《丹经指南》，《藏外道书》第 25 册，第 362 页。

体会出现一些生理反应如：口有甘津、气流四肢、腹中有雷声。如果以火候烹炼，身中有狂风揭地、真炁如捆缚、有异香满口之验，脐下有九气还元之验，喉中有醍醐灌顶之验，腹中有裂布交响之验。或者用武火熏蒸，就有上下疼痛之验，有穿筋透骨之验，有耳听千千面战鼓、万万颗雷声之验。凡是骨中有打伤及淤血等汗毒以及皮肤疮疖之病，都不治自愈。再修个把月之后，有闭息至八万四千毛孔各齐出气之验时，便是小周天工夫完备之时。①

关于大周天之法，张指出，用东西顶住太玄关（尾闾关），用目光守住泥丸，并下照坤脐。良久之后，炁从炁穴中自左边升起到绛宫，再从绛宫左边，折向左肋上，而后透入左肩，上左耳根，入左目，到山根。略停一顷，即转右目，从右耳根后，下右肩，绕而前转心之右，下至脐，仍还下丹田。这就是一次真炁运行图。从左边升，右边降下，三十六次是进阳火，从右边升，左边降，二十四次是退阴符。初时入手未免略微着意。功夫行到纯熟，炁穴中自然元炁升起，入脐直过治命桥；此处前后相同，中空如管。再徐徐上升到昆仑之顶而下尾闾，中间的过程不经过二十四节（脊夹），不经过玉枕关，而是从两腮透过上元始宫，再慢慢地下降到山根、到鼻准，再入中宫；所过之穴，有阴气者未免相战，微微作痛；战尽群阴，才是完全先天。②

内丹学主张，周天火候之十二时中，六阳用乾，以四九三十六为度，进阳火；六阴用坤，以四六二十四为度，颠倒之而退阴符。进阳火、退阴符是在任督脉进行的，且大周天火候是行不有不无之文火。显然，张氏所说进阳火、退阴符及其运行路径与上述不同。

四　中乘、上乘工夫

（一）中乘工夫

张松谷认为，中乘工夫，正是筑养（温养）圣胎的工夫，其方法贵在断绝喘息，进入胎息。欲行胎息，必须先调息；调息之法，与息俱出，与息俱入，随之不已，一息自住，不出不入。③

---

① 张松谷：《丹经指南》，《藏外道书》第 25 册，第 364 页。
② 张松谷：《丹经指南》，《藏外道书》第 25 册，第 361 页。
③ 张松谷：《丹经指南》，《藏外道书》第 25 册，第 363 页。

他指出，温养胎圣的火候特点在于行无为之火，即"但安神息任天然"，不可起念、不可起意，含光默默，行真息绵绵行无为之火候；如此十月圣胎完成，脱出其胞，移神上宫，出神外游。①

关于中乘工夫出现的验证，张松谷说："中乘功夫，调静喘息，至于十余日之间，其验甚多，不能尽述。有眼见于室内之验，或见白雪罗列在空之验，或见天花乱坠之验，或暗处能见小字之验。若见此四大验，斯时元炁自然充足，便能化为甘液，一时下降，连吞有一百八十口之大验也。再后连吞数次，腹中真炁甘液满腹，自能辟谷，自然不睡，不食，不欲，腹中自然荡涤其邪秽，消融其渣滓，而断水火。此时就出有阴神，在于脐窍而出入自然。面有红光，白如冠玉，口似含丹，耳如红朱，眼睛黑白分明，视听悠远，声似洪钟，睡无眠梦，自然返老还童。行此一乘终，则阴阳之气大冲和而敦厚，必有眼光溢。至于三五时，能见天上之星辰。此是炼己之功夫完备，其寿可与天地同其长久矣。但其形虽长久，必再行上乘损益之功夫，至于出阳神而能聚散，方是形神俱妙之道，斯至于圣人矣！"② 意谓：中乘工夫出现的验证中，辟谷是入定的验证；当出现眼见于内室之物，或白雪罗列在空、或天花乱坠、或暗处能见到小字这四大验证之时，元炁充足，甘液满腹，就能进入辟谷的现象。此时就有阴神在于脐窍而出入自然。是时，面有红光，白如冠玉，口似含丹，耳如红朱，眼睛黑白分明，视听悠远，声似洪钟，睡梦无眠，能见天上之星辰。此是炼己之工夫完备。再行上乘损益之工夫，至于出阳神而能聚散，方是形神俱妙之道。

（二）上乘工夫

张氏主张，上乘工夫是乳哺三年、面壁九年。乳哺三年，是"光而不耀，明而不用"③。乳哺使阳神成为金身，能知前世后世之事。乳哺三年之后，阳神是"出入自便，形神俱妙，与道合真"④。面壁九年，是"有无俱不立，天地悉归空"⑤。九年之间无工夫可言。面壁九年之后，阳神是子又生孙，变化无穷，神妙不测。

---

① 张松谷：《丹经指南》，《藏外道书》第 25 册，第 361 页。
② 张松谷：《丹经指南》，《藏外道书》第 25 册，第 364~365 页。
③ 张松谷：《丹经指南》，《藏外道书》第 25 册，第 369 页。
④ 张松谷：《丹经指南》，《藏外道书》第 25 册，第 369 页。
⑤ 张松谷：《丹经指南》，《藏外道书》第 25 册，第 370 页。

总言之，张松谷指出，炼己筑基是入手工夫。炼己筑基是指惩忿窒欲，克己复礼。炼己就是炼心，即筑基。初下手，必须要五气朝元、攒簇五行。使精、神、魂、魄、意各安其位，称之五气朝元。运入中宫，称之攒簇五行。此五气朝元、攒簇五行的内涵与前人不同。小周天之法，是垂帘塞兑，存想山根，先天药物从太玄关升起，上肾堂，过夹脊，历二十四骨节，升玉枕，到天谷穴，与神交合，任其旋绕顶门。后下名堂，度雀桥，历十二重楼，过绛宫，直抵下丹田。此小周天之法未见于前人之丹经。人身左右足分别是太阳和太阴，足中有涌泉穴是体内真炁之源，体内的三个穴位：尾闾穴、肾堂穴、大椎穴是发动真炁拨动三车的关键穴位，此论未见于前人之丹经。小周天之证验：口有甘津、气流四肢、腹中有雷声，有闭息至八万四千毛孔各齐出气之验等。中乘工夫，正是筑养圣胎的工夫，其方法贵在断绝喘息，进入胎息。中乘工夫出现的验证：眼见于内室之物，或白雪罗列在空、或天花乱坠、或暗处能见到小字以及辟谷。上乘工夫：乳哺三年是"光而不耀，明而不用"；面壁九年是"有无俱不立，天地悉归空"。

结　语

综上所述，张松谷虽自称师承储道人、沈太虚等，其内丹思想承袭全真道北宗、南宗，特别是南宗一脉，但他的性命论是炁一元论，因为他主张性（神）是炁之灵光一点，实质上取消了神。大小周天的进阳火、退阴符的内涵与以前的丹经不同；大小周天工夫运行的路径也不再是任督二脉。唯有炼己筑基、中乘和上乘工夫等与以前丹经相似。

张氏内丹思想被认为属于南宗，这可能是因为：一是其师沈太虚被认为是南宗嫡传内丹家；二是据《补亏正法》。民国时期所说南宗丹法是指同类阴阳的丹法或栽接法，但张氏丹法论中没有提及异性配合；《补亏正法》不是张氏写的，只是加上张氏活午时论。

故笔者认为，张氏的内丹思想不属于南北宗的一脉，是自成一家。

附论：《补亏正法》的内丹思想

《补亏正法》，作者不详；民国初，陆君略得自道友吴菊云处；1925 年，席锡蕃出资付印，经张松谷同意，附于《丹经指南》之后。《藏外道书》第25册及《道藏精华》第四集之二所收《丹经指南》后附的《补亏正法》版本相同。董沛文主编、盛克琦编校《仙道口诀》（宗教文化出版社2012年出版）中的《补亏正法秘传》是据《道藏精华》校勘的。

一 《补亏正法》的补亏之法

如前所述，道教内丹学主张，童体已破的修炼者必须先筑基，即补亏。补亏工夫，主要就是补足人体已经亏耗之精炁神，使之达到童体之水准，同时初步打通任督和三关的径路。补亏原则，就是以精补精、以炁补炁、以神补神。补亏所需要时间，通常为十年之损，一年用功补之。筑基所需的时间，随年龄的增长而增加。男性从十六岁算起，每大十岁，筑基时间大约就要多用一年。炼己筑基完成的标志，有的说内以精炁神三全为标志，即精满、炁足、神旺，外以目、齿、声三全为标志，也有主张回复到十六岁未漏精以前童体的生理特征。[①]

而《补亏正法》亦主张，补亏是因人娶妻生育及各种应酬，年至四十后，其精炁已耗大半，若不补足，则九还正功——炼精化炁无从入手。它提出补亏之法如下。

预先构建一间净室，上下均置木板，以免湿气侵入。"室中务要明暗适宜，过明伤魂，过暗伤魄，风日不侵，忍风耐日最伤害太阳、少阳二经，令人头痛，外感皆由此二经而入。"窗的开关必须看天时，"暴雨严寒、烈风迅雷则闭；天气晴和、月明风清则开"。室中放置一张结实的木榻，才能使身体转动不响，响恐分神；榻上先铺棕毯，上加软厚被褥，"务令两腿足骨下面（着榻处）坐久不痛为度"。[②]

每天不论何时，除了饱食之后，必须于净室中缓行一百步再坐，一切世事漠不关心，"腰带裤带，均须解放。内外衣服，要整楚抖松，宽畅适体，勿使里扯牵缠"。"坐定后，呼出粗浊之气一二口，立即收散外之神明清气，摄入绛宫"，令气定。"万缘澄寂，勿令杂念起。"再过一会儿，当心气溶融和平，"然后以意移入天目，在两目中心上二分，此间为聚火之所"，等"凝定片刻不散，杂念不起，即不散"，再以意由泥丸倒转玉枕直注入夹

---

① 陈兵：《道教气功百问》，第97页。
② 《藏外道书》第25册，第374页；董沛文主编《仙道口诀》，第410页。

脊。"泥丸，在头正顶前七分。玉枕，乃脑后骨也。夹脊，在背脊骨上十二节之下，下十二节之上，其中间即夹脊。"①

至夹脊后，息心静气，养我浩然之气，不顾他事，专一于此，勿令杂念起而神气散。"如此每日行持一二时，或能多坐更佳，愈多愈善。"气壮之人五六日，气衰之人至迟十五日，就觉得夹脊中热如火炽，且有脏痛。"直待有此景象，便以意将此夹脊炽热之火，送入于两腰，即觉两腰辘辘跳动。察其跳动不已时，随即以意送入阴跷。""阴跷，在谷道前，肾囊后，空地正中央处，入肉一寸二分，即是肉茎尽根处；医书名海地穴，《道藏》名三叉路水口；此谓建筑玄关基础之地。"②

至阴跷穴，又觉其中掣掣跳动。"虽跳动，我只不理他。又觉浑身通泰，心如迷醉，遍体脉络皆觉活动，暖溶溶如坐春风之中"，即张紫阳所谓"阴跷一动，百脉皆动"。我亦只是不理它，"只自专心致志，安居其中"，如长久客居他乡而初归家之主人翁，"深深休息于阴跷穴海底之内"。"如此片刻，自然而然，凝定跳止，便自细细地内观默察"，觉得我的气根实际从阴跷底起，"上升至脐轮，即自止而不上。再由脐轮下降至阴跷底。自是升升降降，不出此三寸一分半之间"；这是内呼吸。③ 此内呼吸与鼻之外呼吸正相反。如果按常理推之，"口鼻之气吸入，则内呼吸正当降入海底"；可它反迎而上升至脐轮，与口鼻吸入之气两相对接。"口鼻之气呼出，则此内呼吸正当升上同出"；可它反背而下，"降入海底，与口鼻外呼吸出入之气，毫不相通相连"，且内呼吸自有入而无出。④

就内呼吸升降而言，任其上下行走，"静守天然化合之机，万不可稍有意想"，否则自误匪浅。当内呼吸升降之时，"我却勿去做他主张，只自由他上，我亦随之而上，他下我亦随之而下，只任他自然升降，则无弊病"。我如果容心于其间，"稍有意见，欲送他上下，则此内呼吸，与我灵明便相错乱违背，不能溶化为一，只三四息"，便觉小肚脐气肿。若要消除此弊，必须重新开始，"再坐绛宫，再凝天目，再注夹脊，重入阴跷"。"如调劣马，如责顽猴，久久驯熟，自无此弊。"大概最难收摄的是心火（神），今想用它入水（炁），诚非一日所能达到。"其至要紧处，惟忌念起。念起即

①　董沛文主编《仙道口诀》，第 410 页。
②　董沛文主编《仙道口诀》，第 411 页。
③　董沛文主编《仙道口诀》，第 411 页。
④　董沛文主编《仙道口诀》，第 412 页。

外散，虽坐无益。"总之，务要此虚灵不昧元神，归入阴跷穴中而不出；安居既久，则神自然化炁。①

就神自化炁来说，神是指心神，属火。阴跷居肾底，水脏之极深处。火入水，火会被水灭。而火中炽燃之性，存于水中，即化炁。"惟此炁中有神在内，故非常人之气可比"，此是先天炁。②

炁亦自然化精，因为炁中有真液，故能化精，如是精炁神三者浑而为一。假如初行工夫时杂念易动，元神易出，"不肯安居阴跷中，则亦不妨"；以真息（内呼吸）依元神，"使其有所依傍，而不外散"，这是勉强一法。如是既久，自得坐忘。如是初行，每次坐若得二三百息，继而渐渐地日加至五六百息。大约到第十日，两腰之中及小腹渐渐地觉得热，身体平素畏寒及手足平素就冷之人，也觉得热。阳茎必然翘举，"慎勿近妇女，是为大要"，"此为初得先天炁，不可即采"。待其举过自软后，直至欲心不动，此阳就化为精。"如是每日行持，每日阳举，只自不采"，才能得以日积元精，让这种行功过一个多月才止。积精就是作为藏阳之地。故此补亏一法，又名添油工夫。③

养精为人身中至宝。"真水属阴，火必待水藏，阳必待阴藏，而后能长久"，此造化生就自然之理。"如不积精，而阳至即采，聚入泥丸，则阳日增强，而阴仍如旧，必致阴少阳多。阴不包阳，阳必外越。且阴被阳劫，上升泥丸，古有鼻垂玉柱而坐化者，即此之弊。"④

精（炁）足之景象：一阳初生时，甚思淫欲；精足则阳至比以前数倍旺，而反无淫念。⑤

此外，就活子时而言，席锡蕃主张，活子时有三。其一，肾中真阳之炁产生，即活子时。肾内阳炁种满，"不论是何时候，坐到静极之际，坎宫火发，此吾身中之子时，非天地间夜半之板子时"，故称之活子时。其二，活子时毕竟还从活午时而来。心肾是人身中之乾坤。"坤本纯阴，绝无阳炁，必与乾交而后有阳，犹常人肾中，本无此先天炁，必以心火下注阴跷，日渐积集，而后肾中始有此阳炁。"天地之交，"每年始于五月建午，夏至

---

① 董沛文主编《仙道口诀》，第412页。
② 董沛文主编《仙道口诀》，第412页。
③ 参见董沛文主编《仙道口诀》，第413页。
④ 参见董沛文主编《仙道口诀》，第413页。
⑤ 参见董沛文主编《仙道口诀》，第413页。

一阴生之际，是为火入水之初，则我以心火下注阴跷，犹天之五月建午"。但人身中之午，"不论何时，随坐随有"，非天地之刻板午时，故亦称之活子时，因为此午活而子亦活。其三，九还正功火候，子午随坐随到，即活子时。"九还正功火候，遍历十二支辰，日行生成皆有，细若毫发，不容紊乱。"故其言时皆谓之正，不名活。而活子时是补亏法中，"每遇心火下注，则谓之午。其余未申酉戌亥，均弗论矣"。"每遇肾阳上升，则谓之子。其余丑寅卯辰巳亦弗论矣。是十二辰中，但有子午随坐随到，故谓之活。"总之，心即天，肾即地，"天与地交，一阴始生于午，故心阳下注于肾为午；地之一阳来复于子，故肾中阳炁发生为子"①。

二　分析与评价

前已述及，内丹学主张，童体已破的修炼者必须先筑基，即补亏。补亏工夫，主要就是补足人体已经亏耗之精炁神，使之达到童体之水准，同时初步打通任督和三关的径路。补亏原则，就是以精补精、以炁补炁、以神补神。补益精炁神的最好药物，是自身的先天之精炁神。

但唐末五代以来的丹经都没有讲具体的补亏之法。而《补亏正法》却提出补亏之法：在净室入坐后，呼出粗浊之气一二口，立即收散外之神明清气，摄入绛宫，令气定，勿令杂念起。当心气溶融和平，然后以意移入天目；等凝定片刻不散，再以意由泥丸倒转玉枕直注入夹脊。至夹脊后息心静气，当觉得夹脊中热如火炽，且有胝痛，便以意将此夹脊炽热之火，送入于两腰，即觉两腰辘辘跳动不已时，随即以意送入阴跷穴。至阴跷穴后，心息相依，神炁混一，从而补益精炁神。可见，《补亏正法》所述补亏之法，步骤清楚，可操作性强。

显然，《补亏正法》提出用"收散外之神明清气"来补精炁神，这与《悟真篇》所说"竹破须将竹宜补"的补亏原则不同。笔者认为，《补亏正法》的补亏之法属于传统的炼气之法，与清至民国时期的民间宗教炼气法亦相同。《补亏正法》虽不是席锡蕃所言的"千古不传之秘本"，确实如席氏所言此"特别之捷径法"需要名师指导，有补亏之实效而无其他弊病。② 一般修习者切勿盲目修习此补亏之法。今天人们受消费主义之影

---

① 参见董沛文主编《仙道口诀》，第 414 页。
② 董沛文主编《仙道口诀》，第 419 页。

响，面对丰富多彩的物质生活的诱惑，欲望日益膨胀，有的甚至沉溺于物质欲望之中，弄得自己身心俱疲，神炁俱耗，严重损害了心理、生理健康。《补亏正法》的上述补亏养生思想对身心俱疲的人们养生仍然有一定的借鉴意义。

第十三章 《指道真诠》《因是子静坐法》的内丹思想

《指道真诠》是杨践形于 1941 年所著，该书撮丹经万卷之精华，融三教于一炉，通百派而成家；复用生理病理医理而为之会证，得证丹经之说，无不合于科学原理。

《因是子静坐法》是蒋维乔于 1914 年撰写，该书问世后产生了较大的社会影响，四年内 14 次再版。该书所说的静坐法实质上是蒋维乔研习内丹学之小大周天之术而创立的静坐法门。该书力图用近代科学知识阐述"内丹静坐"的原理和方法，比较注意剔除内丹养生术中掺杂的神秘怪异的附会。

第一节 杨践形《指道真诠》的内丹思想

杨践形（1891~1965），号中一子，江苏无锡人。民国 3 年（1914）所著《康寿自然法》六十四篇，民国 11 年（1922）被作为上海灵学会传道院的范本；民国 9 年（1920）冬通读《道藏》，捃撷精华，撰写《修道纂要》；民国 10 年（1921）杨践形任上海灵学会传道院指道，著《黄庭发钥》；民国 30 年（1941）著《指道真诠》。① 《修道纂要》《黄庭发钥》今已不存。新中国成立后著《气功自疗》《气功哲学》等书，成为著名周易学者、气功家；1961 年被上海市气功疗养所聘任主讲《周易参同契》。弟子中著名的有潘雨廷等。

《指道真诠》一书，共十五章。首章诠道。二三章诠中一，"不仅以庄列韩非抱朴解老，且以本经自相解"。四章诠真。五章师说，"不仅修养渊

---

① 杨践形：《指道真诠序》，萧天石主编《道藏精华》第九集之一，台湾自由出版社 1990 年影印本，第 1~2 页。

源庄子，庄且宗师孔颜"。六章三大法门，"融易系书训论孟学庸黄老止观各说于一炉"。七章坐法。八章息法。九章心法。十章要诀。十一章术语，"撮《道藏》全书七千八百余卷之精华，发佛教禅密诸宗之心印，用科学实验分类方法，指破历来丹经廋隐盲摸之谜"。十二章医史医经。十三章膏肓考，"皆仁贤孝子不可不知之国医常识"。十四章五藏辨，附表三、附图四，"广征《尚书》《左传》《三礼》《郑注》《管子》《吕览》《淮南》《高诱》《太玄》《说文》，生理解剖各说，以证《灵枢》《素问》《甲乙难经》，五藏分配五行之谬，一洗汉后玄虚空谈，为国医藏府论开一新元"。十五章"采导引各家简易平实之法，殿本书为结论"。① 萧天石先生认为，该书"撮丹经万卷之精华，发禅密诸宗之心印"，"融三教于一炉，通百派而成家；复用生理病理医理而为之会证"。附图四祯，"以为窍穴部位之指点，于焉得证丹经之说，无不合于科学原理"。②

《指道真诠》的版本有：1990 年台湾自由出版社出版萧天石主编的《道藏精华》第九集之一，有《指道真诠寿世保元合刊》，书前有常胜老人司马潜于 1941 年夏月作的序、蟾光姜衍写的"读者须知"，图有五藏六府部位图、藏府配五行部位图、七液部位图、正面部位名称图；1990 年上海古籍出版社出版《静坐法精义·指道真诠》，该版本与上述同。

一 内丹之界定

杨践形主张，炼养为内丹。他指出，《参同契》《黄庭经》和隐仙、南北三宗都是内丹，是讲五炁归元，三花聚顶；也就是"以精化炁，以炁化神，以神化虚"。《黄庭内景》说，"但思一般寿无穷"。《黄庭经》说，"子能守一万事毕"。《抱朴子地真篇》说，"思一至饥，一与之粮。思一至渴，一与之浆"。张君房《云笈七签》存思部有存《大洞真经》《三十九真法》《存思三洞法》《老君存思图》《存思玄父玄母诀》等，此是心法存想。③

他还指出，至于息法服炁，或服天地之炁，是内丹。如《庄子刻意篇》"吹呴呼吸，吐故纳新"。刘向《列仙传》说，"彭祖八百岁，常食桂芝，善导引行气"。《抱朴子至理篇》说，"服药虽为长生之本，若能兼行气者其益甚速。不能得药，但行气而尽其理者，亦数百岁"。仙人餐霞引露，盗天地

---

① 杨践形：《指道真诠》，萧天石主编《道藏精华》第九集之一，第 1~2 页。
② 杨践形：《指道真诠》，萧天石主编《道藏精华》第九集之一，第 1 页。
③ 杨践形：《指道真诠》，萧天石主编《道藏精华》第九集之一，第 116~117 页。

日月之精华。如《逍遥游》说，"貌姑射山之神人，不食五谷，吸风引露，乘云气，御飞龙而游乎四海之外"①。服自身之气，即内呼吸。如《老子》说，"绵绵若存"；《庄子》说，"真人之息"。② 这就是说，真人之息属于内呼吸，此亦是内丹。

他还指出，《胎息经》假名胎息，实是内丹。如《胎息经注》说："脐下三寸为气海，亦为下丹田，亦为玄牝。口鼻即玄牝出入之门。修道者常伏其炁于脐下，守其神于身内，神气相合而生玄胎。玄胎既结，乃自生身，即为内丹，不死之道也。"③ 意谓：修道者通过胎息，使神气相合而生玄胎。此玄胎即为内丹。

综上，杨氏所说的内丹，除了南北宗等，还包括守一、存思法，服天地之炁，服自身之气，即内呼吸，亦即胎息。此炼养神气之法，不同于钟吕开创的性命双修之内丹学，即钟吕内丹道。可见，杨氏的内丹界定属于张广保先生所说的广义内丹道，不同于狭义钟吕内丹道。④

二 守中论

杨践形指出，中是天地之中。刘康公曰："人受天地之中以生。"《老子》第五章曰："天地之间，其犹橐籥乎，虚而不屈，动而愈出，多言数穷，不如守中。"《说文》云："天，颠也。""地，底也。"这就是说，人身所有躯体是在天地之间。人身前后任督两脉血气周流无滞，是橐籥之功。杨践形还指出，一即道。《老子》十章、十二章、三十九章所说抱一、得一之"一"是道。

关于守中，杨氏指出，守中就是观此玄关一窍。修定之人端身正坐，存念于天根，时间一久，神入炁穴；久而久之，又自升至天根。如是精炼，神炁自能交媾中央，即所谓"乾坤交媾罢，一点落黄庭"。存念于此，称之"守中"。

三 炼精化炁

（一）返还术

杨践形指出，静室的光线必须明暗合宜；坐在厚褥软垫上，以久坐不

---

① 杨践形：《指道真诠》，萧天石主编《道藏精华》第九集之一，第117页。
② 杨践形：《指道真诠》，萧天石主编《道藏精华》第九集之一，第117~118页。
③ 杨践形：《指道真诠》，萧天石主编《道藏精华》第九集之一，第118页。
④ 张广保：《唐宋内丹道教》，上海文化出版社，2001，第1~2、50页。

痛为合适，避饱食，遣俗虑，缓衣带，勿使牵扯。先吐浊气一二，才纳清气摄归绛宫令定。"须万缘澄清，心神融和。此后以意移入天目，凝定。杂念不起，即凝神不散。再由泥丸转玉枕，注夹脊，息心静养，专一不纷。每日行持勿断，速者数日，迟者半月，觉夹脊火炽或增痛象，遂送入两腰，等跳动不已，随送入阴跷。又觉其中跳动，切莫睬他。"当"浑身通泰，酥暖如醉，专志安居，久客初归，片刻凝定跳止"，是时，"观气根，从海底上升脐轮即止，仍下降海底，如此周流三寸一分半之间。每一吸入，则内息迎升至脐，与外息相交。全任天机，万勿稍涉意想，念起即散，虽坐无益，必从始重作，安居海底，则神化炁、炁化精"。如此坐十日后增至数百息，"腰腹渐热；手足素冷者，亦热"。一阳初生，先天炁不可即采。姑且等月余后，"若阳至即采，聚入泥丸，则阳日增而阴仍旧，阴寡不包，阳必外越，惧鼻垂玉柱而坐化"。此外，修此法必持清心寡欲之戒。女的修法与男的不同，"离宫活午之阴生，与坎宫活子之阳复，精血的变化不同"，但返还术相同。①

可见，杨氏所说的返还术相当于伍柳派所说的调药阶段。但伍柳派的调药是指通过炼己后，虚极静笃时所生的阳精属于先天，药生的时候须辨药之老嫩。而杨氏说，先吐浊气一二，乃纳清气摄归绛宫，令心神融和后，以意移入天目，凝神不散。再由泥丸转玉枕，注夹脊，息心静养，等等。这是服气法，与民间宗教的内丹学相同。

（二）采药法

内丹学主张，当小药生时，采到小药后将其封固在下丹田，是时，行小周天之火，一遇到有真炁发动就得炼一次。伍柳派主张采药真功就是炁动神动，以元神主宰元炁，不令其出阳关，返归于体内之炁根。

而杨践形指出，静坐，能五百息不起妄念，"不断内息，久之，坎宫一阳上升脐轮，旁及两腰，热如汤沃。此时欲念倍炽，必须绝欲持戒，以免走丹外泄之危"。过此险关，"至欲念不起，一二月后候跷火上沃脐肾，一阳方动，炁将化而未化时，自家火之老嫩得宜，所谓铅遇癸生须急采。乃轻微提撮如忍二便状，送阳火过尾闾，贯督脉，不疾不徐，一意毋纷，送升夹脊，专志催穿玉枕。两目内迎引入泥丸，左起向右顺转三十六。运毕，

---

① 杨践行：《指道真诠》，萧天石主编《道藏精华》第九集之一，第43~44页。

无思无虑，静坐片响"，此为采药一次。白天采则晚上还，晚上采则早上还。坐定，"吐浊一二，归神绛宫，移凝天目，上注泥丸，右旋向左逆转三十六。运毕，仍由夹脊，过两肾中间，归入阴跷，复左旋三十六，右旋二十四。运毕，寂虑，静坐片响"，此为还原一次。①

显然，杨氏采药入泥丸、阴跷等法与伍柳派等前人迥异。

（三）周天法

内丹学主张，炼精化炁，又称小周天工夫或子午周天工夫，即坎离交媾。炼炁化神，又称大周天工夫或卯酉周天工夫，即乾坤交媾。

杨践形却提出，周天有二种，一是子午周天，即坎离交媾与乾坤交媾。二是卯酉周天，即性情交感、龙虎会合。②

关于子午周天，他指出，静坐入定，"垂帘塞兑，三相既调，浑寂绵存，心息相依，杳不知身在何处。心液下降，肾水上升，阴中之阳，阳中之阴，交媾丹田，归气元海"③，此是坎离小周天。十天到一个月之间，任督脉必然通。"内息囊龠，鼓动巽风坤火，猛烹急炼，产药升鼎，热气穿尾闾，冲夹脊，透玉枕，与神交合旋绕顶门。复自泥丸下明堂，度鹊桥，历重楼，过绛宫，直抵丹田，所谓'乾坤交媾罢，一点落黄庭'"④，这是玉液炼形，即子午大周天。

他还指出，当子午周天"河车转动，子午抽添，取坎填离，积金入腹。杳冥之中，有信如潮，金水初动，由丹田分下涌泉，霎时合到尾闾。调停真息鼓舞之，两足震奋，真气流行，后升前降，咽落黄庭积日灌溉，意凝赤土，血化白膏，灵剑在手"，于是内丹成。⑤

关于卯酉周天，他说："物驻玄关，目守泥丸，下照坤脐。久之，活子阳生，气穴中火珠一粒，左旋傍脐，升傍绛宫，折左胁，透左肩，上左耳根，由左目，逗存山根，转右目，经右耳根后，下右肩，绕前傍心，降脐，仍还丹田。是谓进阳火三十六次。心荡肾热，活午阴生，复右旋左降，是谓退阴符，二十四次。此金木交并，卯酉周天也。及至纯熟，自然左右俱

① 杨践行：《指道真诠》，萧天石主编《道藏精华》第九集之一，第44页。
② 杨践形：《指道真诠》，萧天石主编《道藏精华》第九集之一，第44页。
③ 杨践形：《指道真诠》，萧天石主编《道藏精华》第九集之一，第45页。
④ 杨践形：《指道真诠》，萧天石主编《道藏精华》第九集之一，第45页。
⑤ 杨践形：《指道真诠》，萧天石主编《道藏精华》第九集之一，第45页。

升，或脐间中通，前后俱升，两肾汤煎。妙在不经三关，自两腮徐上昆顶，漫降山根，到鼻准，入人中，经鹊桥，浓液如卵，入舌下历重楼，落中宫所经穴有阴邪未净，作战微痛，必战尽阴邪，始完全先天。"① 意谓：两眼守泥丸宫，下照坤脐，久而久之，先天一炁生，左旋到脐，升到绛宫，再从左胁透左肩，上左耳根，由左眼到达山根，转右眼，经右耳根后下右肩，绕前靠心，降下到脐，仍还下丹田。这是进阳火。当心荡肾热，即活午时，真阴生，再右旋左降，此是退阴符。这是金木交并，即卯酉周天。等到行卯酉周天纯熟，自然左右都升，或脐间中通，前后都升。当阴尽纯阳，此是金液炼形，即卯酉周天。

他还指出，大丹结是因铅擒汞。"兑金生水，而坎水产铅，母隐子胎"，称"虎向水中生"。坎中戊阳，本是自乾成离而来，故称"坎内黄男名汞祖"。"震木生火，而离火产砂，子藏母形"，称"龙从火里出"。离中己阴，本是自坤成坎而来，称"离中玄女是铅家"，"以铅之沉重，镇汞之飞轻"，则大丹结。②

可见，杨氏的子午、卯酉周天实质上讲的是小周天之事，且其内涵与钟吕系内丹学完全不同。

（四）火候法

内丹学主张，火候是指用人身之"神火"来烹炼鼎器中之真药物。火候又分小周天和大周天。小周天火候是指炼精化炁时的火候，大周天火候是指炼炁化神时的火候。

杨践形却指出，养圣胎火候是坎中起火，胎息微绵。"息调而凝，凝而运，运而周流不穷，圜定养胎"，即东坡养生偈曰"与息俱入，与息俱出。随之不已，一息自住，不出不入"。炼至此时，"火逼金行，更积乾宫。损之又损，更无药液可炼。五炁朝元，三花聚顶"。是时，"念兹在兹，时守黄中"，必须"一念不起，一意不散，含光默默，真息绵绵"，此是长养圣胎之火候。③

① 杨践形：《指道真诠》，萧天石主编《道藏精华》第九集之一，第45~46页。
② 杨践形：《指道真诠》，萧天石主编《道藏精华》第九集之一，第46页。
③ 杨践形：《指道真诠》，萧天石主编《道藏精华》第九集之一，第46~47页。

四 性功与命功诀

(一) 性功诀

前已述及，内丹学主张性即神，命即炁；性命两者不可分离，金丹大道就是性命双修。元代以来，内丹性命双修工夫通常分先性功，再命功，最后性功。

杨践形却指出，性功即丹家前三步工夫。然而性中有命，命中有性，性命本不能分开。等到丹成胎圆，"出神入化，又以无漏之性功竟"①。其三步功夫如下。

初步功：静坐入定，"则心清神宁性灵，真炁自然流露"。行功无间断，闭目见一点光明，即用"真意引导，摄归身中。初如粟米，倏隐倏现，须要捉擒，一纵便逝。极意凝神定息，扫除一切杂妄之念。久之光渐放大，头部明朗若水晶"。②

二步功：当药引入中宫，冥心寂念，勿使念起而散，"久炼驯熟，绛宫自然月明"③。

三步功：再用真意摄入脐，觉光弥满关元穴，"浩无涯际，非有非无，相不可得。忽焉海底月印，水澶漾碧，天上皓月，两正相对。此时一泓澄清，天无片云。不知为天为水，有地有身，只觉空中月映水中月"④。

(二) 命功诀

杨践形指出，命功即后三步工夫，其三步工夫如下。

初步功：先从克己复礼着手。养到心清神寂，"至于忘忘地位，不见有我存，亦不见有天地。徒觉虚灵朗耀，一片光晃"。此时海底有动，即一阳生，于是以无念之真意引先天炁上升过关。⑤

二步功：前后均有三关，先渡下关是最危险，"一不慎，冲关不开，或杂后私"，不是夺关外出，就是壅结蕴患。必须"凝神海底，目送过关，迎以真意，自然可过"。然后直贯中关，"两肾汤煎，四肢融畅，美不可言"。

---

① 杨践形：《指道真诠》，萧天石主编《道藏精华》第九集之一，第 47 页。
② 杨践形：《指道真诠》，萧天石主编《道藏精华》第九集之一，第 47 页。
③ 杨践形：《指道真诠》，萧天石主编《道藏精华》第九集之一，第 47 页。
④ 杨践形：《指道真诠》，萧天石主编《道藏精华》第九集之一，第 47 页。
⑤ 杨践形：《指道真诠》，萧天石主编《道藏精华》第九集之一，第 48 页。

是时，必须"虚极静笃，方许透玉枕，抵上关，达巅顶，会泥丸"①。

三步功：后三关渡过，"自觉云腾雨下，醍醐灌顶"。渡上鹊桥亦是最险；上鹊桥是先实后履空，与下鹊桥之先空后渡不同。"琼浆甘露滴入玉池，过重楼，入绛宫，注黄庭，一缕薄荷，凉沁心脾。"是时，必须寂念冥心，心肾交媾，水火既济，"后天破缺仍返纯阳之全，归复功成"，此是玉液还丹。②

可见，杨践形的性功的内涵与钟吕系内丹学完全不同，命功与钟吕系内丹学基本相同。

五　魔境

前已述及，内丹学主张，炼炁化神中会出现许多幻觉，这被内丹家称为外境或魔。《钟吕传道集·论魔难第十七》概括为十类魔：六欲魔、七情魔、富魔、贵魔、恩爱魔、灾难魔、刀兵魔、圣贤魔、乐魔、色魔。这些实际上都是人们在现实社会中经常泛起的欲念而已。

而杨践形指出，魔境分三类：一是念魔，"由己一心久执不舍，遂成念障"，仿佛精神障碍；二是途魔，"方法未尽完备，修持未至精纯，功夫未成漏尽，五通早具"，出神突然所致；三是物魔，"物欲未净，积习难消，平居历经诸象，僭据精神中枢，左右意识活动，寂定之后，隐显出没，无法肃清，致酿此变"。此外，外境魔分四魔：一是烦恼魔，二是阴入界魔，三是死魔，四是鬼神魔。这些魔"能夺修行人之功德财，能杀修行人之智慧命"③。

他还指出，除魔之法，焚身诀是最快的。焚身诀是"运真炁流转前三后三，摄真息降伏身阴心阴。洗涤纯净，葆露一颗虚灵通明洁白清净之性珠镜光，可以显影而不染物形，可以照镜而不执物象。虽有魔景，于何被迷，本无色相，于何受着"④。意谓：运真炁过前后三关，摄真息降伏身心之阴，洁白清净之性呈现。虽有魔景，性本无色相，故不着色相。

可见，杨氏所说的魔与钟吕内丹道所说的魔大同小异。

---

① 杨践形：《指道真诠》，萧天石主编《道藏精华》第九集之一，第48页。
② 杨践形：《指道真诠》，萧天石主编《道藏精华》第九集之一，第48~49页。
③ 杨践形：《指道真诠》，萧天石主编《道藏精华》第九集之一，第49~50页。
④ 杨践形：《指道真诠》，萧天石主编《道藏精华》第九集之一，第50页。

六 丹道术语

杨践形指出，任何科学都有专门术语。丹道术语分功夫与部位。

就丹道功夫术语而言，他指出，修就是培养精气。炼己就是寡欲清心，筑基就是心不退转，立鼎就是念兹在兹，安炉就是绵绵若存，采药就是制欲，"禁止性腺之外分泌，而催其内分泌"。人身的内分泌就是金气，即药物。最初用精神力催动内分泌，叫采取，亦叫烹炼。精神没有催动内分泌的能力，叫嫌丹嫩。欲念一动而将转外分泌，叫嫌丹老。"不影响外分泌，而仅现内分泌，则丹不老不嫩。"人身有内分泌七泉，《黄庭经》名七液，催动全身七液的功能，叫周天火候。左转三十六叫进阳火，右转二十四叫退阴符，总称火符。内分泌影响人的生理、心理，叫灌溉。"返老还童，再造生理"，叫婴儿。驻颜成功之属生理的，叫阴神。出神入化之属心理的，叫阳神。炼成血液中之抗毒素，叫血化白膏。扑灭浸入身体内的细菌，即肃清腠理之阴邪，叫龙战。"心不动则炁固，身不动则精固"，此为降龙伏虎。"五官四大不动，精神魂魄意各安其位"，这叫五炁朝元。七情叫铅，性理叫汞。[1] 道心坚固叫结胎、欲净理全叫圣胎圆成，存想真意叫黄婆。"用之不勤"，即是无为自然的火候。心息相依叫坎离交媾，勿忘勿助叫沐浴温养，黄庭名未发之中。还丹叫中节之和。静坐入定叫吉祥止止。金丹圆满称虚室生白。[2]

就丹道部位术语来说，他指出，脐下二寸四分，是下丹田。心下绛宫，是中丹田。人两眉间内行一寸名明堂，二寸名洞房，三寸名上丹田。[3] 九宫之中间一宫名泥丸，即脑下腺处。额骨顶骨间为囟会，顶叫天门。泥丸正当脑髓，百节正当脊髓，亦曰督脉。山根在两眉间。天目在两目中间上二分，是聚火之所。阴蹻在前行二阴中间入肉一寸二分，即小腹尽处。海底穴亦叫地户。《张紫阳八脉经》云："冲脉在风府穴下，督脉在脐后，任脉在脐前，带脉在腰，阴蹻脉在尾闾前，阳，蹻脉在尾闾后二节，阴维脉在项前一寸三分，阳维脉在项后一寸二分。"当枕骨突起叫脑户；脑户内一寸三分叫玉枕。尾闾为羊车，腰椎二节前齐脐之肾腧为鹿车，腰椎上数十四节至大椎为牛车。口为玉池，即太和宫。玄膺即悬雍垂。廉泉在颌下结喉

---

① 杨践形：《指道真诠》，萧天石主编《道藏精华》第九集之一，第53~54页。
② 杨践形：《指道真诠》，萧天石主编《道藏精华》第九集之一，第54页。
③ 杨践形：《指道真诠》，萧天石主编《道藏精华》第九集之一，第54页。

上。下鸠四寸为中脘，名太仓。中宫即黄庭。三素下四寸为脐，后齐两肾。睾丸称性腺。脐下二寸名三焦募，亦名命门，又名丹田。脐下三寸是关元。会阴名屏翳，又名海底阴跷。七液是乾首性宫泥丸。坎肾是命宫命门。坤腹是欲宫生泉。①

可见，杨氏丹道术语与前人有同有异，但引进科学来解释丹道术语，如他说，人身的内分泌就是金气，即药物；用精神力催动内分泌，叫采取，亦叫烹炼等，发前人之未发。

综上所述，杨践形《指道真诠》的内丹思想虽称秉承《参同契》、《黄庭经》和隐仙、南北三宗的内丹学，但实际上继承了钟吕丹道产生之前的"内丹"思想。

第二节　蒋维乔《因是子静坐法》的内丹思想

蒋维乔（1873～1958），字竹庄，别号因是子，江苏武进人，教育家、养生家、佛学家。年幼时体弱多病，后修习内丹小大周天之术，持之以恒而使身体健康。

蒋维乔于1914年撰写《因是子静坐法》，全书分原理、方法、经验三篇及附录，约一万二千字。

该书所说的静坐法实质上是蒋维乔研习内丹学之小大周天之术而创立的静坐法门。如他在1917年《因是子静坐法》序言中说："静坐法，即古之所谓内功也。古者养生之术，本有外功内功二者。医术之药饵针砭，治于已病；养生之外功内功，治于未病者也。自后世失其传，习外功者多椎鲁而无学；而内功又专为方士所用，附会阴阳五行坎离铅汞诸说，其术遂涉于神秘，为搢绅先生所不道。"② 蒋维乔先据小大周天法创立呼吸习静法，在此基础上结合日本人冈田静坐法之呼吸法而创立因是子静坐法。但他是从心理学、生理学的角度来诠释内丹炼养精炁神之法的，即力图用近代科学成果阐述"内丹静坐"的原理和方法，比较注意剔除内丹养生术中掺杂的神秘怪异的附会，并以自身经验为据。如他说："余之为是书，一扫向者怪异之谈而以心理的生理的说明之，凡书中之言，皆实验所得。"③ 面对日

---

① 杨践形：《指道真诠》，萧天石主编《道藏精华》第九集之一，第55～56页。
② 蒋维乔：《因是子静坐养生法·原序》，中国长安出版社，2009，第3页。
③ 蒋维乔：《因是子静坐养生法·原序》，第4～5页。

益浮动的国民性，蒋氏希望他的静坐法是解救浮动人心之良药。

由于《因是子静坐法》通俗易懂，开创了以科学解释内丹功法的先河，且使内丹功法转化为易操作的静坐法，故问世后，受到各界人士极大欢迎，特别是在当时的知识界兴起了一股静坐养生的热潮。该书四年内 14 次再版。一些学校将因是子静坐法列为开设的课程。蒋维乔也受邀到北京大学、北京高等师范学校以及江南各地学校演讲"静坐法"，产生了很大影响。

就原理而言，蒋氏主张，人生的根本在脐。古代有道之士早已经知道，故有修养丹田之法。丹田亦名气海，在脐下腹部。此丹田就是人之重心。"重心于心理方面，能使血液运行优良；在心理方面，能使精神统一；是故重心安，则身之健康，心之平和，同时并得；重心不安，则身之健康，心之平和，同时胥失。"[①] "静坐之法，使重心安定，可以合形神为一致，而实则能以神役形。"[②] 培养人生的根本，当用心意的作用来灌溉它；静坐就是使人的心意得行其灌溉之时。[③]

就方法来说，因是子静坐法，简言之，分为身体的姿势、精神的集中、呼吸的练习和静坐时腹内之震动。

一 身体的姿势

身体的姿势，《因是子静坐法》说："一、两脚的安放。双盘膝：少年筋骨柔软，可用此法，就是把左脚小腿架在右股上面，使左脚掌和右股略齐，再把右脚小腿牵上，架在左股上面；这时候两脚掌向上，两股交叉，好像三角形，这叫做'双盘膝'……单盘膝：坐时把左脚小腿，架在右股上面，右脚放在左股下就得了。这比双盘膝容易得多。……下盘法：倘若老年的人，连单盘也做不到，那就把两小腿向下面盘，也可以的。不过两膝盖都落了空，更容易歪斜，应随时注意改正。平坐法：还有两腿有毛病的人，连向下盘也做不到，那就把两脚垂下平坐也可。但须把左脚跟靠在右脚背上。叫做'四肢团结'；或两脚底平放地面也可，但腿与脚掌，要保持九十度直角。初学盘腿时，入坐略为长久，必感觉两脚麻木，此时可以徐徐放开，等到不麻木时再盘；或就此起身徐行，等到第二次再坐，都可以。二、两手的安放。两手应该宽松，丝毫不可着力，把右手背放在左手掌上

---

① 蒋维乔：《因是子静坐养生法》，第 24 页。
② 蒋维乔：《因是子静坐养生法》，第 26 页。
③ 蒋维乔：《因是子静坐养生法》，第 20 页。

面，轻轻搁在两小腿上，贴近小腹。但如在平坐时，也可以将两手放在两大腿上部，掌心向下，自然的放平，如图四所示。三、头部的姿势。练习时，头颈，面孔，眼睛，嘴巴的动作都要注意：头颈要平直，面孔朝前，眼睛轻轻闭合，嘴巴也要闭，不可张开，舌头抵住上颚。四、卧式的姿势。平常仰卧法：行、住、坐、卧，是人们举止的四种威仪，都可以用习静的功夫。……卧式如人们睡卧一样，有仰卧侧卧两种。仰卧姿势与平常仰卧一样。但须记得将头肩等部略事垫高到自己觉得最舒服的程度，耳目口鼻等等的姿垫均同前述。狮子王卧法：此法是侧卧，侧卧虽然左右都可，但以作者的研究，当以右侧为宜。因左侧卧则心脏常受压迫，不是顶好；右侧卧的耳目口鼻等等的姿垫也同前述，……这个卧法，在功夫上有个名字，叫做'狮子王卧法'。"①

二 精神的集中

精神的集中方法，《因是子静坐法》说："静坐的时候，要把精神集中在小腹部（即脐下约一寸三分的部位，称'下丹田'）。初学的人，对这种功夫，极难下手。人们的妄念，一起一灭，没有一秒钟停止，所以说：'心猿意马'，最不容易调伏。静坐的最后功夫，就是能够调伏这些胡思乱想的妄念，妄念一旦消除，就能够出现一种无念境界。那么怎样下手呢？应该平常行动做事时候，时刻当心，不要乱想，到静坐时候，把一切事物放下，拿全副精神集中在小腹，如果妄念又起，就再放下，这样反覆练习，久而久之，妄念自然会逐渐减少。以达到无念的境界。这是最上乘的方法。如初学者觉得这种定力的根基不够，可以轻闭两眼至微露一线之光，而目观鼻准，这叫做'目若垂帘'。静静的自然以鼻呼吸，以至不闻不觉，口也须自然闭合，遇有口津多的时候，可缓缓分小口咽下。最要紧的仍在自然的意守下丹田，其方法一如上述，这样可以得到帮助不少。还有一种方法，仍将两眼轻轻闭合而用'数息'的方法，一呼一吸叫做'一息'，从一数到十，周而复始，使精神自然集中，这叫做'心息相依'。其他姿势一如前述，而最重要点，仍是在于'意守下丹'。这种方法，也有很大的帮助。同时还有最紧要的一句话，就是要请读者记住这一个方法：因这几种方法，都是最妥善安全的方法，可以没有流弊，读者但择哪一种方法在实地练习

---

① 蒋维乔：《因是子静坐养生法》，第 10~14 页。

时经常觉得最舒服者，就是那一种方法于他最为合宜。……初学的人，又有两种境象：一是散乱，没有法子把情绪安定下来；一是昏沉，时时要打瞌睡。大概初学的人，起先都是容易散乱，无法收敛，练习的时日稍久，妄念减少，就容易昏沉。这是学静坐者的通病，不必奇怪。治散乱的毛病，应该把一切念头，完全放下，空空洞洞，什么也没有，专一注意在小腹中间，自然能够徐徐安定。治昏沉的毛病，应该把念头提起，专注意在鼻头尖端，把精神振作起来。大概说来，人们因为白天劳累的缘故，夜里入坐，就容易昏沉；早上起来入坐，因为夜里眠已足，就不至于昏沉了。"①

三　呼吸的练习

呼吸的练习方法，《因是子静坐法》说："一般人的呼吸往往短而浅，不能尽肺部张缩的力量，因此也不能尽量吸入氧气吐出碳酸气，以致血液不清，易致疾病。这里举出练习方法如下：一、呼吸气息的出入，应该极轻极细，连自己的耳朵也听不见出入的声音。二、气息应该慢慢地加长，叫它达到小腹；但要纯乎自然，不可用力。耐心练习，久后就能够达到。三、人们胸中，在肺的下面，胃的上面，有横膈膜（也叫膈肌）。开始练习呼吸的人，往往会觉得胸中气闷，这因为没有推动膈肌的缘故。推动的方法，是吸气时候从鼻中徐徐吸进新鲜空气，使肺底舒张，膈肌下降；呼气的时候，吐出浊气，下腹部收缩，使隔肌向上升，这样一上一下地膈肌的运动就会灵活，于是觉得胸部空松，一点也不气闷了。四、腹中的大小肠，最为柔软，血液容易到此滞留，呼吸的气，渐渐深而且长，达到小腹，腹部就有弹力，能够把滞留在腹腔内的郁血逼出去，达于四肢。五、呼吸的气，必须从鼻腔出入，不可用口；为什么呢？因为鼻子是专司呼吸的器官，鼻孔里有毛，可以阻止灰尘和微生物进入呼吸道，倘呼吸的时候，把嘴张开，一则侵夺鼻子的功用；二则灰尘和微生物容易入口，发生疾病，所以不但静坐时候要闭口，在平常动作时也以闭口为合宜。"②

四　静坐时腹内之震动

静坐时腹内之震动，《因是子静坐法》说："（1）静坐日久，脐下腹部，

---

① 蒋维乔：《因是子静坐养生法》，第14～16页。
② 蒋维乔：《因是子静坐养生法》，第16～17页。

发现一种震动之现象，即为腹力充实之证。（2）震动之前十数日，必先觉脐下有一股热力，往来动荡。（3）热力动荡既久，忽然发生一种震动，能使全身皆震，斯时不可惊骇，当一任其自然。（4）震动之速度及震动之久暂，人各不同，皆起于自然，不可强求，亦不可遏抑。（5）震动时宜以意（不可用力）引此动力，自尾闾（臀后脊骨下端尽处，名尾闾）循背脊上行，而达于顶；复透过顶，自颜面徐徐下降心窝，而达于脐下。（自尾闾上行至下降心窝，非一时之事，或距震动后数月，或经年不定，阅者勿误会）久之则此动力，自能上下升降。并可以意运之于全身，洋溢四达，虽指甲毛发之尖，亦能感之，斯时全体皆热，愉快异常。"①

内丹小周天工夫，当先天炁产生时会有动，还要过尾闾、夹脊、玉枕三关。而震动的理由，蒋维乔认为，"大率血液循环，其力集中于脐下，由集中之力而生动，由动生热所致"②。但他又指出，为何能循脊骨上行，自顶复下返于脐，实不易理解；而事实上他亲历过三次震动，确实可信。古人所谓开通三关者（尾闾为一关；背部夹脊为二关，名夹骨关；枕骨为三关，名玉枕关）就是指此。

综上，《因是子静坐法》从原理、方法和经验方面使内丹功法转化为易操作的静坐法。

结　语

综上可见，杨践形《指道真诠》的内丹思想主要是服天地之炁和胎息法，除了命功等思想与钟吕一系的内丹道基本相同，其神气炼养之法虽用了内丹学之术语，但内涵基本上不同。杨践形《指道真诠》的内丹思想虽称秉承《参同契》、《黄庭经》和隐仙、南北三宗的内丹学，但实际上继承了钟吕丹道产生之前的"内丹"思想。但他从生理学、心理学等科学视角对内丹学之术语进行的诠释，对今天科学地解释内丹学是有启示意义的。

蒋维乔《因是子静坐法》主张，丹田气海就是人之重心，重心在心理方面的作用是能使血液运行优良，在心理方面的作用是能使精神统一。静坐之法，使重心安定，可以合形神为一致。这是蒋氏从科学的角度对内丹

---

① 蒋维乔：《因是子静坐养生法》，第37~38页。
② 蒋维乔：《因是子静坐养生法》，第38页。

学之神炁关系的新诠释。蒋氏所谈静坐之精神的集中、呼吸练习等法，实质上讲的是内丹炼精化炁之凝神入炁穴、心息相依，不过蒋氏使之转化为易操作的静坐功法。蒋氏所说的静坐时腹内之震动，这是炼精化炁时真阳之炁（小药）产生之景。蒋氏也承认这是内丹学所说的开通三关，他企图用血液循环之力集中于脐下而生动来解释，却无法解释它能循脊骨上行，自顶复下返于脐。蒋氏这一实事求是的态度值得肯定。

第十四章　民国道教内丹学之三教合一论

前已述及，道教内丹学自唐末五代兴起后，其发展的每一步都深受"三教合一"思潮的影响，民国时期的内丹家基本上亦都高唱三教合一。由于受到五四新文化运动、反迷信运动、反宗教运动以及庙产兴学运动的沉重打击，本已式微的道教处在苟延残喘之中，道教文化亦空前衰落，内丹学却是"风景这边独好"，不仅有了一定的发展，还远播西方和日本，特别是成为荣格分析心理学建立的重要因素之一。与道教相比，儒佛两教由于人数众多、基础好，虽也衰落，但仍有一定的社会影响。是时，道教内丹学虽是道教文化之唯一的亮点，但也常常受到儒释两教信徒的白眼，儒斥之为异端邪说，释骂之为外道魔民。民国时期基督宗教（耶稣教和天主教）随着帝国主义的入侵，其势力已超道教，成为道教的有力竞争者，伊斯兰教也已成为国内一大宗教，故民国内丹家在讨论三教时还会提及基督宗教和伊斯兰教。民国时期道教内丹学之三教合一论虽继承前人，却深深地打上了时代的烙印。

第一节　"三教一道"论

前已述及，六朝时期，三教中就有人倡导三教合一，着重于儒道佛三教的社会教化作用，即认为三教在"导民向善"的社会功能上旨归一致。隋唐五代时期，"三教融合"全面展开，但道教尚未明确喊出"三教一家""三教合一"的口号；到北宋，张伯端才从内丹修炼的角度第一次明确打出了"三教合一"的旗帜。[①] 从此以后，历代的内丹家皆高唱"三教合一"，纷纷融儒佛入丹道。

但宋代以来，内丹家主张三教合一，着重于三教义理同源，即都源于

---

① 卿希泰主编《中国道教思想史》第三卷，第 483 页。

"道"。在人即为性命本原，也就是说三教皆性命之学。三教之所以会有差别，是因为学道者根器不同，圣人也要根据学道者的不同而立教。真修之士，必须要儒释道三教皆通，才能到达"至道"。

而民国内丹学袭取之前内丹学三教义理都源于道的思想，提出三教一道，儒释道三教不过是道的一部分，即使耶稣教、天主教、伊斯兰教也是道的一部分。如陈撄宁说："道这样东西，是其大无外，其小无内，没有界限的。儒释道三教，不过是道中的一部分；耶稣、天主、回回，也是道中间的一部分，宇宙万物以及我们人类，也不过是道中间的一部分。"① 陈氏此论是对道教"道"世界观的坚守，也是从"道"的视角来统摄和会耶稣教、天主教和伊斯兰教，实质是主张六教合一。

三教之学各有自己的真理，若循其道，皆可超凡入圣。强分是非，徒生门户之争。如汪伯英自称是亦儒亦佛亦道，不存歧视；"惟其中间有取舍，在儒则敦其伦常，于道则取其方法，皈佛则遵其戒律"；也"可以相须而互用"，则用之而不敢执着，取其增上缘。② 可见，汪氏采取三教各自所长为己所用。

先天大道是"源"，儒仙佛是其"流"。如冉道源说："今是书不曰佛也、仙也、儒也，而直揭其言曰大道。盖寻其流则有儒有仙有佛。而溯其源则第曰道而已矣，先天大道而已矣。何三教之异之有？世人见世之学仙佛者，流弊无穷，遂非仙非佛。则夫今之冠儒冠，服儒服，口仁义而腹诗书，其贻害国家，为万世唾骂者，正复不少。不将亦从而非孔子耶？然则世人只当从源头上做起，以臻于无物不空，无事不中，无理不一。仙佛勿庸非儒，儒亦无庸非仙佛也，何也？儒仙佛字面相配，三教渊源，同一先天大道而已矣。"③ 意谓：儒仙佛之本源是先天大道。仙佛不要否定儒，儒亦不要否定仙佛，儒释道三教只是字面上的不同说法，渊源都是先天大道。在冉氏看来，先天大道是"源"，儒仙佛是其"流"。

儒家主张得一叫中，佛家主张得一叫空，道家主张得一叫一。一就是中，中就是空。一、中、空都是道，即三教一道。如冉道源说："若大道则先天地而已俱，非大道且无以为天地万物，而何有于三教？学者不知道之所以由大，而浑以道名之，遂有儒仙佛之分。而不知徒以道名，则道亦多

① 洪建林编《仙学解秘》，第 60 页。
② 洪建林编《仙学解秘》，第 446 页。
③ 王卡、汪桂平主编《三洞拾遗》第 10 册，第 509 页。

矣。曰：天道。曰：人道。曰：君道，臣道，父子等道。道固可胜举哉。
儒者之言曰：中庸也，至诚也，明德也，明命也，知止至善也，吾得以一
字概之曰中。佛家之言曰：无人相也，无我相也，无众生寿者相也，吾得
以一字概之曰空。仙家之言曰：守中也，抱一也，无形无名也，吾得以一
字概之曰一。夫一者中也，中者空也，一、中、空者道也。盖以凡物有二，
而惟大道则一。"① 意谓：先有大道而后才有天地万物。学者不知道之大，
而笼统以道名之，才有儒释道之分；而道之名亦多，有天道，人道，君道，
臣道，父子之道，不可胜举。可见，在冉氏看来，儒释道三家义理都是诠
释大道的，即三教一道。

　　民国内丹学还提出，"○"为中国三教鼻祖；耶稣教、天主教也不能越
出此"○"一圈之范围。"○"是儒释道所说的世界的本体本原。此"○"
一圈，上古称之曰"玄玄上人"，其后又名"混沌"，又名"太极"。此
"○"一圈既为三教鼻祖，则中国没有三教，只有"玄玄上人"一教。如汪
东亭说："耶稣教中人言曰：'上帝能造作天地，能造作万物，凡是地球中
人，皆是上帝造作出来，则地球中人，皆是上帝的子孙也。'玄玄上人教中
人言曰：'天地不能生万物，虚空能生天地。虚空无际，深得万物之性，故
又能生万物，夫人亦万物中一物也，则地球中人，皆是虚空的子孙也。'"②
意谓：天主教之"天主"，即天地之主人，亦为万物之主人。虚空能生天
地，又能生万物。"虚空"是统天地万物一大主人，虚空就是此"○"一
圈，此"○"一圈即是"玄玄上人"。可见，汪氏是用太极"○"来统摄
耶稣教、天主教和玄玄上人教三大教，实质上是主张五教合一。

　　民国内丹学亦主张，三教的功夫都是性命双修。如汪东亭提出，先天
真一之炁，儒称为明德，道称为先天，释称为灵光，其实是一物。再取象
画图之，如此"｜"而已。圣人勉强称之真一。此真一，"即是明德，又谓
真一之炁，又谓先天之炁"。又勉强取象画图之，如此"○"而已，圣人勉
强称之虚空。至善与虚空是一个东西。如能知明德与真一，即是知命；能
知至善与虚空，即是知性。若不遇真师就不知和合。"在明明德，在至于至
善"，就是教人和合。又取两象勉强为之图"Φ"，圣人勉强称之为"致中
和"。致中之下又添一和字，亦是教人和合。③ 又，"儒曰'一贯'，道曰

----

① 王卡、汪桂平主编《三洞拾遗》第 10 册，第 508 页。
② （清）汪东亭著，盛克琦点校：《性命要旨》，第 49~50 页。
③ （清）汪东亭著，盛克琦点校：《性命要旨》，第 92~93 页。

'守一'，释曰'归一'"，这又是教人"和合"。一贯是以其一而贯乎其中，守一是以其一而守于其中，归一是以其一而归于其中。① 可见，真一、虚空、致中和三者，皆是纸上写出的，都不是道，都是筌蹄。在汪氏的眼中，三教的功夫都是讲性命双修。

总言之，与之前的内丹学相比，民国内丹学袭取三教义理都源于道，主张三教都"源"于道，都是先天大道的一部分，是"流"；三教之学各有自己的真理。陈撄宁等人还主张耶稣教、天主教、伊斯兰教也是道的一部分，这反映了内丹学用和会儒佛的方法来融摄耶稣教、天主教、伊斯兰教，实质是主张六教合一，发前人之未发。三教的功夫都是性命双修。

第二节　仙佛的关系论

如前所述，内丹学主张，仙道同佛道；仙道、佛道都是为了复真性，即所修亦同一真性。仙道、佛道都通过性命双修而超出三界。故遇有仙可学，则学仙，仙即佛；遇有佛可入，则入佛，佛即仙。关于仙佛之间的不同，内丹学认为，仙佛之不同只是言语上不同，所讲道理同，即"言异理不异"。

而民国内丹家对仙佛的关系的看法，可谓见仁见智。就仙佛的功夫来说，仙道、佛道的性命功夫侧重点不同，佛家重炼性，仙家重炼炁，但到了无上根源是一样的：性就是炁，炁就是性。② 陈氏主张到了无上根源层面性就是炁，此论未见前人之丹经，应是受到民间宗教内丹学的影响。

而内丹学却不弃色身，亦不恋色身，不即说空，亦不离说空；合之则双美，相得乃益彰。③ 内丹学以色身证长生，乃初步工夫，继则由色身透出法身，再则由法身融化色身，一步有一步工夫，一层有一层效验。如人饮水，冷暖自知，不尚空谈，皆重实证。④

仙佛的功夫不同：佛家心性之理，可以自悟；仙家修炼之术，绝不能自悟。如陈撄宁说："佛家心性之理，可以自悟；仙家修炼之术，绝不能自悟。纵然得遇明师传授口诀，尚要刻苦实验，方可有几许希望。纵然本人

---

① （清）汪东亭著，盛克琦编校：《性命要旨》，第 93 页。
② 洪建林编《仙学解秘》，第 661 页。
③ 洪建林编《仙学解秘》，第 443 页。
④ 洪建林编《仙学解秘》，第 443~444 页。

有志刻苦，尚要外缘具足，方可许你实验。纵然外缘具足，尚要自己道力坚定，方可不被外缘所诱惑。纵然道力坚定，尚要学识精深，方可不致弄巧成拙。"① 在陈撄宁看来，内丹学修炼方法不能自悟，需要师传，进行刻苦实修，还要具足外缘、道力坚定和学识精深。

此外，佛家解脱生老病死诸苦，专从心性上做功夫，对于肉体无办法，不能达到祛病延龄之目的；仙家先从肉体上做功夫，再由炼神而成仙。如陈撄宁说："佛家认为生老病死是苦，仙家也认为生老病死是苦。佛家欲解脱生老病死诸苦，专从心性上做功夫，肉体则弃而不管，听其自生自灭。仙家欲免除生老病死诸苦，先从肉体上做功夫，渐渐的脱胎换骨，超凡入圣。……奈生老病死完全是肉体上事，心性上本无所谓生老病死。纵让你心性工夫做得十分圆满，而肉体之生老病死诸苦，依然存在。"② 汪伯英亦提出，以治心病身病为喻，今日佛学家相当于注重治心病，而略于治身病。徐海印亦指出，佛法固高，然谈理的多，实证的尚无其人。如果说老病之苦不能解除，而能解决死苦；今生尚不能证圣，死后反能证圣，皆属自欺欺人。道教只贵现前，现前能安神和息，得真实受用，将来可不问自知。所以说，玄宗（道教）如商人办货，要现款现购，不用期票，不贵赊账。而今学佛者求将来获益，死后往生，类似使用期票。然期票到期，能否兑现，实无把握。谚语所谓"现钱不要，要赊账"，正契合今日一般学佛人的心理。③

就仙佛宗旨而言，有的内丹家认为，仙佛二家宗旨是站在相反之地位上，仙讲长生，佛讲无生；佛之宗旨要"无我"，仙之宗旨要"有我"。如陈撄宁说："仙讲长生，佛讲无生，断断乎不能合作，不能一贯，不能牵强附会的。"④ 又说："佛之宗旨要'无我'，仙之宗旨要'有我'；佛不敢和宇宙定律相抵抗，眼见世间生老病死，成住坏空，一切现象，难以避免，故说'诸法无常'；仙要打破宇宙之定律，不肯受造化小儿之戏弄，不肯听阎王老子之命令，故说'长生不死'；佛最后之结果是入涅槃，涅槃之表示就是死，涅槃之意思就是寂灭，仙最后之结果是白日飞升，飞升之表示就是不死，飞升之意思就是脱离凡界而升到仙界，永远不会寂灭，但亦非如

① 洪建林编《仙学解秘》，第 322 页。
② 郭武编《中国近代思想家文库·陈撄宁卷》，第 605 页。
③ 洪建林编《仙学解秘》，第 535 页。
④ 洪建林编《仙学解秘》，第 314 页。

佛教行十善道死后升天，念阿弥陀死后生西之说。此皆仙学与佛学大不同处。"① 仙佛两家立场不同，故"各人有各人的志愿，虽不必舍己从人，亦不可强人就己"，更不可自高自大，轻视他教。②

有的内丹家却仍然主张仙佛宗旨相同。徐海印认为，无生、长生不过是折摄门庭不同。须知无生，只是不着生相，不是说如枯木寒灰、毫无生气。假若果真是枯木寒灰，即落空亡之外道，不是佛教不生不灭之旨。如来"示得真解脱者，不生不灭，不破不坏，不老不死，无有发白面皱等丑态。无有疾病，与仙长生无二无别"③。老子曰："天地之所以长且久者，以其不自生，故能长生。"不自生即不执着生，真生而无生。证无生之理，则亦无死，乃无生无不生。可见，道教之长生不落常见，佛教之无生亦不落断见。无生而生是佛，生而无生是仙。无佛而不是仙，无仙而不是佛，"真无生即得真长生，真长生即妙契真无生"④。而今佛教徒一闻长生，则斥为外道，不是佛的本旨。不知佛为执着命元，情见未破之人，示以无生。若情见已破，正好示以长生。《法华经》是开权显实，《华严经》是情量破尽，"皆示命自在之秘旨"。最后说涅槃经，入大涅槃，不老不死，与仙道心心相印。可见，不可执着一边，以无生归佛，长生归老，尊重无生而藐视长生。⑤

就学仙与学佛的利害而言，有的内丹家还提出学仙与学佛可以互相补充；佛教不能化导之人可学仙，甚至各种宗教都不能化导之人亦可学仙。如陈撄宁说："世人相信自力者，尽管去参禅；相信他力者，尽管去念佛；相信他力加持自力者，尽管去灌顶。我非但不反对，并且立于赞成的地位，决不劝他们走我这条路。惟有志在修养，意存实证，而于佛法无缘，又不信其他一切道门一切宗教者，我则顺其机而接引之，并随时用高深的学理以扩充其心量，而种未来之善根。他们厌恶老死，我不能不讲长生；他们爱做神仙，我不能不求飞升。若教以往生净土，他们说死后无根据；若教以明心见性，他们说肉体将奈何。像这一类的人，各种宗教皆不能化导，

---

① 洪建林编《仙学解秘》，第 424 页。
② 洪建林编《仙学解秘》，第 462 页。
③ 洪建林编《仙学解秘》，第 540 页。
④ 洪建林编《仙学解秘》，第 539 页。
⑤ 洪建林编《仙学解秘》，第 539~540 页。

只有我这个法门，尚可以得他们的信仰，姑且用之作过渡耳。"① 陈氏还主张，学仙之士尽可学佛。如他说："宁所谓已学仙不妨兼学佛者，乃使学者有所比较，挹彼注兹，择善而从也。"② 鉴于世道险恶，陈撄宁还曾劝人学佛。如他说："往年以仙学立场，对佛法常抱一种不妥协之态度。今见人类根性日益恶劣，杀人利器层出不穷，且于大自然境界中，仗科学之发明而冒险尝试，扰乱宇宙共同之秩序，恐吾辈所托身之地球将来不免有毁灭之一日。仙家纵修炼到肉体长生，并证得少许神通，究未能跳出旋涡之外，皮之不存，毛将安附（天仙程度较高又当别论，此指地仙而言）。因此近来常与人讲出世之佛法，而不讲住世之仙学。"③ 如前所述，汪伯英亦主张学仙与学佛可互补。

此外，有的内丹家还将藏密融入内丹学。如赵避尘主张出胎的"念动向太空"口诀是"唵嘛呢叭咪吽"，其诀法"唵嘛呢叭咪"对应于"心、脾、肺、肝、肾"，唵字是聚心中正气，嘛字是聚脾中养气，呢字是聚肺中金气，叭字是聚肝中青气，咪字是聚肾之生气。此五气合一，由后尾闾关过夹脊、玉枕至泥丸宫，出祖窍，上撞百会穴，是吽一字。急将二眼一睁，往上一看，吽字念撞出顶，是心意念动，不可用口念出气。④ 可见，这出胎的"念动向太空"口诀内涵虽与藏传佛教大相径庭，但把六字大明咒作为出胎口诀，显然是企图将藏密融入内丹学。

质言之，与之前的内丹家相比，民国内丹家对仙佛的关系看法见仁见智。就仙佛功夫而言，仙道、佛道的性命功夫侧重点不同，佛家重炼性，仙家重炼炁，但到了无上根源是一样的。佛家性功对于肉体无办法，不能达到祛病延龄之目的；仙家先从肉体上做功夫，再由炼神而成仙；仙佛的功夫不同还在于：佛家心性之理，可以自悟；仙家修炼之术，绝不能自悟。就仙道、佛道的宗旨来说，陈撄宁主张两者不同：仙讲长生，佛讲无生；而徐海印认为，无生、长生不过是折摄门庭不同。陈撄宁等人主张学仙与学佛可互补。赵避尘把六字大明咒作为出胎口诀，这反映了内丹家积极地应对藏传佛教内地流传对道教内丹学的挑战。

---

① 郭武编《中国近代思想家文库·陈撄宁卷》，第 607~608 页。
② 洪建林编《仙学解秘》，第 221 页。
③ 郭武编《中国近代思想家文库·陈撄宁卷》，第 571 页。
④ 赵避尘：《性命法诀明指》，《藏外道书》第 26 册，第 119 页。

第三节　儒道关系论

如前所述，内丹学主张，儒家的人道是仙道之基。修仙道之前，必须先修"人道"——五伦之事，方才可能被传仙道。仙道就是儒家的天道。道与儒的修持功夫也有相同之处，儒家之"执中"即仙道之"还虚"，修性炼命就是泯灭后天气质之恶性，复归天地之性。道、儒之间的不同在于：儒教着重于全人道——知人，而道教着重于修仙道——知天。

而民国内丹学却主张，孝心即是道心，孝亲即是行道；成道是孝之终级。如《道乡集》说，孝是道之大本；不孝则违背天理，岂有违背天理者尚可学道。因此孝心即是道心，孝亲就是行道。[①] 洗心子还提出，成道是孝之终级。"亲恩当报"，凡世俗之所谓报亲恩者，不过口体之养，不足为孝。假如行道果能达到成功，方是真报亲恩，即九玄七祖都能超度。身体发肤受之父母，不敢毁伤，孝之始；立身行道，扬名于后世，以显父母，孝之终。不毁伤身体者，即行道；扬名显亲者，即道成后，护国佑民有功，世人立庙祀之，则双亲为启圣，后人之多，祭祀之久，馨香万代，这显然比家庭更大更长。[②] 可见，民国内丹学是用内丹之道来诠释孝道。

民国内丹学还提出，道与儒的修持功夫都是穷理尽性以至于命。理即道，道即理。阴阳之道就是性命之道，即穷理尽性以至于命。如张松谷说："易曰：一阴一阳之谓道。又曰：穷理尽性以至于命。夫理即道也，道即理也。阴阳之道，即性命之道。此理此道，位天地而育万物。其大无外，其小无内。先天而天勿违，后天而奉天时。最悠最深，至精至微。知之者，成圣，成仙，成佛。迷之者，为人，为物，为鬼。"[③] 意谓：理即道，道即理。阴阳之道就是性命之道。此理此道化育天地万物。知此理此道，则成圣、成仙、成佛。

儒家尽性至命、存心养性直指养气，与道教相同。内丹修炼在人伦之内，如张松谷说："三教圣人，皆同一源。孔子言尽性至命，孟子言存心养性，而直指养气，与道教无异。夫出彝伦之外者为异端，而道养又在彝伦之内。自君臣、父子、夫妇、兄弟、朋友皆可行之，岂有在彝伦之内而反

① 徐兆仁主编《仙道正传》，第 98 页。
② 洗心子：《明道语录》，第 59 页。
③ 张松谷：《丹经指南》，《藏外道书》第 25 册，第 339 页。

为异端也哉？虽旁门亦有不同。而大道之要，总在调和气血，流通经络，养未发之中，为位育之本。黄帝得之以修身治天下，世臻上寿，人物蕃衍。传至尧舜以来，皆有修真之人，以弘助化育。汉文帝行之而亦以大治，使天下五伦之人，俱悟性命大旨。"① 可见，三教皆同一本源。大道之要，是调和气血，流通经络，养未发之中。孔子所说的尽性至命，孟子说的存心养性，都是养气，这与道教内丹修炼是相同的。道教内丹修炼在五伦之内，五伦之人都可悟性命大旨。

儒道两家所说的性是相同的；元始真如称为性，性即灵光一点，本来面目。这就是孟子所说"知其性，则知天矣"。② 儒道两家所说的命也是相同的。人禀天地之气以生，即天所命，气之灵光即是性，这就是《中庸》所言"天命之谓性"。③ 明德与明命名虽不同而实质相同，皆同归一性。"此性初无不明，因为后天气质所蔽"，故有时不明。学道者必须先使为气质所遮蔽之真性由不明而复归于明，这才符合大学之道。亲民之"亲"字就是此妙心必须依此真气，才符合"亲之"之义。"在止于至善"，是将明德与民同归至善之地，这才是"知所止"。知所止而后才有所定，此亦必然之理。④

但陈撄宁却认为，内丹学的性命双修与儒家心性功夫不同。《大学》的"正心诚意"，其作用在于培养高尚的人格，目的是"齐家治国平天下"；"止于至善"，是明德新民之标准，这与静坐内炼功夫无关。孟子的养浩然之气，是讲义理之事，与内丹炼炁无关。⑤ 笔者以为然。

就仙道与人道来说，民国内丹学认为，修仙道可弥补人道的不足。儒家偏重世间做人的道理，充其量亦不过希望成圣贤，不能满足人成为超人之愿望，仙学则可以弥补此不足。如陈撄宁说："理学乃儒家之学，如周、邵、程、朱、陆、王等所讲之学是也。彼等皆偏重世间做人的道理，充乎其量，亦不过希圣希贤而已。假使我等嫌普通人类之能力薄弱，不肯自满自足，而必欲求一超人之学术，彼等理学家就瞠目结舌，不知所对。这是理学家的缺点，若仙学则可以补足此缺点而有余。"⑥ 可见，在陈撄宁看来，

---

① 张松谷：《丹经指南》，《藏外道书》第 25 册，第 345~346 页。
② 张松谷：《丹经指南》，《藏外道书》第 25 册，第 347 页。
③ 张松谷：《丹经指南》，《藏外道书》第 25 册，第 348 页。
④ 徐兆仁主编《仙道正传》，第 71~72 页。
⑤ 洪建林编《仙学解秘》，第 17 页。
⑥ 洪建林编《仙学解秘》，第 424 页。

仙道与人道互补。

　　要言之，与之前内丹学相比，民国内丹学继承人道是仙道之基、道与儒的修持功夫也有相同之处等思想，却提出孝心即是道心，孝亲即是行道，成道是孝之终级。阴阳之道就是性命之道，即穷理尽性以至于命。仙道与人道互补。唯有陈撄宁却提出，正心诚意与静坐内炼功夫无关，养浩然之气是讲义理之事，与内丹炼炁无关。

第四节　民国道教内丹学与佛教的三教合一论之比较

　　民国时期，佛教界亦倡导三教合一，但它是站在佛教立场来统摄儒道的。下文试对民国内丹学与佛教的三教合一论作如下的比较分析。

一　在"三教合一"的内涵方面

　　如前所述，民国内丹学袭取之前内丹学的三教义理都源于道的思想，主张三教都"源"于先天大道，都是先天大道的一部分，是"流"；三教之学各有自己的真理。陈撄宁等人还主张耶稣教、天主教、伊斯兰教也是道的一部分。可见三教合一之"一"就是先天大道。

　　而民国佛教主张，宋代以来儒、释、道三教皆以禅宗为共通的根底，即禅宗是三教的根本精神。如太虚说："中国唐宋以来一般老庄派的孔孟派的第一流学者，亦无不投入此禅宗佛学中，然后再回到其道家及儒家的本位上，以另创其性命双修学及宋明理学。故此为中国佛学最特色的禅宗，实成了中国唐宋以来民族思想全部的根本精神。"[1] 又说："然终以佛法的理论深广，及方便迁就，且产生了'直指人心见性成佛'的禅宗，应用诗歌俗语及疑问反究，以普遍深入一般士夫及齐民之心坎，于是宋朝以后的思想界，遂皆以禅宗为共通之底质，分儒、释、道三教的门户于其上。宋朝以来的佛教各宗派，固无不以禅宗为核心；即宋朝以来为教育、政治、伦理中心的儒教理学，及主张性命双修的道家，亦无不以禅宗为基本。"[2] 太虚还提出，内丹学和理学都以禅宗为"骨"。如他说："尝论我国自晚唐、五代以入于宋，禅宗实为学者思想之结合，故不惟佛教之天台、贤首、净

---

[1] 太虚：《太虚大师全书》第 2 卷，宗教文化出版社、全国图书馆文献缩微复制中心，2004，第 333 页。

[2] 太虚：《太虚大师全书》第 24 卷，第 146 页。

土等，能畅行于宋、明来者，皆托禅宗为根底，各开应化门户；虽道家、儒家，亦取禅宗为骨，涂附或道、儒之旧业为皮肉，以号为性命双修之仙学，及宋明儒之理学者。"①

可见，在太虚看来，禅宗实质上成了中国唐宋以来民族思想全部的根本精神。禅宗是宋代以来佛教各派、宋明理学、道教内丹学的共通的根底，也就是说，三教同源于禅宗。

就三教功夫来说，如前所述，民国内丹学主张三教的功夫都是性命双修。

而民国佛教认为，三教皆是禅修。道教内丹学主张先守窍令心静定，称为修性，似于习禅；儒家治世伦理中寻孔颜乐处等，似于参禅。道儒的"禅"是佛教所传教外之禅，成仙、成圣实质上是唯识学所说的第八识所变实境。如太虚说："道家之旧业，则长生之炼丹出神也。儒家之旧业，则治世之人事伦理也。而所取于禅宗者，则道教先守窍令心静定谓修性，似于习禅也。儒家周茂叔教人寻孔颜乐处等，似于参禅也。然以萦挂其旧业之故，不能放舍生世，由大死而为大活；故浅为尝触，即诩已得，疾返其延生经世之旧，务为飞升之神仙，人伦之贤圣。今以唯识学之术语喻之，则从上所传教外之禅，譬第八识所变实境。"② 又说："故儒、道虽同托于禅，以底面不一致故，遂与佛门卒多抵牾。"③

可见，在太虚看来，儒道佛的功夫同托于禅，但儒道执着实我实法之名相，故与佛教相抵牾。

就三教的社会作用而言，太虚认为道教和宋明理学严重地禁锢和削弱了中国民智，而佛学有利于开民智。如太虚说："中国民族文化，哲学乃是主脑，竖承三千年来子学佛学之结晶，而横吸欧美各国近代现代之思想，始足复兴，且充实恢弘之。而汉末来之道教与北宋来之道学，则最为锢闭削弱中国民智者也，而此书反多奖许，将汉武以来划为经学时代，致儒道对佛之误解偏见，不能去除。"④ 在太虚看来，中国哲学是子学、佛学之结晶，如今吸取近现代欧美思想而开始复兴，开启民智；道教和宋明理学却禁锢削弱中国民智，而佛学复兴有利于开启民智。

① 太虚：《太虚大师全书》第22卷，第420页。
② 太虚：《太虚大师全书》第22卷，第420页。
③ 太虚：《太虚大师全书》第22卷，第421页。
④ 太虚：《太虚大师全书》第28卷，第304页。

二　在仙佛关系见解方面

如前所述，民国内丹家对仙佛关系的看法见仁见智。就仙佛功夫而言，仙道、佛道的性命功夫侧重点不同，佛家重炼性，仙家重炼炁，但到了无上根源是一样的。仙佛的功夫不同在于：佛家性功对于肉体无办法，不能达到祛病延龄之目的；仙家先从肉体上做功夫，再由炼神而成仙；佛家心性之理，可以自悟；仙家修炼之术，绝不能自悟。就仙道、佛道的宗旨来说，陈撄宁主张两者不同：仙讲长生，佛讲无生；而徐海印认为，无生、长生不过是折摄门庭不同。陈撄宁等人主张学仙与学佛可互补。

而民国佛教主张仙道与佛道不同，大力挞伐仙道"仙佛合宗"论。如印光说："《仙佛合宗》，其诬谤佛法，比《慧命经》为更甚。夫欲炼丹，即以己炼丹家之言论倡导即已。何得挽正作邪，作掩耳盗铃之计。引人之言而不依人之义，既慕其名而反恶其实。"① 又说："《仙佛合宗》一部书，邪人毁佛妄穿凿。曲引佛法证丹法……盲以己意巧诬谤，盲引盲众赴火镬。"② 可见，印光大师认为丹经《仙佛合宗》《慧命经》等是以己意妄加会通佛经祖语，以作炼丹之证，属于诬谤佛法。太虚大师亦指出，仙书用佛典名，多非佛义。③ 显然，印光、太虚此论是佛教判教传统的体现。

佛教不是只修性，即唯心的片面功夫，也讲今生度命，僧尼中是有真修实证的人的。如陈撄宁指出，佛教是唯心的片面功夫，僧尼中没有人是真实用功的。太虚反驳说："至谓皆属唯心而与唯物对举，殊不知科学——物理、生理和心理之三分，仙道——元精、元气、元神之三分，皆未越凡情常识，而不足范畴佛智证宣之法。'法性真如'为色心等一切法平等体性，不应对举心物。即法相阿赖耶亦摄持一切种及根身器界，含综心物；即人天等乘明业果流转所基之蕴、处、界，亦皆兼摄心物而不离。故生老病死、衣食、男女，浅言之亦皆业果流转中一期业果之所以事，非唯心亦非唯物也。"④ 可见，在太虚看来，科学所说的物理、生理和心理，以及仙道所讲的元精、元气、元神皆是常识，不足以诠释佛法。"法性真如"为色心等一切法平等体性，不应该用心物对举；万法皆业果流转中一期业果之事，既

① 印光：《印光法师文钞》上册，宗教文化出版社，2000，第120页。
② 印光：《印光法师文钞》下册，第1600页。
③ 太虚：《太虚大师全书》第28卷，第166页。
④ 太虚：《太虚大师全书》第28卷，第164页。

不是唯心，又不是唯物。太虚还说，印光等净土宗，昱山、虚云等禅宗，寂云、柱明等天台宗，唯识宗、华严、律宗都有人在真修，密宗亦有实际修证者。①

前已述及，陈撄宁说，佛家性长生，仙家炁长生，到了无上根源，性就是炁，炁就是性。太虚认为，这是调和附会之论，仙家长生只是到了无色界天。② 在太虚看来，仙家长生其实没有跳出三界。

仙道"长生"没有了脱生死；如果了知业果而彻底空脱之，则易证阿罗汉、辟支佛之果位。如太虚指出，仙道"长生"据现身现世来说，似乎可以说解脱生死，其实不过由造仙业而引生一仙果，业尽又死，仍一期生死而非了脱生死。③ 在太虚看来，仙道"长生"是仙业而生一仙果，没有超脱生死轮回。太虚说："仙家所谓元神、元炁、元精，及性长生、炁长生，要惟业果愚（异熟愚）所愚之业果；仙家若了知业果而彻底空脱之，则易证阿罗汉、辟支佛之涅槃，此释尊十大弟子所以多从外道来也。"④ 意谓：仙家如果了知业果而彻底空脱之，则易证阿罗汉、辟支佛之果位。

此外，与民国内丹学相似，民国佛教亦主张儒家人道是佛道之基。印光教人常用儒家敦伦尽分之旨，还袭取理学的"诚敬"为念佛诀要。太虚虽批评此举，但他给汉藏教理院所制院训《俭勤诚公》，却力倡取自理学的"诚"。

综上，民国内丹学主张三教义理源于先天大道，三教功夫皆是性命双修；而民国佛教主张宋代以来的三教义理源于禅宗，三教功夫都是禅修。民国佛教还提出，道教和宋明理学严重禁锢削弱中国民智，佛学有利于开启民智。就仙佛关系来说，有的内丹家主张仙道、佛道的宗旨不同：仙讲长生，佛讲无生；有的认为无生、长生不过是折摄门庭不同。佛家重炼性，仙家重炼炁，但到了无上根源是一样的；佛家性功对于肉体无办法。而民国佛教主张仙道佛道不同，大力挞伐仙道"仙佛合宗"论；仙道"长生"没有了脱生死，因为没有跳出三界；但它如果了知业果而彻底空脱之，则易证阿罗汉、辟支佛的果位。可见，仙佛两家都是站在各自的立

---

① 太虚：《太虚大师全书》第 28 卷，第 163 页。
② 太虚：《太虚大师全书》第 28 卷，第 169 页。
③ 太虚：《太虚大师全书》第 28 卷，第 165 页。
④ 太虚：《太虚大师全书》第 28 卷，第 169～170 页。

场来和会三教的。

第五节　民国内丹学的三教合一新论成因

由上述可见，与之前的内丹学相比，民国内丹学既继承了以前内丹学的三教合一观的基本内容，但又提出了一些新观点。笔者认为，这是由以下原因造成的。

一　国民政府的宗教政策及其形成的新宗教关系是民国内丹学的三教合一新论形成的一大原因

如前所述，民国初年，国民政府废除前清的道会司等机构，实行政教分离，宗教信仰自由，各宗教一律平等；但专门颁布法规管理佛道教。国民政府虽曾五次制定或修正寺庙管理的法令，但这五次的法令渗透了庙产兴学之政策，且均属"警察法"层次，无法达到有效保护寺庙财产的目的。本已式微的道教处在苟延残喘之中。民初，由于废止读经，儒教失去了官方思想的地位。民国佛教虽也衰落，但太虚等人倡导佛教革新运动，朝着建设"人生佛教"的方向艰难发展。但与道教相比，儒佛两教由于人数众多、基础好，虽也衰落，仍有一定的社会影响。是时，道教内丹学虽是道教文化之唯一的亮点，但也每每受到儒释两教信徒之白眼，儒斥之为异端邪说，释骂之为外道魔民，印光、太虚等高僧的批评影响最大。前已述及，印光大师对力倡"仙佛合宗"的伍柳派丹经《仙佛合宗》《慧命经》的批评，指出《仙佛合宗》《慧命经》等丹经是以己意妄加会通佛经祖语，以作炼丹之证，属于曲引佛法证丹法，一盲引众盲。上述陈撄宁等人关于仙道、佛道的宗旨不同、功夫有同有异等主张，就是回应印光、太虚等高僧对内丹学的"仙佛合宗"主张的批评而提出的。

民国时期，国民政府的宗教政策却不涉及耶稣教、天主教和伊斯兰教。耶稣教和天主教伴随着西方列强的政治、经济和军事侵略而渗透到中国广大的乡村和城镇，道教受到前所未有的冲击。是时，加上国民政府的支持，其势力已超道教，成为道教有力的竞争者。伊斯兰教也已成为国内又一大宗教。上述陈撄宁等人主张耶稣教、天主教、伊斯兰教也是道中间的一部分，企图用和会儒佛的方法来融摄耶稣教、天主教、伊斯兰教，实质就是回应这三教的竞争。

众所周知，民国时期，诺那、贡嘎等上师在内地弘传藏密，汉僧能海、法尊等人积极地入藏地求法，并回内地弘扬藏密；国民政府认为这样有利于汉藏文化交流，助益于对西藏的管理，故大力支持弘扬藏密之举，于是藏传佛教渐成为内地有影响的佛教支派。赵避尘将藏密六字大明咒作为出胎口诀，企图和会藏传佛教和内丹学，反映了民国内丹家积极地应对藏传佛教的内地流传对道教内丹学的竞争。

二　新文化运动、反迷信运动、反宗教运动是民国内丹学的三教合一新论形成的又一大原因

前已述及，鸦片战争以来，伴随着隆隆炮火而来的西学东渐击碎了中国士大夫的传统文化优越论的迷梦。民国时期，西方大量自然科学和社会人文学说传入，中国传统文化受到欧风美雨猛烈的扫荡，特别是五四新文化运动，高举"民主""科学"两面大旗，提出"打倒孔家店"的口号。儒学虽首当其冲，但道教被认为阻碍科学进步、导致人们"迷信"而成为重点的批判对象。如钱玄同说："汉晋以来之所谓道教，实演上古极野蛮时代'生殖器崇拜'之思想。二千年来民智日衰，道德日坏，虽由于民贼之利用，儒学之愚民，而大多数心理不出道教之范围，实为一大原因。"[1] 他还指出，在 20 世纪科学昌明的时代，为增进自然的、社会的知识，"益世觉民"，不应迷信佛教、耶稣教，而要剿灭道教神学。[2] 在钱玄同看来，道教导致人们迷信，民智日衰，阻碍科学进步、社会发展，为了"益世觉民"，要剿灭道教神学。

在"五四"时期非宗教论思潮的影响下，1922～1927 年中国社会出现了一次声势浩大的非基督教运动。该运动虽是反基督教文化侵略，但"反宗教大同盟"主张，一切宗教都是违反科学的迷信，足以消灭人的智力，束缚人的自由，是人生进步的最大障碍，宗教与人类是势不两立的。这对中国的传统宗教也造成了相当的影响，故道教也再次受到波及。

上述民国内丹学继承人道是仙道之基的思想，提出孝心即是道心，孝亲即是行道。如此强调伦理道德，实质是要告诉世人道教助力于维系社会伦理道德，而不是以前为了攀附居于意识形态主导地位的儒家。它还强调仙道可祛病延龄，增强人们的体质，也就是说仙道可强国。这实质上是对

---

① 钱玄同：《随感录》，《新青年》第 4 卷第 5 号，1918 年 5 月 15 日。
② 钱玄同：《随感录》，《新青年》第 4 卷第 5 号，1918 年 5 月 15 日。

道教阻碍人生进步、社会发展的回应。

要言之，民国内丹学三教合一论之"变"（新观点），是对民国时期急剧转型的社会之反映。

结　语

综上可见，与之前的内丹学相比，民国内丹学面对道教在民国社会中的处境极其不利的形势，特别是面临强势的耶稣教、天主教、伊斯兰教的冲击，以及藏传佛教在内地的影响日益增长，为了应对这些挑战，既坚持内丹学的三教合一观的基本内涵，又与时俱进地提出了一些新观点，这是道教对民国社会政治、文化及宗教关系的反映。

与民国佛教的三教合一论相比，民国内丹学是站在道教的立场来统摄和会儒佛两家，故与佛教三教合一论大异其趣。客观地说，民国内丹学的三教合一论有利于宗教和谐，有利于不同宗教之间求同存异，相互学习，取长补短。

第十五章　民国道教内丹学的特点、影响和启示

民国道教内丹学可以说是道教文化之"新文化运动"，面对民国急剧转型的社会，为了适应现代社会，内丹学走向科学化、世俗化。民国道教内丹学对民国社会，特别是社会中下层产生了一定的影响。民国道教内丹学走向科学化、世俗化的道路探索对今日内丹学及道教文化与社会主义相适应亦有启示的意义。

第一节　民国道教内丹学的特点

民国道教内丹学是内丹学史上崭新的时期，与以前的内丹学相比，它具有以下的特点。

一　用科学知识诠释内丹学

民国时期，为了调适内丹学与科学的关系，获得合法性，内丹家用科学（含西方哲学）知识诠释内丹学。前已述及，陈撄宁主张，内丹学与科学是极其相近的，都讲真凭实据，不迷信。有科学思想和知识的人，学仙最易入门。"神仙要有凭有据，万目共睹，并且还要能经过科学家的试验，成功就说成功，不成功就说不成功。其中界限，俨如铜墙铁壁，没有丝毫躲闪的余地。"① 他还提出，三元丹法事固有异，而理实无异。电分为"天空中轰雷打闪之电，电灯厂机器磨擦之电，干电池药物变化之电，蓄电池随时储蓄之电，此四种电之来源虽不同，而电之性质却是一样。普通静功，譬如蓄电池之电。人元丹法，譬如电灯厂之电。地元丹法，譬如干电池之电。天元丹法，譬如天空中之电。事固有异，而理实无异"②。他还提出，

---

① 洪建林编《仙学解秘》，第 511~512 页。
② 洪建林编《仙学解秘》，第 219 页。

内丹学是缩短人类进化过程之学。仙学亦是超人哲学，仙人即超人。

赵避尘指出，真阳之精是指有精虫之阳精，阳精在内肾。此精虫用四十倍显微镜考察，皆化为小棒形状。后天呼吸气，吸的是空中氧气，呼的是体内二氧化碳。他还提出，任督脉是实有的，因为这是他行功时用 X 光照而证实的。[①]

汪伯英还提出，神是虚灵的东西，与电近似。电是无形而有性的。电由于无形故金属不能阻碍它，由于有性故能通过金属传电，"或生光热，或成动力，皆由于虚灵之故耳"[②]。神能入石与这相似。神能飞，因为神本是虚灵而轻清，自有飞扬的性能。神虽能飞，无形不能呈现自己。如今神在形中，以神炼形，那么"神力愈旺，形随神化。故神能飞，形亦能飞"[③]。形能飞，全靠神力，这就如电动机之所以能发电，是依赖电磁之力。故修仙之人如果出神尸解，这就如电动机自身转动而已，其效果不明显；如果连肉体一起白日飞升，这就如一台电动机而带动各种机器做各种不同的工作。[④]

汪伯英又提出，神如火，形如烛，火若无烛，火散于虚空而不能被看见；"神若无形，神隐于造化而无所凭。故火赖烛而发光，神依形而显灵"[⑤]。蜡烛的油量充足，火光就更亮，故"形之魄力伟大，神灵愈旺"[⑥]。神的清浊总是依靠形而生，"形清则神清，形浊则神浊，形旺则神旺，形衰则衰，形坏则神离"[⑦]。故内丹修炼之人"虽当注重在神，而亦当保全其形"[⑧]，这就是道教重视性命双修的原因。

蒋维乔主张，丹田就是人之重心。重心在心理方面的作用，能使血液运行优良；在心理方面的作用，能使精神统一。所以说"重心安，则身之健康，心之平和，同时并得"[⑨]。

洪太庵指出，电是人身的元炁，三尸五虫就是人身潜伏的细菌。洪氏

---

① 席春生执行主编《千峰老人全集》上册，第 125 页。
② 洪建林编《仙学解秘》，第 710 页。
③ 洪建林编《仙学解秘》，第 710 页。
④ 洪建林编《仙学解秘》，第 710 页。
⑤ 洪建林编《仙学解秘》，第 711 页。
⑥ 洪建林编《仙学解秘》，第 711 页。
⑦ 洪建林编《仙学解秘》，第 712 页。
⑧ 洪建林编《仙学解秘》，第 712 页。
⑨ 蒋维乔：《因是子静坐养生法》，第 24 页。

亦主张仙学是人类进化之学，成仙则为人类进化的结果。

吕纯一提出，炼精化炁就是将原生精卵分泌液化为电子，炼炁化神就是炼化电子使其能脱离肉体，炼神还虚、炼虚合道就是炼化电子为所谓"元始子"。

张化声主张，道教"唯生"论可消融唯心唯物之粗暴威权。而今生物学、生理学、生殖学、生态学、发生学、化学、物理学等大放光明之时，似宜适应新潮，将仙术建筑在科学之地平线上。使唯心唯物之粗暴威权，消融翔洽于唯生的大化炉中，造成升平和乐的世界。

杨践形指出，药（金气）是人自身的内分泌。采药就是禁止性腺的外分泌，催其内分泌。用精神力催动气，叫采取，亦叫烹炼。

汪东亭指出，有形有象的东西，如目前西方国家制造的无线电、留声机、水底雷、飞空船等，不知者都可称之怪诞。然而它们可以审思，可以明辨。若要学习它们，尚且不容易。性命双修无形无象，不可审思，不可明辨，故学习它更难。

可见，陈撄宁等人用科学知识诠释内丹学，是为了说明内丹学符合科学，不是迷信，同时也是为了向社会传播内丹学。

二 民国道教内丹学改密室单传秘授为公开传播，走向通俗化、大众化

民国时期的内丹家们打破了自古以来内丹修炼师徒口耳单传的传统陈规，把以往密室单传的传授方式改为大众授受的普传方式。前已述及，陈撄宁、张竹铭、汪伯英等人通过《杨善半月刊》《仙道月报》的媒体，办仙学院，以及通过书信问答等公开探讨内丹学，培养和团结了一批学道、修道和从道的弟子和同道。据统计，向陈撄宁请教的人遍及 17 个省市。赵魁一赵避尘兄弟在北京、东北等地公开传千峰先天派丹法，受业弟子 4000 多人，特别是民国 17 年至民国 20 年（1928～1931），赵避尘还获得由国民政府颁发的"传授卫生性理学"证书，可见其传法是得到民国政府支持的。冉道源、洗心子等人在四川铜梁县通过书信往来探讨内丹学。魏尧于 1924年 12 月 22 日至 1926 年 1 月 21 日在北京召集同道，传道讲学，拨迷指悟，[1]共讲课 49 次。

---

[1]　魏则之著，盛克琦编校《大道真传》，第 244 页。

与此同时，民国内丹学走向通俗化、大众化。民国内丹家在公开传播内丹学的时候，除了用生理学、心理学等科学知识来诠释内丹学，还用《西游记》等通俗故事来解释内丹学原理，使隐晦难懂的道教内丹学为世俗所知晓和接受。如前所述，汪东亭指出，能知《西游记》"三藏"二字意思则金丹大道无不成功。因为真铅水中金，一与四是指孙悟空；真汞火中木，二与三是指猪悟能；玄关真土居中，生数五是指沙悟净。这就是三五合成一个唐三藏。"白马正位居体，美在其中，而畅于四肢。"① 他还指出，《西游记》中"孙悟空盗桃、盗丹、盗酒、盗铃、盗葫芦、盗净瓶、盗芭蕉扇、盗人参果"②，这就是盗取阴阳造化机。悟空是灵明石猴，是元神，是天心；玩空是六耳猕猴，是识神，是人心。"悟空一去，顽空即来；元神一离，识神即入；天心一失，人心即得，顷刻之间性命危险。"③

魏尧亦指出，《西游记》自第一回至第七回，是孙悟空修道，是修天元之道。自两界山起，到末后止，是唐三藏之修道，是修人元进而修天元之道，比孙悟空更难。"必须过火焰山后，方能妄意返为真意"；收服牛魔王之后，方能了性。"其九九难关，皆因火候错误而生，其难成可知。"故"修天元为渐顿兼修，修人元为渐法"，这是天元、人元丹法的不同之点。④他还指出，《西游记》自第一回至第七回，"皆象童体修真，故其事易。至第十四回'两界山'起，到结尾，皆象破体者修真，故其事甚难"。孙悟空是真阳，是先天之性；猪八戒是食色之性，后天中之先天。破体之人修道必须等虚空中真阳到身，"识神变为元神，静定以后方生真意，成立真胎，故沙悟净在《西游记》为最后得"。孙悟空生于花果山，"是先天元始祖炁，万物得之而生。水帘洞下有铁桥，即水中金之意"。灵台方寸山是灵台方寸之地。斜月三星洞，三星是一个心字，此是本心，不是肉团心。斜月三星，亦名偃月炉。"孙悟空由祖师处回家到花果山，即取坎填离。"盗取傲来国的兵器，就是积金。龙宫得金箍棒，即是九还。到阎王处勾生死簿，即修成而不死之意。结内丹后，需要一年温养火候。"封为弼马温，即温养功夫。"马是午火，天马，即乾。封为齐天大圣就是不死而与天齐寿之意。"到此方能出神，故齐天大圣府内有'安静'、'宁神'二司。"大闹蟠桃

---

① 《养性要旨合编》，《藏外道书》第 25 册，第 566 页。
② （清）汪东亭著，盛克琦编校《性命要旨》，第 34 页。
③ （清）汪东亭著，盛克琦编校《性命要旨》，第 78 页。
④ 魏则之著，盛克琦编校《大道真传》，第 247 页。

会、闹天宫，即大周天。"二郎为真阴，孙悟空为真阳，真阳与真阴相见，故无胜败"。"三头六臂，即乾坤二卦。""金刚镯，即先天太极。""真阳是先天一炁，与太极同类，所以能收伏悟空，压在八卦炉中，是乳哺之功。"佛压悟空于五行山下，是还虚之功。①

民国内丹家在公开传播内丹学的时候，还把要求条件甚高的内丹修炼功夫转化为社会普及的功法。前已述及，内丹学之命功是需要师父亲自传授的，特别是有关"先天精炁"的部分；且内丹道授徒，必择福慧双全之人，为载道之器；必须有钱、有闲、有缘，法财侣地具备，故其收徒门槛甚高，远非一种社会普及的功法。这对当时学习此法之人来说几乎不可能办到。而蒋维乔的"因是子静坐法"实质上是他研习内丹学之炼养精炁神法，是剔除了其神仙信仰的成分而创立的静坐法门。该静坐法易懂易学，受到当时各界人士的极大欢迎，特别是在当时的知识界兴起了一股静坐养生的热潮。

三 道教内丹家主张用内丹学救国救世

民国时期，面对国家多难、民族危机空前尖锐之时，内丹家主张，通过修炼内丹来强民强种，用内丹证得的神通打败科学战争之利器，以此来救国救世；还可利用内丹学等道教文化抵御西方宗教文化的侵略，复兴中华民族。

前已述及，陈撄宁主张，仙道可以救国救世。他指出，学仙不是为当"自了汉"，只顾自己得道成仙，不管世事，而是应该利用自己证得的神通，来救国救世。他修仙的志愿就是"以肉体证得之神通，消灭科学战争之利器"②。他主张通过内丹修炼而造就几位真实的神仙，"对于世界上物质的科学，加以制裁，使好战之魔王所恃为杀人之利器，不生效力，然后人类方有幸福可言"③。

冉道源、洗心子等人主张，通过修炼内丹，增强民众身体素质，以此来救国。赵避尘希望通过他的千峰先天派功法来强民强种。蒋维乔面对日益浮动之国民性，希望他的静坐法是解救浮动人心之良药。

陈撄宁还主张用内丹学等道教文化抵御西方宗教文化的侵略，复兴中

---

① 魏则之著，盛克琦编校《大道真传》，第222~223页。
② 洪建林编《仙学解秘》，第105页。
③ 洪建林编《仙学解秘》，第519页。

华民族。如他在《论〈四库提要〉不识道家学术之全体》一文指出，道教
为中华民族精神之所寄托。"切不可妄自菲薄，毁我珠玉，而夸人瓦砾。须
知信仰道教，即所以保身；弘扬道教，即所以救国，勿抱消极态度以苟活，
宜用积极手段以图存，庶几民族尚有复兴之望。武力侵略，不过裂人土地，
毁人肉体，其害浅；文化宗教侵略，直可以夺人思想，劫人灵魂，其害深。
武力侵略我者，我尚能用武力对付之；文化宗教侵略我者，则我之武力无所
施其技矣，若不利用本国固有之文化宗教以相抵抗，将见数千年传统之思想
一朝丧其根基，四百兆民族之中心，终至失其信仰，祸患岂可胜言哉！"①

四　民国内丹家大力弘扬女丹

清代之前的内丹学主要是针对男子，讲女丹的极少。清代内丹学很重
视女丹。民国时期多数内丹家都重视弘扬女丹，但他们大多是述而不作。
在民国内丹家中，陈撄宁在弘扬女丹方面成绩最为突出。前已述及，陈撄
宁所收的第一位弟子就是吕碧城，且第一部内丹著作《孙不二女丹诗注》
就是为吕氏所作。陈氏对女丹的贡献表现在：对女丹的派别、不同年龄女
子内丹修炼之异同、男女丹功夫之异同进行了详细的阐述，多发前人所未
发。陈氏自称，弘扬女丹是为了不使女丹这一绝学失传，因为民初传女丹
功法的少。同时也是说明内丹学主张男女平等，不像其他宗教。赵避尘自
称度女弟子一百一十位，其中有炼成大功者是：乐善坤佛堂度师刘葛仲芳，
帮度师刘凤章；瑞善坤佛堂度师郑王淑贤，帮度师郑瑞生。

可见，民国时期的内丹道之女丹除了承清代女丹流行之余绪，亦是对
民国时期女权运动、男女平等新思想的呼应。

第二节　民国道教内丹学的影响和启示

民国时期，道教文化空前衰落，但道教内丹学却是一枝独秀，这要归
功于陈撄宁、蒋维乔、赵避尘、魏尧、冉道源、洗心子等人对内丹学的大
力弘扬。他们弘扬内丹学的成果显著，在当时教内外产生了较大影响，推
动了内丹学的现代转型，促进了内丹学这一绝学走向科学化和普及化。这
对于当代道教文化的发展不无启迪。

---

① 洪建林编《仙学解秘》，第484页。

一 民国内丹学走向科学化道路的有益探索及其启示

如前所述，陈撄宁及其弟子等人把科学理性精神运用到内丹的修炼实践中，用科学知识诠释内丹学之名词概念。这调适了内丹学和科学的关系，向世人说明了内丹学符合科学，不是迷信，促使了内丹学之现代转型。前贤已对此影响多有阐述，兹不赘述。下文着重介绍赵避尘对内丹学科学化道路的探索及启示。

在民国内丹学著作中，笔者认为，赵避尘《卫生生理学明指》是一部融科学和内丹学为一炉的典范著作。从该书目录来看，该书共三章，十八节；第一章炼精总论，第一节论后天五谷之精，第二节炼后天五谷之精，第三节论真阳之精，第四节炼真阳之精，第五节论真阳舍利之精，第六节炼真阳舍利之精；第二章炼气总论，第一节论后天呼吸之气，第二节炼后天呼吸之气，第三节论内外呼吸之气，第四节炼内外呼吸之气，第五节论先天不息之炁，第六节炼先天不息之息；第三章炼神总论，第一节论后天身体之神，第二节炼后天身体之神，第三节论先后天精神之神，第四节炼先后天精神之神，第五节论先天不神之神，第六节炼先天不神之神。可见该书是按照现代学术规范之章节来写的，不再是以往丹经之问答形式，无章节，如赵氏著的《性命法诀明指》。

从内容来看，赵避尘用生理学知识来诠释内丹学。前已述及，他提出后天五谷之精无有精虫，体似水晶，颜色是灰色而黏。真阳之精是有精虫之阳精，此精虫用四十倍显微镜来观察，皆化为小棒形状。后天呼吸气，吸的是空中氧气，呼的是体内二氧化碳。他还详解了后天五谷之精化为阴精的生理过程，先后天精气神在人体具体位置也给予标明。他还提出先天不神之神（元神）即先天真之一炁，后天精气神可化为先天精炁神，胎炁可化为阳神。

这种从生理学的角度对内丹学精炁神的诠释虽符合科学，易为受科学理性精神洗礼的大众理解和接受，却与内丹学精气神的思想相悖。因为内丹学主张元神与元炁是二，精炁神只用先天；先天精炁神本是无形的，在人体的位置实质上都是虚指，且后天不能变为先天。赵氏主张先天不神之神（元神）即先天真之一炁，后天精气神可化为先天精炁神，胎炁可化为阳神，这实质上亦消解了内丹学的元神观念。此外，赵氏所说后天五谷之精、真阳之精、后天呼吸之气实质上与内丹修炼无关。由此可知，赵氏的精气神炼法与内丹学之先天精炁神炼法已完全不同。

但赵氏《卫生生理学明指》提升了内丹学的学术品格，普及了内丹知识，扩大了内丹学的社会影响。前已述及，民国 17 年至民国 20 年（1928～1931），朱子桥为赵氏向国民政府申请，由国民政府颁发给赵氏"传授卫生性理学"的证书。该书就是赵氏公开传授生理学化内丹学（精气神生理学）之讲稿。传授的对象中有社会名流，也有庶民百姓。社会名流有：中华民国原总统黎元洪，直系军阀吴佩孚，奉系军阀张作霖、张学良，辛亥革命元老朱子桥、杜心五，著名京剧表演艺术家程砚秋，等等。可见该书在当时社会上产生了较大的影响。

上述内丹学科学化的实践对今日道教文化的现代阐释给予了启示。

道教与社会主义相适应，一个重要的任务就是对道教文化作出符合当代中国发展进步要求、符合中华优秀传统文化的阐释。当代道教文化的这种现代阐释需要不断吸收儒释道等优秀传统文化的精华，更需要不断吸收西方哲学社会科学、自然科学等外来文化之精华，才能使自身得到丰富发展，得到更新。这正如马克思所说，人们自己创造自己的历史，但是他们不是随心所欲地创造，并不是在他们自己选定的条件下创造，而是在直接碰到的、既定的、从过去继承下来的条件下创造。[①] 同时，在吸收他家文化特别是外来的西方科学文化之时，不能丢失自身独有的内容和特色，更不能照搬优秀的儒佛文化及现代科学文化，否则就会"邯郸学步，失其故步"。

二　民国内丹学走向普及化道路的有益探索及其启示

如前所述，民国内丹家打破了自古以来内丹学师徒口头单传的传统陈规，把以往内丹家密室单传的传授方式改为大众授受的普传方式；用科学知识诠释内丹学之名词概念，使隐晦难懂的内丹学变得平实而易学。如陈撄宁的内丹学思想，"打破宗教框框的局限，使人们不必皈依道教也可修炼，不必出家信教也可成仙"[②]。

笔者认为，在民国的内丹学著作中，蒋维乔《因是子静坐法》不仅开创了以科学解释内丹功法的先河，而且使内丹精炁神功法转化为易操作的

---

① 《马克思恩格斯选集》第 1 卷，人民出版社，1972，第 603 页。
② 田诚阳编著《仙学详述》，第 26 页。

静坐法，这亦是内丹学走向普及化的最为成功的先例。

前已述及，蒋维乔的"因是子静坐法"实质上是蒋维乔研习内丹学之炼养精炁法而创立的静坐法门。他从原理、方法和经验三个方面来诠释因是子静坐法，让人易学易炼。这就难怪该静坐法问世后，受到各界人士的极大欢迎，特别是在当时的知识界兴起了一股静坐养生的热潮。

蒋氏所谈静坐之精神的集中、呼吸练习等法，实质上讲的是内丹炼精化炁之凝神入炁穴、心息相依，不过蒋氏使之转化为了易操作的静坐功法。蒋氏所说的静坐时腹内之震动，这是炼精化炁时真阳之炁（小药）产生之景；蒋氏也承认这是内丹学所说的开通三关；他企图用血液循环之力集中于脐下而生动来解释，却无法解释它能循脊骨上行，自顶复下返于脐。蒋氏这一实事求是的态度值得肯定。

上述内丹学普及化的实践对今日道教文化服务社会给予了启示。

道教与社会主义相适应，一个重要的任务就是道教文化要能满足社会需求。而今道教文化不仅能满足部分群众的信仰需求，更能满足人们的养生需求。道教是"贵生度人"的宗教，故发展出光耀古今的养生文化。这是我国宝贵的非物质文化遗产，它为今日养生学提供了丰富的养生思想、方法，必将助力健康中国的建设。道教内丹文化就是道教养生文化的代表。内丹学主张，人是由道所化生的，身中造化法象天地，故人身是一个"小宇宙"。性命功夫遵循天地阴阳变化之规律。精炁神是人身之中的三宝，人之生命能否健康以及能否长生久视，全依赖于精炁神的保养。由此可见，养生要遵循天地阴阳变化之规律，即顺应自然；养生的关键就是保养精炁神，即形神共养。内丹学注重身心、神形兼修，对于今天预防人们心理、生理疾病和克服身心分裂是有指导意义的。但真正的内丹道授徒，必择福慧双全之人，为载道之器，须有钱、有闲、有缘，法财侣地具备，故其收徒门槛甚高，远非一种社会普及的功法，这对当代学习此法之人来说几乎不可能做到。那么如何满足当今社会上一些爱好内丹道的人的学习需要？前已述及，这些爱好者可修习蒋维乔的因是子静坐法，因为该法是内丹炼精化炁科学化的结晶，其原理、方法和经验都讲得清楚，简便易学，而对不知道"震动"现象实事求是地说明，又符合科学理性精神。道教的服气、辟谷、胎息等养生文化也深受一部分群众的喜爱，要想服气、辟谷、胎息等法服务这些群众，就得先从科学角度把其原理说清楚，方法应该是简便易学的，证验也得说清楚，对暂时不清楚的证验留待未来科学解释之。这样服气、辟谷、胎息等法才是普及的养生法门，方可服务群众。

结　语

综上可见，民国内丹学为了适应现代社会，用科学知识来诠释丹道，改密室单传秘授为公开传播，赋予内丹学救国救世之社会功能，大力弘扬女丹。

民国时期，在道教文化空前衰落之时，陈撄宁等人大力弘扬内丹学，使内丹学在当时教内外产生了较大影响，推动了内丹学的现代转型，促进了内丹学这一绝学走向科学化和普及化。这给予当代道教文化适应社会主义社会的启示是：道教文化必须走科学化和普及化之路，才能服务社会，满足群众需求。

结　论

　　民国内丹学的形成既受民国社会政治、经济和思想文化的影响，亦受道教自身发展状况的影响，这正是民国内丹学形成的内因和外因。

　　钟吕派、南宗、北宗、东派、西派、中派、三丰派、伍柳派等内丹思想是民国内丹学主要的思想渊源，其中内丹学之性命论、内丹三要件（鼎器、药物和火候论）、内丹性命双修的基本步骤论、法财侣地论和内丹学的三教合一论，是民国时期道教内丹学形成的最主要的思想渊源。

　　从师承来看，陈撄宁的内丹思想渊源于南北宗、隐仙派，也受到民间宗教内丹学（儒家、江湖传授）以及乩传内丹学的影响。从他的内丹基本理论及功夫来看，陈撄宁虽一心想构建"仙学"体系，但并没有建立起现代的内丹学体系。汪伯英等人的玄关、火候、炼己筑基、三教观及性命论是对陈撄宁内丹思想的继承和丰富；不过汪氏等人自始至终没把内丹学独立于道教。

　　《大成捷要》精采丹经要语，由浅入深地汇录了内丹性命功夫的奥义秘诀。它对内丹学之基本理论阐述与伍柳派大略相同，如它的炼己与炼精化炁论与伍柳派基本相同；但它的锻炼阴精论与伍柳派不同，是与传统内丹学相悖的。它的炼炁化神功夫次第基本与伍柳派相同，但它提出了七日蛰藏之工夫、蛰藏七日阴跷复生天机、金液还丹天机口诀、玉液还丹天机口诀、日月合璧天机口诀、真火炼形天机、真空炼形天机、五气朝元天机，这是伍柳派的炼炁化神论所未论及的。

　　《道乡集》对内丹思想的阐述既继承前人，又有新的创见，如它主张守明堂为炼精化炁的入手工夫；凝神入炁穴的首务是得着玄关，凝神之法是"寂照得所"。而其炼炁化神、炼神还虚之论基本上袭取伍柳派之说。

　　蒋植阳内丹思想基本继承了伍柳派内丹思想，但又有新阐述。他继承了伍柳派炼己还虚论的基本思想，他所论"性命的内涵"以及"凝神入炁穴、回光内照"与伍柳派同。但他所说"性命合一"即调药是个新称呼。

他主张用武火采小药，之后把药仍封固在炉中行文火温养，此论与伍柳派不同。他所说的小药产景与伍柳派略同，但他还阐述了元炁发生之行及其景象，这是对小药产景论的一大丰富。他主张封固就是判定水源之清浊，辨药物之老嫩。而伍柳派谈"辨水源之清浊与药物之老嫩"是指"调药"工夫，非"封固"工夫。他对六候内涵的阐述与伍柳派大略相同，但他对六候炼丹法程的解析比伍柳派详细，特别是"六候中用文火"论是伍柳派所未论及的。他的"大乘"炼神还虚与"上乘"炼虚合道思想，除了调神法主要继承伍守阳的"三年乳哺"的相关思想，基本上是袭取《性命圭旨》之炼神还虚与炼虚合道的思想。

汪东亭、徐海印、魏尧、冉道源、洗心子的内丹思想不属于西派，只能是对"西派"身份的一种认同。汪东亭前期内丹思想是继承伍柳派的内丹思想，如他的内丹思想之先天性命论、性命双修次序、仙道与凡道、炼精化炁、炼炁化神、炼神还虚等。徐海印、魏尧和汪东亭后期内丹思想来自西派思想的极少，属于西派之"教外别传"，即只能是民间宗教或扶乩传授。汪东亭后期内丹思想之仙道与凡道、真假性命论、先天真一之炁、炼己筑基、色身与法身等，不仅与其前期思想相矛盾，也与西派、伍柳派等传统内丹思想相抵牾。他没有说过师承西派，自称"教外别传"。徐海印虚构了其师汪东亭的西派传承，师承"西派"只能算是"私淑"。他的内丹思想主要是继承和发展了汪东亭后期的内丹思想，源自西派的极少。而魏尧自称师承汪东亭，亦只能是乩传。魏尧坚持以道融摄儒佛的传统，融合道儒佛三教性命思想来诠释内丹性命论。魏氏的内丹性命论实质上是元炁与中阴论，而内丹学之性命论实质上是元炁与元神论。魏氏的道儒佛三教合一的性命论虽说是"创新"，但实质上已经背离内丹学的性命思想。魏尧虽然自称得道于汪东亭，通常被认为属于"西派"。但他的内丹思想中除了继承了西派之"先天之先天""后天之先天"思想外，基本上与西派内丹思想无关，亦与汪师不同。

冉道源、洗心子主要袭取伍柳派思想，西派思想居其次。冉道源和洗心子是受到李真一西派的传授，不是李涵虚本人。冉氏的内丹思想主要受伍柳派内丹思想的影响，除了伍柳派之外，还受到钟吕派、李涵虚西派等影响。洗心子的内丹思想基本上亦袭取了伍柳派、西派等的思想，但也出现了不少的错误，如"清净"、"阴阳"双修两派论、三乘丹法论等。洗心子的三教合一论基本上继承了伍柳派等前人的思想，但他主张成道是孝之终级，发前人之未发。故冉道源和洗心子的"西派"内丹是集伍柳派、钟吕派、西派等之大成。

赵避尘是集南无派、伍柳派、金山派、理教和佛教等思想而创立了千峰先天派。但赵氏主张，先天不神之神（元神）即先天真一之炁，后天精气神可化为先天精炁神，胎炁可化为阳神，这实质上消解了内丹学的元神观念。他援引生理学等科学知识对精炁神、祖窍、鼎炉等进行阐述，这种从生理学的角度对内丹学精炁神、祖窍、鼎炉等的诠释虽说符合科学，亦是"创新"，但也背离了内丹学思想。因为内丹学的先天精炁神本、祖窍、鼎炉等是无形的，在人体的位置实质上都是虚指。

张松谷虽自称其内丹思想承袭全真道北宗、南宗，特别是南宗一脉，但沈太虚早已羽化，他不可能亲炙。他的性命论是炁一元论，因为他主张性（神）是炁之灵光一点，实质上取消了神。小大周天的进阳火、退阴符的内涵与以前的丹经不同；小大周天工夫运行的路径也不再是任督二脉。唯有炼己筑基、中乘和上乘工夫等与以前的丹经相似。故张氏的内丹思想不属于全真道南北宗的一脉，是自成一家。

杨践形《指道真诠》的内丹思想主要是讲服天地之炁和胎息法，除了道、守中等思想与钟吕系内丹道相同，其神炁炼养之法虽用了内丹学之术语，但内涵基本上不同。但他从生理学、心理学等科学视角对内丹学之术语进行的诠释，对今天科学地解释内丹学是有启示意义的。

蒋维乔《因是子静坐法》实质上是讲炼精化炁之凝神入炁穴、心息相依的功法。《因是子静坐法》主张丹田气海就是人之重心；静坐之法，就是使重心安定。这是蒋维乔从科学的角度对内丹学之神炁关系的新诠释。蒋维乔所谈静坐之精神的集中、呼吸练习等法，实质上讲的是内丹炼精化炁之凝神入炁穴、心息相依；不过蒋氏使之转化为易操作的静坐功法。

与之前的内丹学相比，民国内丹学既坚持内丹学的三教合一观的基本内容，又提出了一些新观点。就仙佛关系而言，与以前内丹学不同，民国内丹学主张，仙道、佛道的宗旨不同，功夫亦不同。有的内丹家还提出学仙与学佛可以互相补充。就儒道关系来说，与以前内丹学相比，民国道教内丹学继承人道是仙道之基的思想，却提出孝心即是道心，孝亲即是行道。道与儒的修持功夫是相同的；阴阳之道就是性命之道，即穷理尽性以至于命。唯有陈撄宁认为，内丹学的性命双修与儒家心性功夫不同。与民国佛教的三教合一论相比，民国内丹学是站在道教的立场来统摄和会儒佛两家，故与佛教三教合一论大异其趣。客观地说，民国内丹学的三教合一论有利于宗教和谐，有利于不同宗教之间求同存异，相互学习，取长补短。

民国内丹学为了适应现代社会，用科学知识来诠释丹道；改密室单传秘授为公开传播；赋予内丹学救国救世之社会功能；大力弘扬女丹。这给予当代道教文化适应社会主义社会的启示：道教文化必须走科学化和普及化之路，才能服务社会，满足群众需求。道教文化在做出符合当代中国发展进步要求、符合中华优秀传统文化的阐释时，需要吸收儒释等优秀传统文化的精华及西方哲学科学等文化的精华，切不可丢失自身独有的内容和特色。

主要参考文献

一　典籍类

1.《中华仙学》，徐伯英选集、袁介圭审定，台湾真善美出版社，1978。

2. 萧天石主编《道藏精华》第 4 集之二、第 8、9 集之一，台湾自由出版社，1979、1982、1980。

3. 洗心子著《明道语录》，台湾真善美出版社，1981。

4.《伍柳仙宗》，河南人民出版社，1987 年影印本。

5.《道藏》第 2、3、4、6、11、13、14、20、22、23、24、25、32、33、34 册，文物出版社、上海书店、天津古籍出版社，1988 年影印本。

6. 徐兆仁主编《悟道真机》《金丹集成》《函虚秘旨》《先天派诀》《内炼秘诀》《仙道正传》，中国人民大学出版社，1990、1992。

7. 洪建林编《仙学解秘——道家养生秘库》，大连出版社，1991。

8.《藏外道书》第 3、4、5、7、8、9、11、23、25、26、31 册，巴蜀书社，1992、1994 年影印本。

9. 中国第二历史档案馆编《中华民国史档案资料汇编》，第五辑第一编文化（一、二），江苏古籍出版社，1994。

10.《扬善半月刊与仙道月报全集》（8 开精装全 9 册），全国图书馆文献缩微复制中心，2005。

11. 王卡、汪桂平主编《三洞拾遗》第 10 册，黄山书社，2005。

12. 胡海牙、武国忠主编《陈撄宁仙学精要》（上下册），宗教文化出版社，2008。

13. 陈毓照、张利民主编《丹道养生道家西派集成》（1-3 册），中国时代经济出版社，2010。

14. 魏则之著，盛克琦编校《大道真传》，宗教文化出版社，2012。

15. 董沛文主编，盛克琦编校《仙道口诀》，宗教文化出版社，2012。

16. 席春生执行主编《千峰老人全集》（上下册），宗教文化出版社，2013。

17. 董沛文主编，盛克琦、周全彬编校《天乐集：道教西派海印子内丹修炼典籍·前言》（上册），宗教文化出版社，2013。

18. 郭武编《中国近代思想家文库·陈撄宁卷》，中国人民大学出版社，2015。

二　工具书

1. 任继愈、钟肇鹏主编《道藏提要》，中国社会科学出版社，1991。

2. 胡孚琛主编《中华道教大辞典》，中国社会科学出版社，1995。

3. 朱越利：《道藏分类解题》，华夏出版社，1996。

4. 施舟人（Kristofer Schipper）、傅飞岚（Franciscus Verellen）主编《道藏通考》（1-3卷）（*The Taoist Canon：A Historical Companion to the Daozang*），芝加哥大学出版社，2004。

三　专著类

1. 《马克思恩格斯选集》第1卷，人民出版社，1972。

2. 秦孝仪编《抗战前国家建设史料——内政方面》，台北：中国国民党中央委员会党史委员会，1977。

3. 王明：《道家与道教思想研究》，中国社会科学出版社，1984。

4. 〔日〕洼德忠：《道教史》，萧坤华译，上海译文出版社，1987。

5. 陈撄宁：《道教与养生》，华文出版社，1989。

6. 陈兵：《道教气功百问》，今日中国出版社，1989。

7. 任继愈主编《中国道教史》，上海人民出版社，1990。

8. 胡美成：《道家气功南宗丹诀释义》，浙江科学技术出版社，1991。

9. 郝勤：《龙虎丹道——道教内丹术》，四川人民出版社，1994。

10. 卿希泰主编《中国道教史》（1-4卷），四川人民出版社，1996。

11. 田诚阳编著《仙学详述》，宗教文化出版社，1999。

12. 张钦：《道教炼养心理学引论》，巴蜀书社，1999。

13. 李养正主编《当代道教》，东方出版社，2000。

14. 牟钟鉴、张践：《中国宗教通史》（上、下），社会科学文献出版社，2000。

15. 唐大潮:《明清之际道教"三教合一"思想论》,宗教文化出版社,2000。

16. 释印光:《印光法师文钞》(上、下册),宗教文化出版社,2000。

17. 陈寅恪:《金明馆丛稿二编》,生活·读书·新知三联书店,2001。

18. 方立天:《中国佛教哲学要义》上下卷,中国人民大学出版社,2002。

19. 太虚:《太虚大师全书》第2、22、24、28卷,宗教文化出版社、全国图书馆文献缩微复制中心,2004。

20. 胡孚琛、吕锡琛:《道学通论——道家、道教、丹道》,社会科学文献出版社,2004。

21. 张宪文等:《中华民国史》(1-4卷),南京大学出版社,2005。

22. 刘延刚:《陈撄宁与道教文化的现代转型》,巴蜀书社,2005。

23. 吴亚魁:《生命的追求——陈撄宁与近现代中国道教》,上海辞书出版社,2005。

24. 〔法〕高万桑(Vincent Goossaert), *The Taoists of Peking*, *1800-1949*: *A Social History of Urban Clerics*, Cambridge:Harvard University Asia Center, 2007.

25. 丁常春:《伍守阳内丹思想研究》,巴蜀书社,2007。

26. 李刚:《何以"中国根柢全在道教":道教哲学论稿之二》,巴蜀书社,2008。

27. 王沐:《内丹养生功法旨要》,东方出版社,2008。

28. 胡孚琛:《道学通论》,社会科学文献出版社,2009。

29. 胡孚琛:《丹道法诀十二讲》,社会科学文献出版社,2009。

30. 蒋维乔:《因是子静坐养生法》,中国长安出版社,2009。

31. 卿希泰主编《中国道教思想史》,人民出版社,2009。

32. Liu Xun, *Daoist Modern*:*Innovation*,*Lay Practice*,*and the Community of Inner Alchemy in Republican Shanghai*, Cambridge:Harvard University Press, 2009.

33. 詹石窗:《中国宗教思想通论》,人民出版社,2011。

34. 许地山:《道教史》,凤凰出版社,2011。

35. 张广保编,宋学立译《多重视野下的西方全真教研究》,齐鲁书社,2013。

36. 朱越利主编《理论·视角·方法——海外道教学研究》,齐鲁书社,2013。

37. 丁常春：《道教性命学概论》，社会科学文献出版社，2013。

38. 尹志华：《清代全真道历史新探》，香港中文大学出版社，2014。

39. 孔令宏、韩松涛、王巧玲：《浙江道教史》，中国社会科学出版社，2015。

四　论文类

（一）期刊类

1. 任继愈：《唐宋以后的三教合一思潮》，《世界宗教研究》1984 年第 1 期。

2. 陈兵：《略论全真道的三教合一说》，《世界宗教研究》1984 年第 1 期。

3. 李养正：《陈撄宁先生评传》，《世界宗教研究》1989 年第 2 期。

4. 唐大潮：《明清之际道教"三教合一"思想的理论表现略论》，《世界宗教研究》1995 年第 3 期。

5. 尹志华：《陈撄宁的仙学思想》，《宗教学研究》2000 年第 1 期。

6. 胡孚琛：《道教内丹学揭密》，《世界宗教研究》1997 年第 4 期。

7. 张广保：《明清内丹思潮与陈撄宁学派的仙学》，《宗教学研究》1997 年第 4 期。

8. 唐逸：《五四时代的宗教思潮及其当代思》，《战略与管理》1997 年 2 期。

9. 张钦：《吕纯一的内丹学说及其现代意义》，《宗教学研究》2001 年第 3 期。

10. 陈焜：《论仙学大师陈撄宁之人生观》，《中国道教》2002 年第 2 期。

11. 〔日〕横手裕：《刘名瑞与赵避尘——近代北京的两位内丹家》，京都东洋史研究会《东洋史研究》2002 年第 61 卷第 1 号。

12. 张钦：《试析陈撄宁仙学思想的内核》，《宗教学研究》2004 年第 1 期。

13. 何建明：《陈撄宁的几篇重要佚文及其思想》，《中国道教》2008 年 2 期。

14. 丁常春：《赵避尘内丹思想略论》，《中国道教》2010 年第 6 期。

15. 王卡：《道教在近现代的衰落与复兴》，《中国哲学史》2011 年第 1 期。

16. 郑术：《内丹人体图风格探源——在〈性命法诀明指〉中西对话的视野中》，《科学文化评论》2011 年第 3 期。

17. 丁常春：《张三丰内丹思想略论》，《中华文化论坛》2011 年第 1 期。

18. 丁常春：《赵避尘内丹"了手""撒手"工夫论》，《中国道教》2012 年第 1 期。

19. 丁常春：《蒋植阳内丹思想略论》，《宗教学研究》2012 年第 4 期。

20. 丁常春：《张其淦〈老子约〉思想略论》，《社会科学研究》2013 年第 2 期。

21. 丁常春：《蒋植阳内丹学之"大乘"、"上乘"思想论略》，《弘道》（香港）2013 年第 1 期。

22. 丁常春、吴振亚：《〈道乡集〉内丹性命思想析论》，《西南民族大学学报》（人文社科版）2015 年第 11 期。

23. 丁常春：《民国道教内丹学之三教合一论》，《世界宗教研究》2017 年第 4 期。

（二）学位类

1. Liu Xun, In search of immortality: Daoist inner alchemy in early twentieth-century China. University of Southern California, 2001.

2. 郭建洲：《张伯端道教思想研究》，山东大学博士学位论文，2005。

3. 张华英：《赵避尘（1860—1942）丹道学之研究》，台湾辅仁大学硕士学位论文，2006。

4. 郑术：《当中国内丹遭遇西方身体——赵避尘著作里的中西汇通》，中国科学院研究生院博士学位论文，2012。

5. 吴振亚：《刘名瑞内丹思想研究》，四川省社会科学院研究生学院硕士学位论文，2013。

后 记

本书是国家社科基金项目"民国时期道教研究——以内丹学为中心的考察"的最终成果。课题组成员吴振亚参与了第十一章第二节、十五章的初稿撰写工作。

该书写作共用时五年完成，期间由于一些原始文献的缺乏，部分章节所引文献来自点校本。由于时间和学识所限，本人深知书中还存在不足，有待在今后进一步的研习中加以改进，也恭请学界同仁、道教大德指正！

在本书付梓之际，首先要感谢业师李刚教授的悉心指导。本书稿的选题定位、资料取舍、构思提纲，李老师都给予了详细指导。

本书稿的撰写，还得到了业师胡孚琛研究员、张志强研究员、李远国研究员、盖建民教授、张钦教授和黎志添教授的指导和帮助，他们的建议和意见让本书更加完善，在此一并致谢！

我还要感谢我的家人始终给予我最大的信任和支持，特别是妻子给予我精神上的鞭策和进展上的督促。

本书自 2019 年签订出版合同以来，得到了社会科学文献出版社编辑袁清湘等人的鼎力支持。在出版过程中遇到困难时，若是没有他们的坚持与帮助，本书的面世不知是何时。在此，对他们的支持和付出的辛劳表示诚挚的谢意！

丁常春谨识
2024 年深秋

图书在版编目(CIP)数据

民国时期道教内丹学研究／丁常春著 . -- 北京：

社会科学文献出版社，2024.12（2025.5重印）. -- ISBN 978-7-5228

-4111-3

　　Ⅰ . B95

中国国家版本馆 CIP 数据核字第 20244391Y9 号

民国时期道教内丹学研究

著　　者／丁常春

出 版 人／冀祥德
组稿编辑／袁清湘
责任编辑／张馨月　孙美子
责任印制／岳　阳

出　　版／社会科学文献出版社·人文分社 （010）59367215
　　　　　地址：北京市北三环中路甲 29 号院华龙大厦　邮编：100029
　　　　　网址：www. ssap. com. cn
发　　行／社会科学文献出版社 （010）59367028
印　　装／三河市龙林印务有限公司

规　　格／开 本：787mm×1092mm　1/16
　　　　　印 张：23.75　字 数：400 千字
版　　次／2024 年 12 月第 1 版　2025 年 5 月第 2 次印刷
书　　号／ISBN 978-7-5228-4111-3
定　　价／136.00 元

读者服务电话：4008918866